In diesem Buch wird die Geschichte von Frauen erzählt, die in den Gerichtsakten des 16. und 17. Jahrhunderts auftauchen – nicht etwa als Hexen, sondern als Kindsmörderinnen, Ehebrecherinnen oder gerissene Beutelschneiderinnen. Die Autorin malt ein plastisches und farbiges Bild von der Lebenswirklichkeit »gewöhnlicher« Leute in einer Zeit, die durch die Reformation und den Dreißigjährigen Krieg geprägt war, und verbindet damit höchst spannend Kriminalitäts- und Alltagsgeschichte.
Die Geschichten werfen ein neues Licht auf das System der damaligen Strafjustiz. Es wird deutlich, wie und warum die Obrigkeiten von der Kooperation der Bürger bei der Verbrechensverfolgung abhängig blieben, wie Gerichtsurteile zustandekamen und durchgesetzt wurden. Die Untertanen nahmen die Strafen nicht einfach hin, sondern handelten sie aus. Außerdem gab es eine Vielzahl von außergerichtlichen Vorgehensweisen, mit denen man Konflikte regelte.
Dieses Buch ist all denjenigen zu empfehlen, die sich für die frühneuzeitliche Gesellschaft, für Geschlechter- und Rechtsgeschichte sowie Diebinnen und Mörderinnen interessieren.

Ulinka Rublack, geb. 1967 in Tübingen, lehrt Europäische Geschichte der Frühen Neuzeit an der Universität Cambridge und ist Fellow am St. John's College.
Veröffentlichungen (u. a.): Geordnete Verhältnisse? Ehealltag und Ehepolitik im frühneuzeitlichen Konstanz (1997); »Viehisch, frech vnd overschämpt«. Inzest in Südwestdeutschland, ca. 1530–1700, in: O. Ulbricht (Hg.), Von Huren und Rabenmüttern. Weibliche Kriminalität in der Frühen Neuzeit (1995); Pregnancy, Childbirth and the Female Body in Early Modern Germany in: *Past & Present, 150* (1996).

Ulinka Rublack **MAGD, METZ' ODER MÖRDERIN**
Frauen vor frühneuzeitlichen Gerichten Fischer Taschenbuch Verlag

Lektorat: Walter H. Pehle

Originalausgabe
Veröffentlicht im Fischer Taschenbuch Verlag GmbH,
Frankfurt am Main, Januar 1998

© 1998 by Fischer Taschenbuch Verlag GmbH, Frankfurt am Main
Alle Rechte vorbehalten
Redaktion: Dorothee Wahl
Umschlaggestaltung: Buchholz / Hinsch / Hensinger
Gesamtherstellung: Clausen & Bosse, Leck
Printed in Germany
ISBN-3-596-13575-3

1. **Einleitung** 7

2. **Anzeige und Inquisition: Der Weg vor Gericht** 19
   Anzeigeverhalten, außergerichtliche Konfliktlösungen
   und moralische Normen 34
   Kein Polizeistaat: Die obrigkeitliche Verbrechensverfolgung 45
   Strafgerechtigkeit 55

3. **Prozeß, Urteil und Strafe** 56
   Weibliche Blödigkeit oder die Gerissenheit alter Füchsinnen:
   Urteilsprozesse 60
   Geld und Fürsprecher: Das Aushandeln von Strafen 87
   Das Ende des Vergebens und die Bürokratisierung der Begnadigung 96
   Narrenhäuslein, Galgen, Bettelkinder: Strafen und Straffolgen 109
   Die Strafen der Frauen 130

4. **Not macht erfinderisch: Eigentumsdelikte** 135
   »Arme Gemeinschaften«: Der Diebstahl von Naturresourcen 138
   Hoffart und Eigensinn der diebischen Magd 144
   Von der Kunst, sich durchzuschlagen: Betrug, Diebstahl
   und Hehlerei durch Ansässige 157
   Die Jagd nach Säckeln und großen Coups:
   Professionelle Diebinnen 173
   Verfolgung vor dem Zeitalter des Zuchthauses 196

5. **»Ein fast wildes, barbarisches Leben«: Unzucht, früher Beischlaf und Hurerei** 199
   Fleischesverbrechen: Gesetze und Strafpraxis 203
   Sexualität und Ehre 217
   Domestizierung und Gewalt 234

6. **»Ein anderes Städtlein, ein anderes Mädlein«: Kindsmord** 236
   War Mord gleich Mord? 239
   »Mütterlichkeit« 243
   Schwangerschaft oder Fäulnis? 248
   Das Drama der Deutungen 255
   Umkämpfte Strafen 266
   Tradition und Dissenz 271

7. Warten auf Gottes Hilfe: Ehekonflikte 273

Wie Katz und Maus: Eheleute im Streit 278
»Denn wer da steht, der siehe zu, daß er nicht falle«:
Bigamie und Ehebruch 300
Mäusegift und Honigmehl: Der Gattenmord 315
Geordnete Verhältnisse? 323

8. Eine Geschichte – ihre Geschichte (Herstory)? 325

9. Anhang 331

Material und Raum 332
Abkürzungsverzeichnis 335
Glossar 336
Abbildungsnachweis 339
Danksagung 340
Auswahlbibliographie 341
Register 347

1. Einleitung Matthäus Merians Topographien haben eine der bleibendsten Vorstellungen deutscher Städte des 17. Jahrhunderts geschaffen. Noch heute schaut man die Stiche mit Vergnügen und Staunen an. Die Aufsicht auf Memmingen zeigt beispielsweise die Umgrenzung, Größe, Tore, Märkte und Gassen sowie die wichtigsten Gebäude der oberschwäbischen Stadt. Die Natur in dieser Stadt ist eine kultivierte, nicht zum Nutzen bestimmte: Den einzig sichtbaren Garten finden wir nahe der Frauenkirche (B), und er ist geometrisch angelegt; es gibt mehrere Baumgruppen sowie einzelne Laubbäume auf kleinen Rasenstücken. Der in die Stadt führende Bach ist schmal und droht nicht mit Fluten. Er verläuft im Halbbogen durch die Stadt und wird den Papiermachern, Färbern, Gerbern und anderen Handwerkern gedient haben. Die Stadt ist leer. Man sieht weder Menschen noch Tiere (und dabei ist jeder dieser Orte voller Schweine, Pferde, Ziegen, Kühe und Federvieh). Auch außerhalb der so wohl befestigten Mauern, die Zeitgenossen die Stärke der Stadt zeigten, auf den gestrichelt angedeuteten Wegen, bewegt sich niemand; überdies ist das Umland weiß gelassen, unausgefüllt. Nichts verweist auf die Nutzung des Bodens. Ebensowenig blicken wir auf die Spuren der Bauern, Ausbürger, Händler und Fahrenden, sondern auf kirchliche und kommunale Gebäude, vor allem aber Bürgerhäuser. Diese gleichen sich überwiegend in ihrer Größe und zeigen sich in der Seitenansicht langgezogen, also geräumig. Unter diese mittelgroßen Häuser mischen sich überall größere Gebäude. Wollte man aufgrund des Stiches mutmaßen, wo in Memmingen die Reichen und die Armen wohnten, fiele dies schwer. Noch wahrscheinlicher ist jedoch, daß einem bei der Betrachtung des Merianschen Stichs die Frage nach arm und reich, nach Macht und Konflikten in der Stadt gar nicht erst in den Sinn kommt. Auch deshalb ist der Blick auf die Stiche vergnüglich, machen sich die gerahmten Städteansichten als Wohnzimmerschmuck gut. Sie bestätigen ein Bild von der Geschichte als Schaukasten übersehbarer Ordnungen und begrenzter, menschlich geschaffener und bewältigter Welten.

Wie gestaltete sich das städtische Leben? Ein Beispiel: Im Juli des Jahres 1608 kam es in Memmingen zu einer Auseinandersetzung. Den Bierwirten wurde im Rathaus die neue Bierordnung verlesen. Alle mußten eidlich beschwören, ihr zu folgen. Unter den Versammelten war Anna, die Frau des Bierwirts Michel Müller, die jeder Lange

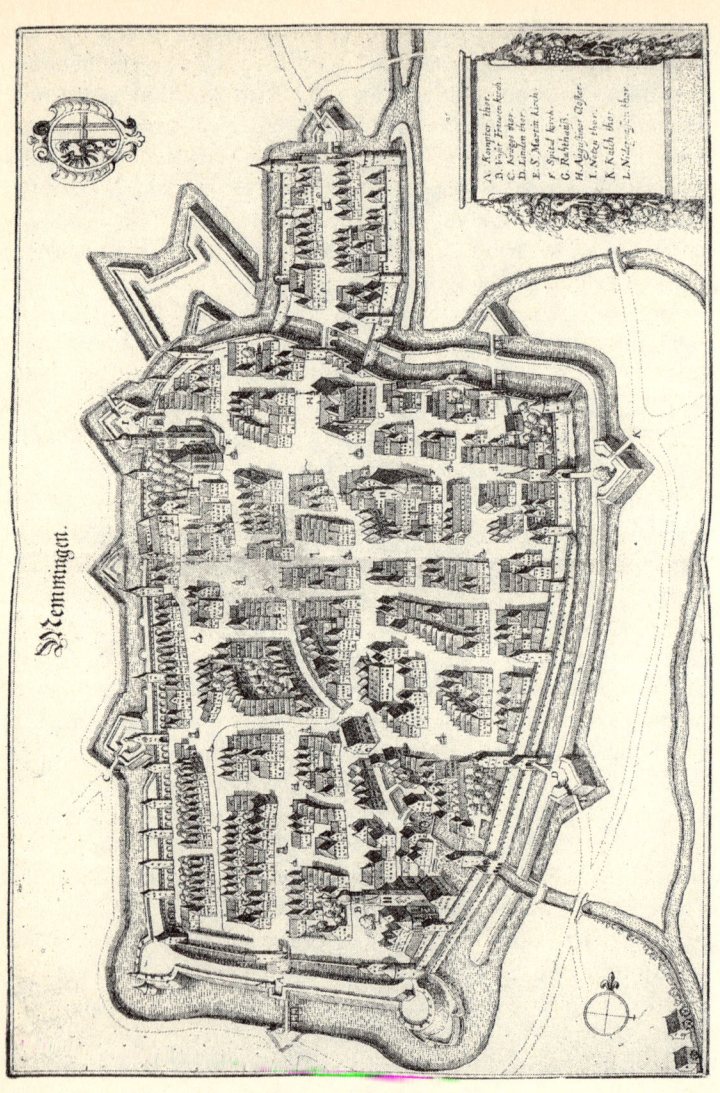
1 Memmingen in Matthäus Merians Topographia Sveviae

Anna nannte. Zusammen mit drei Männern verließ sie wütend die Ratsstube. Man sollte euch allen die Hand abschlagen, schnaubte sie, ihr seid dort drinnen gestanden wie die Ölgötzen. Es geht genauso zu wie im Gericht, keiner darf ein Wort reden. Einer der Bierwirte fragte zurück, was ihr denn an der Ordnung unrecht gewesen sei. Außerdem habe man sowieso gehorsam zu sein, wenn die »Herren« etwas wollten. Du, Lange Anna, warf er ihr vor, »bist immer gescheiter als andere Leute«. Er spottete, »meine Herren werden bald den Rat mit Weibern besetzen müssen«. Bald wurde Anna wegen »unbescheidener Reden« verhaftet, und man verhörte Zeugen.[1]

Diese Arbeit befaßt sich mit Konflikten von Frauen in frühneuzeitlichen Gemeinschaften und der Rolle des Rechts in ihnen. Sie basiert auf der Lektüre tausender Fälle, in denen man zwischen 1500–1700 Frauen vor südwestdeutschen Gerichten begegnet, insbesondere als Angeklagte in Kriminalprozessen. Untersucht wurden vor allem Fälle im protestantischen Württemberg, dem größten Territorium des Südwestens, in drei protestantischen Reichsstädten, Memmingen, Esslingen und Schwäbisch Hall, und im katholischen Konstanz.[2]

So wie im Fall der Langen Anna verdeutlichen die in Gerichtsquellen registrierten Rechtsüberschreitungen Historikern häufig erst zeitgenössische Normen. Vor allem zeigen sie die spezifischen Kontexte auf, in denen Normen geltend gemacht wurden und ihre Wirkung entfalteten. Gleichzeitig verzeichnen sie mögliche Handlungsräume innerhalb bestehender Ordnungsgefüge im Moment ihrer Bedrohung. Die Dynamik sozialer Beziehungen und die Konflikthaftigkeit von Herrschaft während der Frühen Neuzeit werden sichtbar. Die »Geschichten«, die in diesen Quellen aufgehoben, angedeutet und abgebrochen sind, bereichern zudem unsere Vorstellungskraft von den Welten, in denen sich frühneuzeitliche Menschen bewegten, ihren materiellen Welten und Gefühlswelten. Sie faszinieren, weil sie uns seltene Einblicke in das Lachen, den Ärger, Protest und die Phantasien dieser Männer, Frauen und Kinder geben, obwohl ihre Worte durch die Verhörsituation, die Angst vor Tortur und Strafen und den protokollierenden Gerichtsschreiber geprägt sind. Das Erzählen als Methode sucht aber vor allem nach einer einfühlenden Annäherung

---

[1] *StAMM, A 135 / 8, 10.7.1608.*
[2] *Zur genaueren Beschreibung der Quellenbasis siehe Anhang.*

an die Dimensionen vergangener Menschlichkeit.³ So wird zudem ein Verstehen der Handlungslogiken und Lebenswelten frühneuzeitlicher Menschen sowie die Beschreibung von Herrschaftspraxen möglich. Ein auf der Ebene alltagsweltlicher Erfahrungen ansetzender historischer Verstehensprozeß ist notwendig, um diese Gesellschaft und ihren Wandel komplex zu erfassen.

Ein übergreifendes Thema der Untersuchung sind frühneuzeitliche Ordnungsvorstellungen und ihr Einfluß auf die Gerichts- und Strafpraxis. Seit dem späten 15. Jahrhundert versuchten Obrigkeiten verstärkt, die gesamte Bevölkerung auf einen sehr begrenzten moralischen Verhaltenskodex zu verpflichten. Die Werte entsprachen ihrem christlichen Verständnis. Besonders wichtig waren die Verbote des Fluchens und Schwörens, des Luxus, der Spielerei, der Entheiligung der Sonn- und Feiertage sowie sexuell leichtfertigen Verhaltens. Obrigkeiten versuchten vermehrt, die Bestrafung von Vergehen gegen solche und ähnliche Verbote von kirchlichen Gerichten zu übernehmen. Frieden und Wohlstand schienen nur sicher, wenn Bürger die zehn Gebote beachteten, als gute Nachbarn und uneigennützig zusammenlebten. Sonst drohten Krieg, Hunger und Seuchen. Dieser erstarkte Moralismus war in den Städten besonders verdichtet und wirkte in die reformatorischen Bewegungen hinein. Protestanten verlangten die Versittlichung des Lebens und weitreichende Reformen, beispielsweise die Abschaffung des Priesterzölibats und der Konvente, das Verbot jeglicher Prostitution und die Stärkung der Institutionen der Ehe und des christlichen Haushalts.⁴ Wo immer sich reformatorische Bewegungen durchsetzten, stießen sie politisches Handeln in diese Richtung an. Als Territorialherren in der zweiten Hälfte des 16. Jahrhunderts ihre Herrschaft über Land und Leute zu festigen suchten, expandierten Sittenmandate überall.⁵ Sie verbanden sich mit dem obrigkeitlichen Interesse an almosenunabhängigen Haushalten. Obrigkeiten versuchten vor allem verfrühte, der Lust

---

³ *Maßgeblich für diesen Ansatz in bezug auf Gerichtsquellen ist* R. Cobb, A Sense of Place, London 1975, Teil II und III.

⁴ L. Roper, Das fromme Haus. Frauen und Moral in der Reformation, Frankfurt am Main 1995.

⁵ Vgl. P. Münch, The Growth of the Modern State, in S. Ogilvie (Hg.), Germany: A New Social and Economic History, Bd. II, 1630–1800, London 1996, S. 196–232.

anstatt der Vernunft geschuldete Heiraten zu unterbinden sowie Trinken, Feste, Geschenke und Kleiderluxus. Dies sollte die häusliche Wirtschaft stärken und den zur Kriegsführung und Unterhaltung des Hofs dringend benötigten Steuerfluß. Dieses Interesse verband Landesväter aller Konfessionen, und ihre politischen Maßnahmen glichen sich dementsprechend.
Der wohl regierte Haushalt war damit Garant gesellschaftlicher Ordnung. An seiner Spitze stand der Hausvater. Seine Pflicht war, im Haus für Frieden, Schutz, Nahrung und weise Zucht zu sorgen – so wie der Fürst im Land. Frauen, Kinder und das Gesinde schuldeten ihm Gehorsam. Obrigkeiten schritten im Interesse der Wahrung dieser Ordnung gegen das schlechte Hausregiment ein. Eine Ehefrau konnte beispielsweise ihren verschwenderischen oder gewalttätigen Mann anklagen, weil er sie nicht nährte und schützte. Verlangte sie aber eine Trennung, sahen Obrigkeiten dies in aller Regel als Infragestellung einer gesellschaftlichen Ordnung an, die auf der Herrschaft des Mannes über die Frau beruhte. Ebenso konnte eine Magd ihren Meister verklagen, wenn er ihr Lohn vorenthielt. Jeder verstand, daß geizige Meister das Gesinde zu Diebstahl verführten. Doch eine Entscheidung, künftig eigenständig zu arbeiten, erregte Mißfallen. Das Ideal des ganzen Hauses bekräftigte damit eine auf wechselseitigen Verpflichtungen beruhende, hierarchische Ordnung, deren Funktionieren jedoch zunehmend der obrigkeitlichen Kontrolle unterlag.[6]
Zudem wuchs die obrigkeitliche Abneigung gegen jene, die sich außerhalb dieses Idealgefüges bewegten. Prostituierte und Bettler bekamen dies als erste zu spüren.[7] Letztere sah man immer weniger als vom Schicksal gebeutelte Menschen, sondern als faul und unredlich, als eine gesellschaftliche Last. Am Ende des 16. Jahrhunderts zwang man junge, bettelnde und vagierende Männer in Württemberg zur öffentlichen Arbeit oder verbannte sie auf die Venedig verlassenden Galeeren.[8] Mobilität war der größte Feind eines auf stabile Haushalte

---

[6] *Zur Diskussion siehe zuletzt H. Derks, Über die Faszination des »Ganzen Hauses«, GG, 2/1996, S. 221–242.*
[7] *B. Schuster, Die freien Frauen. Dirnen und Frauenhäuser im 15. und 16. Jahrhundert, Frankfurt am Main 1995.*
[8] *Siehe Kap. 4.*

gründenden Gesellschaftsbilds. Freie, mobile Arbeit wurde beispielsweise mit sexueller Freizügigkeit verbunden. Eine merkantile Verordnung über den Handel ins Ausland von 1645 bemängelte deshalb, daß von Feilträgern und Kremplern

»allerhand Sünden und Laster verübt werden, indem selbige, ohne Underschied, Männern, Weibern, Witwen und ledigen Burschen, hier und dort in Kammern, Stuben, Stallungen ... zusammen schlupfen, in Worten und Werken ärgerlich leben, und in einem fast wilden barbarischen Wesen aufwachsen, und mit großer Verachtung des Gottesdienstes dahin gehen«.[9]

Genauso sah man die Ordnung des Hauses bedroht, wenn das Gesinde eigenmächtig entschied, wann und wie häufig es weiterziehen wollte und damit eine hohe Arbeitsmarktnachfrage schuf. So lösten sich Bindungen und Verbindlichkeiten auf. Insbesondere Mägde wurden zunehmend als »Feinde im eigenen Haus« dargestellt: unzuverlässig, faul, geschwätzig, eitel und diebisch.[10] Schlimmer noch lebte eine wachsende Anzahl unabhängig arbeitender Spinnerinnen, Näherinnen, Wäscherinnen und Ammen ohne Mann oder Meister und damit, so schien es, außerhalb jeglicher Kontrolle.

Ängste über den sozialen Wandel und die Unterhöhlung der Ständegesellschaft vertieften sich mit den sozialen und wirtschaftlichen Krisen im späten 16. und 17. Jahrhundert. Der Dreißigjährige Krieg (1618–1648) vermehrte die Anzahl der Waisen und weiblich geführter Haushalte; er ließ viele Untertanen während des Kriegs verarmen, verteuerte die Arbeitskraft des Gesindes und brachte nach dem Krieg große Beweglichkeit in ländliche Besitzverhältnisse.[11] Die Reaktion vieler Obrigkeiten war, illegitime Beziehungen rigoros zu ahnden und die Verfolgung lediger Mütter ebenso wie die des Kindsmords zu intensivieren.

Die wachsende Entschlossenheit, hart mit Strafen durchzugreifen,

---

[9] Reyscher, Gesetze, Bd. 13, »Verordnung, den Handel ins Ausland betreffend«, 4.6.1645, S. 47.
[10] R. Dürr, Mägde in der Stadt. Das Beispiel Schwäbisch Hall in der Frühen Neuzeit, Frankfurt am Main 1995.
[11] T. Robisheaux, Rural Society and the Search for Order in Early Modern Germany, Cambridge 1989; R. Schlögl, Bauern, Krieg und Staat: oberbayerische Bauernwirtschaft und frühmoderner Staat im 17. Jahrhundert, Göttingen 1988.

resultierte auch aus dem im späten 16. Jahrhundert gewonnenen Eindruck, daß die bisherigen Maßnahmen, Gesetze und Ermahnungen bei der Bevölkerung kaum zu Verhaltensbesserungen geführt hatten. Die einflußreichsten politischen Denker betonten nun die Bedeutung der Beständigkeit als Leitprinzip der Herrschaftsausübung, des konsequenten Vorgehens gegen Ungehorsam und Unordnung. Dies verstärkte die Legitimation staatlicher Eingriffe in das Leben der Bürger im Sinne des »Gemeinwohls«. Nach dem Dreißigjährigen Krieg blieb die Suche nach Ordnung. Sie schien die durch Universitäten wie Jesuitenkollegien, protestantische Gymnasien wie Ritterakademien verbreitete neostoizistische Lehre der *prudentia civilis* oder *politica* zu verkörpern. Sie

»betonte den Gehorsam und die Disziplin als Voraussetzung einer geordneten Herrschaft, und sie schuf die geistigen Voraussetzungen für die in Stadt und Land notwendigen institutionellen Reformen im gesellschaftlichen, politischen und wirtschaftlichen Wandel der Zeit. Sie lehrte die Meisterung der Affekte zur Bewältigung des individuellen Lebens wie zur widerstandslosen politischen Unterordnung.«[12]

Korporative Gesellschaftsauffassungen verloren nicht nur in bezug auf die Hausgemeinschaft an Bedeutung, sondern auch hinsichtlich der Vorstellungen über gemeinnützige Wirtschaftsweisen.[13] »Tatkraft und rationale Härte«[14] sowie ein in der Praxis zunehmend von seinem »religiösen und sittlichen Grunde« gelöster Disziplinbegriff, soziale Abgrenzung und eine beständige Politik der Sozialregulierung waren wichtige Elemente, die die Anschauung hochgebildeter [sic!] Eliten über ihre Aufgaben im Leben veränderten und durch ihre Ämter auf die Kultur zurückwirkten.[15] Natürliche Körperausdrücke und Bedürfnisse sollten »zivilisiert« werden. Mehr und mehr schien sich

---

[12] G. Oestreich, Policey und Prudentia civilis in der barocken Gesellschaft von Stadt und Staat, in ders., Strukturprobleme der frühen Neuzeit. Ausgewählte Aufsätze, Berlin 1980, S. 377.
[13] Vgl. W. Schulze, Vom Gemeinnutz zum Eigennutz. Über den Normenwandel in der ständischen Gesellschaft der Frühen Neuzeit, HZ, 243 / 1986, S. 591–626.
[14] G. Oestreich, Justus Lipsius als Universalgelehrter zwischen Renaissance und Barock, in ders., Strukturprobleme, S. 328.
[15] W. Schulze, Gerhard Oestreichs Begriff ›Sozialdisziplinierung‹ in der frühen Neuzeit, ZHF, 14 / 1987, S. 283.

damit auch die Kluft zwischen den Ständen zu erweitern, so daß Bauern im Amt Freudenstadt, die 1689 weder richtig schießen, marschieren oder Befehlen folgen konnten, als man sie zur Verteidigung ihrer Dörfer vor den Franzosen ausschickte, bei herzoglichen Beamten Verzweiflungsausbrüche hervorriefen. Sie waren »unbündige Leut«.[16] Der Philosoph Leibniz definierte 1688 mit eben jener Verächtlichkeit der Eliten, was den »gemeinen Mann« von jenen trenne, die »Prometheus aus edlerem Leim geschaffen« habe: »Wenn man nun mich fragen will, was eigentlich der gemeine Man sei«, sinnierte er,

»so weiß ich ihn nicht anders zu beschreiben, als daß er diejenigen begreiffe, deren Gemüt mit nichts anderem als Gedanken ihrer Nahrung eingenommen, die sich niemahls höher schwingen und so wenig sich einbilden können, was die Begierde zu wissen oder die Gemüts Lust für ein Ding sey, als ein Taubstummer von einem herrlichen Konzert zu urteilen vermag. Diese Leute ... leben in der Welt in den Tag hinein und gehen ihren Schritt fort wie das Vieh, ... sie denken nicht weiter als sie sehen.«

Von diesem »dummen Volk« stachen nach Leibniz' Erfahrung allein jene ab, die sich für Geschichten und Reiseberichte interessierten, dann und wann ein Buch lasen und begierig Gelehrten lauschten (...). Je mehr dieser Leute im Volk waren, desto »zivilisierter« die Nation. Diese Menschen tobten weder gegen die Obrigkeit, noch folgten sie des »Pöbels Gemütsbewegungen«. Sie ließen sich gerne Weisungen von Vorgesetzten erteilen.[17] Dies erinnert an den Bierwirt am Anfang der Einleitung, für den eben dieser Gehorsam gegenüber »seinen Herren« selbstverständlich war. Soziale Spannungen sah man demnach als Ausdruck der Unbündigkeit gemeiner Leute, ihres Begehrens nach mehr, als ihnen zustand, und ihrer Unfähigkeit, die Beschränkung ihrer eigenen Handlungsfähigkeit zu erkennen.

Die eigentliche »Natur« des Menschen wurde also oft als roh beschrieben, selbstbezogen und von Lust getrieben. Die neue Suche

---

[16] B. Wunder, Frankreich, Württemberg und der Schwäbische Kreis während der Auseinandersetzungen über die Reunionen (1679–97). Ein Beitrag zur Deutschlandpolitik Ludwig XIV., Stuttgart 1971, S. 138, Fn. 294.

[17] G. F. W. Leibniz, Ermahnungen an die Teutsche, ihren Verstand und Sprache beßer zu üben, sammt beygefügten vorschlag einer teutsch gesinnten Gesellschaft, in O. Klopp (Hg.), Die Werke von Leibniz. Erste Reihe, Bd. 6, Hannover 1872, S. 196ff.

nach einer Kontrolle dieser Natur machte deshalb vor allem jene zur Projektionsfläche für Phantasien des Anderen, die am wenigsten kultiviert und kultivierbar erschienen, also etwa Bauern, »Wilde« und Frauen. *Zivilisierte* Mannbarkeit wurde mit den positiven Qualitäten der Vernunft und Selbstkontrolle verbunden. Der »weiblichen Natur« schrieb man dagegen schon lange moralische Schwäche, Zügellosigkeit, Wankelmut, Dummheit und maßlose sexuelle Begierde zu. Der Faktor, der Frauen zudem besonders bedrohlich machte, war ihre Fähigkeit, Männer zu verführen und die mit der Disziplin einhergehenden Sehnsüchte nach Entgrenzung zu wecken. Rechtsgutachten über angeklagte Frauen zitierten also beispielsweise nicht nur das Sprichwort »lange Kleider, kurzer Verstand«, sondern das ebenso knappe »ohne Huren keine Buben«. Die beste Ausrede von Männern, die wegen Unzucht oder innerfamiliärem sexuellem Mißbrauch beklagt waren, lautete, sie seien verführt worden oder nur einer von vielen Liebhabern der Frau. Es erschien Richtern und Medizinern unvorstellbar, daß eine Frau vergewaltigt werden konnte.[18] Auch in Inzestfällen kamen sie deshalb nur mit Mühe auf die Idee, die angeklagten Frauen könnten Mißbrauchsopfer sein. Frauen wurden ebenso hart bestraft wie die sie mißbrauchenden Männer.[19] Die Strafen »unzüchtiger« Frauen, oft die Enthauptung oder Verbannung, sollten allen Frauen ein Beispiel sein. Die wachsende Bedeutung der sexuellen Moral verstärkte den Druck auf Frauen, sich respektierlich zu verhalten, zunächst als keusche und »eingezogene« Tochter und später als gute Hausmutter. Dies erforderte, die verderbte Seite der ihnen zugeschriebenen Natur zu überwinden; und so erstaunt es wenig, daß Frauen am vehementesten mit der Anschuldigung »Hure« um ihre Ehrbarkeit fochten.

In bezug auf Anklage- und Verurteilungsprozesse waren die Erfahrungen von Männern und Frauen demzufolge oft unterschiedlich. Frauen wurden für bestimmte Delikte häufiger als Männer angezeigt

---

[18] M. Lorenz, *Da der anfängliche Schmerz in Liebeshitze übergehen kann: Das Delikt der »Notzucht« im gerichtsmedizinischen Diskurs des 18. Jahrhunderts*, ÖZG, 3/1994, S. 328–357.
[19] U. Rublack, *»Viehisch, frech vnd onverschämpt«. Inzest in Südwestdeutschland, ca. 1530–1700*, in O. Ulbricht (Hg.), *Von Huren und Rabenmüttern. Weibliche Kriminalität in der Frühen Neuzeit*, Köln 1995, S. 171–214.

und ihre Verantwortlichkeit als Täterin anders eingeschätzt.[20] Die Hexerei ist hierfür ein klassisches und inzwischen gut erforschtes Beispiel. Deshalb befaßt sich diese Studie ausdrücklich mit den anderen Delikten, für die Frauen – insgesamt weitaus häufiger – vor Gericht standen: Diebstahl und Betrug, »Fleischesverbrechen«, Ehestreitigkeiten und Kindsmord. Sie sprechen meist von anderen sozialen Konflikten als von denen der Hexen und Hexenmacher und ergänzen unser Bild von dem Einfluß frühneuzeitlicher wirtschaftlicher, sozialer und kultureller Veränderungen auf Geschlechterbeziehungen – sowohl unter Frauen als auch zwischen Männern und Frauen. Zudem lassen sich spezifischere Fragen nach der rechtlichen Position von Frauen und der gesellschaftlichen Wirkung rechtlicher Verfahren stellen. Wie zum Beispiel beeinflußte das Bild der Frau als begierig und unbeständig ihre Stellung in Rechtsverfahren wegen sexueller Verfehlungen, die nach der Reformation immer mehr zunahmen? Welches Verständnis von Männlichkeit und Weiblichkeit reproduzierten Gesetze und Prozesse? Wie prägte das Recht also die Konstruktion und Erfahrung von Geschlecht?[21]

Im Hinblick auf das frühneuzeitliche Strafsystem hat die jüngere Forschung nachgewiesen, daß Bürger die Verbrechensverfolgung und rechtlichen Urteilsprozesse maßgeblich beeinflußten.[22] Das Bild einer auf Tortur, grausamer, vorhersehbarer Strafen, Hinrichtungen und Schandstrafen beruhenden Justiz ist überzeichnet. Es dient lediglich zur kulturellen Absicherung eines modernen, scheinbar besseren Rechtsverständnisses. Die frühneuzeitliche Justiz basierte auf einer komplexen Balance von Gnade und Härte. Der Ruf einer Person als unverbesserlich oder reuig und sozial wieder integrierbar hatte damals wie heute einen großen Einfluß auf das Urteil. Ermahnungen,

---

[20] R. Jütte, Geschlechtsspezifische Kriminalität im Späten Mittelalter und in der Frühen Neuzeit, ZRG/GA, 1991, S. 86–110; O. Ulbricht, Einleitung, in ders. (Hg.), Von Huren und Rabenmüttern. Weibliche Kriminalität in der Frühen Neuzeit, Köln 1995, S. 1–39.

[21] U. Gleixner, »Das Mensch« und »der Kerl«. Zur Konstruktion von Geschlecht in Unzuchtsverfahren der Frühen Neuzeit (1700–1760), Frankfurt am Main 1991

[22] Vgl. G. Schwerhoff, Köln im Kreuzverhör. Herrschaft und Gesellschaft in einer frühneuzeitlichen Stadt, Bonn 1991. Den besten Forschungsüberblick bietet ders., Devianz in der alteuropäischen Gesellschaft. Umrisse einer historischen Kriminalitätsforschung, ZHF, 4/1992, S. 385–414.

Geldstrafen und Gefängnisstrafen machten das Gros der Strafen aus; sie ließen sich überdies vor und nach dem Urteil aushandeln. Wer durch Familie, Nachbarn oder Arbeitgeber unterstützt wurde, erreichte durch Fürbitten meist Strafmilderung. Diese Ergebnisse bestätigen, daß Macht als alltäglich gegenüber Subjekten ausgeübte Praxis zu untersuchen ist – Polizeiordnungen genügen schlichtweg nicht, um Aussagen über die soziale Wirklichkeit zu machen. Sie weisen auf die relative Schwäche frühneuzeitlicher Bürokratien bei der Durchsetzung der Moralpolitik hin und zeigen die Komplexität frühneuzeitlicher Herrschaftsweisen auf. Zudem ist zu betonen, daß es deshalb schwerfällt, lineare Entwicklungen hin zu disziplinierteren, »modernen« Lebensweisen auszumachen. Eher sind Diskontinuitäten in der Formulierung und Durchsetzung von Mandaten hervorzuheben, Phasen des intensiven Versuchs, in bestimmten Gebieten ein Verbrechen zu verfolgen, dessen Verfolgung anderswo jedoch versiegte, so daß Wandel nie homogen und gleichförmig war. Nur Lokalstudien können darstellen, wie sich Herrschaft durch Verwaltung in den Ämtern der Territorien ausnahm, wie Untertanen sozialen und institutionellen Wandel erfuhren und auf ihn reagierten.[23] Denn als Subjekte waren sie ihm nicht passiv unterworfen, sondern verstärkten, veränderten oder vereitelten seine Wirkung. Für den spezifischen Untersuchungsgegenstand dieses Buches bedeutet dies, daß beispielsweise genau danach zu fragen ist, welche Frauen aufgrund ihrer sozialen Situation leicht »Labellingprozessen« ausgesetzt waren und wie das örtliche »Geschwätz« wirkte.

Insgesamt bewegt sich diese Untersuchung damit auf verschiedenen Ebenen: Sie erklärt zunächst, wie eine Frau beispielsweise wegen Kindsmord vor Gericht kam und wie Delikte bestraft wurden. Ein besonderes Augenmerk gilt dem Einfluß von Bürgern auf die Verfolgungs- und Strafpraxis. Zudem werden die Lebensstrategien und Spielräume von Frauen verschiedener Schichten in unterschiedlichen sozialen Situationen dargestellt. Politische und konfessionelle Entwicklungen, die Einschätzungen der Bedrohlichkeit von Gesetzesüberschreitungen beeinflußten, werden diskutiert und die Ängste über sozialen Wandel, von denen sie zeugen. Schließlich werden die

---

[23] U. Rublack, *Frühneuzeitliche Staatlichkeit und lokale Herrschaftspraxis in Württemberg*, ZHF, 3/1997, S. 347–376.

Ergebnisse dieser Studie auf die Frage nach den Wirkungen des Paradigmas, Weiblichkeit verkörpere Begehren, bezogen. Seit dem 18. Jahrhundert verkehrte es sich in sein Gegenteil. Von nun an wurde Weiblichkeit zunehmend mit sexueller Passivität und einer positiven Sanftheit des »Gemüts« verbunden. Dieser Wandlungsprozeß läßt sich nur durch ein Verständnis des vorausgegangenen Konstrukts gefährlicher Weiblichkeit nachvollziehen sowie seiner gerichtlichen und alltäglichen Bedeutung.

2. Anzeige und Inquisition: Der Weg vor Gericht

Ein zentrales Paradox der frühneuzeitlichen Politik bestand darin, daß moralpolizeiliche Ansprüche stetig wuchsen, aber nicht entsprechend in Präventivmaßnahmen und Polizeikräfte investiert wurde. Diese Situation machte Obrigkeiten stark von der Kooperation der Bevölkerung bei der Deliktverfolgung abhängig. Um genauer zu verstehen, wer in der frühen Neuzeit wie vor Gericht gelangte, behandelt dieses Kapitel deshalb drei Fragen: Welcher Dynamik folgte das Gerede, wann erschien der Bevölkerung der Gang vor Gericht sinnvoll, und unter welchen Bedingungen operierte die obrigkeitliche Strafverfolgung?

Als Hauptquelle zur Rekonstruktion des Geredes dient ein recht einzigartiges Memminger Verhörprotokoll aus dem Jahr 1561. Der frühere Stadtschreiber Georg Meurer erwirkte die umfassende Befragung. Er hatte sein Amt 25 Jahre innegehabt und eine politisch einflußreiche Stellung besessen, bis er 1549 aus undurchsichtigen Gründen abgesetzt wurde.[1] Nun, zwölf Jahre später, hatte jemand das Gerücht in die Welt gesetzt, seine Tochter sei durch einen Heidelberger Studenten geschwängert worden. Die Familie habe sie zur heimlichen Niederkunft nach Speyer geschickt, um die Unzucht zu vertuschen und der Schande zu entgehen. Meurer wollte wissen, wer dies zuerst gesagt habe. Über 50 Memminger mußten angeben, wo und in wessen Beisein sie die Nachricht gehört oder weitererzählt hatten. Diese Quelle macht gleichzeitig deutlich, welche Mittel ein einflußreicher Mann wie Meurer in der Hand hatte, um Angriffe auf seine Ehre abzuwehren und dem Gerede den Status eines Gerüchts zu verleihen. Die Befragten äußerten sich deshalb vielleicht auch vorsichtiger über ihre Gespräche; gleichwohl läßt sich ein insgesamt plausibel erscheinendes Bild über die Dynamik des Geredes gewinnen. In unserem zweiten Fall begegnen wir einer für Kindsmordfälle typischen Ausgangskonstellation: Die vermeintliche Täterin war sozial schutzlos, und ihr wachsender Bauch diente als sichtbarer Beweis der geplanten Tat. Das Gerede verbreitete den Verdacht, die Tat bestätigte lediglich, was inzwischen als sicher galt. Dementsprechend schnell folgte die Verhaftung. In einem dritten Beispiel wird in der

---

[1] P. Frieß, Die Außenpolitik der Reichsstadt Memmingen in der Reformationszeit 1517–1555, Memmingen 1993, S. 243.

Beschäftigung mit einer ehebrüchigen Konstanzer Adeligen noch einmal das Milieu gewechselt. Der Fall zeigt, durch welche Überschreitungen (in extremen Fällen) selbst hochgestellte Frauen kurzzeitig ins Gefängnis wandern konnten und inwiefern das Gerede hieran beteiligt war.

▶ **Eine Schwängerung in Memmingen** ◀ Im Winter 1561 gab es in Memmingen zwei Ereignisse, an die sich alle Verhörten erinnerten. Zum einen an die Hochzeit der Stadtamtmannstochter Lehlin mit dem Stadtamtmannssohn Besserer, und zum anderen an den Wegritt der vermutlich schwangeren Tochter des früheren Stadtschreibers. Memmingen war eine kleine oberschwäbische Reichsstadt, die ungefähr 5000 Einwohner zählte. Während des 15. Jahrhunderts hatte sie eine zentrale Stellung im Fernhandel mit Italien und der Schweiz besessen. Handelsfamilien wie die Besserer und Lehlin zogen zu und festigten bald ihren Einfluß im Textilhandel und in der Politik.[2] Wie ein Kontrapunkt zu der ehrbaren Hochzeit, mit der sich die führenden Geschlechter in der nun angebrochenen Zeit des ökonomischen Niedergangs noch einmal enger zu verbinden suchten, war die Nachricht von der Schwangerschaft Madlena Meurers aufgetaucht. Sie hatte je nach Alter und Stand verschiedene Bedeutungen. Die Oberschicht sah die Selbstdeklassierung einer der ihr zugehörigen Familien. Für Bürgerfamilien machte sie die durch den Verlust der Jungfrauenschaft drohende Schande überdeutlich. Die ledigen Frauen sahen, daß eine angeblich »ehrbare« Tochter eine der wichtigsten Leitlinien übertreten hatte, die auch für ihr Leben maßgeblich war. Die Schande einer vorehelichen Schwangerschaft hielt sich in Grenzen, wenn der Kindsvater in die sofortige Heirat einwilligte. Madlenas Fall war gravierender. Denn es handelte sich um eine verheimlichte Schwangerschaft, bei der nur die wenigsten wußten, wer überhaupt als Kindsvater in Betracht kam.
Diese Tatsache und der Wegritt der Stadtschreibertochter machten die Leute stutzig. Folgende vier Aspekte des Geredes über die ver-

---

[2] R. Eirich, *Memmingens Wirtschaft und Patriziat von 1347 bis 1557. Eine wirtschafts- und sozialgeschichtliche Untersuchung über das Memminger Patriziat während der Zunftverfassung*, Ottobeuren 1971, S. 220, 223, 290.

heimliche Schwangerschaft werden untersucht: An welchen Orten wurde davon erzählt und wie, wer erteilte Redeverbote oder verfügte über Zusatzinformationen, um der Wahrheit auf die Spur zu kommen?

❯ **Gesprächsorte** ❮ Als die Witwe Dorothea Meier »Geschäfte halber« bei ihrer Schwägerin war, erzählte diese ihr, man sage, die Tochter des alten Stadtschreibers sei schwanger. Meier solle unbedingt mit ihrer eigenen Tochter darüber reden. Diese solle sich »behutsam halten, daß ihr kein Schmach begegne«. Die Witwe Meier tat genau dies: Sie erzählte ihrer Tochter Dorothea den Fall als warnendes Beispiel. Sie verbot ihr, mit irgend jemand sonst darüber zu reden. Aber dafür war die Nachricht viel zu aufregend. Dorothea stürzte wenig später in das Haus des Stadtamtmanns Lehlin. Dort nähte eine Ansammlung junger Frauen im Hinterstüblein für die Hochzeit der Katharina. Durch ihre Stiche am Hochzeitskleid und das Einsticken des Monogramms der Braut in die sorgfältig gesammelte Wäsche nahmen die ledigen Frauen am rituellen Übergang einer Jungfrau zur Ehefrau teil. Und natürlich ebenso an der Aufregung um eine feine, ehrbare Hochzeit. Alles fand unter Aufsicht der jüngeren Schwester der Braut statt. Ihr und der Köchin berichtete Dorothea die Neuigkeit von der schwangeren Jungfrau zuerst. Schnurstracks trug die Schwester der Braut die Nachricht in das Hinterstüblein. Auch anderen erzählte sie es, bis ihr Vater davon erfuhr und es verbot.

Daß man die Neuigkeit einer Ansammlung von Frauen erzählte, war ungewöhnlich. Meistens redete man zu zweit im Vertrauen darüber und gab die Information nur an ein oder zwei Leute weiter. Der arbeitslose Augsburger Vetter der Witwe Stein, der zeitweise bei ihr wohnte, hatte in der Stube einer Frau von der verheimlichten Schwangerschaft gehört. Er erzählte es seiner Kusine weiter und diese es nur noch der Magd des Pfefferlin. Doch auch so zog das Gerede seine Kreise. Als die Pfefferlinsche Magd mit der Näherin Anna Bugg auf eine alte Wäscherin wartete, begannen sie, über zwei andere schwangere Jungfrauen zu reden. Dann sagte die Magd: »Ich weiß von einer Feisten, die geht auch mit einem Kind.« Bei dem Jungfrauenhof des Lonser habe die Madlena das »Häß (Kleid) weit vorne aufgesperrt« gehabt. Alle Jungfrauen hätten mit dem Finger auf sie gezeigt. Die Näherin hörte ein zweites Mal von der Schwängerung, als sie zum Stoffschneiden in eine Schneiderwerkstatt kam. Näherinnen gingen in vielen Häusern ein und aus und waren deshalb Informationsträgerinnen. Dies konnte einträglich sein. Als Anna bei der Frau Doktor Bartholome nähte, versprach diese ihr einen halben Laib Brot Belohnung, wenn sie etwas über den Fall in Erfahrung brächte. Dieses besondere Interesse rührte vermutlich daher, daß die Frau Doktor in der Oberschicht vor allem mit höhergestellten Junkerinnen zusammenkam. Sank der Rang der Meurers, stieg ihrer.

Die häufigsten Gesprächsorte waren die Stube, die Gasse, unter den Fensterläden vor dem Haus, wo unter vier Augen oder *en famille* über Madlena gesprochen wurde. In der Familie wurden Neuigkeiten sofort berichtet, aber auch das galt nicht ausnahmslos.[3] Die Apotheke des Junkers Albanus Wolfhart, die sein Vater im Jahr 1500 eröffnet hatte, war ein weiterer Gesprächsort. Hier bedienten Albanus' ledige Tochter und ein Apothekergeselle. Neben Pülverchen und Pillen wurden unter den in guten Häusern dienenden Köchinnen und Mägden Neuigkeiten ausgeteilt. Männer sprachen in Wirtshäusern und während sie Geschäften nachgingen in der Stadt. Die Oberschichtsfrauen wußten genau, daß sich das »Schwätzen« nach außen hin nicht ziemte. Also taten sie dies ausschließlich in Innenräumen, etwa bei privaten Treffen in ihren Häusern. Vor allem aber redeten sie in der Kirche, beziehungsweise, wie sie beim Verhör hastig hinzufügten, beim Herausgehen, auf den Kirchstufen oder eigentlich erst auf dem Kirchhof. Die Vorsicht der Oberschichten, »schwätzerisch« zu wirken, belegt auch, daß der Bruder einer Junkerin ihr die Nachricht bei einer Einladung nur ins Ohr flüsterte! Vermögende Frauen hörten zu Hause sofort mit dem Tratsch auf, wenn eine Magd das Zimmer betrat. Bei anderen Schichten war das Privatheitsempfinden etwas anders: Mägde und Gesellen im Hintergrund störten bei Handwerkern nicht,[4] ebensowenig Kinder und Verwandte. Doch ein angefangenes Zweiergespräch galt als vertraulich und wurde beim Hinzukommen einer weiteren Person abgebrochen.

---

[3] *Jacob Briems Frau hatte zwar durch dessen Bruder von dem Gerede erfahren, ihr Mann erfuhr aber erst davon, als seine Schwägerin zum Verhör zitiert wurde.*

[4] *Ein Schneidergeselle hörte zweimal während der Arbeit in der Werkstatt davon, als seine Meisterin mit Köchinnen spann.*

❯ **Gesprächskonventionen** ❮ Ältere Frauen spannen vor allem zu zweit. Dabei redete man, wie zum Beispiel die Frau des alten Kellerers mit Frau Buff, »von allerlei, und sonderlich Kreuz und Leid« oder »Not und Leid«, wie die Buff bestätigte. Buff wußte durch ihre Mutter von der Sache, die Kellerersfrau durch ihre Köchin. Letztere brachte irgendwann die Rede sehr indirekt auf Madlena. »Man habe jetzt auch etwas von der alten Stadtschreiberstochter gehört, was ihr treulich leid sei«, sagte sie. Beide wollten sich darüber verständigen, daß sie Bescheid wußten. Frau Buff antwortete also nur, sie habe davon gehört. Es sei auch ihr leid. Gespräche begannen mit dem Verweis auf das Gerede selbst: »Man sage«, es sei so. Das Gerede war von Anfang an eine anonyme Instanz.[5] Dies schützte jeden vor der Anschuldigung, ein Gerücht in die Welt gesetzt zu haben. Zudem steuerte man indirekt auf den Gegenstand zu, um dem Gesprächspartner keine Unterhaltung darüber aufzuzwingen. Weil diese Annäherung gefehlt hatte, sagte die Hebamme aus, eine Frau habe »unaufgefordert« angefangen, davon zu reden. Sie brachte dann auch ihre Zweifel an, »es sei vielleicht nicht wahr«. Ein vorausgeschickter Satz konnte andererseits deutlich machen, daß es nicht um das »gehässige« Geschwätz über eine Person ging, sondern man den Fall als Zeichen eines allgemeinen Moralverfalls sah: »Es geht übel zu«, sagte Ludwig Stebenhabers Frau in der Kirche zu ihrer Schwester, man sage, Madlena sei schwanger. Es war eine Zeit der Teuerungen und wirtschaftlicher Not. Die im Vorjahr erlassene Zuchtordnung mahnte, diese Strafe Gottes durch ein weniger sündenreiches Leben abzuwenden.[6] Und doch bemitleideten viele Frauen Madlena, anstatt sie moralisch zu verurteilen.

Zuerst dienten die beiden anderen schwangeren Jungfrauen in der Stadt als Aufhänger für Gespräche. Als Madlena dann aus Memmingen verschwunden war, fingen die Gespräche der Oberschichtfrauen wie beiläufig mit dem unverfänglichen Satz an, »ach, daß die Madlena so bald weg (gegangen) ist«. Hieran ließen sich Vermutungen anschließen, zum Beispiel die der Frau Doktor Bartholome, die sagte, Madlena habe vielleicht aus Not weggemußt. Aber darüber hinaus

---

[5] Vgl. R. Schulte, Das Dorf im Verhör. Brandstifter, Kindsmörderinnen und Wilderer vor den Schranken des bürgerlichen Gerichts Oberbayern 1848–1910, Hamburg 1989, S. 166.

[6] StAMM, A 265/2.

wurde über die möglichen Hintergründe des Wegritts nicht spekuliert. Der Austausch über den Fall beschränkte sich grundsätzlich auf die Verständigung über das beidseitige Wissen von der Nachricht. Neugier wurde negativ sanktioniert. Frontal fragte eine Gürtlerstochter beim Weinholen eine Magd, »ob es wahr sei«, doch diese antwortete knapp, sie habe es auch gehört. Der Gürtler verbot seiner Tochter dann darüber zu reden, kaum wollte sie beim Essen davon anfangen. Ein Redeverbot erfuhr auch die Köchin der Wolfharts, so daß die beiden Mägde im Haus auch unwissend blieben. Ebenso verbot die Brengerin ihren Töchtern, es weiterzusagen, nachdem sie ihnen davon warnend erzählt hatte. Das unbedachte Herausschwätzen junger, lediger Frauen wurde zu unterbinden versucht, da sie Grund zur Mißgunst hatten.

Das zeigt sich auch an der Art, in der die Autorität der Informationsquellen überprüft wurde, bevor sich das Gerede überall ausgebreitet hatte. Der Möglichkeit, einem bloßen Gerücht aufzusitzen, war man sich bewußt. »Woher sie es wisse«, fragte Lienhart Dochtermanns Frau, als ihr die ledige Tochter Peter Knopfs über Madlena erzählte. Als diese nur eine andere ledige Tochter angab, befahl sie ihr zu schweigen. Denn die Maurerin, eine verheiratete Frau, hatte ihrerseits gesagt, es könne nicht sein. Vermeintlichen Gerüchten wurde so ein schnelles Ende gemacht. Seriöser erschien der Menzlerin die Information der Zieglerinnentochter, da sie es von ihrer Mutter wußte und die es wiederum aus dem Lehlinschen Haushalt. Auch die Oberschichtsfrauen mußten die Glaubwürdigkeit ihrer Informantinnen bezeugen. Eine Junkerin sagte zu ihren Freundinnen, »es habe ihr *ein Mensch* glaubhaftig gesagt, ...«. Frau Doktor Bartholome versuchte es so: »Man sage, und sonderlich hätte eine Frau aus der Kemptnergasse, die bei ihr ein und aus gehe gesagt, ...« Die Frau des Apothekers Wolfhart wußte dagegen, eine »vornehme Person« habe es gesagt. Sie widerrufe es auch nur, falls Madlena von Hebammen untersucht werde und diese etwas anderes feststellten. Das machte die Oberschichtfrauen skeptischer.

▎**Beweise ▎** Beurteilungen des Vorfalles kamen von Leuten mit vermeintlichem Wissen aus erster oder zweiter Hand, von Personen, die selbst *gesehen* und nicht nur gehört hatten. Denn dem Augenschein

wurde bedeutend mehr Wahrheitsgehalt zugeschrieben als dem Hörensagen. Die einzig erfundene Beobachtung war die über den Jungfrauenhof, bei dem man angeblich mit Fingern auf die schwangere Madlena im kaum geschnürten Kleid gezeigt hatte. Sonst gab es zunächst Gegenbeweise. Otmar Bregenzer war mit Madlena und ihrer Familie vor kurzem nach Speyer geritten. Von einer Schwangerschaft hatte er nicht das geringste bemerkt. Eine Frau hatte noch vor 14 Tagen mit Madlena auf dem Markt Äpfel gekauft und gewogen. Da sei ihr nichts aufgefallen. Anna Bienger befand, auf der Hochzeit der Dietmännin sei »die Sachen um die Madlena, wie ein Jungfrauen gestanden«. Die Junkerin Brenger warf Frau Doktor Bartholome anfangs glattweg vor, ihre Informantin habe gelogen. Sie selber sei letzte Woche mit Madlena bei einer Einladung am gleichen Tisch gewesen. Da habe sie, wie eine Jungfrau, keinen Fisch gegessen.[7]
Doch bald häuften sich verdächtige Indizien. Junker Brengers Frau war skeptischer geworden, als sie hörte, in dem Haus des alten Stadtschreibers habe es großen Lärm und ein Stimmengewirr gegeben, aus dem sich heraushören ließ, daß der Doktor Berman und ihr Vater Madlenas Wegritt wollten, ihre Mutter aber nicht. Der winterliche Wegritt mit dem Doktor war allemal wundersam. Die Frau des Junkers Lynsen sah die beiden davonreiten. Später fragte sie Madlenas Mutter auf der Gasse, warum sie ihre Tochter im Winter von sich lasse. Diese entgegnete, sie sehe es auch nicht gerne, aber ihr Mann und der Doktor hätten es so gewollt. Dann trafen Meldungen von der angeblichen Niederkunft ein (obwohl, Brengers Frau zufolge, inzwischen auch etliche Leute meinten, sie habe das Kind schon vor dem Wegritt gehabt). Die Magd des Stadtamtmanns Besserer hatte von einer Wäscherin gehört, Madlena liege in Augsburg im Kindbett. Ein Junker erhielt durch seine Kindermagd eine scheinbar zuverlässige Information. Ihre Schwester diente bei Doktor Berman in Speyer und hatte die Niederkunft gesehen. Durch Verwandte, Bekannte und Handelspartner waren die Informationsnetze der Memminger weit gespannt. Lehlins Schwiegersohn sagte bei einer Zeche, sogar in München habe man sich schon von der Geburt erzählt.
Alles in allem war diesen Spekulationen durch den seltsam anmuten-

---

[7] *Fisch war ein Symbol der Fruchtbarkeit, und man glaubte, schwangere Frauen hätten ein unstillbares Verlangen nach Fisch.*

den Wegritt viel Nahrung gegeben worden, und daß der Stadtschreiber die Befragung anordnete, räumte sie auch nicht aus. Die Oberschicht erwartete eine offene Erklärung des Sachverhalts und war indigniert über die sich hinziehenden Verhöre. »Ach Gott, wann ist es nur aus«, bekannte Albanus Wolfharts Frau, bei der Heimkehr ihrer Mägde von dem Verhör gesagt zu haben. Keine Informationen waren vom Gesinde der Meurers aus dem Haus gedrungen. Genauso hatte der Stadtschreiber Madlena unter Kontrolle, die selber völlig unsichtbar blieb. Auch das Verhör schaffte keine Klarheit. Es war unmöglich, irgend jemanden herauszufinden, der das Gerücht eindeutig in die Welt gesetzt hatte.[8]

▸ Resümee ◂ Die Verheimlichung von Information nährte das Gerede. Ordnung beruhte darauf, daß einem engeren oder weiteren Kreis an Menschen alle Informationen zugänglich waren, die über die Ehre einer Person bestimmten. Denn Ehre war zwar einerseits je nach Stand, Geschlecht und Alter festgelegt, wurde aber andererseits mit redlichem Alltagsverhalten verbunden und aufgrund moralischer Qualitäten zugeschrieben. Redlichkeit bewies man vor allem durch eine integere Selbstdarstellung und den fairen Umgang mit Besitz. Wenn Meurer also die Entjungferung seiner noch unverheirateten Tochter vertuschte, war dies unredlich: Er verdeckte »unehrbares« Verhalten, wollte sie demzufolge weiterhin als Jungfrau verheiraten und eine entsprechende Mitgift fordern. Das Gerede entschied so, vor allem innerhalb der eigenen Schicht, neu über das Ansehen einer Person und Familie und damit über Heiratschancen und Vertrauen. Die Männer der Oberschicht, die am ungeniertesten zugaben, oft über Madlenas Fall gesprochen zu haben, suchten Klarheit über die Redlichkeit der Stadtschreiberfamilie, weil dies ihr Handeln mit Meurer direkt betraf. Für die frommen Frauen der Oberschicht war der Fall ein bedauernswertes Zeichen für den Niedergang der Moral und die stete Bedrohung »ehrbarer« Jungfrauenschaft. Die zweite Gruppe, die der Fall direkt anging, waren die jungen, ledigen Frauen. Für sie geriet etwas an dem sie korsettierenden Wertesystem der Keuschheit

---

[8] *Zwischen 1563–70 brachte Meurer Beleidigungsklagen gegen die Doktoren Bartholome und Ulrich Wolfhart vor,* StAMM, A 159/2.

ins Wanken, wenn jemand aus der Oberschicht den aufgegebenen Widerstand gegen die Versuchung kaschieren konnte. Die ledigen Frauen waren deshalb die einzigen, die unkontrolliert über Madlena erzählen mußten, dies deshalb aber häufig verboten bekamen. Insgesamt zeigt sich, daß es, von den ledigen Frauen abgesehen, kaum geschlechtsspezifische Unterschiede beim Gerede gab.[9] Interaktionsregeln leiteten sich vom Stand und dem Vertrautheitsgrad der Redenden ab. Niemand erging sich im Geschwätz. Man tauschte kurz die Information aus oder in der zweiten Phase, als deutlich war, daß die meisten davon wußten, die Tatsache des Mitwissens. Die Interaktionen zielten nicht auf eine explizite Verurteilung. Das Gerede registrierte einen Fall möglicher Delinquenz sowie die Veränderung von Statuspositionen. Bis es eindeutige Beweise gab, blieb man wachsam und wartete ab.

▶ **Kindsmord in Urach** ◀ Als 1630 in Urach Maria Späth verdächtigt wurde, ihre Schwangerschaft zu verheimlichen und einen Kindsmord zu planen, war ihre Lage wesentlich ungünstiger als die der Memmingerin. Als Magd war sie täglich zum Markt unterwegs, holte Wasser, arbeitete im Feld, sammelte Holz, schnitt Gras, saß sonntags auf den hinteren Kirchbänken. Jeder sah, daß ihr Bauch kugelrund wurde. Maria war noch fremd in dem ca. 2000 Einwohner zählenden Urach, kam aus Laichingen und diente bei ihrer verwitweten Tante. Marias Vater, ein Pfarrer, war vor kurzem gestorben. Kein männliches Familienmitglied sorgte für Schutz. Maria war über 30 und noch ledig. Viele deuteten ihre wechselseitigen Besuche mit einem Laichinger Weber als eindeutiges Zeichen einer Liebschaft. Und sie befragten sie direkt über den wachsenden Bauch. Maria erklärte, sie leide unter Wassersucht. Über ein Vierteljahr hinweg mehrten sich die Vermutungen. Eine Frau mutmaßte zu einer Nachbarin der Späths, in diesem Haus sei etwas nicht in Ordnung. Aber die Wahrheit werde ja einmal herauskriechen. Die Frau des Bürgermeisters sagte Maria frei heraus, sie sei schwanger. Man verpaßte ihr den

---

[9] *Dies im Gegensatz zu S. Hindle, The Shaming of Margaret Knowsley: Gossip, Gender and the Experience of Authority in Early Modern England, Continuity and Change, 9/1994, S. 391–419.*

Spitznamen »dicke Maria«. Trotzdem versuchte Maria sich, so gut es ging, zu wehren. Als eine junge Frau am Haus vorbeiging und sie »frech« fragte, ob es wahr sei, daß der Weber sie geschwängert habe, schalt Maria sie eine Närrin. Auch in Laichingen, einem von ca. 1200 Menschen bewohnten Weberort an der Handelsstraße zwischen Urach und Ulm, wußten inzwischen alle von der vermeintlichen Schwangerschaft. Darüber beklagte Maria sich gegenüber einer jungen Laichinger Ehefrau, schob die Schürze zur Seite und forderte sie auf, ihren Bauch zu betasten. Doch die Frau war noch nicht schwanger gewesen und wußte nicht, wie hart oder weich sich so ein Bauch anfühlen sollte.

Die Verheimlichung hatte einen klaren Grund: Maria sollte erst nach dem Tod der Tante die große Erbschaft ihres Vaters bekommen. Vermutlich hatte sie Angst, das Geld durch die voreheliche Schwangerschaft oder eine Heirat mit dem Weber zu verlieren. Der Mord an dem ungewollten Kind sollte ihre Ehre und Zukunft wahren. Nach der Niederkunft ging es Maria aber dann so schlecht, daß die Tante alle Nachbarinnen zu der Bettlägrigen rief. Die Hebamme und »geschworenen Weiber« untersuchten Maria und wollten sie zu einem Geständnis zwingen. Maria beharrte darauf, krank zu sein. Doch zwei Tage später wurde der tote Säugling hinter einer Scheune ausgegraben.

Es war kaum vorstellbar, daß eine ledige, schwangere Frau am Ort bleiben, dort tagtäglich mit einem großen Bauch herumlaufen und die Geburt erfolgreich verheimlichen konnte. Maria wußte aber keinen Ausweg: Ihr Wegzug hätte das Mißtrauen der Tante erregt. Wenn eine Familie bewußt hinter der Verheimlichung einer Schwangerschaft stand, brachte sie die Frau, wie in Madlenas Fall, oft zur Geburt weg, meist zu Verwandten. Wenn sie wiederkam und dies nur einmal vorkam, wurde hierüber im Ort »wissend« geschwiegen. An Marias Fall erstaunt zunächst, daß die Leute trotz der eindeutigen Indizien bis zur Geburt abgewartet hatten. Keiner alarmierte vorher den Amtmann, dessen Haus am Marktplatz lag. Er konnte deshalb auch erst in letzter Minute die Besichtigung durch die Hebamme anordnen. Erschwerend kam sogar hinzu, daß manche die Tante für »ein böses Weib« hielten. Eine der Nachbarinnen war ihr gegenüber besonders feindlich eingestellt. Sie kam ungebeten zu den Frauen dazu, die um das Bett Marias standen, suchte mit einem Licht nach einem

Gewächs und gab später aus, sie habe die Geburt gesehen. Doch dem Amtmann sagte sie nichts.

Zwischen einem Verdacht, dem Gerede und einer Anzeige bestanden deutliche Grenzen. Eine Schwangerschaft provozierte das Gerede auf besondere Weise, da für jeden *sichtbar* war, daß eine Frau monatlich dicker und runder wurde. Viele der Frauen, die einen Kindsmord planten und als Mägde oder Tagelöhnerinnen ohnehin mobil waren, zogen deshalb in den letzten Schwangerschaftsmonaten weg. In dem neuen Ort kannte man sie dann nur als dick. Mißtrauen erregte oft erst der plötzlich »verlorene« Bauch.[10] Auch andere Delikte, wie Unzucht und Inzest, kamen fast ausschließlich durch die Schwangerschaft einer ledigen Frau vor Gericht: Dieser sichtbare Beweis machte das Ableugnen einer unehelichen Beziehung unmöglich. Die Gemeinde wollte geklärt wissen, wer als Vater galt, das Kind nähren und beerben sollte. Das Gerede versuchte hier also Ordnung in »örtliche Besitz- und Machtgefüge« zu bringen.[11] Wie Ulrike Gleixner zeigt, wurde deshalb je nach Stand und Arbeitssituation der Kindseltern verschieden über uneheliche Schwangerschaften geredet und mit ihnen verfahren: Zunächst versuchte man den Kindsvater herauszukriegen, ihn zu einer Heirat oder zumindest dem Eingeständnis der Vaterschaft zu bewegen. Erst wenn dies unmöglich schien, war die gerichtliche Klärung notwendig. Besaß der Kindsvater jedoch einen sehr viel höheren Stand als die Frau und Macht im Dorf, wurde geschwiegen.[12] War der Kindsvater mobil, ein inzwischen verschwundener Geselle, Knecht oder Soldat, blieb die Frau als Problem. Im südwestdeutschen Raum wurden uneheliche Kinder als ungebührliche Belastung der Armenkassen angesehen. Eine unverbürgerte Frau mit einem unehelichen Kind wurde deshalb ausgewiesen – sie hatte keinen Anspruch auf Almosen. Dies war klar, und von daher gab es auch nicht viel zu reden. Auch ihr Ehrverlust war weniger brisant und das Gerede dadurch begrenzter. Nur wenn, wie bei dieser Gruppe naheliegend, die Frau ihre Schwangerschaft zu verheimlichen schien, galt es einen Kindsmord vorzubeugen. Männer und Frauen warnten die

---

[10] *Vgl. Kap 6.*
[11] *Siehe Schulte, Das Dorf im Verhör, S. 173.*
[12] *U. Gleixner, »Das Mensch« und »der Kerl«: Die Konstruktion von Geschlecht in Unzuchtsverfahren der Frühen Neuzeit (1700–1760), Frankfurt am Main 1994, S. 186.*

Verdachtsperson vor den Folgen des Kindsmords. Aber anders als es das württembergische Kindsmordreskript von 1658 verlangte, meldete man sie selten dem Amtmann, der sie dann notfalls bis zur Geburt inhaftieren sollte. Das Beharren der Schwangeren auf einer anderen Wirklichkeit hatte Kraft. Und doch sagte eine 70jährige Frau zu Maria Späth, nachdem sie kurzerhand an ihre Brüste gegriffen und diese für weich befunden hatte, man werde ihr bestimmt den Kopf abhauen. Und genauso kam es: Maria wurde enthauptet. Ganz Urach sah ihren Tod.

› **Ehebruch in Konstanz** ‹ Dreißig Jahre später wurde in Konstanz die adelige Maria Anna Barbara Atzenholtz des wiederholten Ehebruchs verdächtigt. Sie sollte eine Affäre mit dem Sohn eines Ratsmitglieds haben, einem Junker und Baumeister.[13] Dessen Mutter hatte schließlich Anzeige erstattet, woraufhin Junker Atzenholtz die immense Summe von 6000 Gulden von ihr forderte und versicherte, die Atzenholtzens wollten »lieber all unser Hab und Gut, ja das Leben selber« verlieren als einen »solchen Schandflecken« tragen. Nicht zuletzt solche drohenden Verleumdungs- und Entschädigungsklagen machten Bürger zu zurückhaltenden Anzeigern. Doch hier schienen die Indizien für sich zu sprechen. Im Gegensatz zu den Meurers in Memmingen bewohnten die Atzenholtzens trotz ihres Standes kein Haus, das Privatheit garantierte. Besonders das Treiben im Gartenhäuslein war von einem Hinterhaus aus überblickbar. »Böser Leute neidhafte Ohren« wurden durch die dichte Bauweise gespitzt, die Zungen zum »Geschwätzwerk« geschärft. Wenn Atzenholtz über das Feld ritt, sah man den vermeintlichen Liebhaber zweimal täglich durch die Hintertür ins Haus gehen und dies über Wochen. Im Gartenhaus speiste, trank und scherzte das Paar. Eine im Hinterhaus wohnende Spitzenwirkerin berichtete, das Barbele, die Feilträgerin, habe gehört, wie der Sohn seine Mutter eine Hure gescholten habe. Die Viehmagd erzählte den Hinterhausbewohnerinnen obendrein, wenn der Liebhaber komme, »sei nichts als auftragen, essen und trinken, von Pasteten und anderem, die Frau verkaufe den neuen Wein und lasse den alten in das Haus und in das Gartenstüblein holen«.

---

[13] StAKN, K 51, 21. 7. 1660.

Vor allem das frühere und jetzige Gesinde sowie andere Mägde und die Feilträgerin waren als Zeugen nützlich.[14] Die Treuepflicht erlegte dem Gesinde normalerweise Schweigen auf, doch natürlich erzählten sie Feilträgerinnen oder Viehmägden, die nur die Küche betreten durften, was in der Stube vor sich ging. Feilträgerinnen waren wie Näherinnen an keine Schweigepflicht gebunden, mußten sich aber trotzdem vorsehen, durch Geschwätzigkeit keine Kunden zu verprellen. Deshalb redeten sie vor allem in derselben sozialen Schicht, von der aus sowieso keine Anzeige gegen Bessergestellte gewagt werden konnte.

Bei einer vermeintlich ehebrüchigen verheirateten Frau war eine Schwangerschaft kein Indiz. Also mußten Beobachtungen von Treffen genügen. Und so berichtete die Köchin, sie habe nachts oft Fisch, Braten und Spargel in die Glut stellen müssen und Trauben auf den Tisch. (Dieser Überfluß verärgerte sie vor allem, weil das ihr zugestandene Essen dürftig war.) Direkte Hinweise auf einen Ehebruch hatte nur eine Magd gesehen. Sie hatte das Paar im Bett gefunden, mit ihren »Gesichter(n) zueinander wie zwei Eheleute«. Eine andere Magd, die im vergangenen Jahr bei den Atzenholtzens gedient hatte, wußte weiteres zu berichten. Jedesmal, wenn der Liebhaber gekommen sei, seien nicht nur unverzüglich die Kinder aus der Stube »ausputzt«, sondern auch der beste Wein und allerhand Konfekt geholt worden. Das Bett sei mit zwei Hauptkissen auf das »Beste und Köstlichste« gerichtet worden und am Morgen ganz »verwalet« (zerknittert) gewesen. Auch mit schönen Bändern verschlossene Briefe hatte die Magd dem Liebhaber zugetragen. Richtig beunruhigend war aber das unheimliche Verhalten der Atzenholtzerin. Sie schalt ihren Mann öffentlich einen »alten Teufel«, bei dem liegen zu müssen eine Schande sei. Solche Äußerungen waren »ärgerlich«. Wurde ihr dies vorgehalten, wehrte sich Barbara mit dem blasphemischen Ausruf, es seien Fürsten und »andere Personen viel höheren Standes in der Hölle«, noch dazu viele mit einer weniger zähen Haut, als sie sie besitze. Wenn diese Höllenqualen erleiden könnten, sei sie allemal dazu imstande. Solche Äußerungen schockierten! Ihrer Magd hatte Barbara außerdem einmal ein Pulver gegen das Altwerden gezeigt. Dies erklärte vermutlich ihre Attraktivität für einen jüngeren Mann.

---

[14] Vgl. L. Stone, Road to Divorce: England 1530–1987, Oxford 1990, S. 211–230.

Das Finale folgte bei Barbaras Festnahme. Nun sah die ganze Nachbarschaft, wie ungebührlich sie sich benahm. Das Ratsdekret über ihre Vorladung vor Gericht und die sofortige Inhaftierung warf sie unbesehen aus dem Fenster. Der Stadtknecht wollte sie festnehmen, doch sie ergriff wütend ein Messer. Nur ein Aufgebot der Stadtwehr konnte sie abführen; ein seltener Tumult in der Nachbarschaft. Eine Nacht und einen halben Tag blieb Barbara inhaftiert; dann bewirkten die von ihrem Mann in Bewegung gesetzten Fürbitten von Junkern, anderen hohen Herrn und dem Dompropst ihre Freilassung. Doch der Spott in der Stadt und Nachbarschaft war so groß, daß die Atzenholtzerin sich erst nachts nach Hause schlich. Sie appellierte jedoch an den Rat, das Gerede als ein richtiges »Weibergeschwätz« und eine »Gassenmähr« abzutun – und scheiterte.[15]

› **Die Logik des Geredes** ‹ Je offener abweichendes Verhalten vertreten wurde, desto leichter kam es zu Gerede, das den Angriff auf die Normen verurteilte und Ordnung wiederherstellen wollte. Das Gerede sorgte für eine erhöhte Aufmerksamkeit und eine Atmosphäre der Vorverurteilung. Es wurde über sehr lange Zeiträume warnend weitergetragen. Das Gerede bestand in dieser ersten Phase vor allem aus dem Austausch des Wissens über den Verdacht und drückte Argwohn über verheimlichte Abweichungen aus. In dieser Phase konnten auch Vorbehalte gegenüber dem Verdacht geäußert werden. Insofern ist es also richtig, Gerede als Meinungsbildungs- und nicht nur als Verurteilungsprozeß zu beschreiben.[16] Nur Informationen aus erster Hand spezifizierten das Gerede in einer zweiten Phase. Eine gerichtliche Anzeige folgte dem Gerede aber in der Regel nur, wenn zu Verdachtsmomenten »substantielle Elemente«, also scheinbar eindeutige Beweise, hinzukamen.[17] Erst wenn diese Beweise existierten

---

[15] StAKN, K 51, 21.7.1660.
[16] Vgl. J. B. Haviland, Gossip, Reputation and Knowledge in Zinacantan, Chicago 1977, der der Auffassung von Gerede als Ausdruck verfestigter Normen und sozialer Kontrolle widerspricht; etwa im Gegensatz zu D. Garrioch, Neighbourhood and Community in Paris, 1740–90, Cambridge 1986, bes. S. 31–33.
[17] E. Labouvie, Zauberei und Hexenwerk. Ländlicher Hexenglauben in der frühen Neuzeit, Frankfurt am Main 1991, S. 201.

und sie auf eine Tat hinwiesen, die die Gemeinschaft deutlich verurteilte, wandelte sich das Gerede zum »Geschrei«, das die Obrigkeit nun nicht überhören konnte und sollte.[18] Denn das »Geschrei« war seit dem Mittelalter eine übliche »Rechts-und Klageform« bei Kapitalverbrechen.[19]

Das Gerede war somit ein kollektiver Informationsprozeß, der die Wahrscheinlichkeit des abweichenden Verhaltens einer Person auslotete. Es war weit davon entfernt, unkontrolliert zu sein und seine eigenen Wahrheiten zu schaffen. Es gab Regeln dafür, wer wie mit wem redete, die vor allem durch den Stand, den Arbeitskontext und die Art der Beziehung der Redenden definiert waren. Geschlecht schien kaum für Unterschiede zu sorgen, obwohl auffällig ist, daß außer in der Familie und Verwandtschaft anscheinend nach Geschlechtern getrennt geredet wurde. Das boshafte, schnatterhafte »Weibergeschwätz« war ein Negativstereotyp.[20] Es versinnbildlichte die unkontrollierte und damit sozial unverständige Rede. Ihr versuchten alle Interaktionsregeln entgegenzuwirken.[21]

Wie wahrscheinlich ein Verdacht letztendlich schien, hing von einer Reihe weiterer Faktoren ab. Wichtig war nicht nur der Ruf der Person selbst, sondern genauso derer, mit denen sie verwandtschaftlich oder freundschaftlich in Verbindung gebracht wurde. Bei Frauen wirkte sich das Fehlen eines schützenden männlichen Familienmitglieds negativ aus. Leute, die von außen kamen und nicht verbürgert waren oder feste Beziehungsnetze geknüpft hatten, konnten – wenn die Beweise gegen sie sprachen – auf wenig Unterstützung hoffen. Bürger waren dagegen meist erst in Gefahr, angezeigt zu werden, wenn sie von schweren Verbrechen nicht abzuhalten waren oder verschiedene »Konfliktpotentiale« auf sich vereinigten, das heißt auf Almosen

---

[18] Vgl. D. W. Sabean, Das zweischneidige Schwert. Herrschaft und Widerspruch im Württemberg der frühen Neuzeit, Frankfurt am Main 1990, Kap. 5.

[19] E. Schubert, »bauerngeschrey«. Zum Problem der öffentlichen Meinung im spätmittelalterlichen Franken, Jahrbuch für fränkische Landeskunde, 34/35–1974/75, S. 887.

[20] N. Schindler, P. Holenstein, Geschwätzgeschichte(n). Ein kulturhistorisches Plädoyer für die Rehabilitierung der unkontrollierten Rede, in R. v. Dülmen (Hg.) Dynamik der Tradition, Frankfurt am Main 1992, S. 41–108.

[21] Als »Kindergeschwätz« tat 1674 eine Frau im gleichen Sinn einen Hexereivorwurf gegen sich ab, StAH, 4/485, 21ʳ, 2.3.1674, Ursula Rüger.

angewiesen waren oder im Überfluß lebten und *zudem* unzüchtig, blasphemisch, für ihr Alter untypisch, kaum integriert oder sonst abweichend erschienen.[22] Das Gerede bildet damit nur bedingt die moralisch fundierte Toleranz oder Intoleranz in frühneuzeitlichen Gemeinschaften ab. Gerade aufgrund der räumlichen und sozialen Nähe benötigt diese Gesellschaft das Gerede ebenso wie die Regel, daß man seine Nase nicht in anderer Leute Angelegenheiten steckte. Eben diese Dialektik von Nähe und Distanz, Wissen und Schweigen verstand die Obrigkeit nicht, wenn sie meinte, aus der Nähe und dem Wissen entsprängen Denunziationen und Moral.

ANZEIGEVERHALTEN, AUßERGERICHTLICHE KONFLIKTLÖSUNGEN UND MORALISCHE NORMEN Anzeige und Verurteilung stellten also nicht den Horizont des Geredes dar. Überhaupt war der Gang vor Gericht in bezug auf die meisten Delikte nicht der erste, sondern der letzte Gedanke von Opfern und Zeugen.[23] Gerichte wurden von den wenigsten um des abstrakten Erhalts der moralischen Ordnung willen eingeschaltet. Prozeßakten zeigen deshalb die Spitze eines Eisbergs vorhandener Devianz und Delinquenz.[24] Das gängige Anklagemotiv war die Betroffenheit durch einen Tatbestand, der sich außergerichtlich nicht mehr regeln ließ.[25] Entweder waren Vermittlungsversuche durch die Familie, Nachbarn und Freunde gescheitert, oder sie waren unmöglich, der Täter marginalisiert oder fremd.

---

[22] *Labouvie, Zauberei und Hexenwerk,* S. 195–202.
[23] *Böswillige Anzeigen natürlich ausgenommen;* vgl. dazu D. Hay, *Prosecution and Power: Malicious Prosecution in the English Courts, 1750–1850,* in Hay, Snyder (Hg.), *Policing and Prosecution in Britain 1750–1850,* Oxford 1989, S. 343–396.
[24] Vgl. J. A. Sharpe, *Enforcing the Law in the Seventeenth-Century English Village,* in Gatrell, Lenman, Parker (Hg.), *Crime and the Law: The Social History of Crime in Western Europe since 1500,* London 1980, S. 97–119; N. Castan, *The Arbitration of Disputes under the Ancien Régime,* in J. Bossy (Hg.) *Disputes and Settlements: Law and Human Relations in the West,* Cambridge 1983, S. 219–260; P. King, *Crime, Law and Society in Essex, 1740–1820,* Diss. phil. masch. Cambridge University 1984; C. Herrup, *The Common Peace: Participation and the Criminal Law in Seventeenth-century England,* Cambridge 1987; R. Shoemaker, *Prosecution and Punishment: Petty Crime and the Law in London and Rural Middlesex, c. 1660–1725,* Cambridge 1991.
[25] Shoemaker, *Prosecution and Punishment,* S. 315.

› Diebstahl ‹ Die beste Möglichkeit, die Breite des außergerichtlichen Umgangs mit Delikten zu erfassen, bietet sich beim Diebstahl.[26] Wenn eine Diebin in flagranti ertappt wurde, wurde es gemeinhin als am einfachsten angesehen, ihr das Diebesgut abzunehmen und sie zur Strafe zu schlagen. Agnes Knab wurde 1571 zweimal von den sie einholenden Mägden alles Diebesgut abgenommen und dann laufen gelassen.[27] Frauen trugen keine Waffen, so daß bei der Konfrontation keine Körperverletzung zu erwarten war. Ließ sich eine Diebin festhalten, wurden Schläge ausgeteilt. Sie sollten von einer Wiederholungstat abschrecken. Eine Memmingerin, die von einem Weber Garn gestohlen hatte, wurde beispielsweise so verprügelt, daß sie Jahre später bekannte, »sie sollte es ihr Lebtag nit vergessen«.[28] Manchmal reichte schon ein Diebstahlsverdacht, um auf vermeintliche Diebe loszuschlagen. Eine Hanfkrämerin auf dem Konstanzer St. Konradsmarkt war beispielsweise 1675 durch ein großes Gedränge in Alarmbereitschaft, denn ihr Angebot an Hanf hatte sie nur auf einem Stuhl ausliegen. Kaum kam ihr eine Webersfrau verdächtig vor, schlug sie ihr mit Hanf auf den Kopf und zerrte ihren Hut ab, ohne ihrem Protest zuzuhören.[29] Es war zeitaufwendig, eine Diebin festzunehmen, sie zum örtlichen Bürgermeister oder Amtmann zu bringen, anzuzeigen und ihren Diebstahl zu beweisen. Bei umherziehenden Diebinnen nutzten obrigkeitliche Strafen zudem kaum. Ihnen drohte gewöhnlich nur ein kurzer Gefängnisaufenthalt, eine Schandstrafe und unter Umständen die Verbannung. Letztere kümmerte sie wenig, weil sie ohnehin weiterzogen und andernorts unerkannt blieben. Schand- und Verbannungsstrafen waren also nur bei den wenigen ansässigen Diebinnen wirkungsvoll.

Wenn kein konkreter Tatverdacht bestand, half das Alarmieren der Obrigkeit ebenfalls kaum weiter. Gefahndet wurde nur nach Die-

---

[26] P. Wettmann-Jungblut, »Stelen inn rechter hungersnodtt«. Diebstahl, Eigentumsschutz und strafrechtliche Kontrolle im vorindustriellen Baden 1600–1850, in R. v. Dülmen (Hg.), Verbrechen, Strafen und soziale Kontrolle, Frankfurt am Main 1990, S. 166–171.

[27] StAKN, HIX 33, 14.3.1571.

[28] StAMM, A 44 c, 7.2.1564, Margaretha Riechlerin; Die Vagantin Anna Knecht, die bei Bauern im Haller Umland eingebrochen hatte, wurde beispielsweise auf einem Feld gefaßt, wo man sie, trotz ihres Babys, »wohl abbleute« und dann laufen ließ, StAH, 4/480, 4.9.1574, 211ʳ.

[29] StAKN, K 56, 23.1.1675.

besbanden. Also mußten Opfer ihre eigene Verfolgungstour planen. Da »Kleindiebstähle« in einer Mangelgesellschaft keine Bagatelle waren, zeigten Bestohlene auch eine erstaunliche Einsatzbereitschaft. Als ein Nürtinger Wirt, dem ein Paar braune Strümpfe abhanden gekommen war, hörte, daß eine Frau dieses am nächsten Tag auf dem Tailfinger Markt verkauft habe, machte er sich dorthin auf und stellte die Diebin.[30] Andere gingen gleich zum nächsten Markt und suchten nach dem Diebesgut. Das Cannstatter Schulmeisterehepaar erwischte so 1696 eine Diebin, die bei ihnen »Weiberkleidung« gestohlen hatte und nun auf dem Zuffenhauser Markt verkaufte.[31] Durch die genaue Kenntnis der wenigen Gegenstände, die man besaß, der tausendmal geflickten, gestopften und umgearbeiteten Kleidung, zerbeulten Kupfernäpfe und angestoßenen Krüge, hoffte man auf lange Zeit hin, verlorenes Gut irgendwann wiederzuentdecken. Diebesgut zirkulierte in der Gebrauchtwaren-Ökonomie ständig. Dadurch kam es zu aberwitzigen Situationen: 1698 bekam eine Konstanzerin ein religiöses Kleinod zum Kauf angeboten, das ihre eigene Schwester der Heiligen Mutter von St. Joß gestiftet hatte.[32]

Auch von Siebdrehen oder Diebessegen versprach man sich mehr Hilfe als von Stadtknechten.[33] Segen wurden auf kleinen Zetteln oder mündlich über Generationen weitergegeben. Wahrsager wurden befragt. All dies ahndeten protestantische Obrigkeiten drakonisch. Als der Haller Obrigkeit beispielsweise 1676 zu Ohren kam, daß eine Hebamme wegen eines verlorenen Stück Tuchs zu einem Wahrsager nach Elpershofen gegangen war, sperrte man sie einige Stunden ein und entließ sie von ihrem Amt, weil ein solches »abergläubisches Regiment einer geschworenen Hebamme gar nicht gebühre«.[34] Zwei Monate später verbannte man eine verheiratete Frau, da ein umherziehender Wahrsager aus »Spiegel und Glas« den Verbleib eines Ge-

---

[30] HStASt, A 209, Bü.1735, 31.10.1694, Catharina Rotter.
[31] HStASt, A 209, Bü.1251, 24.9.1696, Catharina Lonsinger.
[32] StAKN, K 65, 15.1.1698, Anna Kolb.
[33] Vgl. E. Schubert, Arme Leute, Bettler und Gauner im Franken des 18. Jahrhunderts, Neustadt 1983, S. 258; zu Diebesabwehrsprüchen siehe T. Hoffmann, Zaubersprüche aus dem 17. Jahrhundert, in Volkskunde=Blätter aus Württemberg und Hohenzollern, 1/1911, S. 6f.
[34] StAH, Maria Kress, 4/484, 4.8.1676, 49ʳ.

genstandes zu ersehen versucht hatte.[35] Diesen Gegenstand vermißte die Frau seit Jahren. Auch dies belegt, daß man Dinge nicht so leicht verloren gab. Man sehnte sie herbei und tat für ihr Wiedererlangen viel, obwohl dies natürlich vom Wert der Gegenstände und der inzwischen vergangenen Zeit abhing. Die meisten Bemühungen waren vermutlich umsonst, denn Diebe waren gewitzt und schnell über alle Berge.

Allein der Diebstahl durch das Gesinde im Haus war besser aufzuspüren. Lebensmitteldiebstahl fiel je nach der Größe der Vorräte mehr oder weniger schnell auf, zudem verzehrte das hungrige Gesinde Brot und Wurst sofort und vertrank den Wein flugs mit Freunden. Entwendete Gegenstände ließen sich leichter entdecken. Sie verschwanden meist in den Truhen der Mägde, um das Heiratsgut aufzubessern. Also sahen Meisterinnen zuerst dort nach. Eine Konstanzer Spenglersfrau tat dies 1696, nachdem ihr wiederholt Geld fehlte. Ihre Magd, eine Taglöhnerstochter aus dem Schwarzwald, schien treu. Doch in den Tiefen der Truhe fanden sich Spitzen und Silberzeug, die sie von der Hälfte des gestohlenen Geldes gekauft hatte.[36] Eine Magd, die teure Gegenstände kaufte, mußte damit rechnen, von Händlern gefragt zu werden, woher sie das Geld habe.[37] Im 17. Jahrhundert wurden Stimmen lauter, die mahnten, man solle die diebischen Mägde als abschreckendes Beispiel für andere öffentlich anprangern. Trotzdem folgten diesem Ruf nur wenige. Auch die ersten Gesetze gegen den Hausdiebstahl wurden erst im 18. Jahrhundert erlassen.[38] Solange der Diebstahl sich im üblichen Rahmen des »Abtrags« von Nahrungsmitteln, Kleidung oder kleineren Wertgegenständen hielt, zogen Meister für gewöhnlich entweder eine Pauschalsumme vom Lohn ab, schlugen die Magd oder entließen sie zusätzlich.[39] Maria Isler wurde 1679 »mit Strei-

---

[35] StAH, 4/484, 15.11.1676, 51ᵛ–52ʳ, Eva, Frau des Phillip Küstners aus Eselbach. Vgl. StAMM, RP, 12.2.1672–13.2.1674, 90ᵛ.

[36] StAKN, K 63, 27.7.1696, Anna Hilg.

[37] Siehe z. B. HStASt, A 209, Bü.67, 5.7.1689, Anna Schwan, Barbara Mayer.

[38] O. Ulbricht, Zwischen Vergeltung und Zukunftsplanung. Hausdiebstahl von Mägden in Schleswig-Holstein vom 16. bis 19. Jahrhundert, in ders. (Hg.), Von Huren und Rabenmüttern, S. 140.

[39] King, Crime, Law and Society in Essex, S. 100.

chen bezahlt«, als ihr Konstanzer Meister sie beim Diebstahl mehrerer Strumpfpaare ertappte,[40] eine Neckaremser Magd 1680 von ihrem Meister »übel gestossen und geschlagen«.[41] Und so stahlen manche Mägde immer wieder: Ursula Geiger bekannte 1697 in Konstanz, bei ihrem vorigen Meister 9 Gulden gestohlen zu haben und entlassen worden zu sein. Dann diente sie bei einer Kanzleiverwaltersfrau. Wenn diese in die Stadt ging, brach Ursula in den Keller ein, »so mit einem schlechten Schlüsselein verschlossen gewesen und mit einer Gabel leicht aufzutun gewesen«. Wein »versoff« sie »mit ihrer Nebenmagd«, Fleisch und Brot schmeckten gut dazu. Als die Meisterin einen gestohlenen Schurz entdeckte, zog sie Ursula einen Gulden vom Lohn ab und entließ sie. Erst ihr nächster Meister, ein Rotgerber, zeigte sie wegen eines Gelddiebstahls an.[42] Der Abzug vermeintlichen Abtragsgelds vom Lidlohn war Routine und führte auch zu Auseinandersetzungen. So klagte eine ehemalige Bäckersmagd in Hall, ihr seien wegen »eines begangenen geringen Exzesses«, der sich als Apfeldiebstahl entpuppte, drei Gulden am Lidlohn abgezogen worden.[43] Die Tochter eines Haller Kornmessers klagte mit der Unterstützung ihrer Mutter gegen den Gelblinger Pfarrer, der überhaupt jeder Magd rundweg einen Gulden für etwaige Diebstähle vom Lohn abzog![44]

▸ Ehe, Sexualität und Moral ◂ Bei Delikten wie Diebstahl oder etwa Brandstiftung waren Opfer also aus »manifester Betroffenheit« an der außergerichtlichen oder gerichtlichen Verfolgung interessiert. Noch seltener als schon in diesen Fällen wurde kriminelles oder abweichendes Verhalten angezeigt, das die moralische Ordnung bedrohte, aber kein direktes, außenstehendes Opfer forderte.
Dies wurde Obrigkeiten im 16. Jahrhundert schmerzlich bewußt. Die Reformation verstärkte die – seit der Mitte des vorangegangenen Jahrhunderts vor allem in den Städten aufgekommene – Forderung

---

[40] StAKN, K 44, 15.10.1679.
[41] HStASt, A 209 Bü.2058, 12.10.1680.
[42] StAKN, K 65, 4.5.1697.
[43] StAH, 4/553, Einungerichtsprotokoll 1685–7, 10.5.1687, 253ʳ.
[44] StAH, 4/553, Einungerichtsprotokoll 1685–7, 10.5.1687, 250–4ʳ.

nach einer »Versittlichung« des alltäglichen Lebens: Fluchen, Spielen und unzüchtige Ausschweifungen etwa wurden nicht länger als unausrottbarer Teil der sündigen menschlichen Seele angesehen. Allein ein Gott gefälliges Leben aller, so schien es, konnte die krisenhaften Zeiten abwenden, Frieden und Wohlstand sichern. Lasterhaftigkeit zu disziplinieren und Gottes Zorn zum Schutz der Gemeinschaft abzuwenden war zur Aufgabe der weltlichen Obrigkeit geworden. Wie aber ließen sich Städte in »rechte Tempel Gottes« verwandeln (so wünschten es sich die Reformatoren in oberschwäbischen Reichsstädten)? Und gar erst ganze Territorien? Schon die spätmittelalterliche Erfahrung lehrte, daß eine Flut von Mandaten gegen Laster aller Art nicht genügte; die Verbote mußten umgesetzt, Schuldige bestraft werden. In einigen Reichsstädten wurde deshalb nach der Reformation das Amt der »Zuchtherren« eingerichtet, die wöchentlich über die Lasterhaften richteten. Doch hier wie in den Territorien war das Grundproblem, die Schuldigen auszumachen. In Konstanz stellte man »Angeber« an, die Mitbürger denunzieren sollten. Sie waren jedoch unbeliebt und immer wieder Gewalttätigkeiten und Beschimpfungen ausgesetzt. Ab 1531 sollten deshalb alle Bürger im Rotationsprinzip diese Aufgabe erfüllen. Doch dem verordneten Denunzieren widmeten sich nur wenige gern und mit Eifer. Fluchen und Schwören waren beispielsweise so in die Sprache eingewoben, daß jeder permanent hätte jeden anzeigen müssen. Und Mehrheitsmeinung war, daß nur jene den Frieden bedrohen, die unablässig, böswillig und unversöhnlich gegen andere fluchten.[45] Selbst Ratsmitglieder, so stellte sich bald heraus, mieden das Zuchtherrenamt. Auch ihnen ging das Versittlichungsprojekt zu weit und war nicht einsehbar, wieso jeder Rausch bestraft werden mußte. Nur in akuten Krisenzeiten verstärkte sich ihre Angst vor Gottes Zorn und damit der Glaube an die notwendige Härte des obrigkeitlichen Strafregiments. In Konstanz erlosch so insgesamt der Elan des ersten Reformationsjahrzehnts unter der Führung der charismatischen Reformatoren Blarer und Zwick bald. Zahlen dokumentieren dies: 1532 brachten 94 Angeber noch 344 Delikte an, die geahndet wurden. 1547 – ein Jahr vor dem Ende der Reformation – war die Zahl bei 100 Angebern auf 172 Fälle gesun-

---

[45] Vgl. Kap. 7.

ken.⁴⁶ Nach der Gegenreformation wurde von 1554 bis 1556 und im Jahr 1571 erfolglos versucht, das Zuchtgericht wiederzubeleben.⁴⁷ Auch in Württemberg mußten die Erwartungen an die Versittlichung der Bürger zurückgeschraubt werden, wenngleich das Ziel blieb. 1559 verordnete zunächst die »Politische Zensur-und Rügordnung«, beim jährlichen Vogtgericht zwölf geheime »Rüger« oder Angeber festzulegen. Da ihre Identität aber kaum geheimzuhalten war und Sanktionen der Mitbürger folgten, entfiel diese Bestimmung schon 1567 in der Landesordnung.⁴⁸ Nun sollten die Amtsträger, Gerichts- und Ratspersonen, »auch alle und jede der Städt und Flecken Diener, als Büttel, Weinzieher, Wächter, Torwarte, Feldtschützen« Delikte anzeigen. Erst 1642, auf der Höhe des Dreißigjährigen Krieges, der als Strafe Gottes erfahren wurde, pochte man mit pietistischer Strenge wieder auf die allgemeine Denunziationspflicht.⁴⁹ Wer Fluchen und Schwören nicht anzeigte, machte sich mitschuldig und strafbar. Erklärend schrieb das entsprechende Reskript, man solle das Anzeigen nicht als ehrenrührig verstehen, dies sei

»keines wegs der gemeinen Einbildung nach, an Ehren verkleinerlich, sondern vielmehr ein Anzeig christlichen löblichen Eifers, zur Erhaltung der Ehre Gottes, und seinen Nächsten vom ewigen Verderben zu erretten«.⁵⁰

⁴⁶ W. Dobras, Ratsregiment, Sittenpolizei und Kirchenzucht in der Reichsstadt Konstanz 1531–1548. Ein Beitrag zur Geschichte der oberdeutsch-schweizerischen Reformation, Gütersloh 1993, S. 203–218, Tab. 1.
⁴⁷ Das überlieferte Zuchtbuch zwischen 1554–56 besteht nur aus sporadischen Einträgen und bricht dann ab, StAKN, K III Fasc. 14. In Esslingen wurde nur an die allgemeine Denunziationspflicht appelliert, ohne Angeber festzulegen, siehe T. M. Schröder, Das Kirchenregiment der Reichsstadt Esslingen. Grundlagen – Geschichte – Organisation, Esslingen 1987, S. 297–300.
⁴⁸ Siehe H. Schnabel-Schüle, Calvinistische Kirchenzucht in Württemberg? Zur Theorie und Praxis der württembergischen Kirchenkonvente, ZfWLG, 49/1990, S. 180; dies., Der große Unterschied und seine kleinen Folgen. Zum Problem der Kirchenzucht als Unterscheidungskriterium zwischen lutherischer und reformierter Konfession, in M. Hagenmeier, S. Holtz (Hg.), Krisenbewußtsein und Krisenbewältigung in der Frühen Neuzeit – Crisis in Early Modern Europe: Festschrift für Hans-Christoph Rublack, Frankfurt am Main 1992, S. 202.
⁴⁹ M. Brecht, Kirchenordnung und Kirchenzucht in Württemberg vom 16. bis zum 18. Jahrhundert, Stuttgart 1967, S. 73.
⁵⁰ Reyscher, Gesetze, Bd. 5, S. 423.

Um sicherzugehen, daß die Überwachung klappte, sollten Amtmänner zusätzlich geheime Informanten bestellen, »welche aller Orten und Enden, so viel wie möglich, fleißig und genaue Aufmerksamkeit haben, und Erkundigungen einziehen«. Ihre Belohnung betrug ein Drittel des Strafgelds – und die Strafen wurden gleichzeitig erhöht, was den Widerstand der Bevölkerung allenfalls schürte.[51] Mit diesem Reskript wurden auch Kirchenkonvente eingeführt. Einmal wöchentlich sollten Pfarrer, Amtmann und Ratsabgeordnete in den Amtsstädten nun lasterhafte Untertanen ermahnen oder strafen. Richter und Anbringer hatten wiederum mit dem Widerstand der Bevölkerung zu rechnen; in Herrenberg war 1666 kaum jemand mehr zu diesen Aufgaben bereit, nachdem zwei Anbringern die Fenster eingeworfen und das Feld abgemäht worden waren.[52] Die geistliche Obrigkeit war in die Rolle der dem Staat assistierenden Sittenpolizei gedrängt. Die württembergische Kirchenzucht war deshalb, so Martin Brecht 1967, »von Anfang an eine Tragödie«, und die Tragödie, wie Eberhard Naujocks 1958 formulierte, Zeichen »eine(r) Reaktion der Bevölkerung gegen überspannte Forderungen«.[53] Das obrigkeitlich-pietistische Normensystem blieb der Bevölkerung mit anderen Worten mehrheitlich fremd. Anzeigen wurden schlichtweg nicht als positive und integrative Tat für die Gemeinschaft betrachtet,[54] sondern als Anliegen weniger Individuen, die Eigennutz und Mißgunst motivierte. Auch die Kirchenzucht paßte sich also tunlichst dem gemeindlichen Wertekonsens an: Sie ermahnte und strafte die »Richtigen«.

Dies heißt keineswegs, daß Gemeinden bestimmte Verhaltensweisen nicht sanktionierten. Außergerichtliche Reaktionen auf abweichendes und kriminelles Verhalten umfaßten eine ganze Reihe von Verhaltensmustern, die wir im obrigkeitlichen Justizsystem wiederfinden. Da war zum einen das Ermahnen von Tätern, die Aufforderung zur Besserung, die Drohung und das Verlangen von Reuebezeugun-

---

[51] Ebd., S. 424.
[52] HStASt, A 206, Bü. 2494.
[53] Brecht, Kirchenordnung und Kirchenzucht, S. 17; E. Naujocks, Obrigkeitsgedanke, Zunftverfassung und Reformation. Studien zur Verfassungsgeschichte von Ulm, Esslingen und Schwäbisch-Gmünd, Stuttgart 1958, S. 81.
[54] die z. B. zur Beförderung der reinen Abendmahlsgemeinschaft diente, vgl. R. Po-Chia Hsia, Social Discipline in the Reformation: Central Europe 1550–1750, London 1989, S. 124–126.

gen. Wo dies nicht half oder möglich war, konnten Rügebräuche für die öffentliche Schande einer Person sorgen und eine Verhaltensänderung erreichen; in einer nicht ritualisierten Weise taten dies alle Arten von Spott.[55] Kinder, Frauen, das Gesinde und andere sozial Untergebene wurden für ihre Taten oft geschlagen, wobei leichtere Schläge auf die Demütigung abzielten, Prügel aber bei wiederholten oder schwereren Delikten eingesetzt wurde und beispielsweise Diebe gleichzeitig für immer von einem Ort vertreiben sollte. Dorfgemeinschaften konnten auch marginalisierte ansässige Personen vertreiben, Meister das Gesinde aus dem Haushalt ausstoßen. Es gab also eine dem gerichtlichen Vorgehen analoge Abstufung von Ermahnung, milderen Strafen und einem Besserungsdruck, mehr oder minder öffentlichen Schand- und Körperstrafen sowie schließlich den impliziten oder expliziten Ausschluß von Gemeinschaftsbezügen. Zu Gefängnis-und Todesstrafen gab es dagegen keine verbreiteten analogen Praktiken. Hinter diesen Strafmechanismen steckte die inzwischen bekannte Einstellung: Nicht abstrakte moralische Gesetze waren für die Verurteilung von Menschen ausschlaggebend, sondern der manifeste Schaden der Betroffenen und deutliche Verstöße gegen das friedliche Zusammenleben.

Familiäre Konflikte sind ein typisches Beispiel für dieses Vorgehen. Nachbarn zeigten diese in der Regel nur an, wenn nach einer langen Zeit »ärgerlichen« Verhaltens, mehreren Vermittlungsversuchen und Warnungen ein akuter, besonders dramatischer Konflikt das Maß voll werden ließ. Vorher sprach man beispielsweise in Ehekonflikten mit den Beteiligten, beherbergte schutzsuchende Ehefrauen, lieh Geld und Nahrung. Nur wenn dies alles nichts zu nützen schien oder die Beteiligten sich um Ratschläge nicht scherten, verständigte man die Obrigkeit. In bezug auf sexuelle Delikte wurde ebenfalls meistens geschwiegen, erst bei einer Schwangerschaft fing die Nachbarschaft an zu reden. Fälle innerfamiliären sexuellen Mißbrauchs zeigen dies deutlich. Auch der Ehebruch zwischen zwei jeweils verheirateten

---

[55] K.-S. Kramer, *Grundrisse einer rechtlichen Volkskunde*, Göttingen 1974, S. 70–82; M. Scharfe, *Zum Rügebrauch*, Hessische Blätter für Volkskunde, 61/1970, S. 45–68; N. Z. Davis, *Die Narrenherrschaft*, in dies., *Humanismus, Narrenherrschaft und die Riten der Gewalt. Gesellschaft und Kultur im frühneuzeitlichen Frankreich*, Frankfurt am Main 1987, S. 106–135.

Personen wurde kaum angezeigt. Angesichts der Schwere des Vorwurfs sowie der Tatsache, daß man sich nie ganz sicher sein konnte, wurde lieber etwas herumspioniert, Druck auf die Betreffenden ausgeübt und auf klare Beweise gewartet.

Druck wurde am offensten durch Rügebräuche ausgeübt. Insbesondere junge Leute setzten dies Mittel ein, und sie konnten »gestandenere« Personen ohnehin nicht gerichtlich anzeigen. Mit Schandliedern gegen Ehebruch und Hurerei prangerten Jugendliche zum Beispiel die Doppelmoral von angeblich züchtigen, ehrbaren Meistern an, die Mägde verführten. In Hall stellte 1574 ein Geiger zusammen mit anderen Junggesellen dem Seckler Jos Virnhaber eine Wiege vor die Tür. Dazu spielte der Geiger ein Wiegenlied, denn Virnhaber hatte gerade die dritte Magd geschwängert.[56] Er war hierfür nicht gerichtlich bestraft worden. Geschwängerte Mägde wurden offensichtlich meistens finanziell »entschädigt« und zum Schweigen ermahnt. In Wildberg erhielt 1644 beispielsweise die durch ihren Meister geschwängerte Magd Anna Pfullinger von dessen Frau 20 Gulden. Als Gegenleistung sollte Anna fortziehen und ihn nicht verklagen.[57] Das Meisterehepaar entging so der Schande und womöglich auch der Auflage, das Kind großzuziehen. Die Magd bekam die gleiche Geldsumme, die sie vor Gericht für die Defloration hätte fordern können und entging dem Nachweis ihrer Jungfrauschaft. Auf eine Alimentation oder die Abgabe des Kindes an den Vater schien sie nicht zu hoffen, weil ihr die Unterstützung anderer gegen den Meister fehlte. Solche außergerichtlichen Vergleiche konnten auch obrigkeitliche Personen zumindest im frühen 16. Jahrhundert noch einsetzen. Als

---

[56] StAH, Urfehdbuch 4 / 480, 187ʳ, 6.5.1574, Zacharias Deuber. Vier Beispiele aus Konstanz bezeugen die Öffentlichkeit von Schandliedern. Bei der Fronarbeit für den Abt von Petershausen hänselte eine Magd Peter Hemler 1561 beispielsweise wegen seiner als Hure verschrienen Mutter mit dem als »Vogelsang« bekannten Schandlied über sie, StAKN, HIX F. 32, 20.6.1561; 1584 sangen Jugendliche ein Lied gegen einen Mann, der, weil er mehrmals täglich aus dem Haus eines befreundeten Ehepaars herauskam, des Ehebruchs mit der Frau verdächtigt wurde, StAKN, HIX F. 38, 27.8.1584, Sebastian Rotenschauster. Ein Buchdruckergeselle, ein Fischer und die zwei Töchter wandelten 1603 den Brauch des Dreikönigssingens ab und verschrien den Pfarrer von St. Johann vor seinem Haus als Hurenpfaffen, StAKN, HIX F. 48, 15.1.1603; 1675 bekam ein Konstanzer Weißbeck, der mit einer Frau zusammengesessen hatte, ein heimliches Lied über diese auf den Tisch gelegt, StAKN, BI 155, RP 1675, 117ʳ, 18.2.1675.
[57] HStASt, A 573, Bü. 18, Rechtstagsprotokoll. 111ᵛ–112ʳ, 18.3.1644.

1532 in Hall die Schwiegereltern einer Frau von ihrer vorehelichen Schwängerung erfuhren und den Hinweis erhielten, ihr voriger Meister könne der Kindsvater sein, meldeten sie dies dem Stättmeister. Er riet ihnen, den Meister zur Rede zu stellen, damit er gestehe und zahle.[58] Hier war noch Kompensation das Ziel, die Vermittlung von Ansprüchen (und dies konnte sich neben Geld auch auf Reue beziehen), jedoch nicht die öffentliche Rüge von unmoralischem Verhalten, das in seiner Sündhaftigkeit das Allgemeinwohl zu schädigen schien.

Vier wesentliche Gründe erklären zusammengefaßt, warum gemeine Leute die Gerichte für Klagen selten nutzten. Das Anzeigen gemeindlich verwurzelter Menschen ohne eine reale Eigenbetroffenheit war verpönt und die Sammlung eindeutiger Beweise schwierig. Wer andere für die alltägliche Unmoral anzeigte, also beispielsweise das Fluchen, Trinken und Spielen, galt als Geiferer und wurde seinerseits außergerichtlich bestraft. Die Anzeige von Fremden war aufgrund ihrer Mobilität schwierig, Diebe und Räuber verschwanden so schnell sie konnten. Die Obrigkeit zu alarmieren konnte mühevoll und unlohnend sein. Zudem hatte diese ihr Strafmonopol noch keineswegs vollständig durchgesetzt und damit auch nicht die Vorstellung, daß die gerichtliche Bestrafung aller Delikte im Interesse des Allgemeinwohls lag.

KEIN POLIZEISTAAT: DIE OBRIGKEITLICHE VERBRECHENS-VERFOLGUNG / Grundprobleme ❙ In ihrem Kampf gegen delinquentes und kriminelles Verhalten benötigte die Obrigkeit jedoch die Kooperation der Gemeinden dringend.[59] Warum dies so war, ist leicht

---

[58] *Er bot aus Angst vor seiner Frau dann nur ein Schweigegeld an, ohne aber die Schuld zu gestehen, weshalb es dann doch zu einem Prozeß kam,* StAH, 4/479, 32r.

[59] *Vgl.* ausführliche Diskussion bei R. W. Scribner, Police and the Territorial State in Sixteenth-century Württemberg, in T. Scott, E. Kouri (Hg.), Politics and Society in Reformation Europe: Essays for Sir Geoffrey Elton on his Sixty-fifth Birthday, London 1987, S. 103–120. Staatliche Verfolgungskapazitäten im ländlichen Kontext analysiert C. Küther, Räuber, Volk und Obrigkeit. Zur Wirkungsweise staatlicher Strafverfolgung im 18. Jahrhundert, in H. Reif (Hg.) Räuber, Volk und Obrigkeit. Studien zur Geschichte der Kriminalität in Deutschland seit dem 18. Jahrhundert, Frankfurt am Main 1984, S. 17–42, bes. S. 24–37.

zu sehen. Einem württembergischen Amtmann halfen beispielsweise allein 1–2 Stadtknechte bei der Festnahme und Beaufsichtigung der Gefangenen sowie Musketiere zur Abführung von schweren Verbrechern. Dies war eine Art Notmannschaft, der die Bevölkerung – wie in Gemeindeordnungen festgeschrieben – ad hoc bei Festnahmen helfen sollte, ebenso beim Ausfindigmachen von Gesindel.[60] In Justingen verpflichtete die Vogtgerichtsordnung von 1510 Untertanen sogar bei Strafe dazu, verdächtig umherlaufende oder ohne Arbeit in Wirtshäusern »liegende« Personen festzunehmen und zum Amtmann zu bringen.[61] Bei Morden sollte die Gemeinde zusammenlaufen, nach vermeintlichen Vergewaltigungen den Zustand der Frau prüfen und anderes mehr. Wachdienste gehörten in Städten zu den regulären Bürgerpflichten, auf dem Land wurden nach vermehrt aufgetretenen Raubmorden oder Viehdiebstählen nächtliche Bürgerwachen aufgestellt.[62] Bezahlte Wachverstärkungen gab es nur bei großen Messen und Märkten. In Esslingen geschah dies alljährlich zum Michaelismarkt, um Vaganten, Säckelschneider und Diebe einzufangen: Dem Marktende folgten regelmäßig Hinrichtungen.[63] In Freiburg wurden während der Jahrmarktszeit abendliche Sonderpatrouillen durchgeführt. In den vier Wirtshäusern der Wiehre sollte der Amtmann mit vier Wächtern nach Argwohn erregenden Leuten schauen. Dafür waren die Wirte ihnen ein Maß Wein und Brot für vier Pfennig schuldig: »diese sollten es stehend austrinken und danach gehen und ihren Dienst versehen«, schloß die Anweisung![64]

Die wirkungsvolle Kooperation der Untertanen läßt sich in einigen Fällen immer wieder feststellen – etwa wenn, wie im Fall der Uracherin Maria Späth, nach getöteten Kindern gesucht wurde –, aber sie folgte wiederum ihren eigenen Prioritäten. Mit der zunehmenden Größe der Orte wurde außerdem die innergemeindliche Kontrolle er-

---

[60] Siehe z. B. F. Wintterlin, *Württembergische ländliche Rechtsquellen*, Bd. 2, Stuttgart 1922, S. 522.
[61] Ebd., S. 563.
[62] Vgl. z. B. StAH 4/495, Dekret 14.12.1691, wegen vermehrter Viehdiebstähle sollte die Wache auf vier Mann verstärkt werden.
[63] StAE, Reichsstadt A, F. 42.
[64] U. Huggle, *Johann Simler. Kupferschmid und Rat zu Freiburg im 17. Jahrhundert*, Freiburg 1989, S. 64.

schwert: Ein fortdauerndes Problem war beispielsweise die Abdichtung der Städte gegen Umherziehende. Allen Geboten zum Trotz gab es immer genug Bürger, die sie, um des geringen Zuverdienstes willen, über Nacht beherbergten.[65]

Außer den Aktivitäten der Untertanen war natürlich die Einsatzbereitschaft der Stadtknechte, Bettelvögte, Grabenreiter und weiterer mit polizeilichen Aufgaben betreuter Angestellter für die Verbrechensbekämpfung entscheidend. Hierüber konnte sich die Obrigkeit ebenfalls wenig Illusionen machen. Um ihren Eifer zu erhöhen und ihre Bestechlichkeit zu verringern, erhielten die »Polizeibediensteten« Abgabevergünstigungen, Provisionen für Anzeigen und Festnahmen sowie spezielle Dienstentlohnungen. Die Situation in der Amtsstadt Leonberg, südwestlich von Stuttgart, sah beispielsweise folgendermaßen aus: Der ca. 1000 Einwohner zählende Ort verfügte zwischen 1566 und 1614 über einen Stadtknecht und zwei Gassenwächter. Sie wurden jährlich in ihrem Amt bestätigt und waren von Fronen und Wachtgeldern befreit. Bis in die 1570er Jahre durfte der Stadtknecht am zweiten Weihnachtstag in den Häusern Brot sammeln gehen, dann bekam er 4 Pfund aus der Stadtkasse. Sein Gehalt sollte als Hauptverdienst genügen. Die Gassenwärterdienste entwickelten sich dagegen zum Zubrotberuf für Almosenempfänger.[66] Arme Bedienstete verfügten aber über keine Autorität im Ort. Dies erschwerte ihre Arbeit eben dann, wenn sie nicht nur Bettler, sondern auch Bürger für ihre Alltagsvergehen festnehmen sollten. Man begegnete ihnen mitleidig anstatt respektvoll. Stadtknechte konnten über ihren Grundlohn hinaus immerhin mit festgelegten Zugeldern für die Gefangenenbetreuung und Strafverrichtungen rechnen. Aufschlußreich ist eine Beschwerde der Kirchheimer Stadtknechte 1699: durch die weithin praktizierte Milderung von Haft- in Geldstrafen gingen ihnen die »Ein- und Ausschließgelder« durch die Lappen. Sie klagten insbesondere über die Milderung der Beischlafs- und Unzuchtstrafen, für die wochenlange Haftstrafen vorgesehen waren, ein einträgliches Geschäft. Eine Anfrage des Oberrats ergab, daß Delinquenten in Herrenberg den Stadtknecht in solchen Fällen mit Ge-

---

[65] *In den Freiburger Straf- und Frevelbüchern ist dies z. B. eine der Standardstrafen.*
[66] *V. Trugenberger, Zwischen Schloß und Vorstadt. Sozialgeschichte der Stadt Leonberg im 16. Jahrhundert, Vaihingen/Enz 1984, Tab. 19, S. 130 f.*

treide oder Geld entschädigen mußten und er auch in Böblingen zwei Scheffel Roggen und Dinkel bekam.[67]
Das Los der Stadtknechte war die Verachtung. Dies zeigt ein Laufener Beispiel deutlich. Dort bewarb sich 1646 niemand als Stadtknecht, woraufhin der Amtmann die vierzehn Neubürger einberief. Zwölf verdonnerte er dazu, jeweils für einen Monat und sieben Gulden Lohn Stadtknecht zu sein. Obwohl er ihnen zugestand, daß sie etwaige Malefikanten nicht ausrufen oder Hand an sie legen mußten, zeigten sich fünf Neubürger so »trotzig«, daß der Amtmann sie schließlich inhaftierte. Daraufhin schrieben sie dem Oberrat. Eine solche Arbeit, müsse man verstehen, ruiniere die Ehre auch nach nur vier Wochen.[68]
In größeren Städten gab es weitere Bedienstetengruppen – doch auch hier stand ihre Zahl in keinem Verhältnis zu der Aufgabenvielfalt. Es verwundert kaum, daß den vier Grabenreitern in Hall 1685 angesichts von 22 Aufgaben »Unfleiß« vorgeworfen wurde. Neben der Überwachung der Gemarkungsgrenzen gehörte zu ihren festen Aufgaben die Ausweisung von Straffälligen oder Landstreichern für 15 Schilling. Da es keine Rüggerichte gab,[69] sollten sie im weitreichenden Haller Umland auch Delikte aufspüren und Informationen der Bevölkerung an die Amtleute weitergeben. Die Untertanen waren ihnen jedoch zweifelsohne nicht immer wohlgesonnen, weil sie auch die Tänze, Schlägereien, Zechen und Predigtbesuche kontrollieren sollten. In Hall selber waren zwei Stadtknechte und ein Büttel mit

---

[67] *HStASt, A 209, Bü. 1377, 8.2.1699. Das sog. »Schloßgeld« in Hall betrug nach Nordhoff-Behne bis zum 18. Jahrhundert unverändert 5 Schilling, danach 18 Kreuzer, siehe dies., Gerichtsbarkeit und Strafrechtspflege in der Reichsstadt Schwäbisch Hall seit dem 15. Jahrhundert, Sigmaringen 1971, S. 88.*

[68] *HStASt, A 206, Bü. 3055. Ein »ehrliches« Handwerk auszuüben war auch den Kindern der Stadtknechte meistens verwehrt. Der neue Leonberger Stadtknecht war sich 1554 offenbar über diese Konsequenzen des Berufes nicht bewußt gewesen und bat verzweifelt um Befreiung, als er jemand in das Halseisen schließen mußte, da seine zwei Knaben Tuchmacher werden wollten, HStASt, A 206, Bü. 3106. Der soziale Aufstieg von Stadtknechten war aber nicht völlig ausgeschlossen: 1599 wurde Hans Speth, der über ein Jahr Stadtknecht gewesen war, in Neuffen der »Gerichtsmann« der Weberzunft, siehe A. E. Adam, Württembergische Landtagsakten. Unter Herzog Friedrich I. 1599–1608, Stuttgart 1911, S. 58.*

[69] *Nach württembergischem Modell wurde 1651 die Einführung von Rüggerichten im Umland angeordnet, aber der Plan blieb stecken, siehe Nordhoff-Behne, Gerichtsbarkeit, S. 56.*

diesen Aufgaben betraut – und falls die Stadtknechte verheiratet waren, beteiligte sich immer auch die Frau an ihren Aufgaben.[70]
In Memmingen lastete im 17. Jahrhundert ein Großteil dieser Arbeit auf dem Bettelvogt. Sie bestand nicht nur in der sofortigen Ausweisung des herrenlosen Gesindels, sondern auch in der Anzeige derer, die während Predigten arbeiteten, zechten und spielten, zuviel Hochzeitsgäste luden, Gasthäuser zu lange öffneten oder hoffärtig, unzüchtig und leichtfertig waren.[71] Und er wählte sich seine Strategie: Anstatt sich in schwierigere Nachforschungen über versteckte Unzucht einzulassen, unternahm er vor allem Kontrollgänge während der Predigtzeiten, ging zu Hochzeiten und nachts in Gasthäuser. Hier ließen sich immer eine Handvoll Leute unproblematisch beobachten, deren Namen er beim Büttel oder der Ratskanzlei angab und eine Provision einsteckte. Der Haken war, daß die Strafgelder für diese Delikte gering waren und demzufolge auch die Provisionen. In den 1670ern wurden beispielsweise in der Regel 20 Kreuzer für späte Zechen oder das Öffnen von Läden während Predigtzeiten verhängt. Genauso ahndete man Predigtentweihungen: 1674 bestrafte man die Wirtin des Gasthauses »Rappen«, weil sie unter der Predigt gedroschen hatte, oder, fünf Tage später, die Postmeisterin, die unter der Predigt gewaschen hatte. Härter traf es am gleichen Tag jedoch »des Kyri Weib«. Der Bettelvogt hatte herausgefunden, daß sie nachts Spinnstuben hielt.[72] Dies sollte der Kastenpfleger ihr verbieten und den Entzug ihres Almosens androhen – so entging dem Bettelvogt einstweilen die Provision.[73]
Eine weitere Vorgehensweise der Bediensteten mit polizeilichen Aufgaben war das beharrliche Augenmerk auf die wenigen örtlichen »Outcasts«. Ihnen war immer leicht ein Delikt unterzuschieben. In den 1670ern gehörte in Memmingen beispielsweise das »Branntweinbarbelin« zu dieser Gruppe. Sie trank von morgens an Branntwein, flog deshalb 1672 aus dem Spital und wurde wenig später unter

---

[70] StAH, 4/495, Neues Decreten=Buch Sambt etlichen Ordtnungen, 154–9ʳ, 1.7.1685. Siehe auch Nordhoff-Behne, Gerichtsbarkeit, S. 86–90.
[71] Zu den Aufgaben siehe StAMM, D 169/2 b, Senatsdekrete 17.1.1673 und 22.11.1680.
[72] Spinnstuben hatte die Zuchtordnung vom 26.11.1630 ausnahmslos verboten, StAMM, A 265/2, 17ᵛ.
[73] StAMM, RP, 12.2.1672–13.2.1674, 8.11.1672, 119ʳ, und 13.11.1672, 129ʳ.

Protest festgenommen. Der Bettelvogt verdächtigte sie des Diebstahls eines Zinntellers, den sie unter der Spitalkirche just gegen einen alten Hut tauschen wollte. Es war vorauszusehen, daß Barbelins Leben liederlich und ihr Wandel lose bleiben würden, aber man entschied zunächst, ihr wöchentlich einen Laib Brot aus dem Armenkasten zu geben.[74] An solchen Beispielen wird auch unmittelbar deutlich, daß die Obrigkeit in der Praxis oft differenzierter auf Delikte reagierte, als Mandate und Zuchtordnungen dies nahelegen.

Nicht nur Obdachlose, sondern auch behauste »Outcasts« wurden bei städtischen Kontrollgängen routinemäßig aufgesucht. 1670 traf der Konstanzer Nachtwächter beispielsweise das schon zweimalig ausgewiesene »Wäschergretle« zu Hause an – sie war unbefugt in die Stadt zurückgekehrt. Zu allem Überfluß vergnügten sich ihre beiden Töchter mit Junggesellen im Bett. Die drei Frauen wurden verbannt; ein kleiner Fischzug aus einem Haus.[75] Richtiggehend finanziell lohnend konnte diese Polizeiarbeit nur sein, wenn man über gute Kontakte zu der Bevölkerung verfügte und so etwa von Unzuchts- oder Ehebruchsdelikten in Bürgerfamilien erfuhr, die hohe Geldstrafen bezahlen konnten. Der niedrige soziale Status der Polizeibediensteten machte diesen Informationsfluß eher unwahrscheinlich. So blieben als sichere und profitable Aussicht vor allem die hohen Bußen für überzählige Hochzeitsgäste, die Brautpaare routinemäßig beglichen.

▸ **Sonderkontrollen** ◂ Durch ihre kollektive Entschlossenheit, aus einer Mücke keine Maus zu machen und andere anzuzeigen oder die Obrigkeit und ihre Bediensteten mit Hinweisen zu versorgen, führten Bürger also weitgehend unbescholtene Existenzen. Reichsstädtische Obrigkeiten versuchten diesem Zustand teilweise durch Sonderkontrollen aller Haushalte oder Generalbefragungen von Zunftmitgliedern zu begegnen. In Memmingen sollte beispielsweise im März 1672 durch Hauskontrollen festgestellt werden, ob der Zuchtordnung

---

[74] StAMM, RP, 12.2.1672–13.2.1674, 19.7.1672, 71^v.
[75] StAKN, BI 150, 16.2.1670, 222^r. *Sie war 1668 ausgewiesen worden, weil sie einer ausgewiesenen Magd Unterschlupf gegeben hatte, RP 1668, BI 148, 14.7.1668, 439f.*

gemäß jeweils eine Person aus jedem Haushalt zu Gottesdiensten erschien.[76] Schon im November wurde eine weitere Inquisition in allen vier Stadtvierteln angeordnet, da zu viele Einwohner den Fremden heimlich Unterschlupf gewährten.[77] Diese Kontrollgänge dauerten natürlich einige Zeit, so daß die meisten sich Ausreden suchen und Indizien entfernen konnten. Mehr Druck entstand, wenn Zünfte einberufen wurden, ihre Mitglieder an die beeidete Aussagepflicht, die schweren Zeiten und Strafen Gottes erinnert und eingehend befragt wurden. 1652 wurde so vorgegangen: die Memminger Prädikanten hatten sich beim Rat über den mangelnden Predigtbesuch und die niedrige Moral beschwert. Die Befragung wurde protokolliert und einem Obman befohlen, den Fällen nachzugehen. Doch auch hier wurden fast ausschließlich nicht die »kleinen Sünder«, sondern unablässig hadernde Eheleute oder notorische Trinker angezeigt. Typisch sind die Ergebnisse der Befragung der Lodnerzunft: Jonas Maiers Hausfrau sollte die Predigten fleißiger besuchen und sich besser verhalten, Mathes Hermes aufpassen, daß die Mieter seines Hauses am Kalch keine Spinnstuben hielten »und die Ehehalten einstecken«. Hans Dirr, Wursthans genannt, und seine Frau sollten fleißiger zur Kirche gehen, »sich friedlicher miteinander verhalten, das Zanken meiden, nicht mehr schwören, es soll auch des Dirren Hausfrau ihren Kindern nicht fluchen, böse Namen mit Schelmen und dergleichen wünschen«. Schließlich fand man, daß Jerg Miller, der Schweinehirt, das häufige Trinken meiden solle, »nicht mehr schwören, auch friedlicher mit seinem Weib leben, und auch ein besseres Haushalten führen«.[78]

Diese Befragungen wurden nur sporadisch durchgeführt: Aufwendig war nicht nur die Durchführung, sondern vor allem die Anhörung und Verwarnung oder Bestrafung der vermeintlich Schuldigen. Hierin lag auch ein Grundproblem der Durchsetzung anderer Ordnungen: Vorgeladene erschienen häufig nicht oder nur nach wiederholten Aufforderungen vor den Untergerichten, ließen sich bei der Anhörung geschickte Entschuldigungen einfallen und belästigten die Richter geradezu mit Milderungsbitten, falls eine Buße verhängt

---

[76] StAMM, RP, 12.2.1672–13.2.1674, 22.3.1672, 23^r.
[77] StAMM, RP, 12.2.1672–13.2.1674, 23.9.1672, 96^v.
[78] StAMM, A 265/2, 23.5.1653.

worden war. Typisch war die Klage des Wildberger Stadtknechts 1623: Gebiete »man einen auf das Rathaus«, müßten ihn zwei oder drei Mann abholen.[79] Das gesamte Ausmaß des Problems können wir an einem Haller Beispiel nachvollziehen, das von findigen Frauen spricht: Das Einungergericht sollte die am 9. 7. 1686 erlassene erste Kleiderordnung durchsetzen. In Städten dieser Größe war es unmöglich, wie etwa in dem schweizerischen Ort Wil 1684, eine Ordnung zu erlassen, die alle Gemeindemitglieder und die ihnen erlaubte Kleidung aufführte![80] In Hall schienen besonders an Sonntagen der Stadtknecht und seine Frau auszuspähen, wer sich in Hoffart erging und damit durch teure Kleidung seinen Rang fiktiv erhöhte. Dieser Stolz war keine zu belächelnde Eitelkeit, sondern politisch anmaßend: er nagte am Fundament einer Gesellschaft, in der Kleidung eben genau den Stand abbildete, in den man geboren war und in welchem man sterben sollte. Der Stadtknecht und seine Frau mußten also selber genau wissen, wer auf Halls Straßen zu welcher Familie und welchem Stand gehörte – und hieraus ergaben sich Konflikte. Als der Stadtknecht beispielsweise einer Wirtsfrau untersagte, sonntags in »teuren Hüllen und Brüstlein« umherzugehen, entgegnete diese frech, »sie wolle solche Sachen jetzt erst recht tragen und sehen, wer es ihr verwehren werde, weil ihr Mann nicht nur Wirt, sondern auch ein Barbier und Bader sei«. Innerhalb von acht Tagen hatte sie vor den Einungern zu erscheinen.[81] Vor Gericht nahmen die Rechtfertigungen und Ausreden der insgesamt 163 verhörten Personen kein Ende. Helena Schüberlin, eine Salzsiederstochter, sagte beispielsweise aus, die Stirnbinde gehöre gar nicht ihr, sondern ihrer Magd aus Steinbach,[82] eine weitere Salzsiederstochter bestritt die Anschuldigung vehement: »Sie habe ihren Lebtag lang keine samtene Stirnbinde auf ihren Kopf gebracht.«[83] Ebenso entschieden wehrte sich die Dienstmagd Anna Maria Ketzler: »Es werde ihr kein Mensch nachsagen können, daß sie weder samtene noch taffetene Stirnbinden trage, sie sei jetzt 2 Jahre

---

[79] HStASt, A 582, Bü. 86, 8.5.1623.
[80] N. Bulst, Kleidung als sozialer Konfliktstoff. Probleme kleidergesetzlicher Normierungen im sozialen Gefüge, Saeculum, 44/1993, S. 32–46.
[81] StAH, 4/554, 10.1.1688, 43^v.
[82] StAH, 4/553, 27.9.1687 (2).
[83] Ebd. (2).

hier.«[84] Wer sich zum Besitz der Samt-und Taffethauben, Stirnbänder oder mit goldenen Spitzen belegten Wulschen bekannte, über die hier zu verhandeln war, sagte im gleichen Atemzug, daß diese selbstverständlich völlig abgenutzt oder ein Geschenk seien, fast nie getragen wurden oder gegen Zahnschmerzen halfen! Auch die Dienstmagd des Stadtschultheißen hatte nur in der Eile, als sie nämlich eine Hebamme für ihre niederkommende Meisterin holte, versehentlich die Taffetstirnbinde aufgesetzt. Echeziel Seufferheldts Frau sprach erregt für ihre Tochter vor, die mit einer kostbaren Stirnbinde, Wulsche und einem Perlenschappell erwischt worden war: Letzteres hatte sie selbst schon getragen und von ihrer eigenen Mutter geerbt, außerdem habe es nur vorne kleine, winzige Perlen, und was die Samtstirnbinde anginge, würden schlechtere Weiber im Haal ebensolche tragen; sie zahle ihre Steuer, wie andere Leute auch, aber gut, man solle ihr sagen, was die Tochter ablegen solle, denn »Übermaß« wolle sie an ihr selber nicht »leiden«.[85] Fast jede Frau rechtfertigte sich schlau. Den Bußen folgten Milderungsbitten, wie zum Beispiel die einer Ratsdienerwitwe, die sagte, sie habe ihre Samthaube schon seit 8 oder 9 Jahren getragen, sie sei ganz zerstückelt, und sie habe nicht gewußt, daß es unrecht sei. Unnachsichtig wurde sie um 10 Batzen bestraft. Doch sie kam wieder und sagte, die Samthaube sei noch vom alten Josen her, ihrem verstorbenen Mann. Nun wurde die Strafe auf 15 Kreuzer gemildert.[86] Diese Beharrlichkeit machte die Durchsetzung von Ordnungen zeitaufwendig: Ein Jahr lang beschäftigten sich die Einunger mit den Hoffärtigen. Dann widmeten sie sich Verstößen gegen die neue Feuerordnung. Und so blieb die »Sozialdisziplinierung« der Untertanen, die Erziehung zu Mäßigkeit und Bescheidenheit ein hürdenreiches Unterfangen. Immer wieder stolperten Obrigkeiten über zu geringe Kontrollmöglichkeiten und den Eigensinn der Leute.

---

[84] *Ebd. (3).*
[85] *Ebd. (4).*
[86] *StAH, 4/553, 8.8.1687, 295ʳ.*

▶ **Die Inquisition** ◀ Wie konnten schließlich schon identifizierte Verdachtspersonen strafrechtlich verfolgt werden? Die Hauptschwierigkeit war hier, durch »stille Nachforschungen« (die der Bekanntheitsgrad der Amtleute leicht vereitelte) klare Beweise zu finden, die eine Inhaftnahme rechtfertigten. Diese Inquisitionen waren in Württemberg innerhalb von acht Tagen durchzuführen – was bei weitem genug Zeit zur Flucht ließ. Und die Flucht ergriffen nicht nur Fremde, sondern – wie bei Inzestfällen besonders deutlich wird – sehr häufig Bürger, die hohe Strafen und vor allem die Schande und Qual eines peinlichen Gerichtsverfahrens befürchteten.[87] Direkt nach einer Flucht übernahmen manchmal Postillione, Musketiere, in Hall die Grabenreiter und sonst andere Stadtbeamte die kurzfristige Verfolgung. Lange waren sie allerdings nicht abkömmlich. Steckbriefe waren die einzige Alternative, doch sie wurden vor allem nach Dieben, Räubern und Mördern ausgeschickt.[88] Ein solches »Verzeichnis von Dieben« sandte 1599 beispielsweise Pforzheim nach Esslingen. Gesucht wurden der fesche »König aller Mäuse« und seine Konkubine,

»(er) sei ein Erzdieb, zu Weissenbach im Murgenthal daheim, ein starker junger Kerl, ohne einen Bart, trage zwei lange Haarlocken, ein weißes Leinenwams, auf französische Art, mit schwarzen Glasknöpfen, schwarze Barchethosen, mit aschfarbenen Schnüren verbrämt, rote Wollstrümpfe und einen schwarzen Hut, *habe eine junge Frau, mit einem roten Rock*, halte sich viel im Land zu Württemberg, auch zu Burbach bei Frauenalb auf, und mache Krämerkörbe«.

Genauso undetailliert wie die seiner Begleiterin war auch die Beschreibung einer weiteren Diebin, der »Groß Gratlin«. Einer der Verhafteten hatte die »lange gelbe Frau, mit krummen zusammengehenden Füßen« zuletzt auf dem letzten Michaelismarkt in Pforzheim gesehen.[89] Die meisten Flüchtigen konnten leicht erfolgreich ent-

---

[87] Siehe U. Rublack, »Viehisch, frech vnd onverschämpt«. Inzest in Südwestdeutschland, ca. 1530–1700, in Ulbricht (Hg.), Von Huren und Rabenmüttern, S. 203f.
[88] In Memmingen wurde auch steckbrieflich nach geflüchteten Ehebrechern gesucht, z.B. StAMM, A 344/1, 16.9.1574.
[89] StAE, Reichsstadt A, F. 42, *Verzaichnus der diebs Gesellschaften, so hernach bemellte zue Pforzheim verhaffte angezaigt, vnnd vßer Ihren Vrgichten extrahiert worden, Im October anno 1559;* meine Hervorhebung.

kommen. Männer verdingten sich häufig als Soldaten, Frauen schlugen sich taglöhnernd oder vagierend durch.

Die Obrigkeit konnte also am effektivsten handeln, wenn ein klarer Verdacht auf eine faßbare Person bestand – und so gestaltete sich auch die Ausgangslage in den meisten verfolgten Fällen. Hier lagen eindeutige Beweise vor, wie sie die Carolina in den Artikeln »von der genugsamen Anzeigung« (33–44) beschrieb. Diebe erregten Mißtrauen, wenn sie Glockengießern und Goldschmieden eingeschmolzene Metallwaren verkaufen wollten. Ladendiebstähle wurden bemerkt. Der Verkauf von Diebesgut war nachweisbar, ebenso wie das Verteilen von Falschgeld. Mörder kauften in Apotheken Gift. Unzucht, Ehebruch, Inzest und der frühe Beischlaf kamen durch eine Schwangerschaft oder häufige Männerbesuche ans Licht. Schon einmal ausgewiesene Verbrecher kehrten unerlaubt zurück und wurden wiedererkannt. Bei ansässigen Tätern nutzte die Obrigkeit nun das »Geschrei« und fragte die kollektiv registrierten Hinweise auf Verdachtsmomente ab. Wenn ein Delikt, wie beispielsweise Mord oder Kindsmord, das Moralgefühl der Bevölkerung deutlich verletzte, leistete diese oft direkte Hilfe bei der Indiziensammlung und Festnahme. Bei Personen mit schlechtem Ruf, deren Ausschluß aus der Gemeinschaft man wünschte, wurden lange zurückreichende Nebendelikte erinnert. Sonst bestand die Inquisition aus dem gezielten Verhör von Personen mit vermeintlichem Insiderwissen, vor allem Nachbarn und Arbeitgebern, oder auch einer Hausdurchsuchung. Die »Unparteilichkeit« dieser Zeugen wurde, außer in bezug auf Verwandtschaftsgrade, wahrscheinlich selten untersucht. Württembergische Reskripte mahnten die Amtmänner immer wieder, daß sie »Indizien nicht allemal genugsam erwogen, und mehrmals aus sehr geringen Vermutungen heraus zu derselben gegriffen«.[90]

STRAFGERECHTIGKEIT In ihrer Reaktion auf abweichendes und kriminelles Verhalten formulierten Untertanen und Obrigkeiten also ihr zum Teil divergierendes Verständnis von Moral und Gerechtigkeit. Die Obrigkeit verfügte über verschwindend wenige, schlecht be-

---

[90] *Reyscher, Gesetze, Bd. 5, S. 404, General=Reskript, das Verfahren in Strafsachen betreffend, 23.11.1629. Die Klage wurde im 17. Jahrhundert durchgängig wiederholt.*

zahlte, kaum anerkannte und überlastete »Polizeikräfte«; sie sparte ihr Geld und setzte auf Hinrichtungen als abschreckendes Beispiel oder sporadische Sonderkontrollen. Sie war hierdurch aber stark auf die Kooperation der Untertanen angewiesen, die deshalb die Reichweite der Strafverfolgung weitestgehend ihren Interessen zufolge beschränken konnten.

Außergerichtliche Konfliktlösungen waren die Norm. Die Art der Beziehung zwischen Täter und Opfer und die Schwere des Delikts, die Vorgeschichte des Täters sowie die Sanktionierungsangebote der Obrigkeit entschieden, ob außergerichtliche Konfliktlösungen oder eine Anzeige vorgezogen wurden. Notorisch Normen verachtende Bürger oder arme, mobile, familiär ungebundene und sozial wenig verankerte Personen wurden sehr viel leichter offen eines Verbrechens beschuldigt und angezeigt als gemeinhin redlich erscheinende Bürger. Diese letzte Gruppe der »Marginalisierten« war am wenigsten in der Lage, sich gegen Beschuldigungen zu wehren und Fürbitter zu mobilisieren. So ungleich wie die Risiken, überhaupt vor Gericht zu kommen, waren auch die Chancen verteilt, harten Strafen zu entgehen.

L3. Prozeß, Urteil und Strafe

Frühneuzeitliche Gerichtsverfahren wurden lange mit der Vorherrschaft von Folter und grausigen Hinrichtungsarten assoziiert. Die schauererregenden Überreste des vormodernen Strafsystems sind erhalten: Folterinstrumente lassen sich kopfschüttelnd in Museen bestaunen, Straßennamen wie »Galgenberg« und »Blutsteigle« erinnern vielerorts noch an die Topographie der rechtlichen Gewalt; in der Erde, dort wo einst der Galgen stand, zerfallen die Skelette der hier bis ins vorige Jahrhundert hinein Verscharrten zu Staub. Man tut gut daran, sich zu erinnern, wie lange die Todesstrafe ein sichtbarer Teil der politischen Wirklichkeit war:
In Preußen und anderen Staaten ging man erst seit der Mitte des 19. Jahrhunderts zu Hinrichtungen hinter Gefängnismauern mit geladenen Gästen über.[1]
Schon seit dem 18. Jahrhundert war jedoch die Zahl der Hinrichtungen nach Kapitalverbrechen zunehmend begrenzt und statt dessen das Gefängniswesen intensiviert worden. Den Galgentod löste die Aussicht auf lebenslängliche Haftzeiten bei harter Arbeit ab. Ob mit dieser Entwicklung jedoch ein Fortschritt an Humanität erzielt wurde, erschien zumindest dem britischen Historiker Michael Ignatieff und dem französischen Philosophen und Historiker Michel Foucault fraglich. Insbesondere Foucaults 1975 veröffentlichte Arbeit betont den Bruch zwischen der vormodernen Malträtierung der Körper und der modernen Disziplinierung der Seele als zweier unterschiedlicher »Machttechniken«. Seit dem Ende des 18. Jahrhunderts richtet man, so Foucault, zwar immer noch über gesetzlich definierte Rechtsgegenstände, aber gleichzeitig

»urteilt man über Leidenschaften, Instinkte, Anomalien, Schwächen, Unangepaßtheiten, Milieu- oder Erbschäden; man bestraft Aggressionen, aber durch sie hindurch Aggressivitäten; Vergewaltigungen, aber zugleich Perversionen; Morde, die auch Triebe und Begehren sind«.[2]

---

[1] R. J. Evans, *Rituals of Retribution: Capital Punishment in Germany, 1600–1987*, Oxford 1996; zu England siehe V. A. C. Gatrell, *The Hanging Tree: Execution and the English People 1770–1868*, Oxford 1994.

[2] M. Foucault, *Überwachen und Strafen: Die Geburt des Gefängnisses*, Frankfurt am Main 1977, S. 27.

Eine wachsende Armee an Experten, vor allem Mediziner, Psychiater und Kriminologen, produzierten nun Wissen über den Charakter der Asozialen und Perversen und ermöglichten damit den »Zugriff … nicht nur auf das, was die Individuen getan haben, sondern auch auf das, was sie sind, sein werden, sein können«.[3] Es handelt sich, wie Foucault schreibt, um eine »Annexion«: Das moderne Recht beurteilt nicht die reine Tat, sondern die gesamte Persönlichkeit und Daseinschancen der Beklagten. Der Gerichtsraum wird nun auch zu einem Kampf verschiedener Deutungen über den Hintergrund des Delikts, die Zurechnungsfähigkeit des Angeklagten und seine Therapierbarkeit.[4]

Wie läßt sich dieser Befund auf die neuere Forschung über das frühneuzeitliche peinliche (d.h. Leib- und Lebensstrafen betreffende) »Strafsystem« beziehen? Die Todesstrafe war zunächst immer eine Exempelstrafe, das heißt, sie sollte so abschreckend sein, daß sie selten verhängt werden mußte. Und relativ gesehen war dies auch so: Große Städte und Handelszentren wie München, Frankfurt und Augsburg verzeichneten im 16. Jahrhundert durchschnittlich drei Hinrichtungen pro Jahr, eine Stadt wie Konstanz im gesamten 17. Jahrhundert 33 Hinrichtungen, während in den territorialen Amtsstädten Württembergs mancher Galgen morsch wurde. Ganz in diesem Sinn riet auch der Staatsdenker Lipsius den Fürsten, nicht zu häufige und zu harte Todes- und Leibesstrafen auszusprechen und sich von Hinrichtungen fernzuhalten. Sonst drohe ihnen der Haß des Volkes, der aus dem Mitleid mit den Verurteilten entspränge.[5] Aus diesem Grund vollzog man die Todesstrafe meist bei Raubmördern und Dieben, deren Tod ohnehin niemand zu Tränen rührte. Über ihr Seelenleben hatte man seine Annahmen und stellte es sich nicht sonderlich kompliziert vor. Peinliche Prozesse dienten jedoch grundsätzlich immer dazu, über »Leidenschaften« zu urteilen und entweder neue Grenzen zwischen

---

[3] *Ebd., S. 28.*
[4] *Nichts kann dies deutlicher machen, als das von Foucault zwei Jahre zuvor herausgegebene Dossier über den Verwandtenmörder Pierre Rivière aus dem Jahr 1836, siehe ders. (Hg.), Der Fall Rivière. Materialien zum Verhältnis von Psychiatrie und Strafjustiz, Frankfurt am Main 1975.*
[5] *W. Weber, Prudentia gubernatoria. Studien zur Herrschaftslehre in der deutschen politischen Wissenschaft des 17. Jahrhunderts, Tübingen 1992, S. 270.*

begierigem, habsüchtigem, viehisch-perversem und zivilisiertem, vernünftigem Verhalten zu ziehen oder alte zu befestigen. Die seit dem 16. Jahrhundert gesteigerte Verfolgung von Delikten wie Inzest, Sodomie und Kindsmord macht dies überdeutlich. Im Unterschied zum 19. Jahrhundert wurde aber nicht nach individuellen Erklärungen für »perverse Leidenschaften« geforscht, sondern Unmoral im Rückgriff auf biblische Gebote recht standardisiert abgeurteilt. Dies geschah im Hinblick auf Sexualdelikte und Verwandtenmord oder Totschlag jedoch nicht mit dem Gleichmaß des Henkers, sondern es wurde genau zwischen verschiedenen Strafen abgewogen: der Todesstrafe, einer Leibesstrafe und Verbannung, bei den gemeindlich und familiär Verwurzelten auch etwa einer Haushaft und Geldstrafe. Grundsätzlich erwog man drei Faktoren: die Härte des Delikts, die politische Notwendigkeit einer öffentlichen Strafe und die mildernden Umstände. Um letztere einzuschätzen, untersuchte man insbesondere den Grad der Vorsätzlichkeit, wiederum die sozialen Folgen einer Lebens-, Leibes-, Schand- oder Ehrenstrafe sowie den Ruf der Angeklagten. Diese Rekonstruktion des Rufs wurde im 17. Jahrhundert vor allem in Württemberg mit zunehmender Akribie betrieben: Man schrieb an frühere Aufenthaltsorte und vor allem den Heimatort, um – in Ermangelung von Strafregistern – sowohl mögliche vorherige Delikte und Urteile zu erfahren als eben auch eine Charakterbeschreibung der Person durch den Amtmann, Schultheißen, Pfarrer oder auch einen früheren Meister. Die mögliche Besserungsfähigkeit beziehungsweise das Ausmaß der Verdorbenheit der Täter stand im Zentrum vieler Prozesse. Auch die Verhaltenserwartungen an Frauen während der Prozesse veränderte sich im 17. Jahrhundert: Ihre Gestik und Mimik wurden zunehmend genau beobachtet und konnten in bezug auf ihre Schuld oder Reue und Besserungsfähigkeit teilweise einen beweisähnlichen Status erhalten. Da die Gefühle der Frauen bekanntlich über ihre Vernunft herrschten, wurde sogar damit experimentiert, ihre Schuldgefühle durch Schocks hervorzurufen und ihr Ausmaß dann anhand der Körperreaktionen zu bewerten. Nur wenn man – wie Foucault und andere – den Blick auf das frühneuzeitliche »Theater des Schreckens«, die Hinrichtungen, begrenzt, ohne die Prozeßverfahren und Strafen für andere Delikte als Raub und Mord weiter zu beachten, kann man also zu der Auffassung gelangen, daß ein von der Seele losgelöster »Körper« im Zentrum des vormodernen Strafsystems stand und etwa die Reue und damit geforderte Internalisierung von Schuld in ihr keinen Ort hatten. Der veränderte Zugriff auf Beklagte im 18. Jahrhundert hatte seine Vorgeschichte, auch wenn der entscheidende Unterschied mit der Ausweitung des Gefängnissystems oder der Einweisung von »Perversen« in Psychiatrien tatsächlich darin lag, daß der Staat nun auf Jahre hinaus Macht über die Disziplin und seelische Umkehr aufzwingende Lebensführung erlangt hatte. Hieran zeigte, wie wir im letzten Abschnitt über die Strafen sehen werden, im Südwesten Deutschlands bis ins 18. Jahrhundert niemand Interesse: Tod und Verbannungen waren billigere und insofern wirksamere Strafen, da man die wirklich bedrohlichen Täter entweder los war oder zumindest in angrenzende Gebiete abgeschoben hatte. Gegenargumente wurden hierzu nicht laut.

Bevor jedoch abschließend Strafen und Straffolgen diskutiert werden, ist von der Gnade zu sprechen: das Strafsystem der Frühen Neuzeit zeichnet sich dadurch aus, daß vor und nach jeder Urteilssprechung Fürbitten von Freunden, Verwandten, Geistlichen oder Gemeinden für Angeklagte eingereicht werden konnten, die die Strafe stark beeinflußten. Eine im Urteilsbuch festgesetzte Strafe war keineswegs unumstößlich; durch Ratsprotokolle läßt sich der faszinierende Kampf der Fürbitter verfolgen. Ihre Beharrlichkeit vermittelt uns anschaulich, welche menschlichen Bindungen in der frühneuzeitlichen Gesellschaft wichtig waren und wie Strafen erfahren wurden. Doch wieder läßt sich ein Wandel beobachten: Seit der Mitte des 16. Jahrhunderts wurden alte Gnadenrechte bei Todesstrafen (wie das Losbitten) nicht mehr zugelassen – es triumphierte das rechtliche Gleichmaß, in dem die christliche Idee des Vergebens erloschen war. Bei Verbannungsstrafen mußte man sich Milderungen zunehmend durch Leistungen verdienen – im 17. Jahrhundert verlangte man für den Wiedereinlaß in ein Land oder eine Stadt Zeugnisse, in denen das gute Betragen und Arbeitsverhältnisse festgehalten waren. Einzig die katholischen Geistlichen schienen noch an einer anderen Sicht der möglichen Vergebung von Sünden festzuhalten; sie mischten sich, wie das Beispiel Konstanz zeigt, vehement in den Urteilsprozeß ein, während ihre protestantischen Kollegen zumeist schweigend das Strafgericht der weltlichen Obrigkeit überließen bzw. dieses unterstützten. Für die Urteilsmilderungen waren letztendlich aber die Fürbitten von Verwandten und Bürgern entscheidend: denn ihre Unterstützung zeigte unmittelbar, daß eine Resozialisierung des Täters möglich schien – ebenso wie umgekehrt klar war, daß jene, für die niemand bat, diesen Schutz – der über Tod oder Leben entschied – schon lange verloren hatten.

WEIBLICHE BLÖDIGKEIT ODER DIE GERISSENHEIT ALTER FÜCHSINNEN: URTEILSPROZESSE ⁄ Rüggerichte ❮

Die Ausgangsfrage ist damit, wie man diesen Schutz verlor oder verteidigte und welche Funktion die verschiedenen Gerichtsinstanzen für die Herstellung gesellschaftlicher Ordnung hatten. Dafür müssen wir uns zunächst klarmachen, daß wir eine Agrargesellschaft behandeln, in der 80 % der Bevölkerung auf dem Land lebte. In der Erfahrung der meisten Württemberger wurden Delikte also bei den vierteljährlichen Rüggerichten und den bis 1632 zweimal, danach einmal jährlich stattfindenden Vogtgerichten verhandelt. Bei geringen Delikten war die Urteilsbildung der sechs Rügrichter und des (einem Rüggericht vorsitzenden) Schultheißen kurz. Zügig und gewohnheitsgemäß wurden Frevelstrafen festgesetzt. Delikte wie Trunkenheit oder Ungehorsam wurden aufgrund eindeutiger Beweise bestraft. Probleme tauchten eher bei Raufhändeln und Beleidigungsklagen auf, die oft keine der beiden Parteien ausgelöst haben wollte, beziehungsweise Diebstahlsbeschuldigungen, die von dem vermeintlichen Täter geleugnet wurden. So wurde entweder aufgrund der Tatumstände und des Rufs der Beteiligten entschieden oder bei Beleidigungen und Raufhändeln der Entscheidungsprozeß umgangen und dieselbe Strafe für beide Beteiligten verhängt. Die Entscheide der Rügrichter wurden anscheinend nicht protokolliert, die Bußen teilweise noch am Ende des 17. Jahrhunderts im Anschluß an die Gerichtssitzung gemeinschaftlich vertrunken.[6] So bekräftigte man die Versöhnung mit Friedbrechern; dies war die Tradition lokaler Konfliktregelung vor dem Zeitalter der Polizei. Brüchig wurde sie wiederum nur bei notorischen Fällen. Diese konnten ans Vogtgericht verwiesen werden, bzw. die Nachricht von schweren kriminellen Fällen dem in der Amts-

---

[6] Siehe z. B. K. u. M. Schumm (Hg.), Hohenlohische Dorfordnungen, Stuttgart 1985, S. 54, Dorfordnung Eichenau, Kreis Schwäbisch Hall, Art. 40.

stadt ansässigen Amtmann unmittelbar überbracht werden. Ab ungefähr 1660 dienten auch (die inzwischen weitgehend auf dem Land eingerichteten) Kirchenkonvente häufig als Zwischeninstanz. Insgesamt läßt sich aber wiederum die Eigenmacht der Gemeinden feststellen: ob etwa Ehebruch oder Unzucht vor das Gericht gelangten und so »Unmoral« bestraft werden konnte, hing davon ab, was lokal als gerichtlich verhandelbar eingestuft wurde und was nicht. Der sexuelle Mißbrauch einer erwachsenen Verwandten war es, bis zu ihrer Schwangerschaft, beispielsweise eindeutig nicht, ebensowenig der Verdacht sporadischer Abtreibungsversuche von Frauen. Und das Geschwätz in den Dörfern und Flecken war fern vom Ohr des Amtmanns.

Ein zuverlässiger Amtmann kam jedoch zweimal, ab 1632 aber nur noch einmal jährlich mit einem Schreiber in die Amtsorte, um das Vogtgericht zu halten. Hierzu berief er die Gemeinde ein, nahm Eide ab, prüfte Rechnungen, verlas Verordnungen, beaufsichtigte Wahlen, hörte Klagen an und befragte schließlich die Bürger, Söhne, Knechte und oft auch die Witwen, ob sie Fälle strafbaren Verhaltens oder Klagen anzubringen hätten. Es gab also viel zu tun. Die Zeit für das Richten und Schlichten war knapp. Wiederum brachten vor allem Männer untereinander tiefgreifende Ehren- und Raufhändel an. In der Regel wurden nur ein oder zwei schwerere Delikte angegeben. Der genaue Inquisitions- und Urteilsbildungsprozeß ist unklar. Ein Zeuge genügte anscheinend, um einen Fall anzuzeigen. In der Regel wurden, vorausgesetzt der Angeklagte war erschienen, sofort ein Verhör durch den Amtmann durchgeführt, eventuell Kläger und Angeklagter gegenübergestellt, die von ihnen benannten Zeugen verhört und daraufhin eine Strafe festgesetzt. Maßgeblich für das Urteil waren der persönliche Eindruck des Amtmanns vom Ruf der Personen, der Tragweite des Delikts und den Folgen einer Strafe für die betroffene Person.

Frauen konnten nur über ihren Mann oder Vormund klagen, es sei denn, sie waren verwitwet. Beim Engelharter Vogtgericht zeigte eine Witwe beispielsweise 1656 mutig an, der vorige Schultheiß habe sie »mit Armen umfangen und (ihr) die Zunge ins Maul gestoßen«. Gegenüber dem vorigen Amtmann, so bekannte sie, habe sie sich dieser Beschreibung geschämt und nur gesagt, er habe Unzucht mit ihr treiben wollen. Der Schultheiß leugnete die Tat aber und beschimpfte sie als alte Vettel und Hure. Der Amtmann befragte die Witwe weiter. Sie verwickelte sich in keine Widersprüche, blieb »beständig«. Zudem wirkte sie »unargwöhnisch«, also nicht so, als ob sie eine solche Anschuldigung erfinden würde oder unzüchtiges Verhalten provozierte. Wenn Aussage gegen Aussage stand und es keine Zeugen gab, mußte der Amtmann also aufgrund des kurzen Verhörs und des sonstigen Rufs der Beteiligten entscheiden, wer Recht bekam. Diejenigen, die einen schlechten Ruf hatten, wußten damit meist, daß sie bei einer unklaren Beweislage gar nicht erst zu klagen brauchten, vor allem wenn jemand mehr Macht als sie besaß. In unserem Fall entschied der Amtmann hingegen zugunsten der Witwe.[7] Ihr Erfolg bedeutete, daß sie höchstwahrscheinlich vor weiteren Übergriffen geschützt war und ihre Ehre in der Gemeinde verteidigt hatte. Unverheiratete, alleinstehende Frauen, die normalerweise keinen Vormund hatten, waren von dieser Form der Klage anscheinend vollkommen ausgeschlossen.

Umgekehrt wurde auch die Ahndung des abweichenden Verhaltens von Dorffrauen durch diese Gerichtsordnung grundsätzlich erschwert: Es ist unklar, ob Frauen im Verlauf des Tages einbestellt wurden, wenn jemand sie anklagte, oder wie häufig später Erkundigungen eingezogen wurden und wie man diese dann weiter behandelte. In Bußregistern um 1630 in württembergischen Orten findet sich zumindest kaum eine Frau bestraft. Man darf also annehmen, daß Konflikte, in die Dorffrauen involviert waren, fast ausschließlich außergerichtlich »geregelt« bzw. mit ihnen gelebt wurde. Dies änderte sich wiederum nur, wenn eine Frau die Grenze zum notorisch »ärgerlichen« Verhalten überschritt und nicht über die Macht verfügte, eine Anklage zu verhindern.

In den ca. 50 württembergischen Amtsorten war dies anders. Hier war der Amtmann ansässig und beaufsichtigte die zwei, drei oder viermal jährlich stattfindenden Vogtgerichte. Seine Kontrolle auch der geringen Delikte war also wesentlich größer. Zudem stieg bei schweren Fällen beziehungsweise Klagen gegen Frauen die Wahrscheinlichkeit, daß ihnen vor Ort genauer »nachgegangen« wurde, also etwa Kurzverhöre mit Nachbarn geführt wurden. Sehen wir uns deshalb das Beispiel Wildberg an, einen proto-industriellen Ort im

---

[7] HStASt, A 214, Bü. 683.

Nagoldtal. Das Vogtrüggericht fand hier regelmäßig statt und wurde sauber protokolliert. (Diese sich hierin ausdrückende hohe Bedeutung der Friedenswahrung im Innern der Gemeinde kontrastiert im übrigen mit der schlechten, lückenhaften Führung der peinlichen Gerichtsbücher im 17. Jahrhundert.) Bis zur Einführung des Kirchenkonvents im Jahr 1646 sollten alle Ordnungsverstöße bei den Vogtgerichtssitzungen angebracht werden. Vor allem die Bediensteten, der Stadtknecht, die Turmwächter und Feldschützen, aber auch einige Bürger brachten das »ärgerliche« Verhalten anderer an. Oft ging es bei ihren Anliegen aber nicht um Verstöße gegen die Moral, sondern um die so bedrohliche Verschmutzung der Brunnen, baufällige Häuser und die Feuergefahr. Pro Sitzung wurden aber ungefähr sieben bis zehn Klagen über Beleidigungen, Raufereien, den Felddiebstahl, müßiggehende Söhne, ein unverheiratet zusammenlebendes Paar, die unangemeldete Spinnerin behandelt. Klagen von Frauen kamen wiederum kaum vor – ihre Beleidigungsklagen trugen sie vor andere städtische Niedergerichte. Männer konnten hier jedoch wirksam gegen Frauen klagen. Ein Hutmacher brachte beispielsweise 1621 vor, »Jerg Berens Weib sei nicht züchtig, die Nachbarn tragen ein Abscheuen an ihr«. Es wäre eine »Notdurft«, sie anzuklagen. 1623 wurde gemeldet, »Jung Beerhans Frau sei ihres Gesindes halben nicht züchtig«, ihr Haushalt sollte besichtigt werden.[8] Während der Vogt die Beleidigungen, das »ärgerliche Verhalten« sowie den Feld-, Holz- und Obstdiebstahl von Frauen meist gleich mit Buß- oder kurzen Haftstrafen belegte, hörte man die Rechtfertigungen und Strafen der Frauen, über deren Delikte erst später Erkundigungen eingezogen wurden, nicht öffentlich. In solchen Fällen nahmen der Amtmann oder Schultheiß die Sachlage selber »in Augenschein« und verhörten Zeugen. Es ist schwer zu sagen, ob dies meist Vor- oder Nachteile brachte, das heißt außergerichtlich gesprochene Urteile leichter beeinflußbar waren.

Andere Fälle wurden beigelegt, falls Angeklagte beim Vogtgericht anwesend waren, Stellung nehmen konnten, glaubwürdige Entschuldigungen vorbrachten und vor allem Besserung versprachen. 1635 wurden beispielsweise Daniel Sittich und seiner Frau mangelhafter Kirchenbesuch und Unfleiß vorgeworfen, zudem rede er sich mit

[8] HStASt, A 582, Bü. 86.

Krankheiten heraus. Dem Amtmann genügte aber Sittichs Aussage, er habe den ganzen Winter über Fieber gehabt und wolle zukünftig fleißiger sein.[9] Durch dieses Beispiel wird unmittelbar deutlich, daß Kirche und Staat sich in ihrem Reaktionsrepertoire nicht grundlegend unterschieden, es also keineswegs so war, daß die geistliche Obrigkeit ermahnte und die weltliche strafte. Seinen sprachlichen Ausdruck fand dies in einem Memminger Ratsbeschluß 1672, der festhielt, dem Mann einer entlassenen streitbaren Ehefrau sei auch zu »predigen«.[10] Neben Ermahnungen und Strafen gab es – man denke an das Almosen für das Branntweinbarbelin in Memmingen – immer auch soziale Maßnahmen: Als in Wildberg 1624 von Hans Maiers Weib gesagt wurde, sie sei gottlos, weil sie keine Predigt besuche, rechtfertigte sich diese, sie habe keine Kleider für den Kirchgang. Ihrem Mann wurde daraufhin auferlegt, sie – wie es seine Pflicht war – »zu kleiden«.[11] Allgemein ist schwierig zu beurteilen, wie häufig Personen nur ermahnt wurden, denn dies wurde selten schriftlich fixiert. In Hall wurde 1573 selbst einer vorehelich geschwängerten Magd nur »ein gut Teutsch« gesagt, anstatt sie mit ihrem Baby zu inhaftieren.[12] Auch eine Konstanzerin wurde 1572 lediglich gewarnt, man wisse, daß sie mit einem Knecht ein Kind habe und eine Magd verkuppeln wolle: sie solle sich »darnach wissen zu halten«.[13]

In Württemberg hing die Behandlung einer Vielzahl der Delikte vom Gutdünken des Amtmanns ab – vor allem auch die der schwereren Delikte, die außerhalb der Vogtgerichte aufgedeckt wurden, aber nicht so gravierend schienen, daß ein peinlicher Prozeß eingeleitet wurde. Routinemäßig wurde hier eine im besten Fall der Landesordnung entsprechende Strafe festgesetzt und vom Stadtknecht ausgeführt. Wie genau die Beweislage erörtert wurde, inwiefern Urteile unklare Beweislagen berücksichtigten, ob Zeugen- und Gefangenenverhöre durchgeführt wurden, ist kaum nachzuvollziehen. Der Amtmann konnte zwar vom Oberrat Ratschläge einholen, war dazu aber

---

[9] Ebd., 3.3.1625.
[10] StAMM, RP, 12.2.1672–13.2.1674, 90ʳ, 9.8.1672, Joseph Müllers Frau.
[11] Ebd., 19.11.1624.
[12] StAH 4/480, 11.12.1573, 165ʳ.
[13] StAKN, RP, Bl 70, 1572/3, 27.2.1572, 60ᵛ, Magdalena Buchenberg.

nicht verpflichtet. Die Angeklagten waren hier am ungeschütztesten, die Macht der Amtmänner am größten. Oberratsprotokolle vom Anfang des 17. Jahrhunderts zeigen, daß aus manchen Ämtern nie etwas gemeldet wurde, in den übrigen die Häufigkeit der Anfragen sehr unterschiedlich war, es in den meisten Fällen aber um Anfragen zur Milderung von Haft- in Frevelstrafen und deren Höhe ging.[14] Im Kurfürstentum Bayern wurde dagegen auch die Bestrafung dieser Delikte im 17. Jahrhundert weitestgehend durch den Hofrat übernommen: die einfache oder zweimal begangene Leichtfertigkeit etwa oder die Wilderei – während diese Fälle in Württemberg also in der Regel erst dem Oberrat gemeldet wurden, wenn sie dreimal oder öfter begangen wurden und damit peinlich zu beklagen waren.[15] Dies sicherte in Bayern – soweit wie möglich – eine landesweit einheitliche Urteilspraxis und eine weitaus höhere Kontrolle über die Verankerung gesetzlicher Normen auf der Lokalebene als in Württemberg.

In den Reichsstädten wurden von der Bürgerschaft auf keiner Gerichtsversammlung Delikte angezeigt. Fälle, denen die Obrigkeit nachgehen sollte, brachte man persönlich bei dem Bürgermeister, den Stättmeistern, Richtern oder auch dem Stadtknechtsehepaar an. Die Bereitschaft hierzu hing damit auch entscheidend von ihrer sozialen Nähe zur Bürgerschaft ab. Diese Fälle – und ebenso die vom Stadtknecht eigenständig ausgemachten Delikte[16] beziehungsweise verdächtigen Personen – wurden dann an den Rat verwiesen, der zwei Räte zur Inquisition abordnete. Sie vernahmen schon inhaftierte Verdachtspersonen und Zeugen vor beziehungsweise während der Inhaftierung. Die Aussagen wurden dann dem Magistrat berichtet und ihre Glaubwürdigkeit bewertet, woraufhin man entweder für die Notwendigkeit eines weiteren Verhörs votierte oder das Urteil fällte. Auch die Amtleute im städtischen Umland entschieden nicht eigenständig, sondern berichteten vor dem Magistrat über Delinquenten,

---

[14] HStASt, A 236, Bü. 132, 133, 1606–08.
[15] W. Behringer, Weibliche Kriminalität in Kurbayern in der Frühen Neuzeit, in O. Ulbricht (Hg.), Von Huren und Rabenmüttern. Weibliche Kriminalität in der Frühen Neuzeit, Köln 1995, S. 76.
[16] Abgesehen von bestimmten Vergehen, wie etwa der Abschiebung von »Gesindel«, inklusive fremder »Huren«, die Stadtknechte meist eigenständig vornahmen und die deshalb auch unprotokolliert blieben.

woraufhin dann entweder sofort eine Strafe angesetzt oder eine Vorladung angeordnet wurde. Entscheidungskriterien wurden damit genauer erhoben, mußten öfter einsichtig und nachvollziehbar gemacht, Vorgehensweisen und Urteile kooperativ beschlossen werden. Im Unterschied zu der württembergischen Situation verliefen diese Urteilsprozesse in den Reichsstädten also kontrollierter und sorgten für eine Strafrechtskultur, die weniger von der Willkür eines Beamten abhing.

▸ Peinliche Prozesse: Richter, Prozeß und Verfahrensaufsicht ◂

Peinliche Prozesse wurden bei Vergehen eingeleitet, auf die Leib- und Lebensstrafen standen. Dabei handelte es sich entweder um mehrfach wiederholte schwere Vergehen, wie dreimaligen Ehebruch oder einmal verübte, aber als extrem schwerwiegend bewertete Verbrechen, wie Inzest oder Mord. In Württemberg bildeten der Ober- und Unteramtmann sowie die zwölf Richter das amtsstädtische Malefizgericht. Ihren Zug ins Rathaus läutete die »Malefizglocke« ein. Damit wußte man auf den Gassen und Feldern, daß über das Leben eines Menschen gerichtet wurde. Das Richteramt war das höchste städtische Amt. Richter mußten volljährig, das heißt mindestens 25 sein. In der württembergischen Amtsstadt Leonberg und der Reichsstadt Hall lag das durchschnittliche Eintrittsalter aber bei 43 Jahren.[17] Die Mehrzahl der Richter hatte zunächst langjährig im Rat gesessen. Nur die Söhne von Richtern, landesherrlichen Beamten oder besonders reichen Männern konnten in einem früheren Alter ins Gericht gelangen. Die meisten Richter stammten – zumindest im 16. Jahrhundert – aus der lokalen Ehrbarkeit.[18] Ihr durchschnittliches Vermögen überstieg in Leonberg das der Gesamtbürgerschaft um ein Doppeltes. In

---

[17] V. Trugenberger, Zwischen Schloß und Vorstadt. Sozialgeschichte der Stadt Leonberg im 16. Jahrhundert, Vaihingen/Ems 1984, S. 95–119; G. Wunder, Die Bürger von Hall. Sozialgeschichte einer Reichsstadt 1216–1802, Sigmaringen 1980, S. 78 f.

[18] Die württembergische Ehrbarkeit setzte sich aus drei Gruppen zusammen. Einer Spitzengruppe der Hofbediensteten und ihrer Verwandten, einer Mittelgruppe der geistlichen und weltlichen Obrigkeit und der unteren Gruppe der Kaufleute, Mediziner, Juristen und Inhaber städtischer Ämter, siehe H.-M. Decker-Hauff, Die Entstehung der altwürttembergischen Ehrbarkeit 1250–1534, Diss. Phil. Wien 1946, S. 28–36 u. S. 57–60.

den wichtigsten Familien wurde das Amt über Generationen hinweg vererbt. Hoch angesehene Handwerker gelangten ebenfalls in das Gericht, doch sie »vererbten« das Amt nie an Söhne und Schwiegersöhne.[19] Richter wurden jährlich bestätigt, selten abgewählt und deshalb meist erst nach ihrem Tod ersetzt. Sie sollten fromm, unbescholten, nicht untereinander verschwägert, »verständig« und gerecht gegenüber arm und reich sein. Juristisch ausgebildet waren sie dagegen selten.

Um die mangelnden juristischen Kenntnisse der Richter auszugleichen und eine von Amt zu Amt unterschiedliche Strafpolitik zu verhindern, war die herzogliche Kontrolle über Malefizprozesse in Württemberg bis zum 17. Jahrhundert außerordentlich gestiegen. Der Amtmann trat als Ankläger auf und leitete die Sitzungen. Ab 1577 mußte er dem Oberrat über die Einleitung eines peinlichen Prozesses berichten, ab 1629 bei Strafe das Protokoll der ersten gütlichen Befragung beilegen. Er mußte die Erlaubnis zur Tortur einholen und in schwierigen Fällen bei der Tübinger Juristenfakultät rechtliche Gutachten bestellen. Verhörsfragen wurden häufig von Tübingen oder dem Oberrat vorformuliert. Urteile folgten fast ausnahmslos der Vorgabe der juristischen Gutachten. Um sicherzugehen, mußte der Amtmann aber vor der Ausführung der Strafe hierfür noch einmal die Erlaubnis des Oberrats einholen. Der Einfluß amtsstädtischer Richter war somit im 17. Jahrhundert ins Unermeßliche gesunken, das Monopol des Herzogs über die Urteilssprechung gesichert. Bei peinlichen Verfahren hatte auch der Amtmann nur noch mittelbare Kompetenzen; Stuttgart behielt die Fäden in der Hand.

Die reichsstädtischen Malefizgerichte waren mit zwölf oder mehr Richtern besetzt, die der lokalen Führungsschicht angehörten und sich über den Rat qualifizierten. Oft bildete der Rat in seiner Gesamtheit das Gericht. Als Ankläger trat der Stadtschultheiß auf, der mit abgeordneten Richtern auch alle Verhöre und Foltermaßnahmen begleitete. Entscheidungen über den Verfahrensverlauf wurden während normaler Ratssitzungen getroffen. In Hall trugen juristisch gebildete Ratskonsulenten dem Magistrat ihre »Bedenken« über die richtige Vorgehensweise und Bestrafung vor, und diese Entscheidungsgrundlage war maßgeblich. In der 1575 eingerichteten Ratsbi-

---

[19] *Trugenberger, Zwischen Schloß und Vorstadt*, S. 95–119.

bliothek waren alle wichtigen juristischen Kommentare vorhanden.[20] Von juristischen Fakultäten wurden deshalb selten Gutachten eingeholt – dies sparte nicht zuletzt Kosten.
Ein Beispiel für die entsprechenden Ratskarrieren bietet der Haller Johann Nicolai Schragmüller (1643–1711). Schon sein Vater, Johann Phillip, war Jurist und ein einflußreicher Ratssyndikus in Hall gewesen. Den Sohn ließ er in Straßburg, Tübingen und Heidelberg Zivilrecht und kanonisches Recht studieren. Mit 23 wurde Johann Nicolai im Jahr 1666 in Heidelberg »mit höchstem Lob« entlassen und heiratete eine Haller Arzttochter. Schon drei Jahre später wurde er in den inneren Rat gewählt. Er versah zwei Amtmannsstellen im Umland, gelangte 1687 in den Geheimen Rat, wurde 1689 Steuerherr und 1703 Stättmeister.[21] Schragmüller beeinflußte maßgeblich Entscheidungen über Strafverfahren. Um die Strafpraxis zu systematisieren, legte er Registraturen über bisherige Urteile und Sammlungen der »Bedenken« und Gutachten an.
Außer Schragmüller war im letzten Drittel des 17. Jahrhunderts Johann Friedrich Wibel in rechtlichen Dingen am einflußreichsten. In diesem Zeitraum wurde besonders hart gegen Sittlichkeitsdelikte vorgegangen. Um ein Gefühl für den Karriereweg dieser »neuen« professionellen und doch in ihrer Heimatstadt so fest verankerten Eliten zu bekommen, ist ein Blick in Wibels Biographie aufschlußreich. Wibel lebte von 1645 – also kurz vor dem Ende des Dreißigjährigen Kriegs – bis 1702. Er war Sohn des durlachischen Hofpredigers Johann Georg Wibel, der später Prediger und Dekan in Hall wurde. Johann Friedrich besuchte das Gymnasium, glänzte in Sprachen, Musik und Philosophie und begann mit achtzehn Jahren das Studium der Philosophie und Theologie, später hauptsächlich des Rechts in Straßburg. Anschließend studierte er drei Jahre in Speyer, schloß in Straßburg ab und kehrte 1670 nach Hall zurück. 1672 wählte man ihn in den inneren Rat, 1674 zum Hospitalsgerichtsschultheißen, 1675 zum Stadtschreiber, 1678 zum Obervormunds-Gerichtsassessor, 1680 zum Geheimen Adjunctor und Haalpfleger, 1683 zum Hauptmann des gemeinen Haals und Kanzleiherren, 1686 zum Stättmeister und

---

[20] K. Finke, Die Ratsbibliothek Schwäbisch Hall und ihre juristische Literatur des 16. Jahrhunderts, Württembergisch Franken, 57 / 1973, S. 118–135.
[21] StAH, Todtenbuch St. Michael, 2 / 73, 543ʳ.

Kirchenvisitator. Wibel nahm zweimal an kaiserlichen Audienzen teil und hielt dort wunderbare lateinische Lobreden. Er heiratete in erster Ehe eine der Töchter des reichsten Haller Bürgers, Seufferheld, der seinerseits 30 Jahre Stättmeister und Kirchenvisitator gewesen war. So funktionierte also die »Ämtervererbung« an Schwiegersöhne.[22] In Hall läßt sich die Entwicklung zur internen Professionalisierung des Magistrats sehr viel deutlicher als etwa in Konstanz ablesen. Sie führte aber nicht zu einer erhöhten Zahl an peinlichen Prozessen – im Gegenteil war man gerade in Hall in bezug auf ihre Einleitung eher zurückhaltend. Sie hatte auch keine juristisch durchgehend korrekte Vorgehensweise zur Folge: Gerade in den Reichsstädten konnte die geringe Außenkontrolle (kaum ein Beklagter hatte den Mut, sich ans Reichskammergericht zu wenden) auch die Entwicklung eigener Verfahrensgewohnheiten befördern. In Hall wurden etwa Torturmaßnahmen außerhalb peinlicher Prozesse eingesetzt. So zum Beispiel bei der Vagantin Anna Seidler, die 1678 aufgegriffen wurde, weil sie Falschgeld in Umlauf gebracht hatte. Ein Ratsbeauftragter vernahm sie im Gefängnis und berichtete dem Rat ihre Aussage. Sie gab an, ein Baby im Umland zurückgelassen zu haben, doch es war unauffindbar. Also beschloß man, sie müsse ein leichtfertiger Mensch sein, man solle »mit grösserem Ernst und gar Meister Endre (Meister Andreas, dem Henker) an sie gehen«. Bei einem weiteren Verhör leugnete sie jegliche Beteiligung an der Falschmünzerei ihres Mannes. Trotz ihrer »Bresthaftigkeit«, also körperlichen Schwäche, wurde angeordnet, sie noch einmal scharf zu befragen, durch den Scharfrichter »angreifen« zu lassen und nach ihrem Mann zu fahnden. Schließlich stellte man sie an den Pranger und verbannte sie.[23] Daß man hier keinen Malefizprozeß einleitete, barg für den Magistrat den Vorteil eines geringeren Arbeitsaufwands und zügigen Verfahrens. Die Beklagte hatte zwar geringere Rechte, konnte aber gleichzeitig nicht zum Tod verurteilt werden. Festzuhalten bleibt, daß die Tortur oder Bedrohung mit Torturmaßnahmen auch außerhalb von oder vor peinlichen Prozessen eingesetzt werden konnten. 1666 wurde in Hall einer wegen Inzest mit ihrem Stiefvater beklagten Frau »auf starkes Erinnern und Vorstellung Meister Hansens (des Henkers)« ein Geständnis ent-

---

[22] Ebd., S. 151 f.
[23] StAH, Urfehdbuch 4 / 484, 65ʳ, 9.3.1678, und RP 98ʳ, 103ᵛ, 131ʳ.

lockt, zu einem Prozeß kam es nicht. Ein Bewußtsein für die Toleranzgrenze bei diesem Vorgehen gab es allerdings doch: Wenn man sie noch weiter befrage, so der Rat Schragmüller über eine schon lange bei Wasser und Brot inhaftierte Ehebrecherin, die scharf verhört worden war, »müsse ein rechter Kriminalprozeß formiert werden«. Daraufhin wurde die Strafe festgesetzt.[24]

Das als solches bezeichnete »Malefizgericht« kam in Hall, Konstanz und Memmingen anscheinend nur zur Urteilssprechung zusammen, wenn mit der Urgicht das Geständnis des Delinquenten vorlag. Beklagten wurde noch einmal ihre Tat vorgehalten, der Anwalt und die Angeklagte baten um ein mildes Urteil, die Richter stimmten ab, das Urteil wurde gesprochen. Fiel die Abstimmung unentschieden aus, war die Stimme des Stadtschultheißen beziehungsweise des Bürgermeisters ausschlaggebend. Die Mehrzahl der peinlichen Prozesse befaßte sich mit Raubmord und Diebstahl. Kriterien, die das Verhängen der Todesstrafe ermöglichen, waren relativ klar, so zum Beispiel ein lebendiges Kind, das getötet worden war, die erwiesene Schwängerung durch einen Verwandten ersten Grades, professioneller, jahrelang ausgeführter und mehrfach vorbestrafter Diebstahl. Ein Magistrat wie der Konstanzer oder Memminger hielt juristische Spitzfindigkeiten selten für notwendig.

Durch den Mangel an Indizienbeweisen bestand man allgemein darauf, dem Ausmaß der Verbrechen durch ein Geständnis der Delinquenten auf die Spur kommen. Legten diese nicht freiwillig ein »gütliches« Geständnis ab, das zudem vollständig erschien, setzte man die Tortur als Wahrheitsfindungsmittel ein. Die Carolina schützte Beklagte vor den schlimmsten Folgen der Tortur: Nur ein begründeter Tatverdacht rechtfertigte Torturmaßnahmen, und Ratsabgeordnete mußten ihre Durchführung überwachen. Wer nach dreimaligem Aufziehen noch immer leugnete, durfte nicht aufgrund des reinen Tatverdachts verurteilt werden. An diese Regelungen hielt man sich. Die letzte kam, ›edel‹ wie sie war, allerdings kaum zur Anwendung.

---

[24] *StAH, RP, 1677, 490ʳ–491ᵛ, Maria Barbara Lautten.*

▶ **Die Tortur** ◀ Die Tortur kündigte sich durch das Erscheinen des Scharfrichters an. Er zeigte die Torturwerkzeuge vor, um Delinquentinnen zu erschrecken. Auch »starke Schläge« konnten vor der eigentlichen Tortur verabreicht werden.[25] Diese begann mit den großen, eisernen Schrauben, die um die Daumen gedreht wurden. Nach einer Zeit nahm man sie ab und wiederholte die Verhörsfragen. Wiederum konnte dann zunächst nur simuliert werden, man wolle die Angeklagte aufziehen: Gerade bei Frauen rechnete man aufgrund der ihnen nachgesagten höheren Einbildungskraft mit der Wirkung von Schocks. Schienen diese Methoden sinnlos, wurde die Frau aufgezogen. Beim »Aufziehen« wurde der Körper der Angeklagten mit auf den Rücken gebundenen Händen und zusammengebundenen Füßen »leer«, das heißt ohne Gewichte, an einem Strick in die Höhe gezogen. Dieser war über eine Spule mit einem großen Rad verbunden, das der Scharfrichter drehte. So hing die Beklagte lange Zeit. 1677 wurde von den Tübinger Juristen milde beschlossen, eine körperlich besonders schwache Kindsmörderin »nur« eine Viertelstunde aufzuziehen.[26] Während diese Torturgrade vielleicht eben noch auszuhalten waren, kam für die meisten der entscheidende Schritt, wenn schwere Gewichte an die Füße gehängt wurden. Hierdurch wurde der Körper gleichzeitig nach vorne, oben und unten gezogen. In Intervallen folgten Verhöre, und je nach Ergebnis fiel die Entscheidung, ob man weiter folterte – bis die Beklagte dreimal aufgezogen worden war.

Juristen wußten um das Dilemma: Körperlicher Schmerz konnte ebenso wahrscheinlich die Wahrheit wie die Unwahrheit hervorbringen. Doch in ihrer Sicht fehlten beweisrechtliche Alternativen.[27] Kritische Stimmen gegen die Anwendung der Tortur verstummten jedoch nicht gänzlich. Die Lage im Fall der Cannstatterin Susanna Bayler war typisch: Ihr Mann war zwei Jahre lang melancholisch gewesen. Sie hatte mit ihm gehadert, nun war er erschossen aufgefunden worden. Obwohl ein Selbstmord wahrscheinlich schien, verdächtigte man Susanna Bayler des Mordes. Als sie leugnete, ordnete

---

[25] StAMM, A 134/2, o.D., Elsbetha Fleck.
[26] HStASt, A 209, Bü. 277, Margaretha Franck.
[27] J. H. Langbein, Torture and the Law of Proof: Europe and England in the Ancien Régime, Chicago 1972.

der Oberrat die Tortur an. Der Amtmann sprach offen dagegen: Sie sei »alt, schwach und klein«, schrieb er, und durch die lange Haftzeit sehr kraftlos. Es seien schon zu viele Menschen durch die Tortur unschuldig verurteilt worden. Als Wink mit dem Zaunpfahl für den Herzog fügte er hinzu, »deshalb verdiene Emmanuel König von Portugal ewiges Lob, weil er seinen Räten eröffnet, man solle Angeklagte (mit der Tortur) wenn möglich verschonen«. Den fürstlichen Anwalt hielt er für voreingenommen, da er Bayler während der Tortur als »Hexe« beschimpfte. Die Proteste nützten nichts. Man folterte härter. Doch Bayler blieb standhaft und wurde schließlich entlassen.[28]
Angeklagte machten die Sinnlosigkeit der Tortur oft mit eigenen Worten deutlich. Maria Sauer wurde 1699 des Kindsmords verdächtigt und dreimal aufgezogen. Sie schrie vor Schmerzen und sagte schließlich, »wann man sie wieder aufziehen lasse, so müßte sie, aus Qual und Schmerzen, auf sich selber lügen«. Sie widerrief ihr Geständnis und drohte mit ihrem Selbstmord, falls man sie weiter foltere. Sauer wehrte sich erfolgreich: Der Oberrat ordnete das Ende der Verhöre an.[29] »Ungebührlich« rief 1674 eine als unchristlich und zänkisch angeklagte Frau aus, »bringt mich nur gar um, wann ich's verdient hab'«.[30] Eine Wirkerin, die 1691 im Uracher Folterstüblein zum zweiten Mal aufgezogen wurde, schrie dem Scharfrichter, drei Richtern und zwei Bürgermeistern entgegen: »Gott steh mir bei«, und: »sie wolle sich nicht so quälen lassen«.[31] Immer war dabei gegenwärtig, daß es sich hier nicht allein um die Erniedrigung und Qual vermeintlicher Schwerverbrecher handelte, sondern auch um die von Männern durchgeführte Malträtierung einer sich windenden, leidenden, schwitzenden Frau, die in ihrer Zappelei und Wut und aufgrund ihrer vermeintlichen Tat verachtenswert wurde. Über das wahre Gesicht dieser Situationen ist wenig bekannt. Die Tortur stärkte jedoch ein kollektives Wissen um die Abgründe rechtlicher Gewalt. Jeder kannte Geschichten erfolterter Geständnisse. Eine Stuttgarterin schickte ihrer inhaftierten Tochter deshalb beispielsweise einen Kas-

---

[28] *Inzwischen war Susanna Bayler über vier Jahre inhaftiert, was dann als Strafe genug gewertet wurde, HStASt, A 209, Bü. 778.*

[29] *HStASt, A 210, Abt. II, Bü. 125.*

[30] *StAH, 4 / 485, 30ʳ, Jörg Treschers Weib, 28.9.1674.*

[31] *HStASt. A 209, Bü. 2009, Agnes Klingenstein, 29.8.1692.*

siber: Sie solle sich nicht durch den Stadtknecht erschrecken lassen und standhaft bleiben. Als sie dafür selbst inhaftiert wurde, rechtfertigte die Mutter sich, sie habe von einem unschuldigen Mann gehört, der nach der Folter einen Diebstahl gestanden habe.[32] Die Übermittlung solcher Geschichten ist als Tradition der Kritik von unten an der Folter zu sehen.

▸ **Verhörstaktiken** ◂ Auch die richterlichen Verhörstrategien liegen für uns weitgehend im Dunkeln. Wesentliche Aussagen und kritische Verhörsfragen wurden ein ums andere Mal wiederholt. Doch die »Fragstücke« und Aussageprotokolle, die Akten beiliegen, spiegeln wiederum nur einen Teil der Vorgehensweise wider. Ein Verhör konnte beispielsweise mit einer Strafpredigt anfangen. Sie sollte das Schuldbewußtsein der Angeklagten aktivieren, wie beispielsweise 1569 im Fall der Memminger Ehebrecherin Dorothea Jürgen, der gesagt wurde:

»du bist in das Gefängnis des ehrsamen Rats gekommen, nicht ohne Ursache, denn du hast ein solch ärgerliches Leben und Wesen geführt, daß nicht allein in der ganzen Stadt jedermann darvon (wie man sagt) gesungen und gesagt hat, es hat auch ein ehrsamer Rat so viel Kundschaft davon bekommen, daß man der Oberkait wegen es nicht umgehen kann, zu dir zu greiffen, deshalb will man kurzum ein Wissen von dir haben, mit wem du zu viel zu Unehren zutun gehabt hast«.[33]

Richter hielten außerdem zunächst mit dem Wissen zurück, das sie durch Zeugenverhöre erlangt hatten. Falls die Beklagte also ihrer Ansicht nach nur teilweise gestand, konnten sie der Ehebrecherin Dorothea Jürgen beispielsweise vorhalten: »Wie darfst du so frech sein,

---

[32] *Die Tortur ihrer epileptischen Tochter beaufsichtigte großzügigerweise ein Arzt, HStASt, A 210, Abt. I, Bü. 128, Maria Fröhlich, 5.2.1700.*

[33] *»du bist in ain Ersamen Raths fanknus khomen, nit ohn ursach, dann du hast ain sollich ergerlich leben vnnd wesen gefüret, daß nitt allein In ganzer statt Jedermann darvon (wie man sagt) gesungen vnnd gesagt, hett auch ein Ehrsamer Rath sovil genugsame khvndschafft uberkhommen, daß man oberkait halb nitt umbgehen khönd, zu dir zugryffen, deshalb will man kurz umb ein wissen von dir haben, mitt wem du ubervil zu unehren zethan gehabt«, StAMM, A 132 / 11, 11.11.1569.*

man wisset, daß du dich nicht allein mit dem Nadler, sondern auch mit des Peichingers Sohn gehalten.«³⁴ Jürgen vermutete böswillige Zeugenaussagen gegen sie. Wie viele in dieser Situation antwortete sie hilflos, sie könne ja nicht etwas Falsches zugeben. Die Replik der Richter lautete, wie sie so »schön und unschuldig sein könne«, und: man habe weitere belastende Aussagen. Jürgen wurde aufgezogen, hing lange, fluchte und leugnete, wurde herabgelassen und schrie verzweifelt: »Beim Teufel will unser Herrgott nicht helfen.« Die körperliche Qual erzeugte ein Gefühl vollkommener Auswegslosigkeit. Viele beteuerten nun, für ihre gemachten Aussagen »leben und sterben« zu wollen. Andere versicherten, selbst wenn man ihnen »eine Ader nach der anderen aus dem Leib« reiße, würden sie bei ihrer Aussage bleiben. Doch die Richter waren hartnäckig. »Ob sie vermeinte, daß sie mit ihrem hartwilligen Leugnen der Straf entgehen werde! Man könnte schon auf andere Weise die Wahrheit herausbringen!«, drohten sie 1681 einer wegen Unzucht mit Soldaten beklagten Frau. Sie entgegnete fromm, »sie wolle alle Marter ausstehen, man möge sie däumeln oder strecken, müsse es Gott befehlen, wolle alles wie der geduldige Gott leiden, aber ein für alle Mal, sie könne nicht bekennen was sie nicht getan habe«. Sofort wurde versucht, ihre Selbstdarstellung als Märtyrerin zu hinterfragen. Sie hatte nämlich nachweislich geflucht und zwar zu dem Soldaten gesagt, »Donner und Hagel solle ihm in sein Goschen (= Mund) schlagen«. Man fragte also, wie lange sie schon diese üble Gewohnheit des Fluchens und Schwörens habe. Es wäre im Zorn geschehen, entschuldigte sie sich standhaft, sie wisse sonst wohl, daß es Sünde sei.

Auf diese Weise waren Verhöre ein ständiges Katz-und-Maus-Spiel, in dem Angeklagte die möglichst vorteilhafteste Antwort vorherzusehen versuchten, Verhörende dies aber entlarvten. Man bewegte sich leicht im Kreis. »Ob sie ihr Kind habe hilflos liegen lassen«, wurde eine Kindsmörderin 1699 gefragt. Sie antwortete, daß »dies heidnisch wäre, wenn sie dergleichen getan, Gott solle sie strafen, wenn es geschehen«.³⁵ Druck entstand durch Suggestivfragen, die eigentlich rechtlich unzulässig waren. Bei Diebinnen wurde beispielsweise immer nach Komplizen gefragt: Man sah die Beklagte als Köder

---

³⁴ Ebd.
³⁵ HStASt, A 210, Abt. I, Bü. 125, Maria Dorothea Sauer, 24.4.1699.

an der Angel, um Diebesbanden zu fangen. Als Margaretha Riechler also beispielsweise 1564 in Memmingen angab, ausschließlich allein gestohlen zu haben, wurde ihr, obwohl man keine Beweise hatte, gesagt: »Sie könne es nicht allein getan haben, sondern daß, *wie man guten Beweis habe*, noch eine Mannsperson bei ihr gewesen sei.«[36] Standfestigkeit wurde zermürbend auf die Probe gestellt. Immer wieder wurde die Glaubwürdigkeit der Aussagen angezweifelt und Beklagten klargemacht, daß man niemanden so einfach wieder gehen lasse. Riechler verkündete man beispielsweise nach der Tortur: »Ein ehrsamer Rat befinde, daß sie nicht mit dem Grund der Wahrheit umgehe, denn sie fänden Sachen, die ihrem Anzeigen nicht gemäß seien, (...) damit sie aber nicht allso hinaus kommen werde, deshalb wolle man die Wahrheit von ihr wissen.«[37]

Das Verhalten bei Verhören war für weibliche Angeklagte eine besondere Gratwanderung. Frauen wurde eine wankelmütige Natur zugeschrieben, ja, den Worten einer Frau konnte man eigentlich kaum trauen. Triumphierend prophezeite ein Konstanzer Schiffmann 1693 einer Mitbeklagten, »du magst es gestehen oder leugnen, man tue keinem Weib glauben«.[38] Frauen mußten also – auch um die Tortur zu verhindern – alles daran setzen, »beständig« und glaubwürdig zu wirken. Gerade gegenüber beständigen Frauen waren Richter aber andererseits wieder leicht mißtrauisch und befanden sie für »verstockt«. Da zudem immer wieder die gleichen Verhörfragen wiederholt wurden, auf die bei geistiger Klarheit nur dieselbe Antwort blieb, konnte Beharrlichkeit auch als »spöttliche, verächtliche« Rede verstanden und verurteilt werden.[39] Sie sei verstockt und boshaftig, es gehe »ihr nicht ein Aug' über«, wurde 1670 über eine Kindsmörderin an den Oberrat berichtet.[40] Von Frauen wurde also in besonderem Maß erwartet, daß sie Empfindsamkeit durch nicht-verbale Gesten der Bestürzung und Reue bezeugten. »Sonsten hat sich dieses Mensch in ihren Gebärden ganz versteckt und hartnäckig erzeigt, auch vielmals weinen wollen, aber keine Zeher (= Träne) vergießen

---

[36] StAMM, A 132 / 7, 7.2.1564, meine Hervorhebung.
[37] Ebd.
[38] StAKN, K 5, 22.1.1693, Conradt Beuter.
[39] Z.B. HStASt, A 209, Bü. 1909, Sabina Caskarten, 1649.
[40] HStASt, A 209 Bü. 1994, Anna Clas.

können«, kommentierte man 1697 das Verhalten einer Konstanzer Diebin.⁴¹

Im 17. Jahrhundert begann man in Württemberg, auch Gefühlsäußerungen während der Folter aufmerksam zu beobachten. Hauptkriterium war wiederum, ob jemand »verstockt« schien, kaltblütig und damit zu keinem Schuldempfinden fähig war. Die Tübinger Juristen gewannen so einen Eindruck von der Besserungsfähigkeit der Beklagten.⁴² Typisch ist der Fall einer Schweizerin, die 1689 des Kindsmords verdächtigt wurde. Der Cannstatter Amtmann hielt es für »ein Zeichen großer Verstockung«, daß Maria Gainshaber schrie, als ihr die Daumenstöcke angelegt wurden, aber »keine Träne vergoß« und »standhaft« redete. Man hatte sie im Haus des Schweinehüters und seiner Frau inhaftiert. Diese sahen sie in ihrem »Gefängnis« nie beten. Auch als Gainshaber zum zweiten Mal gefoltert wurde, sagte sie nichts. Das zweite Tübinger Gutachten verschonte sie deshalb auch vor der Enthauptung. Der Angeklagten half diese Entscheidung jedoch nicht mehr: Kurz bevor das Gutachten Cannstatt erreichte, war Maria Gainshaber nach vierzehnmonatiger Haft verstorben.⁴³

Welche Semiologie der Gefühle wurde hier also entwickelt? Gesichtsbleiche, Zittern, Seufzen und Unruhe galten bei Männern und Frauen als Zeichen der Schuld. Die Tränen der Frauen konnten heuchlerische »Krokodilstränen« sein: »Die Weiber weinen offt mit Schmerzen / gleich als gienge es ihn von Herzen / Sie pflegen sich nur so zu stellen / und können weinen wann sie wöllen«, reimte Grimmelshausen 1670. Johannes Döpler warnte Richter vor diesen »falschen« Tränen der Beklagten.⁴⁴ Der scheinbar von Herzen kommende, »heiße« und »stille« Tränenfluß galt dagegen als untrügliches Zeichen der Unschuld und Reue.⁴⁵ Dies zeigt der Fall Anna Martha Laistlers. Ihr legte

---

⁴¹ StAKN, K 65, 4.5.1697, Ursula Geiger.
⁴² Vgl. U. Gleixner, Geschlechterdifferenzen und die Faktizität des Fiktionalen. Zur Dekonstruktion frühneuzeitlicher Verhörprotokolle, WerkstattGeschichte 11/1995, S. 67.
⁴³ HStASt, A 209, Bü. 798.
⁴⁴ W. Bender (Hg.), J. W. v. Grimmelshausen, Lebensbeschreibungen der Ertzbetrügerin und Landstörtzerin Courasche, Tübingen 1967, S. 68; J. Döpler, Theatrum poenarum ... Oder Schau-Platz derer Leibes und Lebens-Straffen, Bd. 1, Sondershausen 1693, S. 192 f.
⁴⁵ Deshalb vergossen Frauen »heiße Tränen«, wenn sie etwa um Strafmilderung baten, z.B. HStASt A 209, Bü. 1064, Maria Dreher, 10.10.1688.

die Sulzer Stadtknechtsfrau 1665 das »etwas blaue« Baby, das sie umgebracht haben sollte, vor dessen Beerdigung in den Arm. Anna mußte mütterliche Liebe bezeugen. Doch bald erstarb ihre Stimme. Sie drückte das Baby an ihre rechte Backe, küßte es, und sagte »ach du liebes goldenes Kind, du lieber Engel, daß dich Gott der Vater«, und, schon verstört, »Gott der Sohn, (...)«. Sie behielt es schweigend an ihrer Backe, und wiederholte öfter, »ach du lieber Schatz, Schweig (sic!), Ich will bald bei dir sein, O du heiliges Kind«. Sie bezeugte immer wieder, sie habe es nicht umgebracht, bekannte aber, »sie sei ein schwere und große Sünderin«. Mehrmals nahm sie das Baby und küßte es. Überzeugen konnte sie damit nicht. Man beobachtete, sie habe sich »gar betrübt mit Augen und Kopf erwiesen«. Aber an der Tatsache, daß sie »diese ganze Zeit nicht einen Tropfen Wassers aus den Augen fließen lassen«, war nicht zu rütteln. Deshalb interpretierte man ihr Verhalten als »eher ... große Bestürzung, als herzliche Betrübnis«. Drei Monate später wurde sie enthauptet.[46]

Man glaubte also nicht mehr an Gottesurteile: Dies war ein alter Rechtsbrauch, dem zufolge eine Leiche blutete, wenn ihr Mörder sie berührte oder ihr entgegentrat. Bei der »Bahrprobe« wurden die Leichen aufgebahrt und mit dem vermeintlichen Mörder konfrontiert. Dieser Brauch war in Württemberg seit der ersten Hälfte des 17. Jahrhunderts unüblich und bei getöteten Kindern anscheinend nie angewandt worden. Es war jedoch eine allgemeine Praktik, daß, wenn etwa ein Familienmitglied rätselhaft starb, die Bürger die emotionalen Reaktionen der Verwandten genau registrierten, beziehungsweise in vermeintlichen Hexereifällen die Reaktionen der Trauerbesucher.

Das rechtliche Dilemma war, daß auch Autopsien wenig über Tatverdächtige aussagten. Die Cannstatterin Susanna Bayler wurde beispielsweise im Beisein eines Chirurgen mit der Leiche ihres Mannes konfrontiert. Doch die Leiche war vor drei Jahren bestattet worden, so daß der Chirurg keine Untersuchung mehr durchführen konnte. Der Amtmann, Chirurg und zwei Gerichtspersonen gingen mit Susanna Bayler zum Sarg, öffneten ihn und zogen das den Körper bedeckende Leintuch weg. Da lag der erschossene, verweste Mann. Trotzdem wußte die Frau, daß sie die Fassung bewahren mußte. Es ging um ihr Leben. Zweideutige Reaktionen, wie beispielsweise hem-

---

[46] HStASt, A 210, Abt. I, Bü. 444, 4.10.1665.

mungsloses Weinen, hatte sie tunlichst zu vermeiden. Entsetzen dagegen sollte gezeigt werden, vor allem aber Nähe zum Toten. Die Choreographie der Betroffenheit gelang: Susanna Bayler fiel auf Hände und Knie, sagte »Schatz, wie bist du so elendiglich zugerichtet«, nahm seine Hände in die ihrigen. Schließlich beteuerte sie ihre Unschuld.[47] In den Stuttgarter Akten finden sich nur drei Fälle, in denen eine solche Schockkonfrontation gerichtlich veranlaßt und ihr ein beweisrechtlicher Status zugeschrieben wurde. Bemerkenswert ist aber, daß es überhaupt zu diesen Experimenten kam: Dies spricht für eine Entwicklung, den weiblichen Körper für den männlichen Blick lesbar zu machen, um so die wahre Natur der Frau zu enthüllen. Man glaubte, daß bei Frauen die Gefühle über die Vernunft herrschten und sie daher ihr Verhalten schlechter rational lenken könnten. »Lange Kleider, kurzer Sinn«, resümierte ein Konstanzer Rechtsgutachten 1660 diese Einstellung markant.[48] Durch Schocks wollte man die rationale Kontrolle gänzlich ausblenden. Das Bewertungsschema »authentischer« Gefühle konfrontierte Frauen vor Gericht also insgesamt mit einer Hierarchie von Gefühlsausdrücken, die somatisiert werden mußten, damit sie glaubhaft erschienen. Die Gefühlserwartungen waren aber so standardisiert, daß eine Verbindung zu den individuellen Konflikten, dem momentanen Empfinden und der Persönlichkeit der Angeklagten, also den eigentlichen »wahren« Gefühlen, geradezu verhindert wurde.

▸ Entlastende und belastende Faktoren ◂ Was vor Gericht als »gutes« oder »schlechtes« Verhalten beurteilt wurde, hing also wesentlich vom Geschlecht der Angeklagten ab. Auch die verbalen Entschuldigungsstrategien waren geschlechtsspezifisch unterschiedlich. Advokaten wiesen Frauen immer an, auf ihre mindere Intelligenz, die weibliche »Unbeständigkeit«, »Schwachheit« und »Blödigkeit« zu verweisen. Aufgrund ihrer Natur war jede Frau nur für beschränkt zurechnungsfähig einzustufen. Rechtlich wurde dies jedoch nicht akzeptiert: Zum einen erschienen die Frauen angesichts ihrer Tat selten als »schwach« und schutzbedürftig, zum anderen brachte ihre

---

[47] HStASt, A 209, Bü. 778.
[48] StAKN, K 29, 22.9.1660, Anna Zecklein.

»Schwachheit« eben jenen geringen Widerstand gegen die Versuchung mit sich, der zumindest bei Sittlichkeitsdelikten auch Männer mit in den Sumpf der Begierde zog. Dies war eher zu verurteilen als zu entschuldigen.

Milderungsbitten von Beklagten während des Prozesses zielten immer darauf ab, die mangelnde moralische Urteilskraft und Voraussicht als natürlichen Zustand zu entschuldigen: Außer der Weiblichkeit ließen sich hier Jugend und Einfalt anführen. Denn die Jugend, das wußte jeder, war die Zeit der Unvernunft, Versuchung und Maßlosigkeit – kurz, der Torheit. Es gab jedoch zwei unterschiedliche Sichtweisen, wie hierauf zu reagieren sei: Einerseits gab es Verständnis für diese Überschreitungen und das Vertrauen, daß der Mensch mit der Zeit über ihnen reif wurde. Man befürwortete deshalb bei weniger schweren Delikten milde Bestrafungen oder Ermahnungen. Andererseits zeigte ein »von Jugend an gottloses Leben«, daß jemand schon seit dem Alter, in dem er Gesetze und ihre Bedeutung eigentlich verstehen und somit ein moralisches Bewußtsein von ihm verlangt werden konnte, den geraden Weg ausgeschlagen hatte. Bei schweren Verbrechen erkannten Richter deshalb »Jugend« meistens nicht als Beweis mangelnder Zurechnungsfähigkeit an, es sei denn, jemand war unter 14 Jahre alt. Als Milderungsgrund galt Jugend höchstens im Zusammenspiel mit anderen Faktoren. Als die 16jährige Magd Barbara Lorentz 1573 in Leonberg des Kindsmords verdächtigt wurde und ihrer Jugend wegen um ein mildes Urteil bat, stellte der Amtmann beispielsweise knapp fest, »sie sei alt genug«. Es sei eher zu vermuten, daß eine schlechte »Gottesfurcht« der Grund für ihr Verbrechen sei. Man wußte, daß sie »die Predigt und Gottes Wort wenig besucht, weswegen sie Gott dann auch fallen gelassen«. Der Predigtbesuch wurde jedoch selten so deutlich für die Bewertung der Schuld herangezogen. Aber wie hier – und bei den mehrheitlich über 20jährigen jungen Frauen, die vor Gericht standen, hieß ihre Jugend allein gar nichts. Es wurde rekonstruiert, wie sie sich von »Jugend an«, also ungefähr mit 14, »gehalten« hatten. Bei Frauen bedeutete dies zu prüfen, ob sie »züchtig«, »eingezogen« und »arbeitsam« gewesen waren, gehorsam gegenüber Familie und Vorgesetzten, bescheiden in Worten und Kleidung sowie keusch gegenüber Männern. Deshalb wirkte sich für sie die zunehmende Bestrafung des frühen Beischlafs und der Unzucht bei jungen Leuten und die genauere Rekonstruktion der »Jugendsünden« im Verlauf des 17. Jahrhunderts bei Prozessen negativ aus: Das Informationsnetz, mit dem bewiesen werden konnte, daß eine Frau von Jugend an einen »schlechten Ruf« hatte, verdichtete sich.

Bei allen Kapitalverbrechen wurde ohnehin darauf beharrt, daß die Abscheu vor ihnen dem göttlich erschaffenen Menschen selbstverständlich angeboren sein müsse: Mord, Raub, die »Fleischesverbrechen«. Abgesehen von eindeutig Geistesbehinderten wurde deshalb auch nur ganz vereinzelt bei Personen, die sehr arm waren, zurückgezogen lebten und geistig unbemittelt schienen, mangelnde Zurechnungsfähigkeit in Rechnung gestellt.[49] Besonders gewitzt versuchte 1698 die wegen Inzest beklagte Anna Specht sich einfältig zu stellen. Sie sagte, sie könne »ihre Wort nicht recht vorbringen«, und bot unschuldig an, sie wolle »gern einen Gulden oder mehrere geben« (letzteres war eine gängige Strategie). Gebete und Bibelzitate sprach sie schlecht nach und verkehrte die Worte. Doch ihr sonstiges Erinnerungsvermögen war gut, und sie hatte vernünftige Antworten gegeben. Man beschloß also, sie sei zwar einfältig, aber nicht unfähig, Gutes von Bösem zu unterscheiden.[50]

Anna Dorner, die 1659 in Beilstein beklagt wurde, hatte mehr Glück. Sie war durch ihren Stiefvater geschwängert worden. Die Anfrage bei »geistlichen und weltlichen Personen« im Ort ergab, daß sie immer ein »stilles« Leben geführt hatte. Beim zweiten Beischlafversuch des Stiefvaters hatte sie sich gegen ihn gewehrt. Dies zeigte Reue. Sie galt als einfach, und der Oberrat erkannte die »Rusticitas und Simplicitas dieser Leut« an. Die Folgen der Bestrafung für ihr weiteres Leben wurden bedacht. Eine Schandstrafe bedeutete das Ende ihrer Heiratsaussichten. Da also alles darauf hindeutete, daß die Tat ein einmaliger Lapsus gewesen war, und man ihre Heiratsmöglichkeiten nicht vereiteln wollte, wurde sie ein Jahr in den Zehnten verbannt – und nicht etwa an den Pranger gestellt und ewig verbannt.[51] Nur ein günstiges Zusammenspiel von Faktoren konnte also Milde bewirken: Hier war

---

[49] Siehe z. B. HStASt, A 582, Bü. 5950, 3. 10. 1687, bei einem Gültinger Holzhauer und Taglöhner, der wegen Inzest angeklagt wurde; oder bei Bewohnern spärlich besiedelter Gegenden der Schwäbischen Alb.

[50] HStASt, A 209, Bü. 1619, 28. 7. 1689.

[51] HStASt, A 209, Bü. 268, 7.10.1659.

es vor allem die Wehrhaftigkeit der Stieftochter und ihr sonst »unbescholtenes« Leben.

Bei Frauen mit ehelich gezeugten Kindern war, selbst wenn sie »gestandene« Delinquenten waren, die Familie meistens ein Milderungsgrund. Bei der 1687 wegen Ehebruch angeklagten Agatha Glaser fiel das Urteil deshalb beispielsweise milder aus, obwohl ihr »Prädikat« von Jugend an schlecht war. Sie hatte nämlich früh einen greisen Mann geheiratet, weil er ihr 50 Gulden und zwei Kühe als Heiratsgut versprach. Anstatt das Versprechen einzulösen, schlug er sie so, daß sie nach drei Tagen zu einem Barbier flüchtete und nie wieder zurückging. Sie arbeitete als Magd, wurde zweimal geschwängert, versuchte einmal abzutreiben, bekam aber trotzdem zwei Kinder, eins davon mit einem lahmen Arm. »Gestanden« war sie wirklich. Gegen die letzte Schwängerung durch einen Meister hatte Glaser sich zu wehren versucht. Sie sah ihre Unmoral nicht als persönlich verschuldet an. Man bemängelte deshalb auch, sie »trage noch keine rechte Buße ihres Verbrechens«. Doch wirkte sie bei einer Konfrontation mit dem Meister glaubwürdiger als er. Aus diesem Grund und wegen ihrer zwei Kinder verteidigte der Amtmann einen Landesverweis (anstatt der Todesstrafe für die Desertion und den mehrfachen Ehebruch) vor dem Oberrat.[52]

An dem Fall einer Magd, die des Kindsmords verdächtigt wurde, läßt sich dagegen erkennen, wieviel schlechter die Stellung alleinstehender Frauen war und wie für Richter ein Eindruck vom vorsätzlich bösen und unverbesserlichen Verhalten einer Person entstand. Die 25jährige Veronika kam aus dem Pfäffikon. Sie war die Tochter einer verwitweten Häuslerin mit sechs weiteren Kindern, hatte in Zürich bei einem Wirt gedient und sich kurzfristig zur Arbeit mit einer 58jährigen Spitzenkrämerin entschlossen. Im Januar 1685 verließen sie Zürich, um in württembergischen Städten die Ware zu verkaufen. Egal wo sie hinkamen, schon in Schaffhausen, und dann in Sulz, Tübingen, Herrenberg und Wildberg wurde Veronikas dicker Bauch kommentiert, wenn sie abends Quartier nahmen. Bald war Fastnachtszeit. Trotz des wachsenden Mißtrauens und Ärgers der Spitzenkrämerin ging Veronika in Tübingen zum samstäglichen Fastnachtstanz. Sie war kaum ins Bett zu bringen! Am nächsten Morgen

---

[52] HStASt, A 209, Bü. 40, 8.6.1687.

wollte Veronika nicht mit nach Reutlingen in die Kirche kommen. Die Spitzenkrämerin beklagte sich nun lauthals über sie. Einige Tage später, als die beiden zusammen mit einem Gerbergesellen nach Calw wanderten, schwanden Veronikas Kräfte. Sie blieb zurück und wurde später im Blut der Nachgeburt gefunden. Als der Amtmann ihr Bündel mit Habseligkeiten durchsah, fanden sich ein »hübsch genähtes Vorderteil zu einem Goller und ein paar Ellen Spitze«. Die hatte sie von ihrer Meisterin gestohlen. Der Amtmann schrieb an den Züricher Bürgermeister, um etwas über Veronikas »Ruf« zu erfahren. Doch eigentlich gab es keinen Zweifel mehr: »Die Verhaftete ist ein gestandenes Mensch«, berichtete er nach Stuttgart, »der männiglich zutraut, daß sie solche Leichtfertigkeit mehr gespielt (hat)«. Veronika schrie und weinte vor Gericht, doch es half nichts, ebensowenig, daß sie Gott und die Obrigkeit um Verzeihung bat und beteuerte, sie wisse nicht, ob das Kind lebendig oder tot zur Welt gekommen sei. Nach drei Monaten im württembergischen Land wurde sie im Mai geköpft.[53] Das Urteil erschien nicht nur aufgrund des wahrscheinlichen Mordes an einem lebendigen Kind gerechtfertigt, sondern auch aufgrund der Chronik schlechten Verhaltens, die ihre Geschichte barg: Übermütiger Tanz, Ungehorsam, Verweigerung des Predigtbesuches, Diebstahl. Auch die vorige Anstellung bei einem Wirt war kein Empfehlungszeugnis. Sie wirkte »gestanden«, weil sie ihre Familie notgedrungen hinter sich gelassen hatte, für sich selbst sorgte, eigenständig handelte und sich im Zweifelsfall bewußt gegen die christliche Moral entschied. Sie war fremd und allein. Ihr Tod hatte keine Folgen, über die sich der Amtmann und der Magistrat Liebenzells, die Tübinger Juristen oder der Oberrat hätten Gedanken machen müssen.

▍ **Urteile** ◁ Die Schwere des Delikts bestimmte generell, ob Argumente gegen das jeweils härteste Strafmaß überhaupt Gewicht erhielten. Das Urteil über eine Frau, die ihr Kind nachweislich lebendig geboren und getötet hatte, konnte beispielsweise im letzten Drittel des 17. Jahrhunderts kaum beeinflußt werden. Lag das Geständnis vor, konnten die Tübinger Juristen einen solchen Fall auf fünf Seiten

---

[53] HStASt, A 209, Bü. 1513, Veronika Riek, 14.3. und 15.3.1685.

abhandeln. Die standardisierten und deshalb auch formalisiert aufgeführten Milderungsgründe lauteten: »1) Verführung durch den Kindsvater, 2) ihre Jugend, 3) ihr Unverstand, 4) ihr schwaches Geschlecht, 5) vollständiges Geständnis.« An der Enthauptung änderten sie nichts.[54] Anna Jäger aus dem Dorf Bruch im Backnanger Amt nützte es 1678 ebenfalls wenig, daß ihr Anwalt sich mit findigeren Argumenten für sie einsetzte. Er brachte vor, ihre Eltern hätten sie schlecht erzogen, ihr Mann habe sie verlassen, vor ihrer Schwängerung habe sie einen guten Ruf gehabt, sie sei ohne Tortur geständig gewesen, reuig und habe ein siebenjähriges Kind zu versorgen. Auch ihr Fußfall bei der Urgichtverlesung und die so einfach formulierte Bitte, »sie wolle am Leben bleiben«, änderten nichts an der Todesstrafe.[55]

Bei professionellen Diebinnen war die Situation anders. Milderungsgründe konnten sie kaum vorbringen, und es war klar, daß nur die Todesstrafe sie von weiteren Diebstählen abhielt. Der Landesverweis hatte für die ohnehin mobilen Diebe keine abschreckende Wirkung. Trotzdem kamen sie meistens mit der Prangerstrafe, dem Auspeitschen und einem Landesverweis davon. Eine verschärfte Strafpolitik setzte hier nie ein. Dies war zum einen so, weil es sich bei ihrer Tat nicht um ein schweres Verbrechen, sondern um die Ansammlung vieler mittelschwerer Delikte handelte. Das brachte Richter in ein Dilemma. Todesstrafen wurden nie leichtherzig ausgesprochen. Da Frauen auch kaum in Raubmorde verwickelt waren, konnte man eine ansteigende Bedrohlichkeit ihrer Taten ausschließen. Vor allem aber trafen Eigentumsdelikte von Frauen moralisch keinen neuralgischen Punkt. Delikte von Frauen wurden vor allem, und verstärkt ab dem Dreißigjährigen Krieg, als besonders bedrohlich wahrgenommen, wenn sie Normen der Mütterlichkeit und der an die Ehe gekoppelten Sexualität verletzten, Frauen also über ihre »generativen Fähigkeiten« selbst entschieden.[56]

Unter den »Fleischesverbrechen« bestand bei der Bigamie und dem Ehebruch verheirateter Personen der größte Ermessensspielraum für

---

[54] HStASt, A 209, Bü. 1154, 31.8.1679, Maria Wacker, Heidenheimer Amt.
[55] HStASt, A 209, Bü. 104, Amt Backnang.
[56] H. Wunder, »Weibliche Kriminalität« in der Frühen Neuzeit, in Ulbricht (Hg.), Von Huren und Rabenmüttern, S. 43.

Richter, weil bestehende Ehen und Familien zu schützen waren. Es ist deshalb lohnend, die Gewichtung in einem Prozeß wegen Diebstahl, Ehebruch und Bigamie noch einmal genau nachzuvollziehen. Catharina Schnoth wurde 1666 zusammen mit dem Hirten des Amtes Backnang wegen Bigamie angeklagt. Beide waren sehr arm, er hatte weder Besitz noch Vermögen. Sie besaß zumindest ein armseliges Häuschen, aus dessen Verkauf der Amtmann schließlich neun Gulden zur Deckung der Prozeßkosten erlöste. Vom Amtmann und Spezial im Nachbaramt Marbach wurde Schnoths »Prädikat« als Jugendliche schriftlich erfragt. Es stellte sich heraus, daß sie als 20jährige, vor nunmehr dreizehn Jahren, wegen eines mit einem Maurer gezeugten unehelichen Kindes bestraft worden war. Den Maurer wollte sie nicht heiraten, aber einen Zimmermann. Ihm gebar sie drei Kinder. Dann zog er in den Krieg. Inzwischen hatte sie seit neun Jahren nichts mehr von ihm gehört und nahm an, er sei verstorben. Sie schlief wiederholt mit zwei Männern. Sieben Jahre nach dem Wegzug ihres Mannes heiratete sie in Schwäbisch-Gmünd den katholischen Hirten. Zweimal war sie in Keller eingebrochen – und Einbruchdiebstahl wog immer schwer. Das Diebesgut war trotzdem bescheiden: ein Laib Brot und eine Pfahlkette, die sie postwendend einem Müller für 13 Batzen (also nicht einmal ein Gulden) verkaufte. Im Prozeß stellte ihr Beistand, der Stadtgerichtsadvokat Backnangs, diese Tatbestände dar und bat routinemäßig um Milderung für sie, »als ein schwaches Weibsbild«.[57] Der Amtmann ging zuerst auf den Ehebruch ein, eine unmoralische Tat, die nicht nur die Bibel, sondern alle Gesetze verdammten. Schnoth sagte rechtfertigend, der Satan habe sie dazu verleitet. Doch sie konnte kaum geltend machen, plötzlich durch das Böse verführt worden zu sein. Ihr Verhalten war von Jugend an schlecht. In die Anklagerede des Amtmanns flossen aber nicht nur Fakten, sondern ganz natürlich weitere Vermutungen ein. Den Zimmermann, so spekulierte er, habe sie wahrscheinlich durch Unkeuschheit zum Eheversprech gereizt und so schlecht mit ihm gehaust, daß er freiwillig in den Krieg gezogen sei. Auch den Hirten habe sie wohl »hurerisch und verführerisch« zur Heirat getrieben. Auf der Faktenseite lagen weitere Beweise über

---

[57] *Anders als die Bezeichnungen »Fürsprech« und »Beistand« zunächst vermuten lassen, dienten sie nicht primär dem Interesse der Angeklagten, sondern waren Gerichtshelfer.*

Diebstähle vor. Vor zwei Jahren hatte sie dem Schultheiß im benachbarten Bottwar ein Tuch von der Bleiche gestohlen und war aus dem Gefängnis ausgebrochen. Sie hatte gestohlene Leinwand und Kleider im Wert von 40 Gulden verkauft, war ins Gefängnis gekommen, danach aber wieder mit Tuch, einem Schmalzhafen und Brot erwischt worden. Eine Verhaltensbesserung war hier kaum zu erwarten. Schnoth gestand die Schwere ihrer Taten. Sie sagte, »man solle ihr den Kopf abnehmen«. Ihr wurde eröffnet, dies sei genau die Strafe, die sowohl die Carolina als die Landesordnung vorsähen. Sie bat um eine Pause, die ihr unter der Aufsicht zweier Richter bewilligt wurde. Bei der Fortsetzung des Prozesses sagte sie, die scharfe Anklage verursache ihr die »tiefsten Herzensschmerzen« und bat »höchlich« um Verzeihung ihrer Vergehen. Sie habe gebeichtet, die Absolution erhalten und bitte, ihre Jugend, Schwachheit und Schwangerschaft in Rechnung zu stellen. Der Prokurator plädierte für die Beschleunigung des Verfahrens. Zum einen habe sie sich aus Verzweiflung schon an ihrem Gürtel zu erhängen versucht, zweitens habe sie kein Geld und den »gnädigsten Herrschaften Unkosten genug gemacht«. Der Amtmann zeigte sich gegenüber ihren Bitten unnachgiebig. Sarkastisch sagte er, trotz ihrer angeblichen Schwachheit und Jugend sei sie »kein heuriges Häslein mehr, sondern ein alte ausgehetzte Füchsin von 33 Jahren, welche nicht so schwach, sondern keck und frech« sei. In zwei Keller nacheinander einzubrechen, brächten nicht viele fertig.

Wenige Tage später wurde die Verhandlung fortgesetzt. Nun bezog sich Schnoth konkreter auf die Beweislage. Sie brachte beispielsweise vor, sie habe einen Teil der vermeintlichen Diebessachen gekauft und auch nicht gewußt, daß einer der beiden Männer, mit denen sie geschlafen hatte, verheiratet sei. Ihr Advokat wies auf Widersprüche in der Anklageschrift hin. Mit »hochgehobenen Händen« versprach Schnoth Amtmann und Richtern, sich zu bessern. Eine Woche später kam das Gutachten der Tübinger Juristen. Es verschonte sie vom Tod. Zwei Hebammen untersuchten, ob sie schwanger sei, kamen aber zu keinem Entschluß. Vier Tage nach dem Datum des Gutachtens unterrichtete der Amtmann den Herzog von dem Urteil, fünf Tage danach ordnete dieser die Vollstreckung an.[58]

---

[58] *HStASt, A 209, Bü. 97.*

Das Verfahren bestätigt die Annahme, daß Frauen mit den Standardentschuldigungen Jugend, Verführung (durch den Satan oder eine Person) und Unverstand normalerweise keine Milderung erreichen. Um Gnade zu erwirken, mußten sie ihre emotionale Verzweiflung angesichts der Strafe ausdrücken, Untertänigkeit vor Gott und der Obrigkeit bezeugen – denn die Autorität ihrer Gesetze hatten sie mißachtet – und Besserung versprechen. Dies war das erzieherische Ziel des Prozesses. Die Angst vor der Strafe und die Erfahrung moralischer Verachtung sollten im besten Fall Schuld und Reue erzeugen und vor Rückfälligkeit schützen, zumindestens aber eine Lektion erteilen. Als Veränderung ist auch deutlich geworden, daß in der zweiten Hälfte des 17. Jahrhunderts die Jugendsünden von Angeklagten selbst dann rekonstruiert wurden, wenn sie aus einer anderen Gegend stammten. Charakteristisch ist auch, daß Advokaten und Prokuratoren nicht mehr als nötig taten; sie waren in ein langfristiges »Kontaktsystem« nötiger Kooperation und wechselseitiger Abhängigkeiten mit der Obrigkeit eingebunden.[59]

Da neben der Klärung der Beweislage der Charakter der Angeklagten im Mittelpunkt des Verfahrens stand, waren nicht nur Vorstrafen und Zeugenaussagen, sondern der persönliche »Eindruck« von der Angeklagten während des Prozesses entscheidend. Es entstanden Annahmen, was man einer solchen Person »zutraute«. Einer »alten, ausgehetzten Füchsin« viel. Vögte bestimmten darüber, wie viele Zeugen vernommen wurden und manipulierten teilweise auch, welche Aussagen in das Protokoll aufgenommen wurden. Der Einfluß von Angeklagten und die Initiative der Anwälte reichten selten aus, um diese Verfahrensweise zu ändern.[60] Für die Tübinger Juristen, die Urteile letztendlich bestimmten, war der persönliche Eindruck jedoch nicht so schwerwiegend wie die faktische Beweislage und die von ihr abzuleitende Schwere des Verbrechens. In dieser Hinsicht waren Stellungnahmen der Beklagten wichtig, welche Delikte sie unvorsätzlich oder gar nicht meinten begangen zu haben. Das Vertrauen in die mögliche Rückkehr zum Haushalt wuchs, wenn Reue gezeigt wurde. Fürbitten

---

[59] *Zu Kontaktsystemen siehe N. Luhmann, Legitimation durch Verfahren, Frankfurt am Main 1983, S. 75–81.*
[60] *Eine Ausnahme ist der Fall Rosina Pfeissingers, HStASt, A 309, Bü. 163 und Bü. 164, 5.12.1665.*

von Ehemännern waren wichtig. Dies war umgekehrt bei Männern aber ebenso: die Familie führte nicht zu einseitiger Milde bei Frauen.

GELD UND FÜRSPRECHER: DAS AUSHANDELN VON STRAFEN

Paternalistische Herrschaft basierte auf der Balance von Strenge und Güte im persönlichen Rechtsprechen der örtlichen Obrigkeit. Deshalb waren Strafmaße in der frühen Neuzeit nicht festgesetzt und unumstößlich. Sie wurden sowohl durch außergerichtlich vorgetragene Bitten oder Bestechungen als auch durch gerichtlich vorgebrachte Milderungsbitten ausgehandelt. Selbst Mägde, die kein Geld oder keine Angehörigen am Ort hatten, konnten bei väterlich gütigen Amtmännern durch verzweifelte Bitten und Reue die Milderung von Strafen erlangen. Beklagte Witwen und Waisen erschienen »arm, schwach und alleine« als schutzbedürftig.[61] So übte man sich in der Gerechtigkeit gegenüber Schwachen. Doch im Ganzen gesehen war die Stellung armer, fremder und lediger Beklagter auch hier denkbar schlecht. Denn meist wurden Haft- oder Ehrenstrafen in Geldstrafen gemildert. Wer kein Geld besaß, brauchte erst gar nicht zu bitten. Außer dem Realkapital zählte in dieser Situation das Sozialkapital: Die Obrigkeit gab dem hartnäckigen Druck von Angehörigen, Arbeitgebern, Nachbarn und manchmal auch ganzer Gemeinden in Maßen nach. In Urfehden bürgten sie teilweise mit beträchtlichem Einsatz für Haftentlassene. Fürbitten versuchten deutlich zu machen, daß eine Ehrenstrafe wie das Prangerstehen so schändend sei, daß die soziale Wiedereingliederung des Betreffenden unmöglich gemacht werde, ja, selbst eine Ehe sich bei dieser Schande kaum noch aufrechterhalten lasse. Und welcher Obrigkeit konnte hieran gelegen sein? Aus diesem Grund waren Verheiratete geschützter als ledige oder verwitwete Angeklagte, zumal wenn sie abhängige Kinder hatten. Die flexible Handhabung der Strafmaße trug den sozialen Folgen der Bestrafung Rechnung.

Bei Fürbitten ließen sich auch gesellschaftliche Verdienste wirksam vorbringen, beispielsweise der Militärdienst oder gemeindliche Ämter. Hier hatten Frauen nichts vorzuweisen. Ein seltenes Gegenbeispiel findet sich im Fall eines 1664 wegen Ehebruchs verurteilten

---

[61] Vgl. HStASt, A 209, Bü. 2093, 19.2.1694, Judith Zeller.

Konstanzer Barbiers. In Ansehung der treuen Dienste seiner Schwester an den »beschädigten (verwundeten) Soldaten in der Belagerung« erreichte er die Milderung seiner Geldstrafe.[62] Auch die fehlende berufliche Organisation von Frauen wirkte sich nachteilig aus. Handwerker konnten auf die Unterstützung ihrer Zunft hoffen. In Freiburg bat allerdings 1577 die Zunft auch für eine des Diebstahls verdächtigte Handwerkerstochter.[63] Doch dies war ebenfalls eine Ausnahme, die die Regel bestätigte.

Die weibliche Arbeitskraft konnte als unverzichtbar dargestellt werden, wenn dringende Erntearbeiten anstanden, alte Eltern oder der eigene Haushalt zu versorgen waren. Fürbitten machen deshalb auch Generationenbande deutlich, die sonst oft verborgen bleiben. Die alten Eltern einer Stettenerin schreiben 1679 beispielsweise, sie müßten ihr graues Haar mit »Hunger und Kummer« unter die Erde bringen, wenn die Tochter nicht zurückkäme.[64] Das Aufeinander-angewiesen-Sein wurde natürlich rhetorisch dramatisiert zu einem Nicht-mehr-ohne-den-anderen-Können. Und doch braucht kaum betont zu werden, wie wichtig die familiäre Fürsorge sein konnte. Dies hatte oft auch seine emotionale Seite: Alte Eltern bezogen ihren »Trost« aus den Kindern, vertrauten ihnen, sahen sie als die Freude ihrer alten Tage. Fürbitten gehören zu den wenigen Quellen, die dies widerspiegeln. Eine württembergische Weingärtnerwitwe schrieb etwa 1615, sie sei eine »arme, alte und sehr baufällige Weibsperson« und ihrer mit dem Landesverweis bedrohten Tochter bedürftig. Auf diese habe sie ihren »einigen Trost« gesetzt.[65] 1619 schrieben die Backnanger Eltern einer unehelich schwangeren Magd, sie würden sich bei ihrem hohen Alter nicht getrauen, ihr »Hauseweselein« alleine »hinzubringen«. Mägde seien derzeit unbezahlbar und wollten selbst Meister sein.[66]

Die Trauer über die Bestrafung wurde bewegend ausgedrückt. Außer der Tochter habe er sonst niemand um sich, sagte 1668 ein 70jähriger Memminger Vater. Außerdem habe man Angst, ihre Kinder »verdür-

---

[62] StAKN, RP, 1664, Bl 144, 20.10.1664, 526ʳ.
[63] StAFr, AI XI f, U 1.3.1564.
[64] HStASt, A 209, Bü. 1863, 30.4.1679, Maria Bestlin.
[65] HStASt, A 237 a, Bü. 323, ca. 1615.
[66] HStASt, A 209, Bü. 77, 29.7.1619.

ben« während der Haftzeit.⁶⁷ Solche Fürbitten warfen ein anderes Licht auf eine Frau, die gerade als »leichtfertiger Mensch« abgeurteilt worden war, als rundherum unverantwortlich und frivol. Die häufige Wiederholung von Fürbitten machte tiefe Verzweiflung deutlich. Ein Haller Anwalt brachte 1678 viermal die Bitten »alter, baufälliger Eltern« vor den Magistrat, ihre geschwängerte Tochter aus der Haft zu entlassen und eine Geldstrafe zu verhängen.⁶⁸ Verwitwete Väter baten ebenso um die Hilfe der Töchter bei der Familienwirtschaft wie die sonst auf sich gestellten Witwen. Ein Konstanzer Vater bat im August 1700 inständig, seine verbannte Tochter zurückkehren zu lassen, »damit er seinem Rebbau desto besser abwarten könne«.⁶⁹ Zweimal klagte der 65jährige Vater einer 1679 wegen Kindsmordes ausgewiesenen Württembergerin, sein ziemliches Hofgeschäft müsse er nun mit fremden Leuten verrichten. Er habe sonst niemand, »der in meinem betrübten Witwerstand sich mein oder meiner Güter annimmt«. Bei der bevorstehenden Erntezeit sei seine Tochter allemal »zur Einheimsung« der Früchte von not.⁷⁰ Ein vom Aldinger Amtmann und Pfarrer ausgestelltes Führungszeugnis lag bei. Es bezeugte, daß Christina Pfitzmayer sich seit ihrer Ausweisung vor drei Jahren bei einem Bürger verdingt und sich »ehrlich und redlich, fromm und ehrbar, in ihren Geschäften fleißig« gezeigt hatte. Doch der Vater wartete ein weiteres Jahr. Dann, nach einer dritten Fürbitte nebst Führungszeugnis, hatte er Christina wieder.⁷¹ Es gab andererseits natürlich auch Eltern, die verhaftete Kinder bewußt nicht unterstützten.⁷²

In Dörfern existierte eine Tradition kommunaler Fürbitten. Die Frauen des Dorfes Aich baten beispielsweise 1512 für eine Mutter von zehn Kindern, die Mehl und Korn aus der Mühle gestohlen hatte.⁷³ In dem Kapitel zum Kindsmord erfährt man, wie sich Haller Umlandsgemeinden noch im 17. Jahrhundert für verurteilte Frauen einsetzten. Verbreiteter als die kommunalen Fürbitten war jedoch der

---

[67] StAMM, RP, 1.7.1667–11.8.1669, 73ʳ, 12.2.1668, Maria Magdalena Esser.
[68] StAH RP, 285 / 1678, 479ʳ. Die Bitte hatte Erfolg.
[69] StAKN, RP, 1700, Bl 179, 228, 28. 11. 1700, er wurde zur Geduld verwiesen.
[70] HStASt, A 209, Bü. 1568, 19.7.1697, 11.8.1700.
[71] Ebd., 27.4.1701.
[72] So berichtete ein Haller Procurator 1681, RP 4 / 288, 142ᵛ.
[73] HStASt A 44, U 3581, 14.2.1512, Elsbeth Trigler.

Einsatz einzelner Gruppen von Bürgern für Beklagte. 1539 sorgten in Aich beispielsweise neben Verwandten »viele Bürgersfrauen« für die Freilassung einer unehelich geschwängerten Magd.[74] Sie machten so ihr eigenes Wissen vom Ruf der Beklagten geltend und ebenso ihr Urteil, ob Mitleid oder Strenge das gerechte Maß war. An dieser Tradition ist bemerkenswert, daß hier Bürgersfrauen, und wie wir bei der peinlichen Gerichtsbarkeit sehen werden, insbesondere auch schwangeren Frauen, ein klares politisches Recht zugestanden wurde. Ihre Stimme hatte oft besonderes Gewicht: Sie durften innerhalb des politisch rechtlichen Rahmens beanspruchen, ihre »Ehrbarkeit« zugunsten von Angeklagten einzusetzen. Ihr genaues Verhältnis zu den Beklagten und ihre Motive wurden nicht hinterfragt. Mitleid hatte unbeschränkte Berechtigung. Diesem Verständnis von Gnade entsprangen Urfehden, wie etwa die des Stuttgarter Bürgers Jörg Hillenmaier von 1522: Er hatte um Mitternacht mit seinem Knecht ein Haus aufgebrochen, »vom Leder gezogen« und um sich gehauen. Auf die Fürsprache der Frau des Statthalters, der Stuttgarter Stiftsherren und 40 »ehrsamer und tugendhafter« Stuttgarterinnen hin entließ man ihn jedoch bald aus der Haft.[75] Im Verlauf des 16. Jahrhunderts verliert sich diese Tradition zunehmend. Fürbitten mußten nun in bezug auf den Einzelfall von den direkt Abhängigen beziehungsweise von einer Verurteilung Betroffenen stichhaltig begründet werden. Deshalb finden sich meistens nur noch Bitten der Kernverwandten oder Arbeitgeber. Die Bitten von Nachbarn wurden angehängt und waren weiterhin wichtig – auch sie standen aber in einem klaren Bezug zu den Beklagten. Dies war insbesondere so, wenn kein Familienmitglied eine Fürbitte eingeben konnte und die Nachbarn augenscheinlich die einzigen waren, die die genauen Verhältnisse kannten. 1669 baten etwa Konstanzer Nachbarn für eine Frau, die sechs Kinder hatte und ausgewiesen werden sollte, obwohl ihr Mann krank war. Daraufhin konnte sie den Winter über noch in der Stadt bleiben.[76] Bei

---

[74] *HStASt, A 44, U 3336, 8.8.1539, Margaretha Duscheren.*
[75] *nur mit den gewöhnlichen Auflagen, anstatt einer Waffe nur ein abgebrochenes Brotmesser zu tragen, keine Zechen zu besuchen und sein Haus nach acht Uhr abends nicht mehr zu verlassen, HStASt, A 44, U 4292, 23.1.1522.*
[76] *Im Sommer wurde ihr Häuslein verkauft, und die Familie zog ins Ungewisse, StAKN, RP, BI 149, 9.11.1669, S. 678 f. und 741.*

vermögenden Familien, die über Generationen einen guten Namen besessen hatten, war ebenfalls einsichtig, warum nicht nur Kernverwandte an der Erhaltung des guten Rufs interessiert waren: Die Vettern eines Mannes boten 1660 beispielsweise ihr ganzes Hab und Gut als Sicherheit an, falls sie ihn anstelle des Musketierkonvois selber ins Gefängnis bringen dürften.[77]

Die Zugeständnisse waren oft gering, der Einsatz der Fürbitter hoch. Angehörige brachten mit immenser Hartnäckigkeit Milderungsgesuche ein und warben um die Unterstützung von Nachbarn, Freunden und Bekannten. Durch Ratsprotokolle lassen sich einzelne Geschichten rekonstruieren. Sehen wir uns den Fall der Haller Salzsiederin Maria Laut an. Sie wurde 1677 bei Wasser und Brot inhaftiert, weil ein Badergesell öfter »nackend nur ein Niederkleid anhabend« in ihr Haus gekommen sei, um mit ihr »Kurtzweil« zu treiben. Bald baten ihr Mann, ihre sieben Kinder, Freunde und Nachbarn darum, sie vor öffentlichem Spott zu verschonen und »in Ansehung ihrer kleinen Kinder und des alten Vaters wieder frei und nachhause zu lassen«. Der Mann wollte den Ehebruch nachsehen und sich mit ihr versöhnen. Ihre Ausweisung bedeutete für ihn entweder Bedürftigkeit, die Abhängigkeit von der Hilfe durch etwaige Angehörige oder Freunde, das Durchsetzen der Annullierung der Ehe und die Wiederheirat oder Maria nachzuziehen. Doch angesichts der sieben Kinder tat schnelle Hilfe not und schienen alle Möglichkeiten schlecht. Wenig später berichtete also einer der Stättmeister, Laut habe ihn am Abend in seinem Haus um Gnade gebeten und sich »dermassen verzweifelt angestellt und sich verlauten lassen, wann man ihm nicht helfe, so gehe er an einen Ort, den niemand kenne, und bringe sich ums Leben«. Man beschloß, das Verfahren zu beschleunigen. Bald darauf bat Laut auch im Namen seiner Mutter und Geschwister um Gnade, ein weiteres Mal »flehentlich« im Namen eines Salzsieders und anderer Freunde. Aber im Rat teilten sich die Meinungen. Johann Nicolas Schragmüller sagte, entscheidend sei, daß der Ehemann sie »von Herzen wiederum begehre«. Er plädierte dafür, Maria nach vierzehn Hafttagen zu entlassen. Doch mehrheitlich votierten die Räte für ihre ewige Verweisung. Daraufhin kam eine weitere Fürbitte ein. Diesmal bat ihr Vater besonders darum, »man möge seine hiervor geleisteten

---

[77] HStASt, A 209, Bü. 1988, Hans Brodtbeck, 29.3.1660.

Kriegsdienste beherzigen und seine Tochter auf eine Zeit ins Haus bannen«. Tatsächlich wurde beschlossen, sie ein Jahr lang ins Haus zu bannen. Vorher sollte sie aber noch einige Tage mit der »Geige« im Narrenhaus an der Rathaustreppe inhaftiert bleiben. Durch Gitterfenster sah sie dort jeder. Mann, Schwäger, Kinder und Freunde baten deshalb dreimal, sie vor diesem Spott zu verschonen – doch dies ersparte man ihr nicht. Nach einigen Monaten bat Marias Anwalt dann um die Bewilligung freien Ausgangs. Die Hälfte der Strafe habe sie bezahlt, den Rest wolle sie, »wenn sie wieder siede«, zahlen. Aber es blieb beim Hausarrest.[78] Insgesamt verzeichnen die Ratsprotokolle neun Milderungsbitten. Damit konnte man sicher sein, zumindest Teilerfolge zu erzielen.[79]

Auch Arbeitgeber engagierten sich für Mägde und Knechte: Während oder vor der Erntezeit, wenn die Zieltermine fern lagen und Arbeitskräfte schwer ersetzbar waren, schmerzte ihr Arbeitsausfall besonders.[80] »Wegen großer Feldgeschäfte« wurde im Juli 1671 in Hall also beispielsweise eine unzüchtige Magd nach einem Tag im Gefängnis freigelassen,[81] und 1653 erlegte ein Meister für seine unehelich geschwängerte Magd die Geldstrafe von vier Gulden.[82] Diese Milderungen waren beachtlich. Auch Ausweisungen versuchte man mit demselben Argument rückgängig zu machen. Eine verwitwete Konstanzer Bürgerin suchte 1675 jedoch erfolglos darum an, ihre von der Verbannung bedrohte Dienstmagd weiterbeschäftigen zu dürfen.[83] Bei solchen Bitten konnte auch Mitleid für das Schicksal der Frauen im Spiel sein. Ein Memminger Umlandsbauer bat etwa 1667, »indem er einer Magd nötig«, eine vor 1½ Jahren wegen Unzucht

---

[78] *StAH, 4/485, 6.7.1677, RP, 1677, 453^v, 456^{rv}, 462^r, 470^r, 490^r–1^{rv}, 507–8^{rv}, 512^v, 739^r.*

[79] *Drei Jahre später wurde Laut als »loses Eheweib« trotzdem ausgewiesen, denn inzwischen hatte sie mit einem Taglöhner im Haal ein Verhältnis gehabt. Sie war wieder und wieder bestraft und dann doch wegen ihres »guten, frommen, so einfältgen als geduldigen Mann« freigelassen worden. Auch die Hoffnung, sie werde sich mit zunehmendem Alter bessern, war zerschlagen. StAH, 4/488, 9.7.1681, 122^{rv}.*

[80] *In Hall bat beispielsweise ein Wirt für einen wegen Schwängerung inhaftierten Knecht. Ihm wurde gesagt, er solle sich um einen anderen Knecht bewerben, aber er bat, ihn doch zumindest noch »bis zum End des Geschäfts« bei ihm zu lassen, RP 284/1677, 594^v–596^r.*

[81] *StAH, 4/484, 88^{rv}, 10.7.1671.*

[82] *StAH, 4/483, 173^r, 30.4.1653.*

[83] *StAKN, RP, 1675, Bl 155, 259^r, 4.5.1675.*

ausgewiesene Frau aufnehmen zu können.[84] Umgekehrt sorgte ein Wollmatinger Meister 1691 für seine Magd vor, die aus dem angrenzenden Konstanz ausgewiesen worden war. Als er sie nicht mehr beschäftigen konnte, ging er zum Konstanzer Bürgermeister und bat um ihren Wiedereinlaß, damit sie in Konstanz Nahrung fände.[85] Verbannungsurteile sprachen entweder ewige Verweise aus, was einen Wiedereinlaß selbst durch Fürbitten unwahrscheinlich machte, oder sie verhießen, daß eine Rückkehr nach einem gewissen Zeitraum und guten Zeugnissen möglich war. Die seit vier Jahren ausgewiesene Barbara Schreck war 1681 in Hall in der hierfür besten Position: Sie legte dem Magistrat ein »Verhaltungsattestat der Gräfin von Untersontheim« vor, und zudem wollte sie ein Vellberger Bierbrauer anstellen. Handwerkern half die Zunft auch bei solchen Wiedereinlaßgesuchen häufig. Eine Konstanzer Ehefrau bat 1668 mit dem Beistand »vieler Bürger meistenteils des Schneiderhandwerks« um den Wiedereinlaß ihres Mannes, der schwor, sie nie mehr zu schlagen, sondern »ganz reuig, und ehrlich und unklagbar mit ihr zu hausen«.[86] Durch Fürbitten übte die Bevölkerung also Einfluß auf das Rechtssystem aus, erlebte Ohnmacht oder Teilerfolge, hörte die Geschichten der Ausgewiesenen und hatte Mitleid. So wurde Recht erfahren und verhindert, daß die sozialen Folgen der Strafen im Ringen nach moralischer Ordnung ausgeblendet wurden. Auch bei schweren Verbrechen wurden deshalb immer wieder Geldstrafen verhängt. Eine Memmingerin sollte 1635 für den »in blühender Jugend« mit ihrem Stiefvater verübten Beischlaf hart bestraft werden, wurde dann aber zum Schutz ihrer Ehe nur zu einer Geldstrafe von 20 Gulden verurteilt.[87] Auch der Haller Magistrat strafte 1666 einen versuchten Inzest wegen großer Fürbitten mit 50 Gulden ab.[88] Geldstrafen konnten dann graduell heruntergehandelt, Ratenzahlungsfristen verlängert werden.[89] Trotzdem blieben Geldstrafen für die meisten eine hohe

---

[84] StAMM, RP, 1.7.1667–11.8.1669, 2.8.1667, 11^{rv}, Mathes Hornung.

[85] StAKN, K 68, 18.3.1691, Barbara Rainbüchler.

[86] StAKN, RP, 1668, BI 148, 541^{r}, 17.9.1668 und 561^{r}, 22.10.1668.

[87] StAMM, RP, Juli 1635–22.6.1636, 19^{r}, 12.8.1635.

[88] StAH, 4/484, 16.7.1666, 26^{r}.

[89] *In Württemberg wurde beispielsweise ein ehemaliger Zoller trotz Ehebruchs und Inzest zu einer Geldstrafe von 100 Reichstalern bestraft. Nachdem er die Hälfte bezahlt hatte, erließ*

Belastung. 1658 bot beispielsweise der Vater einer wegen Ehebruchs zu 60 Gulden bestraften Tochter an, notfalls sein Haus für die Abzahlung zu verpfänden.[90]
Gerade die sich in Bürgschaften ausdrückende Unterstützungsbereitschaft war eindrucksvoll: hier bewiesen Mitbürger oder Angehörige am deutlichsten ihr Vertrauen und die Bereitschaft, notfalls für jemanden geradezustehen. 1527 verbürgten sich zum Beispiel 31 Männer dafür, die Inhaftierungskosten einer zu ewiger Haft begnadigten württembergischen Kindsmörderin zu tragen. Rosina Halder war ihre »Base, Schwägerin und Freundin«. Falls sie floh, mußten die Bürgen 400 Gulden bezahlen. Wenn die Inhaftierungskosten nicht pünktlich beglichen wurden, so die erste Regelung, sollte Rosina getötet werden. Nach zwei Jahren wurde festgelegt, daß die Bürgen in diesem Fall 200 Gulden bezahlen sollten.[91] Auch in bezug auf weniger schwere Delikte finden sich erstaunlich weitreichende Bürgschaften. 1509 wurde die wegen Drohreden inhaftierte Vaihingerin Gertrud Mörklas vorzeitig entlassen. Ihr Mann und zwei weitere Bürger schworen, sich bei ihrer »Rückfälligkeit« selbst der Obrigkeit zu stellen.[92] Bürgschaften sicherten bei Kapitalverbrechen oft nur die zeitweise Entlassung. So verhielt es sich im Fall der durch einen Schwager geschwängerten Barbara Stehler aus Neckarhausen. Für sie bürgten 1554 zwei weitere Schwäger mit 300 Gulden, damit sie zumindest ihr Kind zu Hause gebären konnte. Dann kam sie wieder ins Gefängnis.[93] Die meisten Bürgschaften dienten jedoch als Garantie gegen Wiederholungstaten. Ein Sulzer Ehepaar fand 1524 zehn Bürgen, die innerhalb von zwei Monaten 100 Gulden bezahlen wollten, falls es rückfällig wurde. Auch dies war Strafe genug; der Mann versuchte die Urfehde im Bauernkrieg zu vernichten.[94] Eine Göppinger Mutter bürgte 1559 mit 20 Gulden dafür, daß ihre wegen übler Nachrede bestrafte Tochter sich bei weiterem Fehlverhalten sofort im Ge-

---

man ihm 1628 auf seine Bitte vom Oberrat die Hälfte der Restsumme, HStASt, A 237a, Bü. 531, 16.9.1628.

[90] StAH, 4/485, Walburga Woltzen, 236^v–237^r, 26.5.1658.

[91] HStASt, A 44, U 1329, 4.2.1527; U 1329a, 11.1.1529.

[92] HStASt, A 44, U 6336, 29.8.1509.

[93] HStASt, A 44, U 3606, 3.1.1554.

[94] HStASt, A 44, U 5257, 24.6.1524, Katharina und Hans Broller.

fängnis einstelle.⁹⁵ Die Bürgschaften machten natürlich Sinn, weil die Bürgen ein starkes Eigeninteresse an dem Wohlverhalten der Entlassenen haben mußten. Bei Gefahr war ihr Druck sicher.
Geldstrafen selber wurden entweder nach einem fixen Satz pro Gefängnistag umgerechnet oder nach der Schwere eines Delikts und dem Stand der Person bemessen. Gegen vermögende Bürger wurden deshalb zumeist sehr hohe Geldstrafen verhängt. In Hall begnadigte man beispielsweise 1688 einen Bäcker für die Schwängerung seiner Magd und andere Ehebrüche zu einem vierteljährigen Hausarrest und 200 Gulden Strafe sowie der Entsetzung von seiner Gerichtsstelle. Die Magd dagegen wurde nach drei Wochen Gefängnis mit dem Becken »ausgeklopft« (d. h. zum Klang eines metallenen Beckens in der Stadt herumgeführt) und auf ewig verwiesen!⁹⁶ Geldstrafen waren für die Obrigkeit augenscheinlich problematisch. Sie vermittelten den Eindruck, die Obrigkeit wolle an Strafen verdienen und bevorteile die Vermögenden. Ungerecht war die Umwandlung von Haft- in Geldstrafen tatsächlich, denn es gab jene, die die Zahlungen nicht besonders schmerzten, gegenüber anderen, die an Schulden schwer trugen oder erst gar keine Leihgeber und Bürgen fanden. Letzteres galt vor allem auch für alleinstehende Frauen. Ihr Lohn war meist gering, schon Mägde verdienten weit weniger als Knechte. Sie konnten deshalb wenig zurücklegen oder kaum als sichere Kreditnehmer gelten.⁹⁷ Frevelstrafen waren oft für Frauen geringer bemessen. Die Höhe der in Geldstrafen gemilderten Strafen war dagegen meist für Männer und Frauen gleich. In Württemberg ordnete zudem schon 1523 ein Reskript an, Zahlungsunfähigen die Geldstrafe nicht mehr zu erlassen, sondern sie zu inhaftieren.⁹⁸ 1646 wurde wieder darauf insistiert, Geldstrafen nicht auf den »Vorwand« der Armut hin zu mildern.⁹⁹ 1643 war auch die Milderung einmal angesetzter Geldstrafen verbo-

---

⁹⁵ HStASt, A 44, U 1279, 7.11.1559, Anna Laichinger.
⁹⁶ StAH, 4/486, 5.1.1688, 24ʳ–25ʳ.
⁹⁷ H. Rebel, Peasant Classes: The Bureaucratization of Property and Family Relations under Early Habsburg Absolutism, 1511–1636, Princeton 1983, S. 97.
⁹⁸ Reyscher, Gesetze, Bd. 4, S. 53 f., Verordnung, die Verwandlung von Geldstrafen in Gefängnisstrafen und die Heimlichkeit der Zeugenverhöre in Sachen Herzog Ulrich betreffend, 4.9.1523.
⁹⁹ Reyscher, Bd. 5, 16.5.1646, Verbot, die Minderung der gesetzlichen Strafen betreffend.

ten worden, da hierdurch »dem gemeinen Mann und Untertanen nicht allein allerhand ungleich Gedanken und Suspicionen einer Parteilichkeit (wie bereits etlicher Orten beschehen) erwecket werden können«.[100] Amtleute mahnte man außerdem zum pünktlichen Einzug von Strafen. Schließlich wirkten Geldstrafen natürlich weniger abschreckend als andere Strafen. Deshalb beschloß der Haller Rat beispielsweise 1665, bei dem frühen Beischlaf keine Milderung in Geldstrafen mehr zuzulassen. Die »mißbrauchte obrigkeitliche Lindigkeit (Milde)« sollte sich in Schärfe verwandeln.[101] Geldstrafen hatten zwar den Vorteil, daß die Obrigkeit durch sie der Bezahlung der Gefängniskosten entging. Gleichzeitig erforderte es einen besonderen Aufwand, die Strafgelder einzutreiben. Andererseits waren die Gefängnisse zu klein, wenn »Fleischesverbrechen« konsequent bestraft wurden! Deshalb markierte, wie in vielen anderen Orten auch, das Haller Dekret keineswegs den Bruch mit Geldstrafen. Schon 1671 erließ man eine neue »Taxordnung« für Geldstrafen bei frühem Beischlaf und Ehebruch.[102] Auch Tötungsdelikte wurden überall routinemäßig mit hohen Geldstrafen geahndet, falls die entsprechenden Fürbitten einkamen. Sozial gerecht war diese Praxis nicht.

DAS ENDE DES VERGEBENS UND DIE BÜROKRATISIERUNG DER BEGNADIGUNG ▸ Gnade, Macht und Liebe ◂

In Esslingen geschah 1517 etwas nach unserer Rechtsvorstellung Unglaubliches. Die Kindsmörderin Barbara Schreyer sollte lebendig begraben werden. Der Zug vom Rathaus zum Galgen hatte sich gerade in Bewegung gesetzt. Da erschien ein Leimener Schuhmachergeselle vor dem Rat. Er bot an, Barbara sofort zu heiraten und versprach, mit ihr um die Vergebung ihrer Sünden zu bitten. »Mit Gott und Ehren« getraue er sich »mit ihr zu nähren«. Und tatsächlich: Der Rat erlaubte die Freilassung. Der Zug wurde angehalten. Am Sirnauer Kloster in der

---

[100] *Reyscher, Gesetze*, Bd. 5, 4. 6. 1643, 429, Verbot der eigenmächtigen Milderung, Abänderung und Erlassung bereits angesetzter Strafen durch die Amtleute.
[101] *StAH*, 4/499, 83ʳ–4ʳ, 8.3.1665.
[102] *StAH*, 4/499, 170ʳ, 13.10.1671. In Hall unterschieden die Einträge im Urfehdebuch zwischen Inhaftierungen für Tage bzw. Tage und Nächte, so daß es scheint, als ob tatsächlich das Gros der Gefangenen zur Kostenersparnis nur tagsüber einsaß.

Pliensau versprachen sich Barbara und der Schuhmachergeselle sofort die Ehe.[103]

Diesen Brauch nannte man das »Losheiraten«. Er praktizierte weltliche Sündenvergebung durch die Bereitschaft eines Menschen, jemanden vor dem Tod durch den Henker zu retten. Diese Gnadenpraxis ist auf die Idee des *Amor vincit omnia* zu beziehen, die immer wieder auch dahingehend ausgelegt wurde, daß Liebe stärker als Recht wiege.[104] Dies war eine mittelalterliche Auffassung. In der Frühen Neuzeit erfährt sie ihren Niedergang. Immer genauer wurde geprüft, ob Gnade durch die Art des Delikts oder den deutlichen Besserungswillen des Delinquenten angemessen schien. Man vertraute nicht mehr darauf, daß die Ehe seelische Umkehr, ein ehrliches, Gott und der Gemeinschaft gefälliges Leben ermöglichte. Man begann darüber nachzudenken, was aus Paaren wie Barbara Schreyer und dem Schuhmachergesellen wurde. 1553 notierte also der Esslinger Ratsschreiber unter Barbara Schreyers Urgicht, sie lebe immer noch, habe den Schustergesellen aber »übel gehalten« und »ihm nicht viel Dank darum gesagt«. Trotzdem fügte er hinzu: »Gott verzeih ihr.«[105]

Todesurteile konnten durch Fürbitten während und nach dem Prozeß sowie durch die Bräuche des Freibittens und Losheiratens gemildert werden. Nur hochgestellte Männer und Frauen hatten das Recht, jemanden freizubitten. Über ihre Bitte entschied in Reichsstädten der Magistrat.[106] 1519 wurde beispielsweise die Kindsmörderin Clara Scheu in Hall lebenslänglich inhaftiert, aber durch einen Deutschordensmeister ausgebeten.[107] 35 Jahre später verurteilte man in Hall eine weitere Kindsmörderin zum ewigen Gefängnis. Diesmal baten der Herzog von Zweibrücken und seine Gemahlin um Barbara

---

[103] K. Maier, *Das Strafrecht der Reichsstadt Esslingen im Spätmittelalter und zu Beginn der Neuzeit*, Diss. jur., Tübingen 1960, S. 126, Fn. 32.

[104] M. Clanchy, *Law and Love in the Middle Ages*, in J. Bossy (Hg.) *Disputes and Settlements: Law and Human Relationships in the West*, Cambridge 1983, S. 47–68.

[105] LAL, B 169, Bü. 119 I, 84ʳ.

[106] Dies galt natürlich auch für andere Verfahren; 1530 wurde beispielsweise in Hall eine mehrfache Ehebrecherin auf die Fürbitte von »Pfalzgrafen und Ritterschaft« auf eine Urfehde entlassen, 4/478, 158ᵛ–159ʳ.

[107] StAH, 4/477, 320ᵛ.

Schönmanns Freilassung, und tatsächlich wurde sie landesverwiesen.[108] Die Gnade der Hochgestellten stellte natürlich sowohl christliches Mitleid als auch einen Willen zur Allmacht dar, über Tod und Leben walten zu können, wo immer sie sich aufhielten. Doch vorrangig drücken Gnadenbräuche das Entsetzen gegenüber der Todesstrafe oder lebenslänglichen Haftstrafen aus. Es bezog sich vor allem auf jene, die jung verurteilt wurden und deren Delikte man nicht vollständig verachtete. Wenn Mörder und Räuber gerädert wurden, blieben die Augen der Zuschauer trocken. Doch als 1528 in Friedberg beispielsweise eine Wiedertäuferin ertränkt und verbrannt wurde, so berichtet der Chronist Preu, weinten Männer und Frauen, Junge und Alte erbärmlich. Ein Geselle hatte die Tagelöhnerstochter losheiraten wollen. Doch diese antwortete ihm, »sie habe schon einen Gemahl, der habe sie geheissen, bei ihm zu bleiben«.[109] Noch 1621 wurde eine Augsburgerin losgeheiratet.[110] Typischer war jedoch die Erfahrung eines fränkischen Korporals, der 1633 vor dem Konstanzer Magistrat bat, eine zur Enthauptung verurteilte Kindsmörderin heiraten zu dürfen. Er wurde sofort kommentarlos abgewiesen.[111]

Frauen konnten ihrerseits durch Heiratsangebote und Fürbitten Strafmilderungen für Männer erreichen. Im Mittelalter hatten Äbtissinnen und andere hochgestellte Frauen über ein Abschneiderecht verfügt, das heißt, sie konnten bei der Prozession zum Galgen einen Verurteilten ohne vorherige Erlaubnis vom Strick des Henkers schneiden.[112] Der Villinger Chronist Hug berichtete für das Jahr 1509, daß die Gemeinde eines zum Schwert verurteilten Totschlägers mit »viel schwangeren Frauen« gekommen sei und ihn dem Henker

---

[108] StAH, 4 / 79, Fraisch-und Malefizrepertorium.
[109] Die Chroniken der deutschen Städte vom 14. bis zum 16. Jahrhundert, Bd. 29, Leipzig 1906, S. 42.
[110] E. Osenbrüggen, Das Alemannische Strafrecht im deutschen Mittelalter, Schaffhausen 1960, S. 192.
[111] StAKN, RP, Bl 115, 13.8.1633, 128'; Christoph Wilhelm hatte gesagt, »er wolle sie zur Ehe nehmen, man möge das Leben fristen«.
[112] Zum Abschneiderecht, das aber in der Frühen Neuzeit nicht mehr belegt ist, C. G. Bonnekamp, Die Zimmersche Chronik als Quelle des Strafrechts, der Strafgerichtsbarkeit und des Strafverfahrens in Schwaben im Ausgang des Mittelalters, Diss.jur., Bonn 1940, S. 19 f.; K. S. Bader, Die Zimmersche Chronik als Quelle der Rechtlichen Volkskunde, Freiburg 1942, S. 33.

vom Strick schnitten.[113] Vielleicht wurde in Hall 1530 aufgrund eben dieser Bräuche Frauen und Töchtern verboten, bei Hinrichtungen zuzusehen oder vorzudringen.[114] Während aber 1423 in Luzern ein Malefikant den fürbittenden ehrbaren Frauen noch mit den Worten »geschenkt« wurde, »daß sie mit ihm tun und wandeln mögen, wie sie wollen«, knüpften Obrigkeiten im 16. Jahrhundert öfter Bedingungen an die Freilassung.[115] Für einen Württemberger Totschläger sprachen 1553 beispielsweise seine Familie und »einige Fürstinnen« vor. Zudem bat ein Uracher Mädchen namens Anna dreimal um die Heirat. Schließlich wurde er losgesprochen, doch mit der Auflage, dies Anna nie zu vergessen, keine Wehr mehr zu tragen und Zechen und Gesellschaften zu meiden. Sechs Bürgen versprachen, bei einem etwaigen Rückfall innerhalb von 14 Tagen 300 Gulden zu bezahlen oder sich anstatt seiner der Obrigkeit zu stellen.[116] Gleichzeitig wurden die Obrigkeiten dem Losheiraten gegenüber skeptischer. Die Familie und Fürbitter aus dem Augsburger Malerhandwerk baten beispielsweise 1562 erfolglos für einen zur Enthauptung verurteilten Gesellen, obwohl sie eine ehrliche, fromme Jungfrau zur Hand hatten, »welche seiner zu ehren und der Ehe in züchten begehrt«.[117] Auch in katholischen Gebieten hörte man nicht länger von wunderbaren Errettungen Gehenkter durch Maria oder der Befreiung Gefangener von ihren Ketten durch den Patron St. Leonhard. Noch 1488 entkam dagegen in Hall ein Mann aus dem Gefängnis: Er sagte, St. Leonhard habe ihm geholfen, und wurde lediglich davongejagt.[118] Wenn im 16. Jahrhundert eine Gehenkte von Maria errettet wurde, dann nur, weil sie die Falsche war und anstatt ihrer die Richtige an den Galgen kommen sollte.[119] In protestantischen Gebieten

---

[113] *C. Roder (Hg.), Heinrich Hugs Villinger Chronik von 1495 bis 1533, Tübingen 1883, S. 39.*
[114] *StAH, 4/490, Decretsammlung.*
[115] *Osenbrüggen, Alemannisches Strafrecht, S. 192.*
[116] *HStASt, A 44, U 5833, 10.7.1553, Gori Widmann.*
[117] *Er hatte eine junge Frau ermordet und wurde enthauptet, Die Chroniken der deutschen Städte, Bd. 33, Stuttgart 1928, S. 154, Fn. 2.*
[118] *H. C. Heinerth, Die Heiligen und das Recht, Freiburg i. Br. 1939, S. 44.*
[119] *R. Chartier, Die wunderbar errettete Gehenkte. Über eine Flugschrift des 16. Jahrhunderts, in ders., Die unvollendete Vergangenheit. Geschichte und die Macht der Weltauslegung, Berlin 1989, S. 83–119.*

waren solche Gnadenwunder natürlich ohnehin undenkbar geworden.

Die Fürbitten von ehrbaren Frauen, Schwangeren sowie Heiratsangebote setzten die Kraft des Lebens und der Liebe gegen den Tod ins Werk. Ein in der schweizerischen Hochgerichtsform erhaltenes Redeformular macht die Wurzeln dieses Verständnisses deutlicher. Der Fürsprecher trug der Obrigkeit an, die ernstliche Bitte und das Weinen züchtiger, tugendreicher, ehrbarer Frauen zu ehren, »dieweil uns doch durch das weibliche Geschlecht unser aller Heiland in die Welt geboren und ein altes Sprichwort ist, daß frommer Ehrenfrauen Bitten nicht ungewähret sollen sein«. Die Bitte der schwangeren Frauen, »deren auch etliche da stehen, grossen Bauch und Bürde, und sei um der Frucht willen, so sie unter ihrem Herzen tragen«, sollte ebenso geehrt werden.[120] In einer stärker auf Maria anstatt Eva bezogenen Theologie war durch Frauen das Gute in die Welt gekommen. Diese Gabe an die Welt sowie die bei jeder Geburt erfahrene Todesangst und Schmerzen befugten Frauen zu der Forderung, Großzügigkeit über Vergeltung zu stellen. Diese Forderung war vermessen, aber durch die »Unangemessenheit« ihrer eigenen Gabe, die in keine rationale Logik des Austauschs eingebunden war, konnten Mütter eine maßlos auf den anderen bezogene Gerechtigkeit außerhalb der Gesetze eines berechnenden Rechts einfordern.[121]

Schwangere Frauen verkörperten auch am unmittelbarsten das Erschrecken gegenüber der Todesstrafe. Ihr Anblick führte zu Mißgeburten, dem Tod des Lebens in ihnen. Anfang des 15. Jahrhunderts wurde deshalb der Haller Galgen auf einen hohen Berg vor der Stadt verlegt. Bisher hatten die Gehängten in der Abendsonne Schatten an die Häuser jenseits des Flusses Kocher geschlagen, »davon die kindenden Weiber erschrocken«.[122] Fürbitten verbanden deshalb mitunter den Verzicht auf eine Hinrichtung direkt mit Wünschen für eine gesunde Geburt. 1553 bat etwa die »groß schwangere« Gräfin von Sulz für das Leben eines Verurteilten. Die Urfehde verzeichnete den Wunsch, »der allmächtige Gott« möge sie in ihrer Geburt »mit glück-

---

[120] Osenbrüggen, Das Alemannische Strafrecht, S. 180f.
[121] Zu derartigen Gerechtigkeitsideen siehe J. Derrida, Gesetzeskraft. Der »mystische Grund der Autorität«, Frankfurt am Main 1991.
[122] C. Kolb (Hg.), Widmans Chronica, Stuttgart 1904, S. 106.

lichen Freuden gnädiglich entbinden«.[123] Schwangere Frauen baten auch für verurteilte Frauen. Als 1501 eine Frau im Bregenzer Wald lebendig begraben werden sollte, erwirkte »eine Menge« schwangerer Frauen, Jungfrauen und die ganze Gemeinde die Aufhebung des Urteils.[124] 1596 baten in Konstanz das Domstift, Prälaten, Bürger und »viel schwangere Frauen« um Gnade für die Diebin Elisabeth Scheuer.[125] Häufiger sind aber die Bitten für – die selbstverständlich auch wesentlich häufiger verurteilten – Männer überliefert. Nachbarn, Verwandte, die Zunft zum Roß und »etliche schwangere Frauen« baten so 1554 für einen Freiburger Ehebrecher.[126] 52 schwangere Frauen setzten sich 1620 für die Begnadigung eines Konstanzer Totschlägers ein.[127] Noch im Jahr 1668 konnten die Brüder eines Totschlägers noch »etwelche schwangere Frauen« aufbieten, die ihre Fürbitte unterstützten.[128] Doch Erfolg hatten sie nicht mehr. In Territorien hatte allein der Herzog das Recht, Gnade walten zu lassen, und wenn ein Fall erst einmal mit Hilfe der Juristen gründlich abgewogen und entschieden war, lag ihm daran wenig. Bitten konnten nicht mehr mündlich und direkt vor der Hinrichtung vorgetragen und entschieden werden, sondern mußten in Schriftform dem Herzog eingereicht und dies von Fremden zunächst zugelassen werden. Dies verteuerte die Angelegenheit und machte den Erfolg höchst unwahrscheinlich. Überall verfestigte sich die Einstellung, daß abschreckende Strafen für grausame Vergehen unabdingbarer Bestandteil einer Strafpolitik des gleichen Maßes war. Die Idee, Liebe wiege stärker als Recht, erschien spätestens am Ende des 16. Jahrhunderts vollkommen antiquiert.[129]

---

[123] A. Niederstädter, Vorarlberger Urfehdebriefe bis zum Ende des 16. Jahrhunderts. Eine Quellensammlung zur Rechts-und Sozialgeschichte des Landes, Dornbirn 1985, S. 166, Nr. 215.

[124] C. Ulbrich, Unartige Weiber. Präsenz und Renitenz von Frauen im frühneuzeitlichen Deutschland, in R. v. Dülmen (Hg.), Arbeit, Frömmigkeit und Eigensinn, Frankfurt am Main 1990, S. 34.

[125] StAKN, RP, 1596–8, Bl 80, 146^r, 19.10.1596.

[126] StAFr, AI XI f, 1.2.1554, Gregorius Dantzeisen.

[127] StAKN, A 1/28 a, Chronik Franz Bickels, S. 55.

[128] StAKN, RP, 1668, Bl 148, 100^r, 16.2.1668.

[129] In Rapperswil wurde aber beispielsweise noch 1725 ein Totschläger losgeheiratet, siehe Osenbrüggen, Alemannisches Strafrecht, S. 192.

Viele gewöhnliche Leute beharrten aber im Einzelfall auf einer anderen Sichtweise. Sie forderten die Gnade als Zeichen guter Herrschaft ein. Nach dem Buch Samuel solle die Obrigkeit nicht nur strafen, sondern auch begnadigen, schrieb eine Weinsberger Pfarrersfrau 1677 bestimmt, als sie für ihren Sohn aus erster Ehe »um andere Strafe als des Henkers Angriff« bat.[130] Sie blieb mit ihrer Bitte nicht allein. Eine junge Frau, die den »jungen, frischen« Stadtschreibersohn schon lange liebte, war zur Heirat eines älteren, kranken Tuchscherers gezwungen worden. Verzweifelt versprachen sie und der Stadtschreibersohn einem arbeitslosen Bortenwirker zehn Scheffel Dinkel für die Ermordung ihres Mannes. Nach der Tat floh das Paar, wurde aber gefaßt und zum Tode verurteilt. Verwandte und Freunde erreichten, daß ihr Körper auf dem Friedhof neben anderen Familienmitgliedern begraben wurde – ihr Kopf blieb jedoch auf einem Pfahl an der Richtstätte aufgesteckt.[131] Relativ gesehen war dies ein beachtlicher Erfolg; ihr Seelenheil und Andenken konnte so gerettet werden. Die Freunde des Bortenwirkers, der inzwischen auch als Nagelschmied gearbeitet hatte und sich schließlich, weil beide Handwerke überlaufen waren, als Trompeter bei den Compagnien verdingt hatte, erschienen so zahlreich, daß seine Hinrichtung zunächst verlegt werden mußte. Die Zwischenzeit wurde zu weiteren Fürbitten genutzt. Seine »bis in den Tod betrübte« Frau und Freunde schrieben mit einer Mischung aus Demut und Ärger, daß durch seine Gefangenschaft schon das Haus der Familie hätte verkauft werden müssen und Frau und Kinder nur bettelnd überlebten. Das Urteil setze sie Beschimpfungen und Hohn aus, für die Kinder verhindere es die »künftige Heirat: oder Erlernung eines ehrlichen Handwerks«.[132]

Für den Stadtschreibersohn kam jedoch eine noch beeindruckendere Fürbitte ein. Eine Marbacher Bürgerstochter schrieb dem Herzog, ihr sei berichtet worden, es habe sich zuweilen begeben,

»wenn ein Missetäter nach strengem Recht das Leben abgesprochen worden (sei), und ein Mägdlein selbigen zur Ehe begehret, daß die hohe Obrigkeit auf fußfällig und demütige Bitte in favorem matrimonii die Todesstrafe remittiret habe«.

---

[130] HStASt, A 209, Bü. 1557, o. D.
[131] Ebd., 27.8.1678.
[132] Ebd., 20.5.1677.

Sie wollte ihn also durch die Heirat losbitten. Denn, so fuhr sie fort,

»wann nun Georg Friedrich Schwab zum Tod verurtheilt sein solle, und ich, die ich ohne eigenes Rühmens Meldung durch Gottes Beistand mich bisher ehrlich und fromm verhalten habe, zu demselben ein ehrliche Affection trage ... so tue hiermit Euer hochfuerstl. Durchl. demütigst und fußfällig Bitten ... diesen armen verführten Menschen, mit dem männiglich ein herzliches Mitleiden hat, aus hoher Fürstlicher Gewalt und angeborener Clemenz das Leben zu schenken und ihn mir als ein Gnaden hab zur Ehe zu überlassen«.

Seine Familie habe schon zugestimmt, versicherte sie. Doch der Versuch scheiterte. Die Oberräte schrieben zwei Tage später knapp, bei solch schwerwiegenden Verbrechen werde erstens nicht begnadigt, und zweitens sei das Losheiraten im Herzogtum ungebräuchlich.[133] Andere Gnadenpraktiken, an die sich die Bevölkerung lange erinnerte, muteten die Oberräte nun ebenfalls seltsam an. 1523 war beispielsweise ein schon häufig vorbestraftes und nun wegen Diebstahl zum Landesverweis verurteiltes Ehepaar anläßlich des Einritts Ferdinands von Österreich und seiner Gemahlin freigelassen worden.[134] Als die des Landes verwiesene Kindsmörderin Anna Catherina Mann sich 1674 kühn an den fürstlichen Brautwagen »hängte« und Herzog Wilhelm Ludwig bis ins Schloß folgte, war die Reaktion anders. Fußfällig reichte sie ihre Bitte ein, wieder ins Land eingelassen zu werden. Mühsam erinnerten sich die Oberräte, »daß es Brauch, wenn man sich an den Triumph-, Freudenwagen oder Kutsche, in dem die Person, zu dessen Ehren die Festivität angestellt wird sitzt, hängt, Landeshuld zu wiederfahren pflegt«. Anna Mann wurde mitgeteilt, sie solle noch ein Jahr außerhalb Württembergs dienen. Mit einem guten Führungszeugnis könne sie dann um die Begnadigung ansuchen.[135]

Bei manchen Angehörigen setzte im 17. Jahrhundert Pessimismus

---

[133] Ebd., 18. 6. 1677.
[134] *Die schon seit 1513 wegen Brandstiftung Vorbestraften schworen Wohlverhalten und mit ihrem Gut für einen Rückfall zu haften. Aber auch als der Mann 15 Jahre später wegen Diebstahlverdacht wieder gefaßt wurde, genügte eine Urfehde und sein Versprechen, sich gut zu halten, HStASt, A 44, U 1788, 26.5.1513, Dorothea und Michael Schurer; U 1789; U 1793.*
[135] HStASt, A 210, Abt. I, Bü. 447, 2.3.1674.

über die Aussicht ein, Gnade zu erreichen. Die Oberräte, sagte man, wischten sich mit den Petitionen nur die Hintern ab. Gnade war bürokratisiert worden. Die Rhetorik der Bittschriften erwies einer vergangenen Herrschaftspraxis ihre Reverenz. Die Rede von der Demut, Untertänigkeit, von Tränen und Seufzern, stündlichen Bitten um Vergebung, ihrer Kinder beraubter Eltern, dem Vaterland beraubter Menschen galten den Oberräten wenig. In die Waagschale wurden die Stichhaltigkeit der Tatbeweise geworfen, die Schwere des Delikts, die Reue der Täterin und das Vorhandensein faktisch abhängiger Personen. Bei noch Lebenden kamen nach der Verurteilung die Beweise für ihr Wohlverhalten und die Dauer der abgeleisteten Strafzeit hinzu. Dies waren die bürokratischen Maßstäbe, die den Spielraum für Gnade absteckten. Man gab nicht länger, man bemaß.

▸ Obrigkeit und Geistlichkeit ◂ Weltliche Obrigkeiten sahen diese Praxis als göttlich legitimiert an. Sie beriefen sich im 17. Jahrhundert verstärkt auf einen Gott, der nicht etwa großherzig Mitleid walten und sich vom Schicksal armselig verführter Sünder anrühren ließ, sondern der im Gegenteil Stadt und Land mit grausamen Katastrophen strafte, wenn ein Verbrechen nicht gesühnt wurde. »Das Land kann von Blut nicht versöhnet werden, das darinnen vergossen würt, ohn durch das Blut dessen, der es vergossen hat«, urteilten die Tübinger Juristen Harprecht und Bachmann etwa 1657 in einem Gutachten über eine Kindsmörderin mit finsterem Rückgriff auf das erste Buch Mose, Kapitel 9, Vers 6.[136] Die Fürbitten Geistlicher waren deshalb politisch prekär. Sie bestritten, daß die Obrigkeit im göttlichen Sinn und Auftrag handele. In Hall wurde vermutlich deshalb schon 1552 verordnet, daß Pfarrer nicht mehr als Beistand vor Gericht agieren durften. Als sich 1678 ein Pfarrer stark gegen die Ausweisung einer Frau einsetzte, die abgetrieben hatte, wurde er vom Magistrat zurechtgewiesen und ein Disziplinarverfahren verlangt.[137] Petitionen von protestantischen Pfarrern sind auch kaum überliefert. Eine stammt etwa von dem Biberacher Pfarrer Conrad Wolf, der 1575 die »verständige Christliche Obrigkeit« in Memmingen bat, die

---

[136] HStASt, A 209, Bü. 587, Margaretha Weiss, 27.10.1657.
[137] StAH, A /490, Decretsammlung, und 4/485, 8.7.1678, 70^{rv}, RP, 1678, 460^{v}.

Umstände im Fall einer diebischen Magd genau zu bedenken, den alten Vater, ihre Jugend und Unverstand sowie »daß ohne dies, das weibliche Bild, ein schwaches blödes Gefäß, welches viel leichter und bälder zu Unrechten, dann das ... stärker verständige Mannsbild gebracht«. Aber da ihre Diebstähle überlegt durchgeführt worden waren, wirkte all dies wenig überzeugend.[138] Eine vor-reformatorische Urfehde, mit der eine Diebin von Enzvaihinger Amtleuten »um Gottes und der Hl. Maria willen, auch auf Fürbitten frommer Leute«, am Weihnachtstag freigelassen wurde, zeugt von einem später undenkbaren Verständnis christlicher Vergebung.[139] Protestantische Geistliche verwiesen zwar auf die göttliche Gnade und Barmherzigkeit gegenüber bußfertigen, herzlich bittenden Sündern. Doch ganz im Sinne der Zwei-Reiche-Lehre beließen sie »christlichen« Obrigkeiten den Anspruch, über Begnadigungen zu entscheiden.[140] Sie setzten sich seltener bei peinlichen Prozessen ein und hatten zudem nicht annähernd die gleiche Macht wie die weitgefächerte katholische städtische Infrastruktur von Bischof, Prälaten, Dompröpsten und Ordenssprechern. Dies wird am Beispiel Konstanz deutlich. Hier drückten Fürbitten der Geistlichkeit den deutlichen Anspruch aus, einen reuigen Menschen in Gottes Namen absolvieren zu können. Die Durchsetzung einer harten weltlichen Strafe erschien somit unchristlich.

Im Jahr 1700 schrieb der Bischof von Konstanz beispielsweise an den Magistrat. Scholastica Weigel war wegen Korndiebstählen verhaftet worden. Ihre Brüder und Neffen hatten ihn, den Bischof, besucht und vorgebracht, daß in ihrer Sache »mit allem Rigor (Nachdruck)« verfahren worden sei und Scholastica öffentlichem Spott ausgesetzt werde, falls Fürbitten nicht Milderung erreichten. Diplomatisch bemerkte der Bischof, weder in dieser oder in anderen Sachen grundlos Beschwerden machen zu wollen. Aber ihre Verwandtschaft sei ehrlich und ihr verstorbener Vetter lange Pfarrer in St. Stephan gewesen. Man solle also zumindest seine Ehre und sein »Ansehen unter der

---

[138] StAMM, A 44 d, 10.5.1575.
[139] HStASt, A 44, U 6418, 24.12.1511, Dorothea Bayer.
[140] R. Lächele, »Maleficanten« und Pietisten auf dem Schafott: Historische Überlegungen zur Delinquentenseelsorge im 18. Jahrhundert, Zeitschrift für Kirchengeschichte, 2/1996, S. 179–200.

Erden verschonen« und ihre bisherige Gefängnishaft als ausreichende Strafe ansehen, falls die Familie den entstandenen Schaden ersetze.[141] Im Unterschied dazu konnten 1688 in Württemberg die Angehörigen einer des Kindsmords verdächtigten Frau, deren Großvater 33 Jahre Superintendent in Gröningen gewesen war, lediglich die Unterstützung eines Pflugfelder Pfarrers gewinnen.[142]
Verhaftete machten aus ihrem Verständnis christlicher Barmherzigkeit ebenfalls keinen Hehl: Auch sie glaubten daran, daß dem ärgsten Sünder bei Reue verziehen wurde. Eine Konstanzer Salzknechtstochter, die 1665 mehrere Male mit dem Schlüssel ihres Vaters in das Kaufhaus eingedrungen war und nun wegen wiederholtem Diebstahl peinlich beklagt wurde, schrieb ihren Eltern, Gott verlasse niemanden. Auch sie seien hoffentlich »nicht so unchristenlich und unbarmherzig«, ihr nicht zu verzeihen. Sie schloß mit einem dreimaligen »behütt Euch Gott, und mich armen Tropf Anna Barbara Weckerlinin«.[143]
Ihre Eltern boten an, den Schaden durch die Verpfändung ihres Hauses zu ersetzen und ließen mitteilen, »daß sie nicht selbst vor dem Rat erschienen, geschehe … aus höchster Betrüb- und Bekümmernis und besonders (der Furcht), daß sie vor Angst und Schrecken in der Ratsstube in Ohnmacht fallen möchten«. Pelargius Manz, der Stiftspfleger von St. Stephan, der Bischof von Konstanz, Bürger und Nachbarn baten für Anna. Das Domkapitel ließ für sie vorsprechen. Der Kaplan von St. Johann bat im Namen des Kollegiatsstifts, die Milde der Schärfe vorzuziehen. Der Steuerherr Vöglin begehrte im Namen des Prälaten zu Salmcnschwil dasselbe.[144] Anna, dies war klar, war auch gegenüber ihren Eltern ungehorsam gewesen und hatte damit zwei der göttlichen Gebote übertreten. Schließlich wurde sie verbannt. Der Druck Konstanzer katholischer Geistlicher auf den Magistrat war

---

[141] StAKN, K 75, 2.4.1700. *Sie wurde aber doch auf vier Jahre gebannt, RP, 1700, BI 179, 27.5.1700, S. 194ʳ. Erfolg hatte eine ähnliche Fürbitte in Freiburg 1564. Hier hatte eine Gerbersfrau ein Verhältnis mit dem Knecht und ihren Mann umgebracht. Zu Ehren ihres Bruders, dem Probst zu Waldkirch, baten erfolgreich Johannitermeister, Dekan und Kapitel des Basler Stifts, die Deutschordenskomptur, der Abt von Jemmenbach und Rektor und Regenten der Universität, StAFr, AI XI f, U 1.3.1564.*
[142] *»Der Höchste« solle Gnade mit »tausendfachem Segen« ersetzen, schloß die erfolglose Bitte, HStASt, A 209, Bü. 1024, 16.12.1678, Christina Sophia Class.*
[143] StAKN, K 28, 14.11.1665.
[144] StAKN, RP, 1665, BI 144, 581ʳ, 586ʳ, 594ʳ.

auch bei Malefizprozessen erheblich. Noch im 17. Jahrhundert konnten in Freiburg und Konstanz Wallfahrten als Strafen angesetzt werden. In Freiburg wurde 1599 festgelegt, zur Wallfahrt begnadigte Kindsmörderinnen sollten ein »wächsenes Kind 3 Pfund schwer« opfern.[145] Trotz wiederholten Ehebruchs erfolgten für Barbara Bandel 1667 in Konstanz Fürbitten »geistlicher und weltlicher Personen«, des Vaters, der Nachbarn und Bürger, so daß sie zu einer Wallfahrt zu Unser Frauen Hilf und zwei Jahren Haushaft verurteilt wurde.[146] Kleriker schrieben zudem erstaunlich weitherzige Bittbriefe. Bregenzer Kapuziner setzten sich beispielsweise 1646 für einen zwei Jahre zuvor wegen Analverkehr und unverbesserlich üblem Haushalten verbannten Konstanzer ein, der von der Galeerenarbeit geflohen war. Sie schrieben, er habe sich wohlverhalten, sein Elend mit Tränen beweint, durch dieses Leid für seine Sünden gebüßt und Gnade verdient.[147] Für Peter Humel, einen Dieb und Mörder, traten 1668 außer dem Konstanzer Bischof die Priorin, Oberpriorin und das ganze Kloster Zofingen ein. Mit christlicher Lieb und Barmherzigkeit solle »Justizia cum misericordia« »vermixtiert und verwandelt werden«, schrieben sie. Die betrübten Eltern hätten sie so eifrig um die Fürbitte ersucht, daß ihr flehentliches Bitten und Begehren deshalb, um der Barmherzigkeit Gottes und Marias willen, mehr wiege als das Kaiserliche Recht.[148] Zudem baten das Domkapitel, der Prälat von Petershausen, der Franziskanerpater Guardin und zwei Augustinerherren um Gnade für Humel.[149] Ebenso baten das Domkapitel, das Gotteshaus Petershausen, die Herren Jesuiter, Kapuziner und Franziskaner 1670 für die wegen geplanten Kindsmords verhaftete Maria Blumenmacher.[150]

Am erfolgreichsten waren Fürbitten allerdings auch in diesen Fällen,

---

[145] G. Schindler, Verbrechen und Strafen im Recht der Stadt Freiburg im Breisgau von der Einführung des neuen Stadtrechts bis zum Übergang an Baden (1520–1806), Freiburg 1937, S. 143.

[146] StAKN, RP, 1667, Bl 144, 304ʳf., 21.5.1667. Außerdem wurde schon angeordnet, sie solle nach dem Tod ihres Vaters 15 Pfund Pfennig erlegen.

[147] StAKN, K 43, 4.4.1646, Bernhard Mantz.

[148] Für eine »langwehrende Regierung und Wohlstand« wollten sie dann bitten, StAKN, K 54, o.D.

[149] StAKN, RP, 1668, Bl 148, 16.2.1668, 100ʳ.

[150] StAKN, RP, 1670, Bl 150, 671ʳ, 4.9.1670.

wenn nicht nur die Familie und durch sie mobilisierte Geistliche baten, sondern durch die Unterstützung von Gemeinden und Zünften deutlich gemacht wurde, daß eine harte Bestrafung nicht einem gesellschaftlichen Konsens entsprach. Für zwei wegen Betrugs peinlich beklagte Reichenauer Schiffer baten so beispielsweise 1597 erfolgreich das Domspital, Propst, Dekan, außerdem die Mainau, die Stadt Überlingen, die Reichenau, Kreuzlingen, das Stephansstift, die Augustiner in Almannsdorf und die Armbruster-und Büchsenmachergesellschaften. Der Magistrat beratschlagte daraufhin, ob der Malefizprozeß aufgehoben werden solle. Das Abstimmungsergebnis von 12:11 Stimmen für die Weiterführung reflektiert die möglichen Spannungen bei solchen Entscheiden.[151] Ebenso kräftig wurde 1655 der Württemberger Georg Fuchs unterstützt, der seine Nichte mißbraucht hatte. Das gesamte Schmied- und Wagnerhandwerk in Stadt und Amt Nürtingen, Pfarrer, Heimbürger, Gericht und die ganze Oberbohinger Gemeinde baten, Fuchs möge bei ihnen »häuslich verbleiben: und sein gelerntes Schmiedhandwerk ungehindert, zum merklichen Nutzen des ganzen Fleckens, und damit sie nicht in andere Flecken, mit großer Beschwerd und Versäumung des Ihrigen gehen dörffen, vertreiben möchte«.[152] Fuchs war zudem nicht nur der einzige Schmied Oberbohingens, sondern auch seit zwanzig Jahren Schultheiß. Genauso schrieb eine Gemeinde 1685 im Fall eines Zimmermanns, der seine Stieftochter mißbraucht hatte, sie würden ihn ungern verlieren, er habe immer »rechtschaffen früh und spät« gearbeitet.[153]

Status und Geschlecht – zusammengenommen – beeinflußten die Chancen der Fürbitten also wesentlich. Gemeinden verdeutlichten durch Fürbitten ihre Beurteilung der Schwere des Delikts und angemessener Milde. Der Anspruch der Obrigkeiten, im Sinne des Allgemeinwohls zu richten, wurde damit verunsichert. Einen Konsens über die angemessene Strafe gab es oft genug auch unter den Richtern selber nicht. Bei umstrittenen Fällen wurden Hinrichtungen zu

---

[151] StAKN, RP, 1596–98, Bl 80, 7.5.1597; HIX F. 62, 9.11.1585, fast genauso verhielt es sich in dem Fall des Reichenauer Fuhrmanns Jos Welte und seines Sohnes, die 200 Fuder Wein unverzollt verschifft hatten.

[152] HStASt, A 209, Bü. 1720 (2), 28.9.1655.

[153] HStASt, A 209, Bü. 1937, Rudolph Wacker, 22.1.1685.

Herrschaftsritualen, die nicht allein von Angehörigen mit Wut, Trauer, Mitleid oder ambivalenten Gefühlen begleitet wurden. Gnade beschränkte sich bei Todesstrafen zunehmend auf rechtlich definierte mildernde Umstände, während Bräuche wie das Losheiraten und Freibitten unterbunden wurden. Aber auch auf allen anderen Ebenen wurde um Strafmilderungen gekämpft und gehandelt. Ob eine Mutter von sieben Kindern ausgewiesen wurde, war für die Familie von existentieller Bedeutung. Ebenso eine Geldstrafe, die einem Jahreslohn gleichkam oder ihn sogar übertraf. Und nicht minder der Spott, der einen und die Familie bei Ehrenstrafen traf. Für die Obrigkeiten ergaben sich aber mehrere Schwierigkeiten. Strafmilderungen haftete der Verdacht der Eigennützigkeit und Parteilichkeit an. Zudem machte Gnade im Einzelfall nicht unbedingt herrschaftslegitimierend wett, was an Abschreckung verloren wurde. Andererseits war deutlich, daß bei familiär gebundenen Personen oder Handwerkern Strafmilderungen sozial einsichtiger waren. Desolate Haushalte, halbe Familien, ein geringeres Steueraufkommen und die größere Belastung der Armenfürsorge wollte niemand. Die Milderung geringerer Delikte in Geldstrafen minimierte schließlich die Gefängniskosten. Aufgrund der Spannung zwischen diesen Erwägungen war die obrigkeitliche Politik der Strafmilderung flexibel.

NARRENHÄUSLEIN, GALGEN, BETTELKINDER: STRAFEN UND STRAFFOLGEN / Der erweiterte Blick auf Strafen ‹

Die Strafjustiz der frühen Neuzeit wurde lange mit Grausamkeit und Todesstrafen assoziiert. Blickt man jedoch auf die Gesamtheit der Strafmaße, zeigt sich bald, daß die sogenannten peinlichen Strafen an Leib und Leben sehr selten verhängt wurden. Sie sollten als abschreckende Beispiele dienen und lange wirken. In der Regel wurden Delikte mit Geld, Gefängnis- und Ehrenstrafen, Urfehden und Ausweisungen geahndet[154]. In Hall finden wir etwa zwischen 1500 und 1700 stattliche 1288 Urfehden und Urgichten gegen Frauen verzeichnet. Mit dem Tod wurden elf Frauen bestraft. Der Großteil der Haft-

---

[154] G. Schwerhoff, *Köln im Kreuzverhör. Kriminalität, Herrschaft und Gesellschaft in einer frühneuzeitlichen Stadt*, Köln 1991, S. 123–173, *mit umfassender Diskussion und relevanten Literaturhinweisen.*

strafen wurde für die Delikte Unfrieden, Unzucht und Diebstahl verhängt. Die Masse noch geringfügigerer Delikte, zum Beispiel Feldfrevel, kleiner Betrügereien oder Injurien, wurde mit Geldstrafen belegt, die in eine Haftstrafe umgewandelt wurden, wenn Personen nicht zahlungsfähig waren. Die Urfehde verzeichnete die Taten des Entlassenen und seinen Schwur, die Vergehen nicht zu wiederholen und sich an niemandem für die Anzeige und Bestrafung zu rächen. Diese schriftliche Fixierung ermöglichte die Identifikation von Wiederholungstätern.[155] Anstatt der schriftlichen Urfehde konnten aber auch mündliche Warnungen die Konsequenzen einer Wiederholungstat bezeichnen.[156] Urfehdverschreibungen waren in Konstanz anscheinend nicht gebräuchlich, in Memmingen gab es dagegen mindestens bis zum Ende des 16. Jahrhunderts ein Urfehdbuch. In Württemberg bricht die Überlieferung an Urfehden um 1550 ab, es gibt aber verschiedene Hinweise, daß weiter Urfehden verschrieben wurden. Auch die Haller Urfehdbücher führte man bis ins 18. Jahrhundert. Wegen der wachsenden Verfolgung von Delikten wurde aber 1670 beschlossen, der Stadtschultheiß solle kurzfristig inhaftierten Personen bei der Gefängnisauslassung nur die Handtreue abnehmen, daß sie sich bessern und »daß das Gefängnis und was sich darin verloffen (ereignet) keineswegs rächen« wollten, das heißt, diese Delikte und Strafen wurden nun mehrheitlich nicht mehr schriftlich festgehalten.[157] Bestrafungen minderer Delikte konnten andererseits aber auch völlig formlos geschehen. In Konstanz ergriff man 1692 beispielsweise eine Diebin und steckte sie eine Stunde ins Seelhaus. Dann führte sie der Ratsdiener zu einem Stadt-

---

[155] *Bei schweren Delikten verschrieb die Urfehde weitere Strafen, z. B. die Ausweisung. Wenn statt Leibesstrafen eine Geldstrafe eingesetzt wurde, hielt sie die Bürgen fest, die mit ihrem Kapital für die Erlegung der Summe hafteten. Bürgen traten auch dann auf, wenn eine härtere Strafe zurückgestellt wurde, weil man auf ein besseres Verhalten hoffte. Es konnte auch die Verpfändung des Hab und Guts der Angeklagten im Fall eines Zahlungsverzugs angekündigt werden.*
[156] *So wurde eine Konstanzer Magd, die sich mit ihrem Meister eingelassen hatte, nach 14 Tagen Haft 1573 mit der Warnung entlassen, wenn sie sich nicht bessere, werde man sie der Stadt verweisen, StAKN, HIX F. 34, 30.3.1573, und Strafe RP, Bl 70, 1572/3, 355^v, 4.4.1573.*
[157] *StAH, 4/494, II, 14^r, 9.3.1670.*

tor hinaus.¹⁵⁸ Verzeichnet wurde diese Strafe nirgends. Strafen wurden also den Möglichkeiten des polizeilichen Einsatzes, dem Delikt und der Situation der Verurteilten flexibel angepaßt.

Ein wichtiges informelles Strafelement waren mündliche Ermahnungen oder Warnungen. »Guten Filz« gab man einer Haller Glaserstochter nach ihrer Entlassung aus dem Gefängnis. Sie hatte sich 1640 »ganz voller Wein getrunken, und in die Kirchen gangen, sich übel gehalten und Wein und Speis wieder von sich geben«.¹⁵⁹ Eine Haller Magd steckte man 1651 fünf Tage in das »Hetzennetz«, einen Gefängnisturm, weil sie mit dem Meisterssohn zusammen in einem Bach gebadet und auch im Bett eines Knechts »nackend und schlafend« gefunden wurde. Man entließ sie »neben empfangenen starkem Filz«.¹⁶⁰ Eine typische Intention von Strafen war also die Besserung der Verurteilten: Sie sollten ein christlich-moralisches, sozial friedliches, für andere »unärgerliches« und Gott gefälliges Leben führen. Bei Ehekonflikten wurden Partner deswegen meist kurz inhaftiert und mit der Aufforderung entlassen, nun friedsam zu leben.¹⁶¹ Es gab Mischungen aus obrigkeitlichen und privat anbefohlenen, erzieherischen Strafen.¹⁶² Auch die Ermahnung zur religiösen Buße konnte Teil des Urteils sein.¹⁶³ Der Besserungsprozeß sollte durch die Bestrafung nur ausgelöst werden. Seinen Ort hatte er nicht im Gefängnis. Die Intensivierung von Gefängnisstrafen im 18. Jahrhundert markierte damit nicht den Übergang von abschreckenden

---

¹⁵⁸ *StAKN, K 66, 22.1.1692, Maria Hagg. Sie wurde so behandelt wie Vaganten, deren Routinebestrafung auch nie in Strafbüchern verzeichnet wurde.*

¹⁵⁹ *StAH, 4/482, 6.3.1640, 118ᵛ, Maria Meyer.*

¹⁶⁰ *StAH, 4/482, 10.10.1651, 179ʳ, Magdalena Horlacher aus Gelbringen.*

¹⁶¹ *Z.B. StAKN, RP, Bl 80, 1596–98, 11.6.1597, Hans Ulrich Heutlins Frau, 269ʳ. Bei schweren Fällen wurde beiden Partnern teilweise das schriftliche Versprechen abverlangt, das Fehlverhalten nicht nachzutragen und wie christliche Eheleute zu leben, z.B. StAMM, RP, 26.4.1609–6.8.1613, 96ʳᵛ, Joachim Diendorff und Frau.*

¹⁶² *Als die Waise Barbara Laydig z.B. 1573 in Hall einen heimlichen Eheverspruch einging, wurde sie mit 16 fl. bestraft. Ihrer Vormundin wurde befohlen, sie sollte ihre Pflegetochter »mit ruthen nach notturft züchtigen«, StAH, 4/480, 23.2.1573, 130ʳ.*

¹⁶³ *Eine Hallerin, die sich, nachdem ihr Mann ausgewiesen worden war, von jemand anders hatte schwängern lassen, wurde für ein Vierteljahr der Besuch ehrlicher Gesellschaften verboten. Es wurde angeordnet, daß sie »viel in die Kirche gehen, Gott um ihr begangenes Unrecht abbitten möge«, StAH, 4/483, 16.2.1618, 213ʳ.*

Anna Stadelmayerin von Jsny
hat bekhanndt vnnd verihesen.

Erstlichen, Demnach ain weber knecht von
Sanct Gallen, khurz verschiner zeit, wie sy zu
Lindaw gedient, Ir Jr khind befolgen, das sy
dasselb gleichwoll an die prust genomen, vnd
wäre aber mit jme dem khind wider hergezogen.
Jr schuldige pflicht vnd trew daran vergessen,
Vnnd selbig Ir khind, aigen fleiß, vnd zeitig
hin lindern mal an Vngewandtliche ort,
aegis von Jr gelegt, dafon gangen vnd verlassen,
Also wa man es nit funden, das es bald
vndergangen, Vnnd verdorben sein mocht, dem
Gott sollig khind Ju das khindhaiß algie
genomen worden, darumb sy hie aegis
Jnn hanndtnus einkomen

Mer hat sy bekanndt, das sy vngefern vor sechs
Jaren verschinen, aegis außt dem Garn markht,
ain Nadelstain abgeschniten wellen. Man
were aber deß gewahr worden, da es sy dafon
lassen müßen.

Mer hat sy verihegen, daß sy In osternfeürtag
nechst verschinen Johan vnntergangen, den
Weber aegis Nacht, daß gewiß geöffnet Ju

hat den Lasterstain
hinaustragen.

Anna Stadelmayerin aus Isny trägt den Lasterstein und wird aus Memmingen verwiesen, weil sie ihr Kind verlassen hat.

Exempelstrafen zu Strafen, die Besserung beabsichtigten, sondern zu einer stärkeren Überwachung der Besserungsprozesse innerhalb der Gefängnismauern.

› **Gefängnisse** ‹ Gefängnisaufenthalte gestalteten sich je nach Strafe und Sozialkapital unterschiedlich erträglich. Gefängnisorte reichten vom Narrenhaus bis zu städtischen Malefiztürmen und kleinstädtischen Behelfsgefängnissen. Narrenhäuschen waren im Spätmittelalter vor allem eingerichtet worden, um Betrunkenen, Spielern oder Streitsüchtigen ihr unvernünftiges Verhalten vor Augen zu führen. Sie wurden kurz, meist wenige Stunden, oft eine Nacht oder auch einen Tag inhaftiert. »Närrisch« waren diese Leute, weil sie einen zu großen Verlust der Selbstkontrolle zuließen. Sie setzten ihre Ehre aufs Spiel und wurden anderen lästig. »Nun sind wir zwei«, begrüßte deshalb der neben der Tür des Nördlinger Narrenhauses eingemeißelte Kopf eines Narren die Neuankömmlinge. Im Lauf des 16. Jahrhunderts verlor sich der Scherz. Nicht Narretei wurde ausgestellt, sondern allein das Gemeinwohl schädigende Verhalten. Den Moment des Schmunzelns ersetzte die Verpflichtung zur Buße. Narrenhäuschen wurden damit von der Strafintention zu einem Gefängnis unter anderen. Man gebrauchte sie aber weiterhin ausschließlich für kurze, ermahnende Strafen. Sie befanden sich an zentralen Orten, in Hall beispielsweise im Untergeschoß des Rathauses, an dem eine Treppe zum Markt vorbeiführte. Durch ein Gitterfenster sahen Vorübergehende, wer dort einsaß und meistens auch wofür: Eine Frau, die 1681 Wein gestohlen haben sollte, saß dort beispielsweise mit einem angehängten Krug, anderen Frauen hing die schwere Geige um den Hals.[164] Die Strafe bedeutete öffentliche Schande.

Frauen kamen in Städten bei schwereren Delikten sonst oft in ein gesondertes Gefängnis und wurden selten in die härtesten Malefiztürme gesteckt. Die »Gefängnisgesellschaft« hat man sich nicht notwendig niederrangig vorzustellen. 1667 saßen im Stuttgarter »Weibergefängnis« beispielsweise die streitsüchtige Frau eines Zuckerbäckers, die ehebrecherische Tochter des Herrn Hofmeisters und die unzüchtige Tochter des verstorbenen Amtmanns Dreher

---

[164] StAH, 4 / 487, 20.10.1681, 127ʳ.

zusammen ein.[165] Über dieses Stuttgarter »Frauenkatzlin« wachte die Frau des Stadtknechts – der Stadtknecht und seine Frau bildeten ein Amtsehepaar. Frauen konnten so nicht nur an der Versorgung und (oft als eingestellte weibliche Wächterinnen) Bewachung von weiblichen Häftlingen beteiligt sein, sondern auch an ihrer Bestrafung: In Esslingen hören wir von einer »Turmmeisterin«, die 1671 eine Diebin bis zu ihrem Haus hin auspeitschte.[166] Fixierte Gefängnisregeln gab es selten. Außer bei peinlichen Prozessen waren Gespräche erlaubt: Die »mittlere Katze« in Stuttgart hatte beispielsweise dicke Mauern, aber auch ein mit Eisenstangen vergittertes Loch, durch das man 1557 »wohl miteinander reden« und Briefe werfen konnte.[167] Wer nicht bei Wasser und Brot oder Haferbrei und Brot inhaftiert war, konnte sich zudem von Verwandten Essen bringen lassen.[168]

Die Mauern frühneuzeitlicher Gefängnisse mochten dick sein, aber sie hatten auch offene Löcher und gewiefte Insassen. Insbesondere professionelle Diebe, die von Gefängnis zu Gefängnis wanderten, fanden immer wieder Wege ins Freie. Absolute Sicherheit konnte bei peinlich Inhaftierten nur erzielt werden, wenn Fenster bis auf kleine Luftschlitze zugemauert wurden. Durch die Dunkelheit und den Mangel an Helle wurden Gefangene dann innerhalb kurzer Zeit krank.[169] Ausgangszeiten gab es nicht, und Zellen konnten wahrhaftige »Löcher« sein. 1688 beschwerte sich eine sechzigjährige Frau, sie könne sich nach vier Wochen im Brackenheimer Zuchthäuslein »we-

---

[165] *Trotzdem empfand die Zuckerbäckerfrau die Situation als Zumutung. Sie lag gekrümmt am Boden, aber dem Urteil der Hofmeistertochter zufolge eher aus »Übermuth und Zorn als von Schwäche«. Ihr Mann wollte sie gegen Geld herausholen, aber acht Gefängnistage wurden ihr unerbittlich auferlegt,* HStASt, A 210, Abt. 1, Bü. 44, 24.3.1667.
[166] StAL, B 169, Bü. 119, Bd II., 13.12.1671, Elisabetha, Hans Kobers Frau, 175ʳ.
[167] HStASt, A 210, Abt. I, Bü. 125, 28.12.1557.
[168] *Einem Konstanzer Inhaftierten brachten nicht nur Verwandte 1589 das Essen, mehrere Leute, unter anderem der Dompropst, brachten oder schickten ihm auch Wein,* StAKN, HIX F. 40, Hans Rohauser, 4.12.1589. *Aber dem Konstanzer Bernhard Manz schmeckte beispielsweise 1644 auch »das Essen von Haus aus nit mehr«, weshalb man ihm »auf dem thor nach seinem belieben und gefallen kochen müsse, auch bishero täglich in die dritthalb maß, nach seinem begehren, wein Ime überschickt worden«,* StAKN, K 43, 3.10.1644.
[169] *Für einen Stuttgarter Turm werden ein bis zwei Wochen als Regelzeit angegeben, nach der sich Krankheitsfälle häuften,* HStASt A 210, Abt. I, Bü. 125, 23.3.1557.

der bücken, wenden noch ergehen«.[170] Im Winter kam die Kälte hinzu. Gefangene baten dann inständig um die Verlegung in die Stadtknechtsstube. 1670 wurde in Württemberg erst nach dem Tod einiger Gefangener wegen Winterkälte eine bessere Behandlung angeordnet.[171] Längere Inhaftierungen in einem Malefizgefängnis wurden deshalb schon selbst als massive Strafe gesehen und in das Urteil einbezogen. Erst 1653 befahl der Herzog in Württemberg die Einrichtung von Untersuchungsgefängnissen, um peinlich Beklagte während des Inquisitionsverfahrens mit tiefen Türmen zu verschonen. Sicher, aber »leidenlich« sollten die Gefängnisse sein, so daß die Haftzeit bis zum Prozeßende kein Argument zur Urteilsmilderung biete. Humanitäre Überlegungen waren zweitrangig: Vor allem sollte so der Justiz »ihr gestracker Lauf« gelassen werden.[172]

Gefängnisaufenthalte dauerten in der Regel ein bis fünf Tage, es sei denn, es handelte sich um schwere Verbrechen und unklare Beweislagen.[173] Die verlängerten Haftstrafen für »Fleischesverbrechen« im 17. Jahrhundert änderten dies allerdings drastisch. Für frühen Beischlaf, Unzucht und Ehebruch wurden nun zwei, vier oder gar acht Wochen Gefängnis angesetzt. Diese Strafen drohten auch gewöhnlichen Bürgern. Längere Haftzeiten brachten neue Probleme mit sich, vor allem den unwillkommenen Geldaufwand für Leute, die ihre Haftkosten nicht selber tragen konnten. Städte und Länder wollten sich den Strafvollzug möglichst wenig kosten lassen. Württemberg führte deshalb 1620 den öffentlichen Arbeitsdienst als neue Strafe ein. Niemand sollte sich im Gefängnis auf Kosten des Landes ausru-

---

[170] HStASt, A 209, Bü. 1064, Maria Dreher, 10.10.1688.

[171] *Reyscher, Gesetze*, Bd. 5, 23. / 24.6.1670, General=Reskript, die bessere Behandlung Gefangener betreffend.

[172] *Reyscher, Gesetze*, Bd. 5, S. 457, General=Reskript, die Einrichtung von Untersuchungs=Gefängnissen betreffend, 26.2.1653.

[173] *Sie konnten sogar als Ort zur Meinungsänderung dienen. Drei Wochen wurde z. B. eine geschwängerte Haller Taglöhnerstochter gefangengehalten, und ihr die Hilfe einer Hebamme bei der Geburt verwehrt, »bis sie den rechten Täter«, also den Kindsvater, »angegeben«, StAH, 4 / 485, 4.1.1686, 1ʳ. Von einem Straßburger Lederbesaiter wurden 70 gerbte Häute eingezogen, bis er sich bereit erklärte, ein in Straßburg gezeugtes uneheliches Kind zu alimentieren, StAH, 4 / 482, 14.10.1650, 173ʳ. 1630 steckte man eine Frau, die den Engelwirt doch nicht mehr heiraten wollte, so lange ins Gefängnis, bis es sich anders überlegt hatte, StAH, 4 / 482, 11.9.1630, 66ʳ.*

hen können. Vor allem Landfahrer und das Gesindel sollten zur Arbeit diszipliniert werden: Ihre Lebensweise begründete ohnehin der Hang zum Müßiggang. Ab 1661 konnten sich Vaganten beispielsweise am Bau von Herzog Eberhards herrschaftlichen Gebäuden beteiligen.[174] In Württemberg wurden Arbeitsstrafen offenbar nicht gegen Frauen verhängt. In Hall wurden im zweiten Drittel des 17. Jahrhunderts öffentliche Arbeitsstrafen angesetzt und zwischen 1681–91 beispielsweise 44 wegen Unzucht oder frühem Beischlaf verurteilte Frauen zu dem meist zweiwöchigem »Schellenwerk« verurteilt.[175] Sie räumten Brandstätten auf, die Spuren des französischen Krieges. In Konstanz, Esslingen und Memmingen wurden öffentliche Arbeitsdienste für Strafgefangene im 17. Jahrhundert anscheinend nicht eingeführt. Ihr Nachteil lag tatsächlich auf der Hand: Neues Wachpersonal war einzustellen, eine bessere Verpflegung zu gewährleisten und der Kampf mit den unwilligeren Zwangsarbeitern aufzunehmen.[176]

Vaganten, Dieben und anderem losen Pack den Müßiggang durch Arbeit auszutreiben, war ein reformerisches Unterfangen, in das investiert werden mußte. Der Gewinn schien klar: Ein Dauerproblem des Strafvollzugs mit relativ kurzen Haftzeiten blieb die Folgekriminalität. Den oberschwäbischen Reichsstädten mußte beispielsweise in bezug auf Diebe klar vor Augen stehen, daß Ausweisungen nur zu weiteren Diebstählen in der nächsten Stadt entlang der Handelsstraße führten. Doch die Einrichtung von Zucht- und Arbeitshäusern setzte, wie etwa in Holland und Norddeutschland im 17. Jahrhundert, die Desillusionierung in bezug auf die Abschreckung durch Todesstrafen voraus, ebenso die Einsicht in die Vorzüge einer regional vernetzten Präventionspolitik, vor allem aber die Bereitschaft zur Investition von Geld.[177] Die Zucht-und Arbeitshäuser, die schließlich 1736

---

[174] *Wer zu arm war, um seine Nahrung zu bezahlen, bekam vom Amtmann sechs Kreuzer täglich ausgezahlt, Reyscher, Gesetze, Bd. 5, General=Reskript, die Einführung der Strafe der öffentlichen Arbeit betreffend, 19.9.1620, S. 379; General=Ausschreiben, das Abverdienen der Strafe betreffend, 25.2.1661.*
[175] *Quelle: Urfehdbücher Hall.*
[176] *In Konstanz waren alternative Strafen für Männer Kriegs- oder Galeerendienste.*
[177] *In Leiden wurde im Magistrat genau der Tatbestand formuliert, daß man sich die Leute »gegenseitig auf die Rücken auswies«, siehe P. Spierenburg, The Prison Experience: Disciplinary Institutions and their Inmates in Early Modern Europe, New Brunswick 1991, S. 36.*

in Ludwigsburg und 1760 in Stuttgart eingerichtet wurden, arbeiteten trotz hoher Einnahmen nicht einmal zur Hälfte kostendeckend.[178] Im südwestdeutschen Raum sorgte man sich im 16. und 17. Jahrhundert eher um die Reduktion als um die Ausweitung schon bestehender Kosten. Hinter diesem Ziel blieb jeder Reformwille zurück.

▸ **Ehren- und Todesstrafen** ◂ Unter den Ehrenstrafen waren das meist viertel- oder halbstündige Stehen am Pranger oder auf einem Lasterstein am gebräuchlichsten, teilweise mit einem Zettel, der das Delikt angab, umgehängten gestohlenen Gütern oder symbolischen Kennzeichen. Sie machten Täter und Strafen öffentlich, setzten die Verurteilten dem Spott aus und entehrten dauerhaft. Deshalb verbanden Urteile auch meist die Ehrenstrafen mit der Ausweisung. Unter dem Beckenklopfen des Stadtknechts oder Scharfrichters mußten Frauen meist dreimal um den Markt und dann zum Stadttor laufen. Dabei trugen sie oft eine Geige oder einen Lasterstein. Ebenso wie das alternativ verhängte Auspeitschen war das Lastersteintragen eine Körperstrafe. Der Lasterstein hat seinen Ursprung wahrscheinlich im Handmühlstein, der die knechtische Arbeit einer Mühlmagd bezeichnete, die zugleich als niedrigste Magd galt.[179] Dementsprechend schwer war der Stein, 25 Pfund wog er beispielsweise in Schönaich 1532.[180] Für eine 1667 aus Memmingen ausgewiesene Frau war er so schwer, daß sie nach der Ausweisung sofort krank wurde. Ihr Vater forderte, sie im städtischen Siechenhaus aufzunehmen. Nachdem selbst das Augsburger Pilgerhaus abgelehnt hatte, sie zu beherbergen, war er mit der dritten Bitte erfolgreich. Der Erlishofener Pfarrer hatte ein Attestat für sie ausgestellt und eine Kollekte für sie gesammelt.[181]
Für die Obrigkeiten bestand das Problem der Ehrenstrafen in ihrer zu großen Wirksamkeit. Dieser Umstand hatte weniger mit dem Spott

---

[178] P. Sauer, Im Namen des Königs. Strafgesetzgebung und Strafvollzug im Königreich Württemberg von 1806 bis 1871, Stuttgart 1984, S. 118f., Berechnung 1832/33.
[179] E. v. Künßberg, Zur Strafe des Steintragens, Berlin 1926, S. 39f.
[180] HStASt, A 44, U 480, 28.2.1532, Otilia Metzger. Auch andere Quellen geben ein Gewicht zwischen 20–30 Pfund an.
[181] StAMM, RP, 1.7.1667–11.8.1669, 11.10.1667, 29ᵛ, Anna Wiedenmann.

der Menge als mit der Berührung der Delinquenten durch den Scharfrichter oder Stadtknecht zu tun. Dies stellte sie peinlich Bestraften gleich. Ehepartner machten deshalb ihr Angebot, den bestraften Partner wieder anzunehmen, häufig davon abhängig, ob der Henker sie oder ihn anfassen würde oder nicht. Man kann nur annehmen, daß die prächtige Haller Schandbühne deshalb fast nie benutzt wurde. Sie war 1509 erbaut worden, und zwar genau am Markt, unterhalb der imposanten Kirche St. Michael, neben dem Rathaus und inmitten der Häuser der wichtigsten Frauen und Männer der Stadt. Wer auf der erhöhten Schandbühne im Halseisen stand, konnte nicht im Getümmel untergehen. Jeder sah die Angeprangerten, oft mit Schildern um den Hals, die ehebrecherischen Frauen ab 1684 mit roten Stiefeln ausstaffiert.[182] Der Ruf war dahin. Es stellte sich heraus, daß eine solche Entehrung selbst über die Stadtgrenzen hinaus bekannt wurde. Deshalb erlaubte man den zur Ausweisung verurteilten Personen im 17. Jahrhundert immer wieder, eigenständig wegzuziehen. Nur wenn sie blieben, werde man sie »mit Spott« zum Ort »hinausschaffen«. Urteile vermerkten ebenfalls gesondert, wenn ein Scharfrichter eine Ausweisung ohne die Berührung der Verurteilten vornehmen sollte. Auch andere Teile des Prozeßgeschehens und Strafvollzugs galten für die Bevölkerung in einer von der Obrigkeit nicht intendierten Weise als entehrend. In Württemberg galt dies für die Abführung durch Musketiere oder den Stadtknecht ins Gefängnis. Auch der Klang des Malefizglöckchens, das zu Beginn und Ende eines peinlichen Prozesses läutete, ruinierte die Ehre des Beklagten.[183]

Wieviel Aufmerksamkeit die Bevölkerung den Ehrenstrafen und Ausweisungen durch Spott, Dreck- und Steinewerfen schenkte, ist unklar. Der Esslinger Rat klagte 1663, selbst beim Verlesen von Ur-

---

[182] *StAH, 4/495, Poena et taxa Criminum, 14.1.1684. Im sechzehnten Jahrhundert symbolisierte Rot das mit peinlichen Urteilen verbundene Blut. Rot wurde 1597 der Stuttgarter Galgen angemalt, und ebenso das Blutbuch Esslingens, in dem Urgichten verzeichnet wurden, siehe K. Pfaff, Geschichte der Stadt Stuttgart nach Archival-Urkunden und anderen bewährten Quellen, Stuttgart 1846, Rpr. Frankfurt am Main 1981, Bd. 2, S. 155; LAL, B 169, Bü. 119 l, Blut- oder Peinliches Urthelbuech Von 1447 biß 1599.*

[183] *Vgl. E. Lippert, Glockenläuten als Rechtsbrauch, Freiburg 1939, S. 33. In Württemberg wurde deshalb auf Bitten oft auf das Läuten des Malefizglöckchens verzichtet.*

gichten vor Hinrichtungen auf dem Markt riefen die unerzogenen Jugendlichen über alle Stille. Sie verübten »ein solches Geläuf und Getümmel ... auf der Gassen ..., daß man den ablesenden Scribenten (Schreiber) schwerlich, fast gar nicht vernehmen will«.[184] Die Öffentlichkeit des Strafvollzuges konnte auch zum publikumswirksamen Widerstand genutzt werden. 1674 war in Hall beispielsweise eine Metzgerswitwe, die mit der Geige über den Markt hinaus zum Weilertor geführt wurde, weder mit »guten, bösen noch bedrohlichen« Worten dahin zu bewegen, dem Stadtschultheiß den Wortlaut ihrer Urfehde nachzusprechen. Statt dessen schrie sie »stetigs mit vollem Hals wie unrecht ihr geschehen täte«, fiel auf die Knie und bat, sie mit der Verweisung zu verschonen. Als die Leute herbeiliefen, schafften sie die Grabenreiter sofort weg.[185] In Konstanz schalt eine ausgewiesene Frau den Bürgermeister 1650 »einen großen Grind und Kopf«,[186] und 1687 berichtete ein Haller Amtmann, eine mit der Ausweisung bestrafte ehebrüchige Kürschnerstochter sei »nicht fortzubringen«.[187]

Verstümmelungsstrafen und das Einbrennen von Zeichen, wie beispielsweise einem Galgen, in Gesicht oder Rücken waren die beschränkten Möglichkeiten, um Delinquenten vor der Ausweisung dauerhaft identifizierbar zu machen. Bei straffälligen Frauen, die *in* ihren Ort verbannt wurden, fiel dies leichter: Sie waren vermutlich ohnehin bekannt, durften darüber hinaus aber manchmal nur graue und schwarze Kleidung tragen.[188] Die wegen schwerer Delikte Verbannten konnte man höchstens an ihrem durch die harten Rutenhiebe vernarbten und gebogenen Rücken erkennen. Verstümmelungsstrafen wurden immer deutlicher zur Ausnahme und schienen in Württemberg fast ganz unüblich zu sein. Ein württembergisches Gutachten stellte 1662 fest, ins Angesicht zu brennen, sei nach kaiserlichem Recht verboten, weil es nach Gottes Ebenbild geschaffen

---

[184] LAL, B 169, Bü. 119 II, 23.3.1663, »Ordnung so bei Executionen von Maleficanten zu observieren«.
[185] StAH, 4/484, 10.10.1674, Catharina Weidenbacher, 30ᵛ–31ʳ.
[186] StAKN, K 28, 20.2.1650, Luriam Vellhofer.
[187] StAH, RP 285 / 1687, 549ʳ.
[188] HStASt, A 44, U 6389, 27.10.1561, Maria Kessler, Vaihingen; A 44, U 6591, 29.10.1554, Anna Schmid, Maulbronn.

sei. Zeichen auf anderen Körperteilen – wie etwa das Galgenzeichen auf dem Rücken – seien ineffektiv, weil sie unter Kleidung versteckt würden.[189] Brandzeichen konnten jedoch bei einer weiteren Festnahme zeigen, daß man dem Galgen schon einmal knapp entkommen war und diese Strafe nun gerechtfertigt schien. 1663 brannte man also beispielsweise in Tübingen zwei armen, aber sehr diebischen schweizerischen Schwestern den Galgen auf den Rücken und verbannte sie aus Württemberg.[190] Präventiv konnten höchstens Verstümmelungsstrafen wirken – vor allem das Abschneiden der Ohren. In Hall wurde noch 1680 einer zum zweiten Mal gefaßten »Stadt- und Landdiebin« aus der Schweiz das »schon einst abgestümmelte Ohr vollends ganz und gar vom Kopf, glatt hinweg geschnitten«.[191] In Memmingen wurden ausschließlich Frauen die Ohren abgeschnitten. Ab 1551 geschah dies insgesamt aber nur fünf und 1609 zum letzten Mal. Es gab aber keine linearen Entwicklungen zu »humaneren« Strafen: In Freiburg kam es etwa während der französischen Besetzung im 17. Jahrhundert zu einer Renaissance der Schandrituale. 1685 wurde Verena Khinderdt wegen Unzucht mit Soldaten eine Stunde an das Halseisen gestellt, man hieb ihr beide Ohren ab, peitschte sie aus und verbannte sie.[192] 1687 ließ man eine Frau wegen wiederholter Unzucht »scharf ausstreichen«, vor ihrer Verbannung die linke Achsel brandmarken und ihr das rechte Ohr abhauen.[193]

Todesstrafen für Frauen waren, Hexerei wie immer ausgenommen, in den untersuchten Städten relativ selten. In Hall wissen wir von 11 Todesstrafen zwischen 1500–1700, in Esslingen ebenfalls von 11 Todesstrafen bei 103 mit einer Urgicht bestraften Frauen zwischen 1500–1700. In Memmingen wiederum von 11 Todesstrafen zwischen 1551–1689 bei 39 verurteilten Frauen (Hexerei ausgenommen, derentwegen 5 Frauen bestraft wurden, und gegenüber 88 mit dem Tod bestraften Männern und 205 in den Urgichtbüchern insgesamt verzeichneten Strafen), in Leonberg von 11 Todesurteilen zwischen 1528–1632 und in Konstanz von 9 Todesstrafen zwischen 1570–1700

---

[189] HStASt, A 237 a, Bü. 336, 14.4.1662, der Fall eines Landfahrers.
[190] UAT, 84/16, Maria und Elisabetha Heinemänn, 6.1.1663, 405^v–408^v.
[191] StAH, 4/484, Catherina Camer, 31.8.1678, 73^r, und 24.1.1680, 96^{rv}.
[192] StAFr, Urfehden, 22.3.1685
[193] StAFr, Urfehden, 21.3.1687

(gegenüber 61 Männern). Dies hing vor allem damit zusammen, daß die meisten Männer für Diebstahl, Raub und Mord hingerichtet wurden. Wegen Raub und Mord wurden Frauen kaum angeklagt. Hinrichtungsquoten von Frauen beeinflußte vor allem die Härte der Bestrafung von Kindsmord. Ab dem 17. Jahrhundert sank die Anzahl der für Gewaltverbrechen hingerichteten Männer. Dagegen intensivierte sich nach dem Abklingen der Hexenverfolgung in mehreren Städten die Verfolgung von Kindsmord. Mitte des 18. Jahrhunderts machten Frauen in Städten, die Kindsmord stark bestraften, ein Drittel bis die Hälfte aller Hingerichteten aus.[194]

Die Art der Todesstrafe für Frauen war fast immer die Enthauptung. In Esslingen wurde die letzte Frau 1589 ertränkt; sie hatte zehn Jahre zuvor 20 Pfund Garn gestohlen und weitere acht Jahre zuvor ein Kind getötet. 1590 wurde eine professionelle Diebin in Esslingen erhängt, eine für Frauen sonst unübliche Strafe. In Württemberg fanden die letzten beiden Ertränkungen 1593 statt, beidemal wegen Kindsmord, beziehungsweise Inzest und Ehebruch. 1687 betonte ein Gutachten, das Herzogtum ziehe Enthauptungen vor, »um Verzweiflung zu verhüten«.[195] Immer wieder nahmen Stellungnahmen Bezug auf die Ablehnung der harten Strafen, die die Carolina vorschlug, wie beispielsweise das »Säcken«, also das Ertränken in einem Sack mit Tieren, oder die lebendige Begrabung und das Pfählen. Frauen, die lebendig begraben werden sollten, hatten sich in der Vergangenheit mehrfach gewehrt. Ertränkte Frauen tauchten wieder auf und mußten brauchgemäß freigelassen werden, weil dies als Gottesurteil galt.[196] Diese Hinrichtungsarten waren also schlichtweg unsicherer und weckten eher das Mitleid der Bürger. Die Rache und der Widerstand der Verurteilten wurden ohnehin gefürchtet: Dies drücken

---

[194] *Evans, Rituals of Retribution, S. 44.*
[195] *HStASt, A 209, Bü. 104, Anna Jäger.*
[196] *Zum Lebendigbegraben siehe A. Keller, Der Scharfrichter in der deutschen Kulturgeschichte, Hildesheim 1968, S. 160f. Das Auftauchen galt als Gottesbeweis. 1503 wurde beispielsweise in Schlesien eine Frau in der Oder ertränkt, die vor Sankt Nicholas ans Land kam. »Zum Gedächtnis ist ihr roter Rock von Tuch in die Kirche zu St. Nicholas aufgehangen worden, gleich wann ihr St. Nicholas herausgeholfen und sie am Leben erhalten hätte«, siehe v. Abegg, Beiträge zur Geschichte der Strafrechtspflege in Schlesien, insbesondere im fünfzehnten und sechzehnten Jahrhundert, ZRG/GA, 18/1858, S. 447.*

schon die Urfehdschwüre aus, und bei Hinrichtungen verstärkte sich die Angst der Richtenden: Sie war die Kehrseite ihrer Macht.[197] Henker mußten deshalb bei einem Blick der Hinzurichtenden ihr Schwert sinken lassen.[198] Bei als sehr grausam eingestuften Verbrechen wurden jedoch trotzdem in singulären Fällen im 17. Jahrhundert in Württemberg noch Strafen wie das Pfählen verhängt. 1615 wurde in Heidenheim eine Frau für den Mord ihres Mannes lebend begraben, ein Eisenpfahl »durch ihr mörderisches treuloses Herz geschlagen« und das Grab mit Erde zugescharrt.[199] Es gab auch hier keine gradlinige Abwendung von peinigenden Strafen: Schienen sich schwere Verbrechen zu häufen, intensivierte man Abschreckungsstrafen. In Württemberg wurden deshalb Kindsmörderinnen ab der zweiten Hälfte des 17. Jahrhunderts mit glühenden Zangen gezwickt oder ihr abgehauener Kopf auf einen Pfahl gesteckt. Nürnberg erließ noch 1702 ein Mandat, dem zufolge Kindsmörderinnen nun gesäckt, mit glühenden Zangen gerissen oder sogar lebendig gepfählt werden sollten.[200]

❯ Straffolgen ❮ In der frühen Neuzeit besaßen die Körper der Hingerichteten Wert: Anatomen begehrten sie für Sektionen und Heker zur Herstellung von Heilmitteln. Viele glaubten an die magi-

---

[197] *In Hall wurde die Geschichte eines Raubmörders tradiert, der 1532 gerichtet worden war. Während seine Urgicht verlesen wurde, lud er den Ratsherrn vor das Jüngste Gericht, der ihn während der Tortur befragt hatte. Der Ratsherr verstarb wenige Wochen später, StAH, 4/477, 326ᵛ, Hannsen von Kupferberg.*

[198] *In Hall hatte eine Kindsmörderin 1680 »im Schwertausziehen einen Schein bekommen«, weshalb der Scharfrichter zurückzuckte und der erste Streich mißlang, StAH, RP 457, 26.10.1680, 531ʳ. Der Tübinger Scharfrichtersohn Johannes Osterstag, dessen Familie das Amt seit 106 Jahren innehatte, berichtete 1662, wie er drei oder vier Schritte zurückweichen mußte, als ein Knabe in Freudenstatt ihm kurz vor der Enthauptung ins Gesicht und in das Schwert sah, HStASt, A 213, Bü. 8163, 20.11.1662.*

[199] *HStASt, A 209, Bü. 1319, Margaretha Ferber. Die Josephina für Böhmen, Mähren und Schlesien hielt noch 1711 an der Strafe der Pfählung schon enthaupteter und besonders grausamer Kindsmörderinnen fest, siehe S. Stiassny, Die Pfählung. Eine Form der Todesstrafe, Wien 1903, S. 36.*

[200] *R. v. Dülmen, Frauen vor Gericht. Kindsmord in der frühen Neuzeit, Frankfurt am Main 1991, S. 26.*

schen und heilenden Kräfte hingerichteter Körper, in denen mit dem Blut die Lebenskraft gleichsam gestockt war und nun anderen dienen konnte. Diese Medizin machte Hingerichtete zu Heilbringern. Hiergegen schritten Obrigkeiten ebenso entschieden ein wie etwa gegen den Handel mit glücksbringenden Galgenalraunen. 1573 wurde deshalb ein Stuttgarter Nachrichter bestraft. Er hatte die Haut eines in Göppingen hingerichteten Mannes gerben lassen. Schon drei Jahre zuvor hatte er mit Erlaubnis des Gerichts aus dem Körper eines Enthaupteten, einer »großen, feisten Person«, acht Pfund Schmalz gewonnen. Hieraus wurde eine Heilsalbe gemacht, die »von alters her« gut gegen Krämpfe sein sollte. Adelige und andere Personen schätzten sie hoch, rechtfertigte sich der Nachrichter.[201] Der Glaube an die Heilwirkung hingerichteter Körper versiegte auch im 17. Jahrhundert nicht. Als 1682 in Marbach der Kopf einer vor neun Jahren enthaupteten Frau vom Pfahl fiel, versuchte ein alter Bottwarer Kleemeister, ihn einer Apotheke zu verkaufen.[202] Begraben wurden einzig die Körper der Enthaupteten, sonst wurden Hingerichtete in Leichengruben oder unter der Richtstätte verscharrt. Oft blieben nurmehr Gerippe, an denen Fleischfetzen hingen: Reste eines Festmahls der Vögel. Gerade Städte an Handelsstraßen suchten Räuber und Diebe durch den Anblick der Leichen abzuschrecken. Meist stand der Galgen ein gutes Stück vor der Stadt auf dem Berg, in Stuttgart aber vor dem herzoglichen Lustgarten. Deshalb wurde hier 1581 befohlen, Leichen nach drei Tagen abzunehmen. Im Sommer trieb warmer Neckarwind ihren Geruch »in die Stadt und vornehmlich ins Schloß«.[203] In Esslingen sollten Musketiere seit 1663 die hingerichteten Körper bis zur baldigen Verscharrung bewachen.[204] Anderswo verfaulten Hingerichtete vor den

---

[201] *Die Haut hatte er damals zu einem Weißgerber gebracht, der den Auftrag jedoch verweigerte, HStASt, A 210, Abt. 1, B. 263, 22.5.1573. Er kam mit einer Warnung und acht Tagen Gefängnis davon.*
[202] *Nachforschungen ergaben, daß auch der Stuttgarter Nachrichter mit den Köpfen zweier in Nürtingen enthaupteter Diebe gehandelt hatte. Der Kleemeister wurde mit einem kleinen Frevel bestraft und der Kopf begraben, HStASt, A 209, Bü. 1557, Magdalena Wirn, 7.6.1686.*
[203] *Siehe K. Pfaff, Geschichte Stuttgarts, Bd. 2, S. 154f.*
[204] *LAL, B 169, Bü. 119, Bd. II, 23.3.1663, »Ordnung so bei Execution der Maleficanten zu observieren«.*

Augen ihrer Angehörigen. 1648 lag beispielsweise der Mann einer Kirchheimer Maurersfrau gerädert vor den Stadttoren. Ihre Schwägerin und zwei weitere Frauen fragten, »warum sie nicht hinaus ginge und das Rad umhaue, oder jemand dazu bestelle«. Ihr neunjähriger Sohn hütete Kühe auf den Wiesen beim Galgen und mußte die Tiere vom Körper seines Vaters wegjagen. Der Schreck hatte ihn krank gemacht. Und so beauftragte die Frau schließlich für vier Gulden einen armen Schlosser damit, im Morgennebel das Rad umzustoßen, so daß ihr Mann begraben werden konnte. Der Amtmann erklärte dem Oberrat, die Handlung rühre aus »ehelicher Affection (Zuneigung)« sowie dem Wunsch, die Schande der Familie zu verringern.[205] Die Todesstrafe verstörte. Mirakelbücher berichteten von Geistesstörungen, die durch den Anblick Exekutierter verursacht waren.[206]

Sezierungen waren ebenso bedrohlich: Schuldbewußt träumte der Vater des Basler Arztes Thomas Platter nach einer gemeinschaftlich angestellten privaten Sektion, er habe Menschenfleisch gegessen.[207] Bis zur Mitte des 17. Jahrhunderts hatten elf Universitäten anatomische Theater eingerichtet.[208] Sie brauchten Leichen. Diese waren schwer zu bekommen, weil Unbegrabene keinen Seelenfrieden fanden. Schon der berühmte paduanischer Anatom Vesalius hatte deshalb die Galgen geplündert und am Leib der Hingerichteten die Wunder der göttlichen Schöpfung demonstriert. Nachdem die Anatomie menschlicher Körper dann als wissenschaftlich sinnvoll erschien, suchten die medizinischen Fakultäten bei Herzögen um Leichen nach. So beispielsweise die Tübinger Mediziner 1676. Sie baten um eine Leiche, damit der stillgelegte Betrieb im anatomischen Theater wiederaufgenommen werden könne. Vier Monate später war es soweit.

---

[205] *HStASt, A 209, Bü. 1333, 10.8.1648, Lucia Meyer.*
[206] *I. Gierl, Bauernleben und Bauernwallfahrt in Altbayern. Eine kulturkundliche Studie auf Grund der Tuntenhausener Mirakelbücher, München 1960, S. 77; Durch den Anblick eines Gehängten fing ein zehnjähriger Richterssohn 1668 nachts oft zu schreien an, lag besinnungslos da und fiel oft; ein Bäckermeister war ein Jahr lang geistig verwirrt, nachdem er sah, wie der Henker einen Selbstmörder verbrannte.*
[207] *V. Lötscher (Hg.), Felix Platter. Tagebuch (Lebensbeschreibungen) 1536–1567, Basel 1976, S. 103 ff.*
[208] *G. Richter, Das Anatomische Theater, Berlin 1936, S. 29.*

Eberhard Ludwig versprach die Leiche einer Uracher Kindsmörderin. Als ihre Sondelfinger Eltern davon erfuhren, beschrieben sie ihr sowieso schon »schweres, unerträgliches Leid« angesichts der bevorstehenden Enthauptung ihrer Tochter, die sie sonst nie beleidigt habe und die Freude ihrer alten Tage gewesen sei. Sie baten, den toten Körper der Tochter »fernerhin ungekränkt zu lassen« und sie selbst vor Spott und Verachtung zu schützen. Und tatsächlich: Der Herzog vertröstete die medizinische Fakultät, sie werde bald mit einem anderen »Subjecto graticiert«.[209]

Wenn die Bestraften lokale Angehörige hatten, mußten diese also die weiteren Folgen tragen. Injurienklagen zeigen, daß Strafen – bei peinlichen Strafen auch oft auch über Generationen hinweg – in Konflikten für die Unehrlichkeit des Geschlechts standen. »Jetzt wisse sie, in was für ein Geschlecht sie geheiratet habe«, schimpfte so 1665 in Esslingen eine Frau, als die Tante ihres Mannes in den Turm kam.[210] Schlimmer bekam ein Mann 1666 zu hören, er sei »ein Gesell wie sein verbrannter Vater«.[211] »Man habe noch niemand von ihnen zum Galgen geführt«, triumphierte ein Knecht im Streit mit einer Strumpfstrickerfrau.[212] Bezüge auf obrigkeitliche Schandrituale verankerten sich im Vokabular der Verachtung. Als »prangermässige Hur« oder »verlogene, verdammte und öffentlich abgestrafte Hur« beschimpften sich Frauen im 17. Jahrhundert.[213] Im fränkischen Michelau mußte sich 1659 eine Frau gegen den Vorwurf eines Bauern wehren, vor vierzig Jahren ausgepeitscht und ausgewiesen worden zu sein.[214]

Wurde eine Frau nicht aus dem Ort, sondern mit Rücksicht auf ihre

---

[209] HStASt, A 209, Bü. 2010, Anfrage Fakultät 22.10.1696, Petition Eltern 10.1.1697, Antwort Eberhard Ludwig 13.1.1697.

[210] *Sein Vater verklagte sie deshalb*, StAE, AII, Reichsstadt, 43C/592, Stadtamansprotokoll 1665/67, 7^r, 15.9.1665.

[211] StAE, AII, Reichsstadt, 43C/592, 81^v, 23.10.1666. *Dies sagte ein leicht betrunkener, armer Maulwurffänger zum Kläger.*

[212] StAE, AII, Reichsstadt, 43C/592, 53^r, 29.5.1666.

[213] StAE, AII, Reichsstadt, 43C/592, 5^r, 18.9.1665; StAMM, A140/1, 22.6.1621, *zwei Wirtsfrauen.*

[214] K.-S. Kramer, *Bauern und Bürger im nachmittelalterlichen Unterfranken. Eine Volkskunde aufgrund archivalischer Quellen*, Würzburg 1951, S. 97. *Der Bauer mußte eine Geldstrafe und die Gerichtskosten bezahlen.*

Familie ins Haus verbannt, bedeutete dies die Mehrbelastung des Mannes. Er habe jetzt alles »Geschäft« allein auf dem Hals, »so ihm ferner auszustehen unmöglich«, beklagte sich deshalb 1677 der Mann einer ins Haus gebannten Frau und erreichte, daß ihr nur noch ehrliche Gesellschaften verboten sein sollten.[215] Dieses an den Hausarrest gekoppelte Verbot des Besuchs ehrlicher Gesellschaften, Tänze, Wirtshäuser oder einer Hochzeitsfeier war für die Familienehre bedeutsam. Es ist aber unklar, wie strikt der soziale Druck war, diese Verbote einzuhalten.

Alleinstehende ausgewiesene Frauen ohne Kind konnten sich als Taglöhnerinnen, von Haus zu Haus wandernde Näherinnen oder Mägde verdingen. Aber auch für sie konnte es schwierig sein, nicht als Landfahrerin eingestuft und aus Orten hinausgeworfen zu werden. »Es werde ärger sein als zuvor, denn man werde sie nirgends wieder einlassen«, sagte eine alte Diebin 1683 dem Balinger Amtmann und bat um die Todesstrafe als kleineres Übel.[216] Das Wissen darüber, wie die Frauen weiterlebten, ist gering. Wie viele Vagantinnen wurden oder doch Arbeit oder einen Heiratspartner fanden, vielleicht aber sogar als Ausbürgerinnen geduldet wurden,[217] läßt sich nicht sagen. Eine wichtige Determinante war aber, wo und wohin man ausgewiesen worden war. In Orten ohne Umland konnte man sich in der unmittelbaren Nähe niederlassen, im Fall von Konstanz beispielsweise im Vorort Wollmatingen. Reichsstädte hatten auch nicht immer die Möglichkeit, den Landesverweis über Rhein oder Donau auszusprechen. Ausweisungen in Esslingen bezogen sich fast immer auf den Zehnten, während Hall mit der württembergischen Obrigkeit kooperierte und über Rhein und Donau verwies. Diese Faktoren beeinflußten den Grad der Entwurzelung durch eine Strafe maßgeblich. Viele Ausgewiesene, vor allem diejenigen mit Familien am Ort, versuchten einmal oder mehrmals unerlaubt wieder zurückzugehen. Meistens drohte ihnen, wenn sie erwischt wurden, nicht sehr viel mehr als die Wiederausweisung, es sei denn, sie hatten neue Straftaten begangen oder in ihrem Urteil waren härtere Strafen

---

[215] StAH, RP 285 / 1687, 594ʳ.
[216] HStASt, A 209, Bü. 1936, 16.2.1683, Anna Maria Wörner.
[217] R. Dürr, Ursula Gräfin, der Lebensweg einer Haller Magd und lediger Mutter im 17. Jahrhundert, Württembergisch Franken, 76 / 1992, S. 169–176.

für diesen Fall explizit festgelegt worden. Oft wurden sie erkannt, teilweise aber erst nach langer Zeit. Wenn die Angehörigen nicht umgezogen waren, hingen ihre Verbleibchancen vor allem von Nachbarn ab. Die Fürbitten erwecken aber den Eindruck, daß Nachbarn illegalem Handeln positiver als zerrissenen Familien gegenüberstanden.

▸ **Kinder** ◂ Eine Straffolge, die Frauen besonders betraf, war die Trennung von beziehungsweise die schwere Aufgabe des Überlebens mit Kindern. 1698 bat eine Frau, ihre Enthauptung vierzehn Tage zu verschieben, bis sie ihr Baby abgestillt habe. Ihre Eltern sagten, durch den Tod der Tochter bekämen sie noch zwei Kinder dazu, »die um ihr Mutter Leben demütig seufzten und bäten, ob sie nicht in den Zehnten gebannt werden könne«. Gnädig schob Eberhard Ludwig ihre Enthauptung um drei Wochen auf.[218] Waren keine Angehörigen greifbar, nahmen örtliche Findelhäuser Kinder auf. Sonst wurde eine Frau mit der Betreuung beauftragt und Almosengeld bewilligt. In Esslingen holte man so 1599 ein kleines Kind vor der Enthauptung seiner Eltern ins Findelhaus,[219] in Memmingen sollte 1639 das »Büblein« einer ausgewiesenen, verwitweten Soldatenhure »der Anna zugeschafft und aus dem Almosen etwas zugeben werden«.[220]

Wenn eine schwangere Frau ausgewiesen wurde, nahmen sich wiederum entweder ihre Eltern oder andere Verwandte des Kindes an, oder das Kind wurde (falls die Frau die Vaterschaft gerichtlich erfolgreich hatte klären können) dem Kindsvater zugestellt. Eine ledige Mutter mit einem bei ihr lebenden Kleinkind wurde kaum als Magd angestellt. »Unabhängige« Arbeiten, als Näherin oder Wäscherin, wurden durch ein kleines Kind ebenfalls erschwert. Ob dieser Lohn zum Überleben reichte, war fraglich. Die Soldatenein-

---

[218] *HStASt, A 209, Bü. 2014, 3.9.1698. Der Mann einer verbannten Frau schrieb 1660, sie habe ein noch säugendes Kind, »das mit dem Urteil schlecht wegkäme«, HStASt, A 209, Bü. 1141, Agnes Moser.*

[219] *StAL, B 169, Bü. 119 I, 22.12.1599, 272ᵛ-277ʳ, Margaretha von Wachendorf und Caspar Kisel, wegen Diebstahl.*

[220] *StAMM, RP, 31.10.1638–30.12.1640, 25.11.1639, 119ʳ, Martin Schmitts Witwe.*

quartierungen sorgten im 17. Jahrhundert für einen Anstieg der Zahl lediger Mütter. Sie wurden fast immer ausgewiesen. Diese scharfe Bestrafung, die Armut der Gemeinden und der Eindruck, die Zahl lediger Mütter steige kontinuierlich, hatten zur Folge, daß nicht nur »Soldatenhuren«, sondern ledige Mütter insgesamt härter bestraft wurden. In Hall wurden zwischen 1681 und 1691 beispielsweise insgesamt 237 Frauen im Urfehdbuch verzeichnet. Fast zwei Drittel (155) waren wegen Unzucht und frühem Beischlaf verurteilt.[221] 76 der Frauen wurden insgesamt ausgewiesen, 44 mußten nach der Gefängnisstrafe ins Schellenwerk, und 117 bekamen eine Gefängnis- und meistens eine Geldstrafe. Immer öfter wurden Frauen also ausgewiesen, und immer weniger waren Orte bereit, sie aufzunehmen. In Nürnberg wurden schon 1576 Haushalte bestraft, die ledigen Kindbetterinnen Unterschlupf gewährten.[222] Heimatorte nahmen die Frauen allenfalls für die kurze Kindbettzeit auf. Und selbst dieses Zugeständnis wurde nun öfter verwehrt. Eine Frau, die in Ulm geschwängert worden war, bat beispielsweise im November 1668, bis zum Frühling bei ihrem Vater im Memminger Umland wohnen zu dürfen. Bis Lichtmeß wurde ihr der Aufenthalt gestattet.[223] Im darauffolgenden Januar wurde das gleiche Gesuch einer geschwängerten Memmingerin trotz starker Fürbitten abgeschlagen.[224] Wiederaufnahmeregelungen wurden verschärft. Wenn eine Frau nach Jahren aufgrund guter Zeugnisse wieder eingelassen wurde, dann beispielsweise ab 1630 in Memmingen nur, wenn sie eine Kaution leisten konnte, daß das Kind nicht der Armenfürsorge zur Last fiel.[225] Außerdem mußte sie sich ihr Bürgerrecht neu erkaufen, das sie mit der Ausweisung verloren hatte. Um solche Geldsummen aufzubringen, brauchte man ein Erbe oder Unterstützung.

---

[221] Quelle: Haller Urfehdbücher.

[222] P. Schuster, Das Frauenhaus. Städtische Bordelle in Deutschland (1350–1600), Paderborn 1992, S. 95.

[223] StAMM, RP, 1.7.1667–11.8.1669, 51ʳ, 13.11.1667.

[224] Ebd., 73r.

[225] Z. B. StAMM, RP, 1.7.1667–11.8.1669, 68ʳ, 13.1.1668, Michel Englers Tochter, sie wurde für 25 fl. wieder ins Bürgerrecht aufgenommen und mußte eine Kaution für ihr uneheliches Kind bezahlen. Die Notwendigkeit der Kautionszahlung wurde in der Zuchtordnung vom 26.11.1630 festgelegt, StAMM, A 265 / 2.

Um ihrer Tochter die Arbeit während der Ausweisung zu ermöglichen, boten manche Eltern an, das Kind zu sich zu nehmen. Selbst diese Hilfsangebote wurden aber zunehmend blockiert. »Balthasar Rauch, Corporal, bittet seiner Tochter uneheliches Kind in sein Haus zu erlauben, wolle sie zu Ravensburg dienen, wird abgeschlagen«, lautet einer der lapidaren Einträge im Memminger Ratsprotokoll von 1672.[226] Die Mutter einer Konstanzerin bat 1674, sie wolle das Kind ihrer ausgewiesenen Tochter zu sich nehmen. Sonst wäre sie in dem Ort, wo sie in den Dienst kommen sollte, nicht »angenehm«. Doch man erlaubte ihr die Versorgung nur über den Winter und betonte, die Tochter dürfe nicht in die Stadt kommen.[227] Eltern waren natürlich, wenn sie überhaupt am Ort lebten, nicht immer glücklich darüber, den Nachwuchs einer Tochter versorgen zu müssen. In Memmingen klagte eine gerade verwitwete Frau, ein Unglück komme selten allein, denn sie sei betagt, habe sechzehn Kinder gehabt und müsse nun aber das Baby ihrer angeklagten Tochter versorgen. Es sei noch keine Nacht vergangen, »da sie nicht hätte aufstehen müssen, dem Kind Mus machen«![228] Aber die beeindruckenden Versuche von Angehörigen, ihre in die Fänge der Justiz gelangten Verwandte zu unterstützen, sind in Ratsprotokollen weit zahlreicher enthalten. Wir finden beispielsweise einen Vater, der seine ausgewiesene Tochter mit ihrem Kind unerlaubt aufnahm und 1666 Strafe bezahlen muß.[229] Nur wenige Tage davor war Barbara Kessinger der Aufenthalt bei ihrer Mutter erlaubt worden: Ihre mit einem Arzt verheiratete Schwester hatte eine Kaution hinterlegt. Sie sollte im Fall von Barbaras Tod die Versorgung des unehelichen Kindes sichern.[230] Strafmilderungen wollte diese Politik ebenso verhindern wie unvollständige Haushalte und die finanzielle Belastung von Bürgern oder der Armenfürsorge. Gerade dadurch verunmöglichte sie aber andererseits, daß eine ledige Mutter sich während der Ausweisung erwartungsgemäß »ehrlich« ernähren konnte. Immer

---

[226] StAMM, RP, 12.2.1672–13.2.1674, 76ʳ, 2.8.1672.
[227] StAKN, RP, 1674, Bl 154, 19.10.1674, 766ʳ.
[228] StAMM, A 143 / 1, 12.10.1625, sie wollte so eine Kostgeldzahlung der Stadt erreichen.
[229] Sie wurde wieder ausgewiesen, StAKN, RP, 1666, Bl 146, 707ʳ, 18.12.1666, Guotmundlins Tochter.
[230] StAKN, RP, 1666, Bl 146, 701ʳ, 15.12.1666.

wieder versuchte man die Unterstützung der Familie bewußt zu unterbinden. 1670 beantragte der Balinger Unteramtmann, eine vermeintliche Kindsmörderin nicht in den Zehnten, sondern über Rhein oder Donau aus dem Land zu verweisen. Wenn sie sich als eine Näherin nur in dem vier oder fünf Stunden entfernten Zehnten aufhalte, könnten ihre Eltern oder Geschwister sie täglich besuchen.[231] Ebensowenig wurde anderen Bürgern erlaubt, selbst eine unehelich schwangere Frau bei sich unterzubringen. »Johannes Kolpens Hausfrau bittet ihr zu bewilligen das sie ein in unehren schwangeres Mensch ... auf eine Zeitlang alhier Herberg und Aufenthalt geben möge.« Die Antwort, 1669 in Konstanz, war wiederum lapidar: »Ist diesem in unehren schwangern Mensch alhier zu wohnen rund abgeschlagen.«[232] Urteile sprachen es teilweise offen aus: Das zukünftige Dasein der ledigen Mutter, sich mit einem Kind in der Fremde durchzubetteln, war Teil der Strafe und sollte andere abschrecken.[233] Dies traf zweifelsohne zu – führte aber, wie man in dem Kapitel zum Kindsmord sehen wird, oftmals zu Schlimmerem. Denn je mehr sich die Situation der ledigen Mütter in der zweiten Hälfte des 17. Jahrhunderts verschlechterte, um so näher lag anscheinend bei den unehelich Schwangeren der Gedanke des Kindsmords. Anna Maria Vischer warf ihrem sie belästigenden Meister sofort vor, er solle daran denken, wie des Stadels Tochter in Böblingen von einem Stuttgarter Ehemann geschwängert worden sei und jetzt mit dem Bastard »in Unehre« herumziehe. So werde es ihr auch gehen. 1666 wurde sie wegen Kindsmords enthauptet.[234]

DIE STRAFEN DER FRAUEN Was ist also schließlich von der gängigen These zu halten, Frauen seien strafrechtlich milder behandelt worden? Es ist deutlich geworden, daß die Behandlung der Frauen (wie der Männer) von der Bedrohung abhing, die ihre Tat für die gesellschaftlichen Strukturen darstellte. Frauen wurden deshalb

---

[231] *HStASt, A 209, Bü. 163, Maria Tragner.*
[232] *StAKN, RP, 1669, Bl 149, 516ʳ, 20.7.1669.*
[233] *Z.B. HStASt, A 209, Bü. 1471, Barbara Sticker, 12.3.1664.*
[234] *HStASt, A 209, Bü. 1345, 7.2.1666, Anna Maria Vischer.*

weniger oft wegen Ungehorsams bestraft, der einen Großteil der Gefängnisstrafen ausmachte: Sie verfügten kaum über politische Rechte, und ihre Meinungen nahm man selten ernst. Für das säumige Bezahlen von Schulden – für das ebenfalls viele Männer in den Turm wanderten – wurden nur Haushaltsvorstände verantwortlich gemacht – bei Verheirateten eben die Männer. Für Raufhändel und Streitereien inhaftierte man auch hier mehr Männer; da Frauen weniger tranken, wurden sie weniger oft gewalttätig und erregten nicht so viel Aufsehen. Dies minimierte ebenfalls die Anzahl der von Frauen verübten Totschläge. Auf der Ebene der peinlichen Gerichtsbarkeit ist so auch die geringere Zahl der Todesstrafen für Frauen zu erklären: Der Großteil der Hinrichtungen betraf die Delikte Raub, Raubmord, Fälschung, den professionellen Diebstahl von Männern und Totschlag. Da auch professionelle Diebinnen – wie wir im nächsten Kapitel sehen werden – keine Waffen benutzten, eine Karriere zum Raubmord also unwahrscheinlich schien, und sie außerdem selten am eigentlichen Prägen falscher Münzen beteiligt waren, hielt man ihre Hinrichtung bei Eigentumsdelikten in den häufigsten Fällen nicht für notwendig. Gerichtsverfahren stellten damit das männliche Gewaltpotential und die weibliche Begierde sowie die weibliche Kontrolle über generative Fähigkeiten als höchst bedrohlich für die gesellschaftlichen Strukturen dar. Ehebrecherische und unzüchtige Frauen wurden deshalb in der Praxis härter als Männer bestraft, und beim Kindsmord wurde in der Regel die Schuld allein der Mutter zugeschoben. Mitzubedenken ist, daß Strafen für Frauen oft einschneidendere Folgen hatten: Ledige Mütter, die mit ihren kleinen Kindern verbannt wurden, standen vor dem Nichts. Auch sonst war eine neue Existenzgründung für verbannte Frauen sehr viel schwieriger als für Männer.

Bisher wurde der Frage nachgegangen, wie Frauen in der Frühen Neuzeit vor Gericht kamen und wie ihr Fall behandelt wurde. Dabei wurde hauptsächlich die »manifeste« Verfahrensebene untersucht: Wie wurden Beweise erhoben, nach welchen Kriterien bewertete man den Charakter der Angeklagten und die Schwere eines Delikts, wie verhielten sich Frauen während des Prozesses? Auch die folgenden Kapitel behandeln diese Fragen immer wieder bezüglich der einzelnen Delikte. Doch im wesentlichen dienen sie der Rekonstruktion der »latenten« Verfahrensebene: Hier interessieren uns die so-

öffentlich verkündter bevelch
das er doch solliches allies nitt bedacht, noch gehalten, sonder
gleich Inn desselben wesen weidergrund gehalten, sondern
kürtzlich herein Inn die Statt gegangen, freuenlich und
aines Ersamen Raths vermyttig gebots, gar angesehen, damit er dan
ainer meinesmer gnad höflich gebots, verachtet, wider dasselbig und sein an die statt gethan
und mishanndelt.

Darumb ist erkannt, das Ine der Nachrichter zu seinen
haenden nemen, auf die haubtstatt füeren solle, und
zwischen seines haubts und des Brustlochs wuend ain
tratz, und er kompt vom leben, zum Todt.

Kathrina Hertzin
von Sigerszhofen
hat bekanndt·

Actum 31. May
1609.

Das sy vor ainer Zeit Zu Innerstatt begangen, und
etlicher weider die Oberkeit aufgegangen, her frei
werden wegen, durch den nachrichter daselbsten mit R..
auszgestrichen worden seye.

Mehr hat sy bekant, und verjehen, das sy einen da..
Zu Kirchgrag ein stückh tuech gestolen, daran sie er..
griffen, gehn Kutzberg gefuert, daselbst gefan...

zialen Konflikte hinter den Delikten und die Bedrohung, die eine Tat für Mitmenschen darstellte. Die Prozeßakten führen aus Gerichtsräumen in frühneuzeitliche Gassen.

Christina Herckin

bürgerinn, alhie zu Memmingen, hat bekent
und weer gebetten.

Erstlich, das sie meir Frevenlich zusammen,
nit allain ein soliches abgetragen, zum
gestollen, sondern auch in aigne loibliche
Dochter, zustolen angewisen, auch darzu ver-
zwungen und getrungen.

Mehr hat sie bekandt, das sie es auch hiervor an
weÿlandt der Kögele, nit bleiben las sein, sondern noch ein Finger-
ein Dostreulin Döstrulin zustolen angewisen.

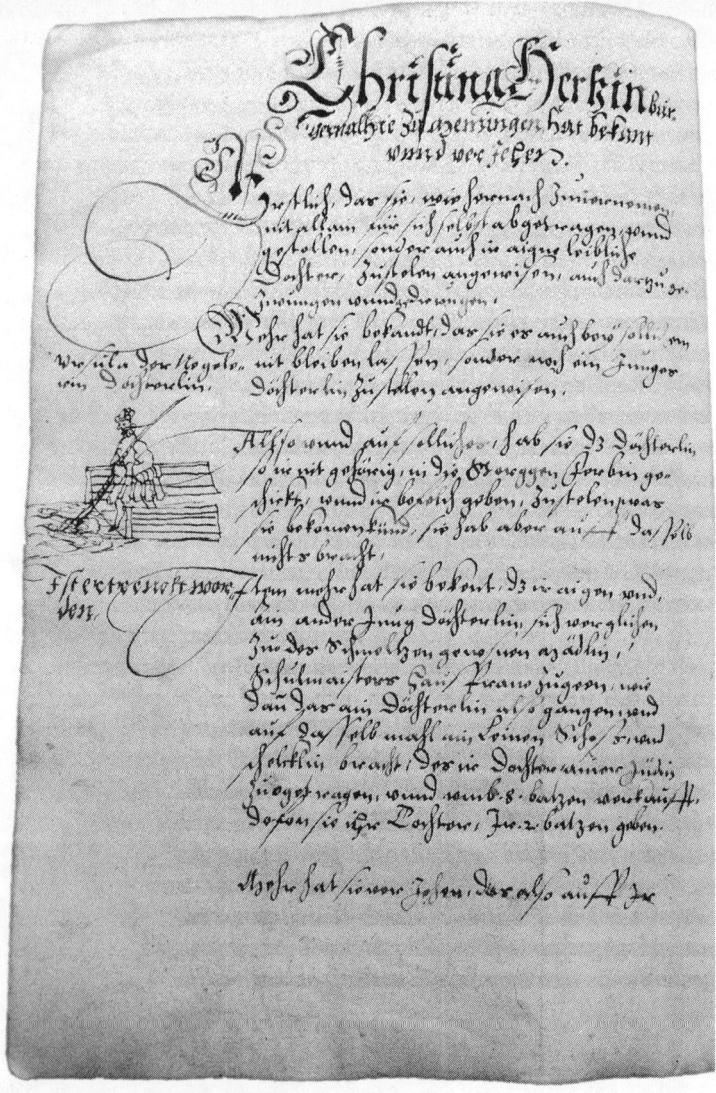

Also und auf soliches, hab sie ds Döstrilin,
so sie zeit geherig, in die Kereggen Stuben geschickt, und ir bevolch geben, zustolen, war
sie bekomen kündt, sie hab aber auf dasselb-
nit bracht.

Ist extreuest wor- Item mehr hat sie bekent, ds ir aigen und
den. ain anders Jung Döstreulin, sich vergleichen,
zu der Bernolczen gangen ums aädlin,
Küchmaisters Haus Fraw zügern, und
dan das ain Döstreulin also gangen, zum
aus das Felb machi ain beinen Dischbrad
Schlörklin bracht, der in dostreunnen Jüdis
herget ragen, und umb 8 batzen verkaufft
davon sie ihr Dochter fr 2 batzen geben.

Mehr hat sie ain Zehen, der also auf A. der

---

4 Eine Memminger Bürgerin wird 1581 wegen Diebstahl ertränkt.

4. Not macht erfinderisch: Eigentumsdelikte

So wie in anderen Zeiten gehörten Unterschlagungen und Veruntreuungen, Schmuggel, Diebstahl und Betrug in der frühen Neuzeit zu den Alltagsdelikten, an denen sich ein Großteil der Bevölkerung auf die eine oder andere Weise beteiligte. Vor allem die Eigentumsdelikte der Unterschichten und marginaler Gruppen wurden aber als kriminell verfolgt und scharf bestraft. Mobile Bevölkerungsgruppen waren besonders von diesem Kriminalisierungsprozeß betroffen; an ihnen entzündeten sich Ängste über die Unterhöhlung des ständischen Ordnungsgefüges.[1] Insbesondere die scharfe Verfolgung der Vaganten legitimierte sich durch den immer stärkeren obrigkeitlichen Anspruch, im Interesse des Allgemeinwohls zu richten. Dies geschah mit Hilfe der Fortsetzung einer der grundlegendsten Umorientierungen des Verständnisses christlicher Mitmenschlichkeit, die im 15. Jahrhundert in den Städten ihren Anfang genommen hatte: Man unterschied scharf zwischen den bedürftigen Hausarmen und dem umherziehenden »Gesindel«, das selbstverschuldet dem Bettel nachging, um Bürger zu betrügen und zu drangsalieren. Selbst den scheinbar Arbeitsunfähigen unter ihnen, Krüppeln und Lahmen, war kein Mitleid zu schenken: Der seit 1509 immer wieder neu aufgelegte *Liber vagatorum* erklärte ihre tausend trügerischen Tricks genau. In Württemberg bildete die Bekämpfung der Bettler einen Schwerpunkt der Policey-Politik: zwischen 1531 und 1700 ergingen 49 Mandate gegen alle Arten von herrenlosem, fremdem Gesindel, 40 davon im 17. Jahrhundert.[2] Die Folgen dieser Politik waren klar: Auf die zunehmende Ab- und Ausweisung reagierten Vaganten mit Haß und Rachediebstählen, so daß sich die Katze in den Schwanz biß und das Gefühl der Bedro-

---

[1] B. Scribner, Mobility: Voluntary or Enforced? Vagrants in Württemberg in the Sixteenth Century, in G. Jaritz, A. Müller (Hg.), Migration in der Feudalgesellschaft, Frankfurt am Main 1989, S. 65–88, und ders., The Mordbrenner Fear in Sixteenth-century Germany: Political Paranoia or the Revenge of the Outcast?, in R. J. Evans (Hg.), The German Underworld: Deviants and Outcasts in German History, London 1988, S. 29–56.

[2] Schon Herzog Christophs »Verordnung über Maßregeln gegen die Theurung und Versorgung der Armen« vom 17.2.1562 äußerte klar, daß Verschwendung und Müßiggang der Grund für Not seien und durch Arbeit jeder überleben könne, siehe Reyscher, Gesetze, Bd. 12, S. 319 bis 324; die sich hieraus ergebende Strafpolitik für arbeitsfähige Vaganten war hart: einer Verordnung vom 25. 5. 1596 zufolge sollten junge Männer zum Galeerendienst geschickt werden, ebd., S. 459.

hung wahr wurde.³ Ebenso bemängelte man die hohe Mobilität des Gesindes und ihren vagierenden Lebensstil zwischen Dienstphasen. Denn der Gesindedienst war, wie Renate Dürr gezeigt hat, im 16. und 17. Jahrhundert keine standardisierte »Ausbildungsphase« vor der Heirat für jede junge Frau; vor allem die Unterschichten gingen früh und lange in den Dienst und zogen weiter in die Ferne. Töchter aus gutem Hause verdingten sich nur im Unglücksfall des Todes der Eltern, jene aus der unteren Mittelschicht verdingten sich meist erst relativ spät und kurz. Ein hoher Anteil der jungen Frauen blieb anscheinend bis zur Heirat ganz zu Hause.⁴ Nur vor diesem Hintergrund wird überhaupt verständlich, warum Mägde zunehmend sozial diskriminiert und in Gesetzen, Traktaten und Predigten als eigennützig, vermessen – und selbstverständlich auch diebisch – beschrieben wurden. Zusammen mit dem Gesindel armer, stehlender Ansässiger schienen diese Gruppen eine politische und moralische Ordnung zu untergraben, die Obrigkeiten spätestens seit der zweiten Hälfte des 16. Jahrhunderts forciert durchzusetzen versuchten. Sie drangen auf das fromme, das heißt selbstlose und standesgemäße Handeln und Wollen der Untertanen sowie auf stabile steuerzahlende Haushaltseinheiten.

Die drei Hauptgruppen der wegen Eigentumsdelikten angeklagten Frauen entsprechen diesem Verfolgungsmuster: Sie waren in ihrer Mehrzahl mobile, professionelle Diebinnen, zweitens Mägde und drittens arme Ortsansässige (bei Männern war die soziale Verteilung entsprechend).⁵ In dem folgenden Kapitel soll deshalb zum einen gezeigt werden, inwiefern Diebstahl kein Monopol dieser Gruppen war. Zweitens sollen die eben beschriebenen Kriminalisierungstendenzen dargestellt werden, während drittens gleichzeitig nach den sozialen und ökonomischen Kontexten gefragt wird, in denen Eigentumsdelikte für verschiedene Gruppen situiert waren.

---

³ *Ein früher, besonders sprechender Fall hierzu findet sich in HStASt, A 43, Bü. 3, 18.1.1526, Hans Spydelin.*

⁴ *R. Dürr, Mägde in der Stadt: Das Beispiel Schwäbisch Hall in der Frühen Neuzeit, Frankfurt am Main 1995, Kap. 4.*

⁵ *Dies entspricht dem allgemeinen Muster, siehe P. Wettmann-Jungblut, »Stelen inn rechter hungersnodtt«. Diebstahl, Eigentumsschutz und strafrechtliche Kontrolle im vorindustriellen Baden 1600–1850, in R.v. Dülmen (Hg.), Verbrechen, Strafen und soziale Kontrolle, Frankfurt am Main 1990, S. 154 f.*

Bedürftigkeit wird dabei als alleinige Antwort nicht genügen. Die frühneuzeitliche Gesellschaft war eine Mangelgesellschaft. Ein bis zwei Drittel der Bevölkerung lebten an oder unterhalb der Armutsgrenze, hatten kaum Rücklagen, waren ständig von Hunger, Kälte und Krankheit bedroht und mithin durch jede Krise existenzgefährdet.[6] Steuer- und Almosenlisten zeigen, daß die Not insbesondere für alleinstehende Frauen eine ständige Begleiterin war.[7] Jedoch nur ein Bruchteil dieser Gruppe stahl regelmäßig Güter. Deshalb kann Bedürftigkeit bei Diebinnen als ein entscheidendes, aber nicht als einziges Handlungsmotiv gelten.

Dieser Perspektivwechsel bedeutet, daß wir nicht das dumpfe Schicksal der armen, zum Diebstahl gleichsam gezwungenen unterprivilegierten Schichten beklagen, sondern nach den konkreten Erfahrungen und Lebenskontexten der Hehlerinnen, Diebinnen und Betrügerinnen zu fragen haben.[8] Diese Wirklichkeit weiblicher Bedürftigkeit ist bisher noch kaum untersucht worden. Von Interesse ist also, welche Strategien die von vielen Arbeitsbereichen ausgeschlossenen alleinstehenden Frauen entwickelten, um sich über Wasser zu halten, und wofür diebische Mägde einen gestohlenen Gulden sparten. So ermöglichen die Quellen einen einzigartigen Einblick in die Lebensweise armer städtischer Frauen, die Freizeit der Mägde, die Bedeutung und Zirkulation verschiedener Güter und die Gewitztheit der Diebinnen. Beklagte Frauen, deren Delikt für die Obrigkeiten alles

---

[6] *Allg. zur Definition von Armut O. Hufton, The Poor of Eighteenth-Century France, 1750–1789, Oxford 1974, S. 20; zur sozialen Realität in der deutschen frühen Neuzeit T. Fischer, Städtische Armut und Armenfürsorge im 15. und 16. Jahrhundert, Göttingen 1979; R. Jütte, Obrigkeitliche Armenfürsorge in deutschen Reichsstädten der Frühen Neuzeit. Städtisches Armenwesen in Frankfurt am Main und Köln, Köln 1984; C. Ulbrich, Frauenarmut in der Frühen Neuzeit, Zschr. f. d. Gesch. d. Saargegend, 40 / 1992, S. 108–120.*
[7] *Zu Frauen in Hall siehe G. Wunder, Die Bürger von Hall. Sozialgeschichte einer Reichsstadt, 1216–1802, Sigmaringen 1980, S. 163, 191; zu Memmingen P. Fries, Die Steuerbücher der Reichsstadt Memmingen von 1450 und 1451, Memminger Geschichtsblätter, 1989 / 90, S. 268; B. Kroemer, Die Einführung der Reformation in Memmingen. Die Bedeutung ihrer sozialen, wirtschaftlichen und politischen Faktoren, Memminger Geschichtsblätter, 1980, S. 155.*
[8] *So wird der Gefahr entgangen, eine Darstellung der Unterschichten als passive Opfer zu wiederholen, ein Eindruck der z. B. bei Claus Kappl entsteht, ders., Die Not der kleinen Leute. Der Alltag der Armen im 18. Jahrhundert im Spiegel der Bamberger Malefizgerichtsakten, Bamberg 1984.*

über sie zu sagen schien, werden als Menschen mit Bindungen, Gefühlen, Konflikten und Handlungsoptionen sichtbar, die Auswege aus schwierigen ökonomischen und sozialen Lagen suchten.[9] Hierdurch bezeugen ihre Geschichten nicht zuletzt eine Einstellung, die in einer Mangelgesellschaft überlebenswichtig war: daß Not erfinderisch machte.

»ARME GEMEINSCHAFTEN«: DER DIEBSTAHL VON NATURRESSOURCEN Der Diebstahl von Naturressourcen wurde als Wald- und Flurfrevel sowie als Gartendiebstahl verfolgt. Er war unbestritten das Eigentumsdelikt, das zunächst am mildesten bestraft wurde und in das die meisten verwickelt waren. Hierfür gab es drei mögliche Motive: direkte Not, die Verteidigung von Nutzungsrechten oder individuelle Konflikte zwischen Opfer und Täter. Ihre Ausprägung variierte in Abhängigkeit verschiedener sozialer, ökonomischer und politischer Prozesse, etwa des Bevölkerungsanstiegs und der Landknappheit, Krieg und Teuerungszeiten und somit dem Aufschwung der konjunkturellen Armut (im Unterschied zur strukturellen Armut), oder dem Fortgang der herrschaftlichen Begrenzung der Nutzungsrechte von Wald und Flur. Bemerkenswert ist, daß Mägde, Frauen und Kinder für einen großen Teil dieser Delikte verantwortlich waren, teils weil ihre Frevelstrafen geringer bemessen waren, vor allem aber, weil insbesondere das Grasschneiden, Obst- und Beerensammeln sowie Ähren- und Samenlesen zu ihrem Arbeitsbereich gehörten.[10]

---

[9] F. Egmond, *Underworlds: Organized Crime in the Netherlands, 1650–1800*, Cambridge 1993, S. 15.

[10] C. Vanja, *Frauen im Dorf. Ihre Stellung unter besonderer Berücksichtigung landgräflich-hessischer Quellen des späten Mittelalters*, Zeitschrift f. Agrargeschichte u. Agrarsoziologie, 34 / 1986, S. 147–159. Zur Rolle von Frauen und Kindern siehe J. Dünninger, *Rügegerichte eines unterfränkischen Dorfes im 19. Jahrhundert*, in P. Assion, *Ländliche Kulturformen im deutschen Südwesten. Festschrift für Heiner Heimberger*, Stuttgart 1971, S. 33–37; P. King, *Gleaners, farmers and the failure of legal sanctions in England, 1750–1850*, P&P, 125 / 1989, S. 116–150. Ich will dahingestellt sein lassen, ob die weibliche Sammeltätigkeit zudem und schon vor dem späten 18. Jahrhundert die Aneigung der Tugenden des Eifers und geduldigen Fleißes demonstrierte oder dies eine vergleichsweise moderne Perspektive ist, vgl. C. Ulbrich,

Eingeschränkte Nutzungsrechte trafen zunächst die Bedürftigen am härtesten. Außer dem Ährenlesen wurde den Armen ab dem zweiten Drittel des sechzehnten Jahrhunderts das Holzsammeln ebenfalls fast völlig verboten.[11] Dies führte nicht nur zu mehr Hunger und Kälte, sondern entzog alleinstehenden Frauen auch die Grundlage für wichtige Einnahmequellen: Reisig, Laub und Holz konnten verkauft werden. Holz war zum Garnsieden nötig, einer oft von Frauen ausgeübten Tätigkeit. Ebenso brauchten unabhängige Wäscherinnen große (und billige) Holzmengen zum Kochen der Kleidung.[12] Obst und Pilze ließen sich in bare Münze verwandeln, wenn man sie auf dem Markt verkaufte. Futtermittel verwendete man dagegen ausschließlich für den Eigenbedarf; in den Dörfern besaßen unterbäuerliche Schichten oft ein oder zwei Stück Vieh, aber keinerlei Grundbesitz.[13] Zusätzlich versuchten die Voll- und Halbbauern sie in wirtschaftlich angespannten Zeiten von der Allmendenutzung auszuschließen. Also organisierte man Gras und Korn illegal. All diese Delikte konnten hart bestraft werden, wenn sie wiederholt ausgeübt wurden.[14] In Einzelfällen dienten sie sogar als Beweis schwerwiegend delinquenter Verhaltenstendenzen: 1696 berichtete ein Amtmann über die Diebin Catharina Lonsinger, sie sei die »gottlose

---

Weibliche Delinquenz im 18. Jahrhundert. Eine dörfliche Fallstudie, in O. Ulbricht (Hg.), Von Huren und Rabenmüttern. Weibliche Kriminalität in der Frühen Neuzeit, Köln 1995, S. 299–302.

[11] *Siehe z. B. die Justinger Verordnung in F. Wintterlin, Ländliche Rechtsquellen, Bd. 2, Stuttgart 1922, S. 575 f. u. 604.*

[12] *Zur Nutzung durch Wäscherinnen siehe O. Feger (Hg.), Die Statutensammlung des Stadtschreibers Jörg Vögeli, Konstanz 1951, S. 68.*

[13] *Siehe z. B. HStASt, A 214, Bü. 351, 28.7.1682. Diese Auseinandersetzungen fanden seit der zweiten Hälfte des 16. Jahrhunderts statt, siehe z. B. A 206, Bü. 1341, 1355, 1358.*

[14] *In Hall wurde Holzdiebstahl manchmal mit zwischen 1 und 3 Gefängnistagen bestraft, StAH, 4/479, 20.9.1565; 4/480, 7.9.1575; 4/481, 27.2.1629; 4.4.1635; um 1636, auf der Höhe des Dreißigjährigen Krieges, bestrafte man das Kornabschneiden mit bis zu vier Tagen im Gefängnis und einer Urfehde, StAH, 4/482, zwei Gerlinger Witwen, 14.10.1635, 99ʳ; zwei Sautzenbacher Töchter, 2.7.1636, 102ʳ. Für den Holzverkauf wurde in Hall ein Ehepaar mit den Kindern verbannt, StAH 4/480, 7.9.1575, 264ʳ; 1626 wurde eine Frau verbannt, die man in Hall mit einem »Sack Früchten« ertappte, StAH, 4/482, 21.1.1626; 1695 wanderte eine Frau für Fruchtdiebstähle einige Wochen in das Gefängnis, bekam den Lasterstein umgelegt und wurde aus dem Land verbannt, StAH 4/485, 4. 11. 1694 und 13.7.1695.*

Tochter eines gottlosen Vaters«, die zusammen mit ihm Fruchtgarben gestohlen habe.[15]

Frevelstrafen zeigen jedoch deutlich, daß an dem Diebstahl von Naturressourcen nicht nur die Bedürftigen, sondern sehr breite Bevölkerungsgruppen beteiligt waren. Verbotsformulierungen in Dorfordnungen sind entlarvend, wie beispielsweise in einem den Getreidediebstahl kommentierenden Oberschneidheimer Gemeindebrief von 1568: »Nachdem sich bisher *unsere* Weiber und Töchter auch Mägde unziemlicher Weise mit Korn abschneiden auch anderen Früchten gehalten, gebieten wir einem jeden bei vier Böhmischen solches Grasens zu vermeiden.«[16] Solch offene Formulierungen kamen vermutlich durch Situationen zustande, wie sie der Pfarrer im württembergischen Wiedertäufernest Urbach 1599 in bezug auf die Waldnutzung beschrieb:

»*XIII*. Zu Sommerszeiten laufen viel Kinder und Ehehalten (Gesinde, U. R.) an Sonntägen mit Versäumnis beider Predigten in die Wälder, Kirschen, Erdbeeren, Himbeeren und anderes zu brechen. Gehen oftermalen die Eltern selbst mit ihnen. *XIV*. Schultheiß pflegt auch sein Gesinde hinaus zu schicken.«[17]

Durch Eicheln, Nüsse, Pilze und Laub war gerade der Wald nicht nur zur Sommerszeit, sondern das Jahr über die »vielfältigste Ressource, die das Dorf hatte«, und städtische Haushalte nutzten nahe Wälder nicht minder intensiv.[18] Was die Gesetze als »Diebstahl« kriminalisierten, bedeutete für die Bevölkerung, auf herkömmlichen Nutzungsrechten zu insistieren; deshalb gehörte Waldfrevel ebenso wie das Fischen in öffentlichen Gewässern zur Sozialkriminalität.[19]

---

[15] HStASt, A 209, Bü. 1251, 24.9.1696.

[16] F. Wintterlin (Hg.), Württembergische Ländliche Rechtsquellen, Bd. 1, Stuttgart 1910, S. 118.

[17] G. Bossert (Hg.), Quellen zur Geschichte der Wiedertäufer, Bd. 1, Herzogtum Württemberg, Leipzig 1930, S. 748.

[18] R. Beck, Naturale Ökonomie. Unterfinning: Bäuerliche Wirtschaft in einem oberbayerischen Dorf des frühen 18. Jahrhunderts, München 1986, Kap. III. Zur vorrangigen Beteiligung von Frauen an diesen Tätigkeiten W. Troßbach, Bauern 1648–1806, München 1993, S. 105.

[19] P. Blickle, Wem gehört der Wald? Konflikte zwischen Bauern und Obrigkeiten um Nutzungs- und Eigentumsansprüche, ZfWLG, 45/1986, S. 167–178; H. W. Eckardt, Herrschaftliche Jagd, bäuerliche Not und bürgerliche Kritik. Zur Geschichte der fürstlichen und adeligen Jagdprivilegien vornehmlich im süddeutschen Raum, Göttingen 1976.

Auch der Futtermangel betraf als Folgeproblem der Dreifelderwirtschaft den Großteil der viehhaltenden Bevölkerung. Das jeweils brachliegende Feld diente als Viehweide, wurde aber im Juni gepflügt, so daß bis zur Erntezeit leicht Futtermangel herrschte.[20] Durch die intensive Nutzung der Viehweiden blieb auch zu wenig Heu für die winterliche Stallfütterung. Man schickte also entweder Knaben mit den Schafen, Kühen, Ochsen, Schweinen, Eseln, Hammeln und Rindern in Felder und Wiesen, oder Töchter und Mägde zogen mit einem Grastuch und einer Sichel aus. In den Städten, wo weniger Vieh gehalten wurde, schnitten fast ausschließlich Mägde das Gras oder ernteten Samen. Dies bestätigt die Durchsicht der 1595 vom Mergentheimer Bürgermeister ausführlich notierten Frevelstrafen. Mergentheim hatte zu dieser Zeit ca. 1700 Einwohner, war der wichtigste Marktort des Taubertals und seit 1528 Deutschordenssitz.[21] Neunundneunzig Frevelstrafen wurden in diesem Jahr insgesamt verhängt. Abgesehen von der Verbalinjurie einer Frau und zwei Töchtern, die »weltliche lose Lieder« vor einem Bürgerhaus gesungen hatten, betrafen die Delikte der Frauen ausschließlich Diebstahl und Betrug. Wenn man von einer konzertierten Aktion absieht, bei der 19 Männer, aber nur drei Frauen an einem Septembermorgen ausrückten, um wilde Birnen zu pflücken, ergibt sich eine klare geschlechts- und altersspezifische Verteilung für diese Diebstähle. 41 beschuldigten Frauen standen 20 Männer gegenüber. 37 der 41 Frauen waren Töchter oder Mägde, die vor allem Gras geschnitten hatten.[22] Bei vierzehn Diebstählen von Frauen handelte es sich um Gruppenaktionen, in zehn Fällen hatten sich mehr als zwei Frauen zusammengetan.[23] Gras wurde vor allem in der Bürgerwaldung, aber auch der »Frundt« und der »Herrenwiesen« geschnitten, das heißt, wir können davon ausgehen, daß das herrschaftliche Nutzungsrecht

---

[20] P. Sauer, Not und Armut in den Dörfern des Mittleren Neckarraums in vorindustrieller Zeit, ZfWLG, 41 / 1982, S. 131–149.
[21] U. Wagner, Tauberbischofsheim und Bad Mergentheim. Eine Analyse der Raumbeziehungen zweier Städte in der frühen Neuzeit, Heidelberg 1985, 137, S. 194.
[22] StABM, KIII, Nr. 344, Verwirkte Buß, vnd Nachsteur diß 95 Jahr auch welche Personen mit dem thurm vnd dem Narrenhauß sind gestraft worden ./. In dem 95 Jahr ./. Caspar Gassenfaydt der Zeit Bürgermeister.
[23] Dagegen fanden nur fünf Diebstähle der Männer als Gruppenaktionen statt.

dieser Wiesen bestritten wurde. Acht Mal wurde Holz gestohlen, beispielsweise von drei verheirateten Frauen, die Anfang März jeweils einen Rucksack Holz aus der Bürgerwaldung nahmen. Korn, Dinkel, Samen und Laub wurden von den Feldern und Weinbergen anderer Bürger genommen. Ebenso sammelte man nicht nur wildes Obst, sondern schlug es in Gärten von den Bäumen. Bastian Horaydts Tochter und Linhardt Weingers »Wittib« wurden dabei ertappt, wie sie »in der Huttin Weinberg dreubell (Trauben)« stahlen. Die Strafen waren nicht unerheblich; den Holz stehlenden Frauen nahm man die Heppenmesser. Töchter und Mägde, die Korn, Laub oder Gras stahlen, mußten einen Batzen Strafe (d.h. 4 Kreuzer), erwachsene Frauen zwei Batzen erlegen. Anstelle der Bußstrafe inhaftierte man während des Sommers insgesamt zehn Frauen, Töchter und Mägde für einen Tag oder über Tag und Nacht im Narrenhaus. In der Einwohnerliste von 1586 sind einige der Haushalte aufgeführt, zu denen die genannten Mägde gehörten. Sie beschäftigten auch Knechte, lebten also nicht in Not. Wir entdecken hier also einen durchaus unangenehmen Aufgabenbereich der Mägde; sie mußten sich vor Feldschützen hüten, wurden aus Wiesen vertrieben und mußten teilweise sogar Narrenhausstrafen absitzen, falls eine Haftstrafe verhängt oder durch den Meister keine Buße bezahlt wurde.[24]

Der Holz- und Felddiebstahl bekam eine weitere politische Dimension, wenn er sich gegen den Privatbesitz der ihn Sanktionierenden richtete. So mußte der Mergentheimer Bürgermeister Gaßenfaydt sein Notizbüchlein der Frevelstrafen mit einem Diebstahl beginnen, der ihn selber getroffen hatte: »Actum Mittwoch nach Fastnacht, Hans & Flurer Bastian Horants beide Töchter ergriffen, welche mein Tor im Grasgarten zerhauen, und die Bretter samt etlichen Stückeln, so sie der Kalbenpflegerin genommen zum Milbertor herein getragen.«[25] 1659 erzürnte sich der Besigheimer Unteramtmann beim gemeindlichen Vogtgericht; viele seiner Setzlinge waren ihm vom Feld gestohlen worden, und auch sonst war der Felddiebstahl endemisch. Das beharrliche Schweigen der Gemeinde brachte ihn um die Geduld;

---

[24] M. Biskup, Die Einwohnerverzeichnisse der Stadt Mergentheim aus dem 16. Jahrhundert, ZfWLG, 44/1985, S. 143–163.
[25] Siehe Fn. 22.

er beschimpfte die Bürger als »meineidige leichtfertige Leute«.[26] Elf Jahre später protestierte der Herzog Württembergs selber, sein Lustgarten werde geplündert, die Mauern und Zäune bestiegen, Schlösser, Türen und Tore würden zerstört.[27]

Im Gegensatz zu diesem Zusammenhalt gegenüber der Obrigkeit schürten die innergemeindlichen Diebstähle das Mißtrauen der Einwohner untereinander. Als ein »grausames und erschreckliches Exempel« wußte der Züricher Chronist Johann Jakob Wick deshalb 1562 von einer Frau zu berichten, die den Vorwurf einer anderen leugnete, bei ihr Holzscheite geklaut zu haben. Bei Gott und mit einem Bissen Brot beschwor sie ihre Unschuld – und fiel tot um.[28] Solche Diebstahlsvorwürfe waren in jeder Gemeinde alltäglich, vor allem, weil die meisten wenig hatten und genau auf das »Ihrige« schauten. Sie reflektieren zudem, daß über den Diebstahl tatsächlich persönliche oder soziale innergemeindliche Konflikte ausgetragen wurden.[29] Oft waren die Diebstähle rabiat: In Wildberg grub eine Tochter 1626 »etliche Wägen« Ackerleimen aus, und ein Bürger gab im Februar 1627 an, Alt Basti Steerens große Tochter habe beim ersten Schnee seinen Weidenzaun umgerissen und verbrannt.[30] Holz mußte um jeden Preis organsiert werden; wenn ab Oktober geheizt wurde, schwanden die Vorräte leicht dahin. Eine Wildberger Frau zog deshalb schon im Spätherbst, wenn sie kein Holz fand, brennende Holzscheite aus Öfen[31], und im Herbst 1626 sollte ein Mann mit Mägden

---

[26] HStASt, A 214, Bü. 111, 24.2.1659. Der Diebstahl von Setzlingen in den Feldern der Reichen konnte erhebliche Ausmaße annehmen. 1560 wurde beispielsweise die minderjährige Barbara Krell in Württemberg dafür bestraft, daß sie einem Mann 700 Krautsetzlinge aus dem Feld entwendet und diese verkauft hatte, HStASt, A 44, U 3002, 8.6.1560.

[27] Reyscher, Gesetze, Bd. 6, 2.5.1679, S. 62ff.

[28] M. Senn (Hg.), Die Wickiana. Johann Jakob Wicks Nachrichtensammlung aus dem 16. Jahrhundert. Texte und Bilder zu den Jahren 1560 bis 1571, Zürich 1975, S. 138.

[29] In Wildberg brachte beispielsweise 1623 ein Mann vor dem Rüggericht an, seiner Mutter habe man in ihrem Wald eine Eiche abgehauen. Als sie den vermeintlichen Täter zur Rede gestellt habe, hätte dieser entgegnet, sie lüge wie eine Hexe, HStASt, A 582, Bü. 86, 8.5.1623. Wegen »verlorener Zwiebeln«, stellte der Haller Magistrat fest, habe sich 1621 eine Ziegelbronner Hausfrau mit ihrer Nachbarin in »unnötiges Gezänk« eingelassen, StAH, 4/481, 27.8.1621, Margaretha Broher.

[30] HStASt, A 582, Bü. 86, 30.10.1626 und 30.2.1627.

[31] HStASt, A 582, Bü. 86, 16.11.1627.

»etliche Büschel Reisig hereingeschleppt« haben.[32] Außerdem schnitten Frauen Wicken und mischten sie zum Brotgetreide, ernteten Erbsen und Linsen, lasen heruntergefallene Nüsse auf. Hans Mosappens Weib saß schon im Juli in den Kirsch- und Apfelbäumen, und auf dem Feld war »nichts vor ihr sicher«, drei Witwen trugen zusammen Holz herein, Pelltins Ketter schickte ihre Kinder frühmorgens zum Holzdiebstahl, und der Holztorwart hatte mehrere Frauen und Kinder beim Hereintragen von Früchten und Holz erwischt.[33]

Gegrast wurde in Wildberg immer wieder auf der Wiese des Herrn Hofmeisters beim Siechenhaus und auf den Klosteräckern, aber auch auf Äckern, Wiesen und Halden anderer Bürger. Der Vieh- und Wiesenbestand der Beklagten macht wiederum deutlich, daß sie keineswegs zu den Armen gehörten. An Feldschützenprotokollen läßt sich ablesen, daß hier untereinander Fehden ausgetragen wurden: Hatten Alt Hans Jacob Memmingers beiden Mägde im Juni auf Hans Jacob Rollers Wiese gegrast, so ging dessen Magd im Juli auf Memmingers Wiese, und Memminger ließ im August wiederum seine Ochsen für zwei Stunden in Rollers »Holzpronn« führen.[34] Solche Querverbindungen waren die Regel. Wenn die Täter nicht bestraft wurden, hatten sie an Punkten gegenüber dem Eigentümer gewonnen: Hans Vischers Sohn gab 1626 an, die beiden Mägde des Stuttgarters hätten in seinem Feld gegrast, »daß es nicht nur ein Nachteil, sondern auch ein Spott und Schand«.[35] Eigentum wurde also immer als Beziehungsidiom verstanden: Bei den Diebstählen ging es meist nicht allein um die Aneignung des Gutes, sondern durch sie wurde gleichzeitig auf soziale Besitzverhältnisse und Konflikte reagiert.

HOFFART UND EIGENSINN DER DIEBISCHEN MAGD Dies leitet zum Thema des Diebstahls von Mägden über. Gehorsam und Treue sollten das Verhältnis des Gesindes zur Herrschaft bestimmen; Diebstähle verstand man deshalb im Wortsinn als *Veruntreuung*. Sie wurden zunächst als Anschlag gegen die Meisterschaft der Hauseltern

---

[32] HStASt, A 582, Bü. 86, 30.10.1626.
[33] HStASt, A 582, Bü. 86, 22.7.1626.
[34] HStASt, A 573, Bü. 113, Schützenrügprotokoll 12.10.1684.
[35] HStASt, A 582, Bü. 86, 22.7.1626.

verstanden und zudem als eine selbstangemaßte Forderung nach einem besseren Leben. Der Gesindediebstahl zeigte also, daß ständische Hierarchien hinterfragt, ja, der Ordnung des ganzen Hauses als Fundament der Gesellschaft nicht mit untertänigem Dank, sondern mit Widersinn begegnet wurde. Deshalb – nicht etwa wegen des enstehenden materiellen Schadens – verurteilte ihn die Obrigkeit drastisch.

Wie häufig Mägde für sich selbst stahlen, ist kaum einzuschätzen. Trotzdem ist zu vermuten, daß die »diebische Magd« vermutlich insgesamt seltener Häuser unsicher machte, als das Klischee nahelegt: Viele Haushalte beschäftigten zwar eine Magd, es gab aber trotzdem kaum etwas in ihnen zu stehlen: Die Vorräte waren begrenzt, Konsum- und Luxusgüter in einer Mangelgesellschaft rar. Wenn etwas im Haushalt fehlte, gerieten Mägde jedoch schnell in Verdacht.[36] Sie wurden aber selten angeklagt und vorrangig innerhäuslich durch Entlassung oder Lohnabzug bestraft. Bei geringen Löhnen schmerzten diese Abzüge. Zudem wurde Treue am Ende des Dienstjahres oft mit zusätzlichen Kleidungsgeschenken von der Herrschaft belohnt. Des weiteren vereinfachten viele Städte fremden Mägden nach einer langen und durchweg ehrlichen Dienstzeit die Erlangung des Bürgerrechts.[37] Dies war von großer Bedeutung, weil Bürgergelder seit dem letzten Drittel des 16. Jahrhunderts überall hochgesetzt worden waren, um Unvermögende abzuschrecken. Diebstahlsbestraften Mägden konnte umgekehrt der Wiedereinlaß in die Stadt verweigert werden.[38] Die obrigkeitlichen Sanktionen waren unter anderem deshalb so hart, weil Hausdiebstahl rechtlich nie als durch Not motiviert galt. Essen und Kleidung bekam das Gesinde ja im Dienst.

Andererseits beförderten bestimmte Faktoren die Diebstahlswahrscheinlichkeit. Mägde hatten Zugang zum Inneren des Hauses und kannten Verstecke. So blieben Diebstähle leicht unentdeckt, und dies verursachte die Alpträume der Herrschaft. Wanderlustige Mägde konnten sich Entlassungen insofern leisten, als der Arbeitsmarkt für

---

[36] Siehe z. B. StAH, 4 / 554, 27.8.1688 / 16; StAH, 4 / 482, 28.6.1630.
[37] In Konstanz wurde 1690 sogar bestimmt, Knechte und Mägde, die sich zwanzig Jahre redlich in Diensten gehalten hatten, umsonst in das Bürgerrecht aufzunehmen, StAKN, A 1 / 28 a, Bikkel'sche Chronik, S. 93.
[38] StAKN, RP, BI 147, 28.1.1667, 86ʳ und 107ʳ, Barbara Kesslerin.

das Gesinde durchweg gut war. Württemberg versuchte seit 1562 mit wenig Erfolg, das Ausstellen von Zeugnissen verpflichtend einzuführen.[39] Wenn eine Magd also nicht in Reichweite desselben Orts blieb, wußte die nächste Herrschaft von vorangegangen Diebstählen nichts. Eine weitere Maßnahme gegen den Hausdiebstahl war deshalb, die Mobilität des Gesindes zu begrenzen. Seit dem 16. Jahrhundert wurde gesetzlich zu verhindern versucht, daß das Gesinde die Dienstendzeiten ignorieren, jederzeit davonziehen und sich woanders eine (als Tagelöhner während Erntezeiten vor allem besser bezahlte) Arbeit suchen konnte. 1652 erneuerte der Schwäbische Kreis diese Initiative.[40] Das Gesinde sollte sich auf ein Jahr verpflichtend verdingen, und die beabsichtigte Lösung des Dienstverhältnisses war vier Monate im voraus anzukündigen. Entlaufenes Gesinde sollte nirgends eingestellt, sondern bestraft werden. Ebenso all jene, die sich vierzehn Tage nach Weihnachten nicht wieder neu verdingt hatten. Das Mandat rief Haushalte zur Kooperation mit den Obrigkeiten auf. Denn die Widerspenstigkeit des Gesindes brachte die Wände ganzer Häuser zum Wackeln. Viele Ehehalten, klagte es, hätten sich »bisher gar meisterlos und widerspenstig erzeigt«. Auf Verbote und Vorhaltungen hin hätten sie gleich »gepochet und gekoldert, und solchen Zorn und Unwillen entweder an dem Vieh, oder mit dem Verbrech= und Verwüstung des Geschirrs und (von) Mobilien« oder an den Kindern der Herrschaft ausgelassen.[41] Der Ton solcher Verordnungen war seit dem Ende des 16. Jahrhunderts immer schärfer geworden, der Ruf nach der Kooperation der Meister mit der Obrigkeit immer lauter.[42] Selbst kleine Vergehen des Gesindes wurden als schwere Attacke gegen die gesellschaftliche Ordnung dargestellt, die es im Sinne des Allgemeinwohls zu strafen galt.

Dem stimmte auch ein Mann wie der Esslinger Superintendent Tobias Wagner vorbehaltlos zu. 1651, also ein Jahr vor der Verordnung des Schwäbischen Kreises, publizierte er eine *Siebenfältiger Ehehalten-Teuffel / Das ist: Ein ernsthaffter Sermon / von uberhandnem-*

---

[39] M. E. Wiesner, *Working Women in Renaissance Germany*, New Brunswick 1986, S. 88.
[40] Reyscher, Gesetze, Bd. 13, S. 114–123, »Fürstlicher Befehl in Betreff der durch den Schwäbischen Kreis festgesetzten Taxen und Regeln für Dienstboten und Handwerker«, 15.5.1652.
[41] Ebd., S. 119.
[42] Wiesner, *Working Women*, S. 87 ff.

mender Boßheit der Ehehalten und Dienstbotten jeztiger Zeit betitelte Regentenpredigt. Schon der zweite beschriebene Gesinde-»Teufel« betraf die »Umbringung der vertrauten Güter« durch hoffärtige Mägde, die mehr besitzen wollten, als ihnen zustand. Ihr Diebstahl sei so verbreitet, lamentierte Wagner, daß oft »kein Geld in der Truhen/ kein Korn auf der Bühnen/ kein Wein im Keller/ kein Speis in der Küchen und im Hafen/ kein Bett noch Leinwatt in der Kammer/ ja wohl auch kein Feder in Betten« sei.[43] Überdies gingen sie zu fahrlässig und verschwenderisch mit Haushaltsgütern um. Diese hohe Sensibilität gegenüber dem Verschwenden, dem unnötigen Verschütten und Verbrauchen, kennzeichnet die Mangelgesellschaft einmal mehr. Auch bei Lohnverhandlungen war dies relevant: In Besigheim klagte beispielsweise eine ehemalige Schmiedsmagd 1632, ihr Meister habe über vier Gulden Lohn, einige Lederstücke und den vierten zu bezahlenden Teil eines Schuhpaars einbehalten. Er rechtfertigte sich, sie habe »ihme … etlichs verderbet« und außerdem Arznei für ein Fieber bekommen.[44] Wie ließ sich feststellen, ob etwas nur durch ein Ungeschick oder fahrlässig verdorben war? Und doch waren Mägde in solchen Situationen nicht glatt im Nachteil. Denn anders, als man zunächst vermuten möchte, betrachteten Richter und auch der Superintendent Wagner einen Meister wie den Schmied durchaus skeptisch. Wagners Predigt, die das Gesinde zunächst so eindeutig verteufelte, nahm dann auch im letzten Drittel eine dramatische Wendung, wie sie Warnungspredigten rhetorisch und der traditionellen Ständelehre inhaltlich zu eigen war. Das unmoralische Verhalten der unteren Stände wurde zwar vehement verurteilt. Letztendlich führte man es jedoch auf die schlechte Zucht und Sorge der oberen Stände zurück, hier: der Hauseltern. Deren gutes Regiment bestand darin, dem Gesinde Speis, Trank und Lohn »willig und gern« zu geben, keinen Müßiggang zuzulassen, aber auch nicht zu streng zu sein und sich ihrer Krankheiten anzunehmen. Nur so lerne das Gesinde willig, treu, gehorsam, ehrerbietig, beständig und vorausschauend zu sein, will sagen: sich nicht stolz zu zeigen, kein Gut zu verschwenden, den Herrn nicht zu beleidigen, sich Strafe nicht zu widersetzen, Ver-

---

[43] T. Wagner, *Siebenfältiger Ehehalten-Teuffel/ …*, Esslingen 1651, S. 10.
[44] StABesigheim, 05, 2.6.1632, Thomas Reichhardt.

führungen zu trotzen und Schaden abzuwenden.⁴⁵ Eine tugendsame Magd gefiel Gott dann auch so gut »als der gelehrteste Doctor in der Kirchen«, und nur durch das Vorbild guter Zucht blieben ihr als Haushalterin später selber Armut und Schande erspart.⁴⁶ Gleichzeitig war Wagners Sermon gerade deswegen zeittypisch, weil er die Ursachen der Unordnung im »ganzen Haus« zwar noch traditionell analysierte, gleichzeitig aber die Hoffnung aufgegeben hatte, ihre *Folgen* seien allein durch Ermahnungen zu beheben. Den Zügellosen zu wehren, war nun Aufgabe des »obrigkeitlichen Strafamts«.

In Esslingen läßt sich diese eingeforderte obrigkeitliche Härte auf sporadische Anzeigen gegen diebische, stolze und ungehorsame Mägde hin beobachten. 1659 verbannte man eine Magd in den Zehnten, weil sie »sich sonsten, wie jetziger Zeit leider viel Knecht, Mägde und Ehehalten, ungetreu, fahrlässig, trotzig und ungehorsam« verhalten habe. Eben diesen »ungetreuen und halsstarrigen bösen Ehehalten« zum Beispiel wurde sie vorher eine halbe Stunde auf den Pranger gestellt.⁴⁷ 1662 legte man einer Magd aus Simmern bei Bern als Warnung für »untreue Ehehalten« die Geige um und verbannte sie. Ihr Verbrechen: Sie hatte Wein genommen und mit ledigen Burschen getrunken.⁴⁸ Dies zeigt auch, daß Schweizer Mägde im 17. Jahrhundert aufgrund ihrer hohen Mobilität, Armut und »Entwurzelung« in Schwaben kriminalisiert wurden.⁴⁹ Auch die lange Attacke gegen die Hoffart der Mägde schlug sich nun in drastischen Strafen nieder. 1663 wurde etwa die »stinkende Hoffart und Buhlerei« zweier Bürgerstöchter und einer Magd mit Schulknechten und Schneiderburschen bestraft. Sie hatten Wein, Kuchen, Seide und Textilien gestohlen. Als warnendes Beispiel für die Jugend und jene, die Kleiderordnungen übertraten, wurden die Frauen eine halbe Stunde an den Pranger gestellt, ausgepeitscht und auf ewig in den Zehnten verbannt.⁵⁰ Knechte und Gesellen wurden nie in dieser Weise bestraft.

---

⁴⁵ Wagner, Ehehalten-Teuffel, S. 37–45.
⁴⁶ Ebd., S. 46.
⁴⁷ LAL, B 169, Bü. 119 II, 94¹ᵛ, 30.4.1659.
⁴⁸ LAL, B 169, Bü. 119 II, 100ᵛ, 101ʳ, 29.1.1662.
⁴⁹ Vgl. Kap. 6.
⁵⁰ LAL, B 169, Bü. 119 II, 104ᵛ–105ᵛ, 25.2.1663, Anna Maria Bauer, Anna Catherina Diel, Anna Maria Mayer. Jetzt setzte 1663 auch die Hexenprozeßwelle ein.

Zum einen fürchtete man wahrscheinlich ihre Kollektivrache, und zweitens stellten zumindest Gesellen ihr Verhalten öffentlich als der Redlichkeit verpflichtet dar. Das Bild der Magd wurde dagegen in Flugschriften und Predigten des 17. Jahrhunderts mit verführerischen, geschwätzigen, stolzen, unmoralischen Charaktereigenschaften verbunden. In Esslingen zeigt sich seine traurige Wirkung. Für die Konstanzer Beispiele, auf die wir uns im folgenden vor allem beziehen, sind die Strafen fast nie notiert. Da die Fälle aber zumeist erst zur Anzeige kamen, wenn frech und ausgiebig gestohlen wurde, ist davon auszugehen, daß die Mägde zumindest verbannt wurden.

▸ **Diebstahl als Strategie** ◂ Was sich von oben gesehen als Halsstarrigkeit, Buhlerei und Hoffart ausnahm, erlebten die Mägde natürlich ganz anders. Ihre Forderungen an die Herrschaft resultierten tatsächlich oft daraus, daß sie schlecht zu essen und wenig Kleidung bekamen. Sie habe »ohnehin schlecht zu leben gehabt«, rechtfertigte eine Schützenmagd 1696 deshalb ihre wiederholten kleinen Gelddiebstähle »zur Erkaufung von Brot oder einem Trunk«.[51] Inventare zeigen, daß Meister häufig den Lidlohn lange schuldig blieben.[52] Man verlangte hier untertänige Geduld: Als eine Haller Magd 1632 das Haaleisen ihres Meisters versteckte, weil er ihr Kleidung und Geld schuldete, inhaftierte man sie dafür.[53] Direkte Rachediebstähle gegen die ungute Behandlung waren jedoch sehr selten. Der Hauptgrund für Diebstähle war die Bedürftigkeit vieler Mägde, die ihren Lohn erst am Jahresende ausbezahlt bekamen und ihn zudem eigentlich für ihr Heiratsgut sparen mußten. Mehr als ihre soziale Herkunft entschied dessen Höhe über ihre Heiratschancen.[54] Für ältere Mägde wurden Freizeit und Eheanbahnung immer wichtiger und damit der geringe Verdienst und Sparzwang zum Problem. Nach der Württembergischen Taxordnung von 1579 sollte beispielsweise die beste Magd

---

[51] StAKN, K 63, Barbara Wegmann, 22.6.1696.
[52] M. Reiling, Bevölkerung und Sozialtopographie Freiburgs i. Br. im 17. und 18. Jahrhundert. Familien, Gewerbe und sozialer Status, Freiburg 1989, S. 37.
[53] StAH, 4/482, 23.8.1632, 81^v.
[54] S. Breit, »Leichtfertigkeit« und ländliche Gesellschaft. Voreheliche Sexualität in der frühen Neuzeit, München 1991, S. 66.

immer noch weniger verdienen als der schlechtest bezahlte Knecht, ein Triebknabe, der Pflug und Pferd warten konnte. Selbst Untermägde sollten nur so viel Tuch als Entlohnung bekommen wie Triebknaben, die beste Magd soviel wie Unterknechte.[55] Dieses Lohngefälle minderte sich auch im darauffolgenden Jahrhundert nicht. Folglich war auch die Stellung der Mägde in dem so wichtigen Kreditmarkt wesentlich schlechter, das heißt, sie konnten sich selten Geld ausleihen. Mägde verwendeten also mehr eigenes Geld für Kleidung und waren deutlich unvermögender als ihre männlichen Altersgenossen. Zu Wein und Tanz mußten sie sich meist einladen lassen, andere als billige, rauhe, braune Kleidung war ererbt und damit ein Glücksfall, ansonsten aber mit hohem Kapitaleinsatz verbunden. Ebenso schwierig war es, Geschenke für Liebhaber aufzutreiben, um Bindungen zu besiegeln.

Diebstähle waren deshalb in der Regel ein Ausweg, um diesen Beschränkungen entgegenzuwirken. Mägde nahmen heimlich Lebensmittel, um sie entweder alleine oder mit einer anderen Magd zu Hause zu verzehren, oder sie nahmen sie mit zu Freunden. Eine Konstanzer Magd gestand 1692 zunächst nur, vier der von ihrer Meisterin gestohlenen 20 Reichsgulden dem Benedikt Soldaten gegeben, zwei »versoffen und verfressen« und das übrige verloren zu haben. Doch dann stellte sich heraus, daß sie das ganze Geld tatsächlich mit einem »Schweizerischen Soldaten, Franz genannt, völlig verdurniert« hatte.[56] Frauen konnten sich durch Diebstähle für Einladungen revanchieren und Konsumbeschränkungen durchbrechen, die ihnen im Haushalt täglich ihren untergeordneten Rang anzeigten. In Gesindeordnungen wurde beispielsweise der Weinkonsum streng reguliert. In Württemberg sollte 1562 das Gesinde auch an Festtagen nicht mehr als ein Glas Wein bekommen.[57] Es ist fraglich, ob weibliche Beschäftigte im Alltag überhaupt Wein bekamen, denn als Taglöhnerinnen konnten sie von solchen Vergütungen (im Gegensatz zu Männern) ausgenommen sein.[58] Essens- und besonders Fleischrationen waren für Frauen ebenfalls geringer bemessen. Die Zusammenkünfte

---

[55] Reyscher, Gesetze, Bd. 12, S. 423.
[56] StAKN, K 66, 6.6.1692, Maria Schildknecht.
[57] Wiesner, Working Women, S. 88.
[58] Ebd., S. 92 f.

der Mägde und Köchinnen, die sich über gestohlene Vorräte hermachten, sind also im Kontext dieser Zurückstellung zu sehen. Wein und Bier machten darüber hinaus natürlich die Freizeit zu einer guten Zeit und beflügelten die Liebe. Ganz in diesem Sinn gab eine Gärtnersmagd 1669 an, von dem Geld, das sie ihrem Meister gestohlen hatte, »zuzeiten« für sich, die Taglöhner im Garten und besonders »einem Tagwerker, der sie geliebet ... einen Trunk Bier« gekauft zu haben.[59]

Gestohlenes Geld wurde immer wieder in Kleidung und Geschenke für Liebhaber umgesetzt, für Freunde ausgegeben oder ausgeliehen. Ein typisches Beispiel ist die Magd des Konstanzer Rotgerbers Harder, die er 1697 anzeigte. Als sie beim Bürgermeister Guldinast gedient habe, so bekannte Ursula Geiger, habe die Tiroler Köchin sie zum Diebstahl verführt. Diese besaß den Kellerschlüssel, und Ursula hatte ihr »Brot, Fleisch, Wein vielmal stehlen helfen«. Die Verleitung zu Diebstählen durch ältere Bedienstete war typisch.[60] Wie man Schlösser öffnete und Schlüssel nachmachte, gehörte zu dem Wissen, das weitergegeben wurde, um die Macht der Herrschaft zu unterlaufen.[61] Des Bürgermeisters Vorräte trugen die Köchin und Ursula dann in das Haus einer Konstablerin beim Schnetztor und verzehrten sie dort. Dies habe sich bei ihr »seither eingewurzelt«, legte Ursula offen, so »daß sie fort gestohlen«. Sie war Waise, hatte »etwas wenigs an einem Häusle zu Altnau« geerbt und außerdem Heiratspläne. Jetzt, wo ein Bote da sei, beriet sie eine andere Magd, solle sie die Chance nutzen, um dem Schweizer Korporal etwas zu schicken, um den sie hier gebuhlt habe. Während ihre Herrschaft die Sonntagspredigt besuchte, brach Ursula also einen Kasten auf, in dem der Schlüssel für der »Frauen Kasten« verwahrt war (Frauen bewahrten also durchaus ihr eigenes Vermögen) und entwendete einige Gulden.[62]

Andere Mägde konnten auf überhaupt kein Erbe oder eine Mitgift hoffen und waren früh von zu Hause weg in den Dienst geschickt worden. Die Erfahrungen im Dienst zeigten nicht selten, daß Gehor-

---

[59] StAKN, KK 56, 22.8.1669, Magdalena Rem.
[60] G. Schwerhoff, »Mach, daß wir nicht in Schande geraten!« Frauen in Kölner Kriminalfällen des 16. Jahrhunderts, GWU, 44 / 1993, S. 453.
[61] Siehe z. B. StAMM, A 44 d, 11.5.1575.
[62] StAKN, K 65, 4.5.1697, Ursula Geiger.

sam nur zu Ausnutzung führte. Barbara Jäger etwa war die Tochter Thurgauer Bauern mit einem eigenen »Gütlein« und neun Kindern. Deshalb, berichtete sie 1675, sei sie schon vor etlichen Jahren nach Frauenfeld in den Dienst »verschickt« worden. Wie viele Mägde wurde sie langsam mutiger und ging weiter in die Fremde. Barbara wanderte nach Krumbach, bei Meßkirch, und diente bei einem Pfarrer. Dieser schwängerte sie und gab ihr zusammen mit Abtreibungsmitteln und Geld die inständige Bitte auf, nichts davon dem Pfarrherrn in Meßkirch zu beichten, weil dies sein Dekan sei, sondern zu den Kapuzinern zu gehen. Die Jungfrauschaft und Aussichten auf eine gute Heirat hatte sie verloren. Ihr nächster Meister, ein Überlinger Küfer, war geizig, bei ihm hatte sie »wenig bekommen, und sich mit notwendiger Bekleidung kaum unterhalten mögen«. Von ihm war sie im vorigen Jahr weg nach Konstanz gegangen. Bisher war sie die Verliererin gewesen. Vielleicht fühlte sie sich »vom bösen Feind« verführt, als der Konstanzer Meister ihr viele Schlüssel anvertraute. Sie stahl Geld und wurde erwischt. Ihr Meister entließ sie zwar, war aber mitleidig und riet ihr, nähen zu lernen. Später stellte sie die Meisterin sogar wieder ein. Erfahrene Mägde waren gesucht – obwohl ihre Eigenständigkeit die meisten Probleme verursachte. Barbara Jäger nutzte ihre zweite Chance nicht. Wichtiger als Gehorsam waren nun eigene Freundschaften, mit dem Älterwerden wurde die Bindung an den Diensthaushalt schwächer und der Wunsch nach Unabhängigkeit in der Freizeit größer. Das hieß nach unseren Maßstäben nicht viel: Abends traf sie sich einige Male mit Freunden in den Häusern alleinstehender Frauen zu einem Nachttrunk. An Fastnacht hatten sie gefeiert und bis um ein Uhr morgens »getrunken, gegessen und Stock geschlagen«. Hierzu hatte sie wohl auch »Salz, Schmalz, Broth, Mehl und Bratwürste« abgetragen. Sie lernte einen Badergesellen, einen Schuhmacherlehrling und zwei Studenten kennen und liebäugelte mit einem von ihnen. Als der eine Student krank wurde, kaufte sie ihm Fleisch, dem anderen gab sie Geld, weil er »arm« war.[63] Sie nahm also, um anderen geben und mit ihnen teilen zu können. Anstatt Eigensinn und Stolz motivierte sie der Wunsch, ihre selbständigen, reziproken Freundschaften zu festigen und vielleicht eine Liebschaft zur Ehe zu wandeln.

---

[63] StAKN, K 56, 6.3.1675.

▸ Hoffart und Heirat ◂ Barbara Jäger ließ sich auch »Kappen und Mieder« von dem gestohlenen Geld machen. Dies war typisch und konnte aus schlichter Notwendigkeit geschehen, da die Ausstattung der Mägde sehr stark von dem Gutdünken und Stand der Herrschaft abhing. Eine Haller Bortenwirckerin, die ihre Magd des Diebstahls verdächtigte, erzählte beispielsweise, ihr ein Vortuch zu einem Hemd und »Agsteiner« versprochen zu haben; nun würde sie ihr nicht so viel geben, »weil sie sich so untreu verhalten«.[64] Kleidung war also ein flexibler Teil der Entlohnung, der die Wertschätzung gegenüber einer Magd ausdrückte. Die abgelegten Stücke der Meisterin begründeten eine Bindung. Jede Magd wußte, von welcher Meisterin sie welches Stück Stoff oder welches Kleidungsstück bekommen hatte.[65] Kleidung war demzufolge auch nicht allein oder vorrangig der Ausdruck von Eitelkeit, sondern mit dem Gefühl verbunden, etwas wert zu sein und eine Belohnung für treue Dienste bekommen zu haben. Während dies die Identität ebenso an die Herrschaft band, wie die Tatsache, daß Mägde im Ort meist nicht mit dem eigenen Namen, sondern dem der Familie, für die sie dienten, angesprochen wurden (als x' Magd), stärkten eigen gekaufte Kleider, Stirnbinden aus dem samtähnlichen Taffet, bis hin zu Ohrgehängen aus Blech das Gefühl der Selbstbestimmtheit. Wer auf Partnersuche war, wollte zudem gefallen. Vor dem sonntäglichen Kirchgang wurde also nicht nur gewaschen und geplättet, sondern man lieh und tauschte Kappen, Ketten und Bänder aus. Kleider machten Leute und waren hoch symbolisch. Eine »Schlutte« war die Alltagsjacke arbeitender Frauen: Unsaubere »Schlutten« wurden auch unordentliche, liederliche Weibsbilder genannt.[66] Als potentielle Hochzeiterinnen mußten Mägde deshalb über die Kleidung nach außen zeigen, daß sie sauber und ordentlich, treu und hübsch oder vielleicht auch etwas Besseres waren: beispielsweise keine gemeine Bauersmagd, sondern schon bei einer Gräfin gedient hatten. Kleiderordnungen versuchten letzteres zu unterbinden und behandelten, wie zum Beispiel in der dritten Württembergischen Polizeiordnung von 1660, alle Dienstmägde, Näherinnen, Wirckerinnen und Krößlerinnen gleich. Selbst das Tragen roter Strümpfe

---

[64] StAH, 4/554, 27.8.1688/16.
[65] Siehe z. B. StAH, 4/553, 27.9.1687/2, Dorothea Wild.
[66] H. Fischer, Schwäbisches Wörterbuch, Bd. 5, Tübingen 1920, col. 966.

wurde ihnen untersagt! Alle Stände sollten sich auf die »alte, ehrbare, deutsche Tracht« besinnen und französische und spanische Einflüsse meiden.[67] Für Mägde hieß dies einmal mehr, auf »Landtücher und schlechtes Zeug« verwiesen zu werden, auf »niedere Weibsschuh«, nicht weich und gefüttert, sondern rauh und geschwärzt.[68] Kleiderordnungen versuchten Standesunterschiede einzufrieren.[69] Bessere Kleidung zu kaufen oder gar Geld für sie zu stehlen untergrub die Ökonomie der Bedürftigkeit. Dabei kam es kaum vor, daß hohe Summen für Kleidung ausgegeben wurden. Fälle, wie den einer verheirateten, 32jährigen Göppinger Magd, die sich ihre teuren Kleider keineswegs »von ihrem Lidlohn erspart hatte«, sondern 1690 von einem Pfarrer 100 Gulden genommen hatte, empfand man als skandalös.[70]

Meistens ließen sich die Mägde, wie etwa Margaretha Kurz 1580, aus einem Stück Barchet einen Unterrock und von einem Schuhknecht Pantoffeln und Stiefel machen. Außerdem gehörte Margaretha zu denjenigen Mägden, die mit Diebstählen ihre Aussteuer aufstockten, sozusagen als »kriminelle Brautschatzsammlerin«.[71] Sie war stolz darauf, daß ein Schreinergeselle, der »wie ein Juncker alhie umhergezogen«, ihr die Ehe versprochen hatte. Er war zwar wieder zurück in seine Heimat gegangen, aber auf eine solche Heirat hoffte sie. In Gedanken kochte sie schon ein Mahl, bereitete Tisch und Bett. Denn in ihrer Truhe fanden sich an Diebesgut »Plunder und Gewürz«, im einzelnen: Muskatnuß, »Nägele und Seiden«, Laken, Tücher, die sich natürlich auch alle wieder verkaufen und tauschen ließen, und Geld. Einen Teil des Geldes hatte sie einer Landsmännin aus dem Allgäu geliehen, die ebenfalls Magd war.[72] Diejenigen, die es aus der gleichen Region in denselben Ort verschlagen hatte, hielten zusammen und

---

[67] Reyscher, Gesetze, Bd. 13, S. 423 ff.
[68] Siehe die Verordnung des Schwäbischen Kreises, ob. zit.
[69] K. Simon-Muscheid, »Und ob sie schon einen Dienst finden, so sind sie nit bekleidet dennoch«. Die Kleidung städtischer Unterschichten zwischen Projektion und Realität im Spätmittelalter und in der frühen Neuzeit, Saeculum, 44/1993, S. 47–64.
[70] HStASt, A 209, Bü. 939, 1.8.1690, Katharina Fritz.
[71] O. Ulbricht, Zwischen Vergeltung und Zukunftsplanung: Hausdiebstahl von Mägden in Schleswig-Holstein vom 16. bis zum 19. Jahrhundert, in ders. (Hg.), Von Huren und Rabenmüttern, S. 157.
[72] StAKN, HIX F. 62, Strafbuch 1578–1603, 6.9.1580.

unterstützten sich. Geld wurde aber oft auch gern geliehen, weil es so schnell an Wert verlor. Diebstähle für das Heiratsgut waren gut angelegtes Kapital für eine greifbare Zukunft mit einer eigenen Haushaltung. Eine Memminger Magd hatte deshalb emsig »zwei Pfund Seifen, etliche Leinengewand und -stück« gehortet, sowie ein »Tischtuch, drei Tisch faretlin (Servietten), zwölf Taschenfaretlin (Taschentücher), fünf Hauben, drei Stauchen« sowie 40 Gulden – unglücklicherweise in einem Sack mit dem verräterischen Handelszeichen des Hausherrn.[73] Wohlhabende Haushalte, deren Wäscheschränke bis oben mit sauber gestapelten, mit farbigen Seidenbändern umschlungenen Leinentüchern gefüllt waren, schienen drei fehlende Servietten bestens verkraften zu können. Außer nach Leinen und Laken griffen die Mägde am häufigsten in Tischschubladen, in denen das Geld aufbewahrt wurde, und oft auch nach religiösen Kleinodien.[74] In der extrem polarisierten frühneuzeitlichen Gesellschaft überwogen auch hierbei nicht feine, sondern krasse Unterschiede, die billigen »Paternoster« waren aus Holz oder Knochen, die teuren, von Diebinnen begehrten, aus Bernstein oder Korallen. Die einen hatten 25, die anderen bis zu 50 Perlen, weshalb letztere demonstrativ von vermögenden Frauen getragen wurden.[75]

Gerade bei Mägden in gehobenen Haushalten kann man sich also das Staunen über Vorräte, Bargeldmengen und Dinge vorstellen, über reiche Bestände, die ein Diebstahl kaum zu schmälern schien. Nur bei sehr wenigen Mägden entwickelten sich aber aus Kleindiebstählen große Coups. Die meisten wußten, daß man so Kopf und Kragen riskierte oder, dem zeitgenössischen Sprichwort gemäß, »für den Galgen kein Goller half«.[76] Agatha Flohschütz nahm das Risiko in Kauf und bezahlte bitter mit dem Tod. Ihr Diebinnendasein dauerte fünf Jahre. 1594 diente sie bei einem Ulmer Weißgerber, stahl ihm ein Fell und kaufte einem Weißgergesellen von dem erlösten Geld »ein

---

[73] StAMM, A 44 d, 11.5.1575.

[74] *Die Hechingerin Anna Maria Bulach hatte bei ihrer Konstanzer Frau einen Nuster, einen Ablaßpfennig aus Silber und vergoldetem Metall und ebenso ein silbernes und vergoldetes Kreuz genommen, StAKN, K 65, 14.4.1690.*

[75] H. Maurer, Geschichte der Stadt Konstanz, Bd. 2, Konstanz 1991, S. 170.

[76] »und für das Kopfweh kein Kreuz«, siehe Fischer, Schwäbisches Wörterbuch, Bd. 3, Tübingen 1911, col. 746.

paar Hosenbändel«. Dann hatte sie sich bei einem Augsburger Gewürzkrämer verdingt, Geld gestohlen und zu Hause in Kempten ein weißes Tuch dafür erstanden. Diese Diebstähle befanden sich, wie wir gesehen haben, völlig im Rahmen des Üblichen. Doch nun stieg ihr Mut. Agatha diente für ein halbes Jahr bei einem Augsburger Buchführer. Als er einen Kassenschlüssel liegengelassen hatte, entwendete sie 140 Gulden an »beheimischen und halben Batzen«. Einen guten Teil setzte sie in Kleider um. Diese schickte sie dann mit dem übrigen Geld »in einem Fäßlein« nach Kempten. Sie folgte dem schnell weggeschafften Diebesgut, aber der Buchführer erfuhr von der Sendung, wurde mißtrauisch und setzte ihr nach. So ging sie anstatt nach Kempten möglichst weit in die umgekehrte Richtung, nach Speyer. Dort diente sie bei einem Doktor. Bald bemerkte sie, daß dieser nachts seine Kleidung vor der Schlafstube liegen ließ. Mehrmals nahm sie den Schlüssel zu der Schreibstube aus seiner Hosentasche, öffnete die dort befindlichen zwei »Geldlädlin«, nahm aus der einen sofort 43 »Stück Gelds« und aus der anderen »nach und nach bei 30 Taler«. Bis ihre Dienstzeit endete, versteckte sie das Geld im Keller. Der Doktor war zwar mißtrauisch geworden und nahm seine Hose nun immer mit in die Schlafkammer, aber Beweise konnte er nicht finden. Agatha zog wieder in den Süden. In Konstanz ließ sie sich von dem Geld nicht nur einen Rock schneidern, sondern verlieh einen guten Teil der Summe gleich an einen Schneider und eine Frau. Dann wurde sie gefaßt und 1599 in Konstanz enthauptet.[77]

Kempten, Ulm, Augsburg, Speyer und Konstanz: Sie war herumgekommen und oft nur kurz geblieben, hatte sich immer vermögende Haushalte ausgesucht, und, so scheint es, auch die alleinstehenden Männer, die kaum bereit zu sein schienen, ihre Zeit damit zu verbringen, das Gesinde genau zu kontrollieren. Wie wir eingangs bemerkten, waren die vermögenden Haushalte der Kaufleute, gutbestellter städtischer Pfarrer und wohlhabender Amtspersonen und Handwerker am meisten von »diebischen Mägden« gefährdet, und diese Gruppen trugen auch die gesindefeindlichen Verordnungen. In den meisten Haushalten gab es jedoch weder silberne Löffel noch Bratwürste zu stehlen. Darüber hinaus waren manche Meister sicher auch großzügig und gaben dem Gesinde selber Wein und Bier für ihre Zusam-

---

[77] StAKN, RP, Bl 79, 392ʳ–4ʳ, 5.6.1599.

menkünfte mit, so wie Meisterinnen durchaus Mägden im Heiratsalter ein gutes Stück Tuch geben konnten, weil sie um dessen Bedeutung wußten. Die meisten Diebstähle waren »Abträge« und nichts anderes als die gelegentliche Entwendung von einem Hafen Wein und Lebensmitteln für abendliche Zusammenkünfte. Denn es ging nicht um mehr, als es sich ab und zu mit anderen wohl sein zu lassen und mit dem Gedanken an das Geschenk eines blauen oder roten Hosenbands für denjenigen zu spielen, den man besonders mochte. An diesen sogenannten Diebstählen beeindruckt allein die Gewöhnlichkeit ihrer Verwendung.

VON DER KUNST, SICH DURCHZUSCHLAGEN: BETRUG, DIEBSTAHL UND HEHLEREI DURCH ANSÄSSIGE Das Thema der geringen, aber obrigkeitlich unnachgiebig geahndeten »Abträge« begegnet uns bei Frauen wieder, die in städtischen Einrichtungen angestellt waren. Besonders häufig wurden in Spitälern arbeitende Frauen verdächtigt und bestraft.[78] Sie stahlen vor allem Lebensmittel und Bettzeug. Spitäler verfügten über beides in größeren Mengen, so daß ein Diebstahl weniger gravierend und auffällig schien. Zudem wurde abstrakt, nicht Meister und Meisterin, sondern das »Gemeinwesen« geschädigt, und dies räumte Hemmschwellen aus dem Weg. Deshalb wurde umgekehrt nicht mit Strafen gespart, wenn jemand erwischt worden war.[79]

---

[78] *In Göppingen wurde 1530 die Spitalmagd wegen der Entwendung von Mehl und Brot bestraft; 1540 die Magd im Sulzer Siechenhaus, die Lebensmittel für ihre Kinder genommen hatte, mit dem Lasterstein und dem Landesausweis; 1564 erhängte sich eine Haller Siechenmagd, die wegen ihres Abtrags im Siechenhaus inhaftiert wurde, spektakulär am Schleier; während in Esslingen 1588 die Spitalköchin für den Abtrag von Lebensmitteln mit einer Rute am Arm auf den Markt gestellt und unter Beckenklopfen in den Zehnten verbannt wurde, HStASt, A 44, U1359, Anna Mutler, 19.3.1530; HStASt, A 44, U 5359, Barbara Sieger, 10.10.1540; StAH, 4/477, Margaretha Ziegler; LAL, Bü. 169, Bü. 119 I, Hans Secklins Frau, 26.4.1588, 239ᵛ. In Hall wurde 1668 eine Spitalmagd bestraft und 1694 eine Spitalfrau, die ihrer Schwester Bettzeug weitergegeben hatte, StAH, 4/483, 13.1.1668, Apolonia Horlacher; 4/485, 15.1.1694, 79ʳ.*
[79] *Eine Vaihingerin mußte beispielsweise 1561 ein gestohlenes Kissen vom Pranger über den Rathausplatz bis zum Mühltor tragen, weil sie Bettzeug aus dem Spital gestohlen hatte.*

Die in städtischen Einrichtungen des Fürsorge- und Gesundheitswesens angestellten Frauen wurden entweder als Köchin bezeichnet oder als Magd. Letzteres verdeckte die Tatsache, daß sie spezifische Arbeiten in der Pflege und Betreuung der Kinder, Kranken und Alten versahen. Sie verdienten mehr als privat dienende Mägde,[80] trotzdem war ihr Status niedrig und der Lohn der qualifizierten Arbeit unangemessen.[81] Die hier beschäftigten Frauen lebten im Ort und versahen diese Arbeit länger, sie waren vermutlich meistens alleinstehend oder verwitwet und mußten also von ihrem Lohn eine Haushaltung aufrechterhalten, den »eigenen Rauch«. Ihr lediger Stand konnte auch zur Bedingung gemacht werden. In Konstanz hatte beispielsweise 1689 eine 42jährige Kindermagd im Spital versprechen müssen, sich nicht zu verheiraten und so lange wie möglich zu arbeiten. Nun wurde sie zu einem Verhör abgeholt. Man traf sie mit einem Schmalzhafen in der Hand an: sie wollte den Kindern »Küchle« bakken. Es stellte sich heraus, daß sie doch einem Mann die Ehe versprochen und aus dem Spital Sachen zu ihm getragen hatte. Außer Geschirr handelte es sich um

> »ein Büschel alter Aufhenken oder Wäschseiler, auch ein kupfernes Geschirr, auch ein rotes und ein blaues Paar leinener Kinderstrümpflein, so die Kinder nicht mehr angelegt haben, drei hohe Gläslein, von denen eines aber zerbrochen, ein Geschirrlein worin man die Lichtbutzen auf dem Tisch lege, und ein stutzis Lichtlein so man in die Wände steckt«.[82]

Dies Sammelsurium enthielt kaum Wertsachen, sondern Dinge, die sie für entbehrlich und ausgedient gehalten hatte. Ihr zukünftiger Haushalt schien dagegen alles zu brauchen. Auch größere Unterschlagungen am Arbeitsplatz wurden von Männern und Frauen seit jeher als inoffizielle, aber berechtigte Entlohnung angesehen. In vielen Arbeitsbereichen gehörten sie zur Tagesordnung. In Hall wurden deshalb immer wieder Salzsiederknechte verhaftet, die ihrer Frau oder

---

Außerdem sollte sie nur noch graue Oberbekleidung tragen und das Spital nie mehr betreten. Auf Fürbitten hin wurde sie dann begnadigt, HStASt, A 44, U 6389, 27.10.1561.
[80] *K.-O. Bull, Zur Wirtschafts- und Sozialgeschichte der württembergischen Amtsstadt Vaihingen an der Enz bis zum Dreißigjährigen Krieg, ZfWLG, 38/1979, S. 128.*
[81] *Wiesner, Working Women, Kap. 2.*
[82] *StAKN, K 63, 14.10.1689, Anna Fetich.*

Verwandten Salz nach Hause brachten, das diese dann verkauften oder tauschten, wodurch der Stadt Meßgelder entgingen.[83] Auch dies konnte in der Verbannung enden: So erging es der Witwe des Haalarbeiters Hans Dötschmann, die unerlaubt mit Salz gehandelt hatte.[84] Andere stahlen dort, wo der Herr alles zu haben schien: Am herzoglichen Hof in Stuttgart wurden beispielsweise ständig »Servietten, Leinentücher und anderes« gestohlen.[85] 1699 treffen wir außerdem auf eine ganze Stuttgarter Familie, die sich von gestohlenen Lebensmitteln vom Hof ernährte und überdies Kostgänger hielt! Der 18jährige Bube arbeitete in der Küche, das 16jährige Mädchen spülte Geschirr, und beide stahlen Kraut, Erbsen, Brei und manchmal Fleisch, gespickten Braten, Pasteten und Wein. So machten es alle am Hof, gab der Junge an.[86] Während der Vater hier die Kinder einspannte und sich zur Ruhe gesetzt hatte, waren alleinstehende Frauen mit kleinen Kindern oft gezwungen, ihre Familie durch solche Entwendungen zu ernähren. Eine Konstanzerin war zum Beispiel damit groß geworden, daß ihre verwitwete Mutter immer Schmalz, Brot und Mus aus dem Seelhaus mitgebracht hatte. Aus gestohlenen Laken hatten sie Kinderhemden geschneidert. Dies waren die Behelfswege der Armutsökonomie. Inzwischen wähnte die Tochter ihren eigenen Mann tot. 1580 war er das zehnte Jahr im Krieg, die schweren Konstanzer Hungerjahre hatte sie alleine durchstehen müssen. Auch sie war immer wieder zu Diebstählen ins Seelhaus gegangen, wo sie bekannt war und mit einer Magd zusammenarbeitete.[87]

Diebstahl durch Ansässige erfolgte zum Großteil durch derartige Veruntreuungen und Betrügereien im eigenen Beruf. Sie waren oft auch an offizielle Ämter gebunden, wobei wieder meistens nur die niederen

---

[83] Siehe z.B. StAH 4/481, Apolonia Meier kaufte bei einem Siederknecht direkt Salz, 9.5.1608, 60ʳ; 4/482, Michel Dötschmanns Tochter verkaufte von ihrem Vater abgetragenes Salz, 149ʳ, 18.6.1647; Ludwig Dötschmanns, Siederknechts Frau tauschte Schmalz für Salz, 25.6.1630, die Magd eines Salzsieders trug das von ihm gestohlene Salz nach Hause, 149ʳ, 18.6.1647; ein Siederknecht und seine Frau handelten gegen die Haalordnung mit Salz, 17.5.1652, 182ʳ.

[84] Ebd., 182ʳ, 21.5.1652.

[85] Reyscher, Gesetze, Bd. 6, Verordnung, die Strafe des Hof=Diebstahls betreffend, 10.7.1684, S. 81.

[86] HStASt, A 210, Abt. I, Bü. 125, Maria Dorothea Sauer, 17.2.1699 und 4.9.1699.

[87] Schließlich hatte der Seelmeister sie erwischt, StAKN, HIX F.62, 23.7.1580, Margaretha Maiß.

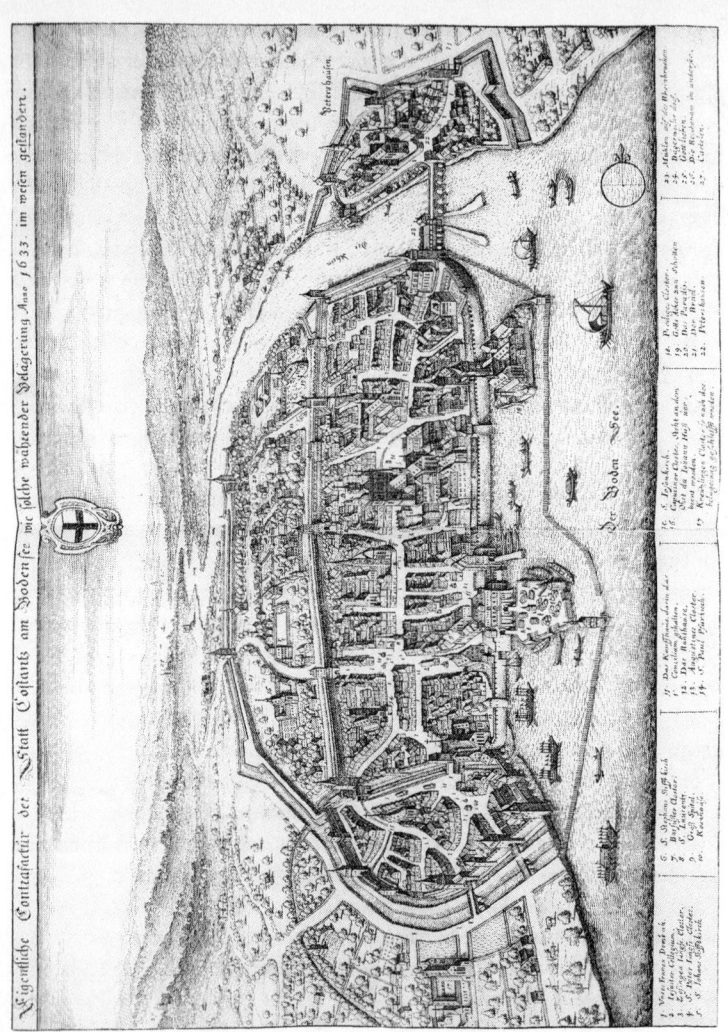

5 Matthäus Merians Sicht auf Konstanz, 1633

Bediensteten angegriffen wurden. Frauen bestrafte man für die Mitwisserschaft und den Verbrauch von Geld. 1588 stellte man so die Frau des früheren Almosenkastenknechts unnachgiebig an den Pranger und beschwerte sie vor der Verbannung mit dem Lasterstein. Nach 17 Jahren hatte sich herausgestellt, daß ihr Mann Gelder veruntreut und sie diese »also zu ihrem Hausbrauch verwendet und genossen« hatte.[88] Auch »Amtsehepaare« wurden angeklagt, vor allem Zoller, die ständig mit Geld zu tun hatten, wenig geachtet und schnell verdächtigt wurden.[89] 1616 griff dieses Thema sogar ein Darmstädter Einblattdruck mit dem Titel *Ein kurtzweiliger Schwank von einem Zöllner und seiner Hausfrawen, Wie sie das Zollgeld vertheilen* auf. Besagte Zöllnersfrau wollte dem reichen Zollherrn nur ein Zehntel des eingenommenen Geldes abgeben. Sie saß abends breit in einem Stuhl und ließ sich Münze für Münze in eine schmale Büchse auf ihrem Schoß werfen, um zu behalten, was daneben fiel.[90] Die Schrift bezog sich auf keinen konkreten Fall, aber ähnlich war beispielsweise 1598 Dorothea Rosin in Konstanz angelastet worden, ihren Mann zur Unterschlagung von Zollgeldern angestiftet zu haben.[91] Wie sie wurden 1679 in Hall auch der frühere Geusslinger Zöllner und seine Frau mit dem Pranger und der Landesausweisung bestraft, weil sie Zollzeichen gefälscht und Zollgeld entwendet hatten.[92] Torwächter und ihre Frauen versahen den Dienst ebenfalls oft gemeinsam und nahmen Wegzoll ein. In Vaihingen sollte das Torwächterpaar 1555 den Herzog um eben diesen betrogen haben.[93] Als ein weiteres Amtsehepaar wurden 1584 der Konstanzer Salzknecht und seine Frau beklagt, weil sie die Einnahmen falsch abgerechnet und die Frau Geld aus der Kasse entwendet hatte.[94]

Das Konstanzer »Kaufhaus«, in dem diese Salzstube lag, war zur

---

[88] *StAMM, A, Bd. 44 d, 110ʳᵛ, Probst, 24.1.1588.*

[89] *Zu Amtsehepaaren siehe H. Wunder, »Er ist die Sonn', sie ist der Mond«. Frauen in der Frühen Neuzeit, München 1992, S. 137ff.*

[90] *W. Harms (Hg.), Deutsche illustrierte Flugblätter des 16. und 17. Jahrhunderts, Tübingen 1987, Bd. IV, S. 58 und 82 f.*

[91] *StAKN, Rp BI 80, 401ʳ, 18.4.1598.*

[92] *StAH, 4/483, 5.3.1670, 67ᵛ–68ʳ, Anna Maria und Hans Georg Schuhmacher.*

[93] *HStASt, A 44, U 6347, 4.10.1553, Sander Bürckle.*

[94] *Siehe StAKN, HIX F. 38, 9.1.1584, Hans Wirth und Frau.*

einen Seite den über den Bodensee kommenden Händlern und Waren geöffnet, zur anderen hin der Stadt. In ihm wechselten sich die Verkaufsstüblein mit Ständen und lose ausgebreiteten Waren ab, und hier war auch der Ort jener kleinen Alltagsbetrügereien, die überall den Handel prägten. Catharina Zeidmann hatte dort beispielsweise drei Jahre lang Mehl, Mus und Ziegen verkauft, aber auch einmal Korn entwendet und Äpfel angeboten, die ihr Sohn gestohlen hatte.[95] Käufer wurden übers Ohr gehauen und Vorteile herausgeschunden. Im Juli 1580 wurde Susanna Jos aus Schaffhausen um ein Pfund Pfennig bestraft, weil »sie das Musmehl alhier in der Kornhaustür verkauft, dann es ihr geschätzt worden«.[96] Eine Frau schöpfte den Rahm von der Milch ab, ehe sie sie verkaufte,[97] andere versuchten, »verfälschtes« Schmalz loszuschlagen, zwei Männer wurden dafür bestraft, daß ihre Frauen vor dem Kaufhaus schlecht abgewogen hatten. Immer wieder wurde auch der Gebrauch falscher Gewichte bestraft. Mit mehr als Bußen mußte bei diesen Delikten hier und auf Märkten kaum jemand rechnen.[98] Nur arme, notorische Betrüger traf es härter, wie beispielsweise 1664 in Hall eine Grabenreiterwitwe, die »ehrliche Leute im Kaufen und Verkaufen« betrogen haben sollte, vom Henker auf den Pranger gestellt und verbannt wurde.[99]

Typisch für kleine Betrügereien dieser Art war auch das private Ausschenken von Wein, ohne Umgeld zu bezahlen.[100] In Vaihingen mischte Walburga Glaser im Herbst beim Keltern Wein mit Wasser und drehte ihn ihren Gläubigern als reinen Wein an.[101] Andere beteiligten sich am Wucher, wie beispielsweise Peter Herzog und Catharina Pelt, die 1625 in Dörfern Schmalz und Obst aufkauften, um sie doppelt so teuer in Wildberg zu verkaufen.[102] Eine Witwe verkaufte 1642 umgekehrt zu teure Lebensmittel vom Haller Markt ins Um-

---

[95] StAKN, K 65, 25.4.1691.
[96] StAKN, HIX F. 62, 30.7.1580 und L 504, Einnahmebuch 1580; StAKN, HIX F. 62, 13.3.1593.
[97] StAKN, HIX F. 62, 23.3.1600.
[98] Siehe z. B. HStASt, A 44, U 3211, 18.4.1554, Margaretha Wern.
[99] StAH, 4/483, Magdalena Ebenbroch, 27.8.1664, 7^r.
[100] StAKN, HIX F. 26, 11.3.1555, 16.12.1555.
[101] HStASt, A 44, Bü. 6363, 21.10.1549.
[102] HStASt, A 582, Bü. 86, 9.4.1625.

land.¹⁰³ In Konstanz ernährten sich 1694 die 24jährige Anna Koch und ihre 60jährige Mutter mit dem »Korn- und Mehlgewerb«; wöchentlich verkauften sie zwei bis vier Säcke Korn unerlaubt und teuer für das Almosen an Überlinger Geistliche.¹⁰⁴

Zum Teil folgten der feilschende Kleinhandel und Betrug natürlich daraus, daß alleinstehenden Frauen die Beteiligung an Großhandel und Handwerk mit dem 16. Jahrhundert schwer oder unmöglich gemacht wurde. 1578 ereiferte sich die Konstanzer Metzgerzunft beispielsweise über eine Metzgerswitwe, die unter der Hand weiter Fleisch an Frauen verkauft hatte und auf den Fleischbänken ihres Schwiegervaters und ihrer Schwäger unterzubringen versuchte. »So lange er Meister gewesen sei«, sagte Hans Widenkeller vermutlich mit Stentorstimme, sei »der Brauch gewesen, wenn eine Witwe habe metzgen wollen, habe sie einen eigenen Rauch und einen eignen Knecht in ihrem Haus haben müssen«.¹⁰⁵ Unabhängigkeit ohne einen richtigen Handwerkshaushalt war also schwierig, und zu diesem gehörte ein Mann. Die Arbeitsmöglichkeiten waren äußerst beschränkt, jeder Kreuzer zählte. Für alleinstehende Frauen ging es immer wieder darum, Nischen aufzuspüren und Möglichkeiten für Zusatzverdienste aufzutun.¹⁰⁶

Vor allem junge, unvermögende Witwen mit kleinen Kindern befanden sich in einer ökonomisch hoch prekären Lage, weil sie sich eigentlich nur durch Heimarbeit ernähren konnten und das Überleben damit schwierig war. An dem Lebensweg von Catharina Vihllieberin, die 1690 in Konstanz gefaßt wurde, wird diese Situation besonders deutlich. Catharina lebte seit dreizehn Jahren in Konstanz. Neun Jahre hatte sie regulär als Postbotin zwischen Konstanz und Innsbruck (dem Sitz der vorderösterreichischen Regierung) gearbeitet: »ihro Hochfürstlicher Gnaden Postbriefe hin und wieder getragen ohne alle Klage«. Ihr Mann, mit dem sie zwei Kinder hatte, starb. Der soziale Abstieg folgte auf dem Fuß. Die nächsten vier Jahre hatte sie

---

¹⁰³ StAH, 4 / 481, Sybil Wolf, 2.9.1642, 125ᵛ.

¹⁰⁴ StAKN, K 68, 29.5.1694.

¹⁰⁵ StAKN, HIX F. 35, 28.10.1578, Georg Mayers Frau.

¹⁰⁶ Zünfte konnten selbst bei verheirateten Frauen wachsam sein, beispielsweise als 1632 die Metzgersfrau Hütlin vor der Metzgerei »für ein pfennig Saw flaisch fail gehabt«, ein Stück in der Metzgerei zu Würsten verarbeitete und verkaufte, StAKN, HIX F. 46, 20.11.1631.

die Familie mit Spinnen und anderen Arbeiten ernährt. Von einem Soldaten hatte sie ein uneheliches Kind bekommen und war verbannt worden. Nach anderthalb Jahren war sie unerlaubt wieder nach Konstanz zurückgegangen und wohnte mit zwei Kindern bei einem Goldschmied. Eines Tages ging Catharina nach Almannsdorf, um für ihre Schwester Schaffleisch zu holen. Im Haus antwortete ihrem Klopfen keiner, die Tür stand offen. An der Wand hing ein Kupfernapf. Den tat sie in ihren Schurz und verkaufte ihn später für einen halben Reichsgulden.[107]

Jede noch so spärliche Haushaltsausstattung sprang also ins Auge und schien das eigene Leben zu erleichtern. Der Gelegenheitsdiebstahl wurde deshalb wiederum nur in Abhängigkeit von dem sonstigen Ruf einer Frau milde bestraft; bei Catharina Vihllieberin konnte man sich schon denken, daß sie auch sonst gestohlen hatte. Anders sah man dagegen etwa den Fall einer Bäuerin, die 1615 nach dem Konstanzer Markt und der wohlverdienten Zeche mit anderen Frauen etwas betrunken aus der Trinkstube des »Thurgauers« kam, sich vor den Laden eines Schuhmachers stellte, der mit einem Mann sprach, und einen Schuh stahl. Er zog den Schuh jedoch schnell wieder aus ihrer »Kratten (Rucksack)« und ließ sie hinziehen, zurück in das Wirtshaus, wo sie bis zum Abend auf der Ofenbank ihren Rausch ausschlief (die Trunkenheit und der Rückerhalt des Schuhs milderten hier natürlich ebenfalls den Tatbestand).[108]

In bezug auf ansässige Diebinnen wurden nur eindeutige und einmalige Notdiebstähle gelegentlich entschuldigt. Eine Württembergerin wurde 1561 wegen ihrer großen Armut, schweren Krankheit und Kinder zu einer Urfehde begnadigt, obwohl sie 31 Gulden aus einem Haus gestohlen hatte, um Schulden abzubezahlen und versetzte Kleider einzulösen.[109] Je kleiner die Gemeinde, um so sichtbarer waren die Ursachen von Diebstählen, um die sich spätestens bei professionellen Dieben keiner mehr kümmerte: die flexible Arbeit, durch die jede

---

[107] StAKN, K 65, 28.1.1690.
[108] StAKN, HIX F. 45, 16.7.1615, Ursula Lindenmann. Dies konnte natürlich auch eine Entschuldigung sein. Eine Magd gab an, »in großer Trunkenheit« ein Tuch aus dem Laden des Freiburger Statthalters genommen zu haben, StAFr. B5 c 4 III, Nr. 7, Bd. 1, 197^v–198^r, 12.10.1579, Barbara Spitznägelin.
[109] HStASt, A 44, U 6388, 11.10.1561.

Krankheit zur Krise wurde, ihre kleinen Kinder und die schon gemachten Schulden.
Sonst bestrafte man Diebstähle von Ansässigen unnachgiebig: Sie nutzten das gemeinschaftliche Vertrauen ebenso wie ihr lokales Vertrautsein schändlich aus. Der Bleichgrund war beispielsweise immer wieder der Ort von Diebstählen, weil ortsangehörige Frauen auf dem Bleichgrund unverdächtig waren und schwer kontrollierbar war, ob sie die eigenen oder fremde Wäschestücke mitnahmen.[110] Manchmal gab es wachende Bleichmeister, aber oft lagen Kleidung und Stoffe offen herum. Andere Frauen schnappten bei Gelegenheiten wie Hausbränden zu, wenn die Nachbarschaft eigentlich zur Hilfe herbeilaufen sollte.[111] Manche beteiligten sich an den Plünderungen der Soldaten[112] oder sahen, wo jemand vor ihrem Einzug in die Stadt sein Geld vergraben hatte und hoben es aus.[113] Auch der Tod alleinstehender Menschen konnte ausgenutzt werden, um Hausrat zu entwenden.[114] Diebstahl bei Verwandten kam immer wieder vor; oft waren dies Rachediebstähle, weil man sich beim Erbe benachteiligt sah.[115] Andererseits nutzten Diebstähle gerade das verwandtschaftliche Vertrauen aus. Eine Hallerin stahl ihrer Altmutter ein Tuch,[116] und die Färbersfrau Rosina Heß hatte 1571 auf Geheiß ihres Mannes aus dem Kämmerlein seines Bruders »sieben Schetter« genommen, »damit den Bingengen zufrieden gemacht«. Sie hatten also Schulden und kamen nur recht und schlecht über die Runden, schnitten von Tüchern ihrer Schwester und Base etwas ab (und von dem eines Kunden ganze vier Ellen), die sie Heimertinger Juden »an einem Zins gege-

---

[110] *1516 wurde beispielsweise eine Brackenheimerin trotz der Fürbitte ihres Vaters sogar aus dem Amt verbannt, weil sie Tücher von der Bleiche gestohlen hatte, HStASt, A 44, U 629, 30.7.1516.*

[111] *So 1529 eine Böblingerin aus dem Haus des herzoglichen Kammermeisters Onophrius Gremp zwei Leintücher, HStASt, A 44, U 4957, 5.3.1529, und 1680 angeblich in Hall die Frau eines Taglöhners im Haal, »Dockhenursel« genannt, von ihrem Vetter, StAH 4/484, 100ʳ, 5.7.1680.*

[112] *StAH, 4/482, 26.5.1638, 111ʳ, drei Männer und eine Frau, denen dafür die Bürgerschaft aufgekündigt wurde.*

[113] *StAH, 4/483, 2.10.1665, Ursula Heroschrecken, Wirtsfrau, 19ᵛ.*

[114] *Siehe StAKN, RP, BI 80, 19.10.1596, 146–9ʳ.*

[115] *Vgl. StAKN, K 28, 24.11.1637, Anna Maria Streub.*

[116] *StAH, 4/481, 30.5.1620.*

ben«.[117] Nicht zuletzt wurden viele Waren offen hergestellt und verkauft, was die Diebstahlskontrolle erschwerte. Eine Stuttgarterin stahl beispielsweise rundum für den häuslichen Bedarf: von Metzgern, während sie schlachteten, Brot von den Karren der Bäcker oder in der Brotlaube, Salz, Schmalz, Lichter und anderes von Krämern.[118] Andere versuchten durch den Ladendiebstahl ersehnte Güter zu erlangen. Margaretha Otten, eine Mutter von fünf Kindern, ging 1682 barfuß durch Konstanz, als sie in einem Laden Garn sah. Sie raunte sich zu, »wenn sie ein Bündel bekommen könnte, wollte sie ein Paar Schuh kämmen«, griff danach und wurde vom Besitzer ertappt.[119] Verheiratete Frauen finden sich sporadisch unter den gerissenen Diebinnen und Einbrecherinnen. Die Frau Michel Wirths wurde beispielsweise 1666 mit dem Lasterstein beschwert und aus Memmingen verbannt, weil sie auf dem Jahrmarkt Atlas, Zöpfe und rote Strümpfe gestohlen hatte. Außerdem hatte sie einem Meister Geld, einer Magd zehn Batzen aus dem Sparhaafen sowie (während der Predigt) das ganze Vermögen einer armen Witwe gestohlen.[120] In Besigheim wurde 1686 Elisabeth Saus endgültig zu einem Problem. Ihr Mann war ein fleißiger und unbescholtener bayerischer Bauernknecht, der nun als Beisetzer und Taglöhner arbeitete. Sie wohnten direkt an der Stadtmauer, also dort, wo immer die Armen lebten. Saus war schon vor sieben Jahren nachts in den Laden eines Krämers gestiegen und hatte 88 Gulden entwendet. Davor hatte sie einem Pfarrer etliche Dinge gestohlen. Später legte sie von der Stadtmauer aus ein Brett in das Fenster ihrer Nachbarin, einer Zeugmacherwitwe, und entwendete Dinge, die diese später bei einem Besuch wiedererkannte. Nun war sie 37 Jahre alt, hatte zwei kleine Kinder und war schwanger. Sie war schon einmal um den Besigheimer Brunnen geführt und ausgewiesen worden. Durch die eindringlichen Fürbitten des Mannes sah man jedoch von einer abermaligen Verbannung ab.[121] Ortsansässige, familiär gebundene Diebinnen waren in dieser Hinsicht immer in ei-

---

[117] StAMM, A 44 c, 4.5.1571. Vgl. StAKN, K 65, 15.12.1699, Moritz Husans Stieftochter.
[118] HStASt, A 44, U 4313, 28.6.1525. Ihr Bruder und Freunde traten für sie ein, so daß beschlossen wurde, sie erst bei einem Rückfall zu ertränken.
[119] StAKN, K 56, 2.5.1682.
[120] StAMM, A 44e, 11.8.1666, 123^{rv}.
[121] HStASt, A 209, Bü. 333.

ner guten Position; keine Gemeinde wollte auf verarmten Restfamilien und mutterlosen Waisen sitzen. Andererseits blieben diese Frauen so ein immenser Unsicherheitsfaktor und waren ortsbekannt, wie beispielsweise 1659 eine Brackenheimerin wegen ihrer Weindiebstähle.[122] Vor ihnen war nichts sicher.
Regelmäßige Diebstähle von Ortsansässigen nahmen professionelle Züge an, wenn sie immer wieder geschickt ausgeführt wurden, um einen Teil des Unterhalts zu bestreiten. Diese Frauen kannten auch Tricks, um ihr Tun zu verheimlichen. Die Memmingerin Margaretha Riechler stieg etwa bei einem Weber durch das Fenster, stahl aus der Stube Garn, verwirrte einen Arm voll, verbrannte auch etwas und verkaufte den Rest nach und nach. Einem anderen Weber hatte sie viel eingeweichtes Garn gestohlen und in das Kornhaus eines unwissenden Mannes getan, bis sie einen Käufer gefunden hatte. Bei Jacob Laucher war sie in den Keller gestiegen und hatte einen Kübel Schmalz genommen, den Kübel verbrannt und das Schmalz wiederum langsam verkauft. Sie spürte leere Häuser auf, offenstehende Türen und Fenster oder in der Dunkelheit sogar das aus Henflin Sauerbockhs Tür heraushängende »Aufziehschnürlein«. Dessen Gesinde war noch nicht schlafen gegangen, sondern hatte »in der Stube gesungen, gejuchzt und einen guten Mut gehabt«. Unbemerkt konnte sie sich in den unverschlossenen Keller schmuggeln, wo ein Kübel Schmalz und zwei Brote förmlich auf sie zu warten schienen. Zur Strafe schnitt der Henker 1564 Margarethas Ohren ab.[123]

▸ **Hehlerinnen** ◂ Im Unterschied zu den brautschatzsammelnden Mägden wurden die meisten dieser gestohlenen Güter nicht zum eigenen Gebrauch verwendet, sondern verkauft. Wer den gesamten Gewinn einstecken wollte, suchte sich seine Käufer selber oder stellte sich auf den Markt. Aber gerade ansässige Diebinnen erkannte man natürlich leicht, die Gefahr war zu groß. Also bedienten die Frauen

---

[122] *In Zürich war sie schon bestraft worden und hier zweimal mit dem Weibergefängnis. Nun wurde sie nach 13 Wochen im Gefängnis ausgewiesen, kam wieder, stahl auch wieder, aber flüchtete dann vor einer erneuten Festnahme, HStASt, A 209, Bü. 591.*
[123] *Mit diesen Vorgehensweisen hatte sie auch mehrere andere Diebstähle begangen, StAMM, A 44 c, 7.2.1562.*

sich lokaler Hehlernetze. In Memmingen waren die Juden im Umland der klare Anlaufpunkt, anderswo einzelne Hehler und Hehlerinnen, deren Häuser und Namen ansässige Diebinnen kannten. Hehler vermittelten die Ware ihrerseits entweder an örtliche Bekannte, häufiger aber brachten sie sie in andere Orte. Wenn Hehlerware außerhalb einer unabhängigen Stadt verkauft wurde, was beispielsweise im umlandslosen Konstanz sehr einfach war, gestalteten sich Ermittlungen sehr schwierig. Eines der Grundrechte von Bürgern war, nur vor Gerichten ihrer Stadt oder ihres Territoriums beklagt werden zu können. Als die Konstanzer Sternenwirtin also 1677 mit Soldaten und zwei Mittlerfrauen Diebesgut nach Überlingen verkaufte, die Käuferin aber mißtrauisch wurde, mußte sie zu ihrem Bürgermeister sagen, er solle den Verdacht dem Konstanzer Bürgermeister mitteilen. Nur so konnte der Fall überhaupt in Konstanz vor Gericht kommen.[124]

Funktionierende Hehlernetze basierten auf einer Vielzahl von Kontakten, entweder zu mobilen Gruppen oder durch die eigene Mobilität. Bei den Juden war die Arbeitsteilung perfekt: Frauen blieben daheim und nahmen das Gut an, während die Männer als fliegende Händler umherzogen und es verkauften.[125] Alleinstehende Frauen mußten sich einmal mehr anders organisieren. Viele arbeiteten regelmäßig oder saisonweise als Feilträgerinnen, Lastenträgerinnen oder Laufmägde, Erntetagelöhnerinnen oder auf Märkten und konnten dadurch Waren leicht an andere Orte bringen.[126] Wirtinnen konnten Waren direkt verkaufen oder wiederum anderen zum Verkauf mitgeben. Außer der Sternenwirtin läßt sich vor allem am Ende des 17. Jahrhunderts in Konstanz eine ganze Gruppe von Hehlerinnen beobachten, deren Handel durch den französischen Krieg scheinbar einen Aufschwung genommen hatte. Krieg legitimierte Plünderungen, und der Umsatz an Gütern war dementsprechend groß. Da Soldaten bei der Bevölkerung einquartiert oder als Kostgänger Haushalten zugeordnet waren, deponierten oder vermittelten sie dort häufig Waren. Teilweise verkauften Frauen diese dann allein in der

---

[124] *StAKN, K 56, 11.10.1677.*
[125] *Egmond, Underworlds, Kap. III. S. 6.*
[126] *Siehe StAKN, RP, BI 80, 1596–98, 1.10.1596; Vgl. StAKN, K 65, 15.3.1690, Barbara Köll und Agatha Frey.*

Stadt, wie eine Weingärtnersfrau, deren einquartierter Soldat ihr 1699 einen Stoß Ärmel, Spitzen und anderes verkauft hatte.[127] Bei der Hehlerei waren die Hemmschwellen niedriger als beim Diebstahl; letztendlich konnte man sie als einen Teil des Gebrauchtwaren- und Pfandleihhandels ansehen, in den die Unterschichten an allen Ecken und Enden involviert waren.[128] Auch die Witwen oder Frauen von Soldaten, die sich in Städten niederließen, waren immer wieder in Hehlereien verwickelt. Eine Schweizer Korporalsfrau wohnte 1698 beispielsweise bei dem Wirtshaus »Roter Vogel« am Ende der Neuen Gasse, in der Nähe vom Konstanzer Schnetztor, und handelte mit weißem und blauem Garn, Halsketten und anderem.[129] Die Frau eines Soldaten hatte es aus Sachsen nach Konstanz verschlagen, und sie hatte nachweislich das Diebesgut von Soldaten an eine Weißbäckersfrau verkauft.[130]

Seit langem wissen wir, daß weibliche Namen zu zwei Dritteln und mehr die städtischen Almosenlisten füllen, das Almosen jedoch nur eine Hilfe und kein Mittel zum Überleben war.[131] Was also taten die Frauen? Welche Überlebensstrategien entwickelten sie? In der Hehlerei finden wir einen Teil der Antwort. Wenn sie nicht zu alt waren, versuchten sich Almosenempfängerinnen meistens mit den üblichen Gewerben durchzubringen, so wie die Konstanzer Witwe Catharina Müller 1693, die dies zusätzlich zum Almosen »mit Nähen: und Waschen so gut sie könne« tat. Außerdem hatte sie dem bei ihr einquartierten Soldaten gestohlenes Kalbsfleisch gekocht und ihm mehrere Dinge abgekauft.[132] Letzteres konnte massive Folgen haben. Selten wird deutlich genug hervorgehoben, wie stark über den Entzug oder die Drohung mit dem Entzug des Almosens erheblicher Druck auf frühneuzeitliche Fürsorgeempfänger ausgeübt wurde; so wurden

---

[127] StAKN, K 65, 4.4.1699, Catharina Gall.
[128] Siehe StAKN, K 67, 28.7.1693, Maria Ursula Brieland; StAKN, HIX, F. 48, 21.2.1576.
[129] StAKN, K 65, 15.1.1698, Anna Kölpin.
[130] StAKN, K 65, 18.2.1695, Catharina Fuchs.
[131] Jütte, Obrigkeitliche Armenfürsorge, S. 127.
[132] Bei Viehdiebstählen waren Frauen häufig durch die Zubereitung des Fleisches involviert. Die verwitwete Genoveva Bürckle wurde beispielsweise 1563 in Württemberg bestraft, weil sie die Diebesbeute ihres Sohnes, Kälber, Lämmer und Schafe, verarbeitet hatte, HStASt, A 44, U 6511, 23.8.1563. Sie wurde mit ihren Kindern aus dem Land verbannt, an den Pranger gestellt und ausgepeitscht.

städtische Unterschichten ruhig gehalten. Andererseits war die Lage der Bedürftigen wahrlich desperat, und zudem bekamen natürlich ohnehin nicht alle von ihnen das Almosen. Bei der Suche nach den zusätzlichen Verdienstmöglichkeiten boten sich illegale Aktivitäten deshalb immer wieder an. Unter diese fiel in Konstanz auch der Schmuggel, da zumindest Rheinanwohner unauffällig Waren verschiffen konnten. So wurde 1691 die 28jährige Catharina Hettlemann angeklagt, eine Reichenauer Näherin mit einem zweijährigen Kind, das weder reden noch gehen konnte. Mit einem Soldaten hatte sie Waren in die Schweiz geschmuggelt.[133]

In den Städten gab es eine klare Topographie der Armut: Die ledigen Mütter, Näherinnen und Wäscherinnen mieteten sich oft in schlechten Häusern armer Witwen oder älterer alleinstehender Frauen ein. Für diese war das Vermieten von Wohnraum ein Hauptgewerbezweig. Ihre Arbeit bestand vor allem darin, die Miete einzutreiben! Neben den Langzeitmietern vermieteten sie auch immer wieder kurzzeitig Räume an Durchreisende, wofür sie in Bußregistern auftauchen, hielten sich Tischgäste oder schenkten abends unverzollten Wein aus, was ebenfalls mit Frevelstrafen geahndet wurde. Beim genaueren Hinschauen auf die Miet- und Arbeitsgemeinschaften der Armen findet man beispielsweise 1691 in der Konstanzer St. Paulsgasse eine 35jährige Näherin, die mit ihren beiden Söhnen bei der »alten Spenglerin« wohnte. Zwei Soldaten hatten der Näherin Felle gebracht, die sie im Thurgau durch eine Schweizerin verkaufen ließ. Sie arbeitete mit ihrer Mutter zusammen, einer Strumpfstrickerin, hatte schon Textilien gestohlen und die Felle verkauft, weil sie sonst »vor Hunger hätten sterben müssen«. Gott werde es schon verzeihen, dachte sie.[134] Solche Quellen vermitteln kleine Einblicke in die Lebenszusammenhänge in weiblichen städtischen »Unterwelten«, in denen Kinder früh lernten, sich durch das Leben zu stehlen, Frauen seltsame Spitznamen trugen und Behinderungen (und damit Arbeitsunfähigkeit) häufig waren. Die Anleitung eigener Kinder zum Diebstahl verurteilten Obrigkeiten besonders hart. Die Memmingerin Christina Herk wurde 1581 ertränkt, weil sie nicht nur selber über Jahre ein ganzes Sortiment an Haushaltswaren – von weißen Kissen

---

[133] StAKN, K 65, 1.2.1691.
[134] StAKN, K 65, 11.4.1691, Anna Acker, und 19.4.1691, Anna Wallthase.

angefangen über zwei Teller von der Frau Stadtschreiberin bis hin zu alten Pantoffeln – gestohlen hatte, sondern auch ihre Tochter dazu ausgeschickt hatte, beispielsweise zur Frau des Schulmeisters zu gehen. Sie kehrte mit einem Stoß Leinen zurück, der an die Heimertinger Juden verkauft wurde.[135] Eine Konstanzerin erinnerte sich 1559, schon als Kind bei Diebstählen ihres Vaters im Kornhaus Schmiere gestanden zu haben. Eine Nachbarin brachte ihr dann das Säckelschneiden bei. Abends zechte sie mit ihr, hatte einen »guten Mut« und wurde zu »Lichtstuben« eingeladen.[136] »Des Türkenmichels Weib« (deren Mann also vermutlich weit weg gegen die Türken kämpfte) wurde 1575 in Hall dafür verurteilt, ein Waisenmädchen und ihre eigene Tochter zum »Stehlen angehalten« zu haben.[137] 1677 nannte man eine Konstanzerin mit dreizehn Kindern die »Einhänderin«. Sie hatte ein fremdes Schweizer Mädchen, »so Armut halber bei ihr Herberg genommen«, zum Diebstahl angelernt. Eine ihrer Töchter war die Gespielin der »Grünen Näherin«, hatte öfter mit dieser gegessen und getrunken, Besuch von Soldaten gehabt, nachts aus Läden Lichter, Schmalz, Käse und Geld gestohlen, von dem verkauften Käse Brot gekauft und »den Hunger gestillt«.[138] Wiederum sieht man, daß alleinstehende Frauen häufig gemeinsam aßen, sich Kleidung und Geld liehen und die Freizeit zusammen verbrachten: So schufen sie sich ein soziales Netz unter Gleichen, in dem man sich durch Leihgaben und Geschenke unterstützte und, wo es ging, gesellig war.

Tagsüber warteten manche dieser Frauen auf gestohlene Güter und Gelegenheiten, sie zu verkaufen. Barbara Rainbüchler lebte um 1691 so ein Leben: Sie gestand, an einem Samstag habe »ein fremdes Mensch 2 Ziegen gebracht«, die sie am Sonntag im Paradies verkauft habe, der dünnbesiedelten und weniger bewachten Konstanzer Vorstadt im Norden, nach Gottlieben und dem Galgen zu. Das »Mensch« war ein Mädchen. Es wohnte bei der alten Spitalpflegerin in der Sackgasse. Diese stand hinter dem Handel. Die »Fliegenmetzgerin« auf dem Turm hatte ebenfalls drei Tischtücher, Leinlaken und Bettzeug durch Barbara verkaufen lassen. Von ihrem Anteil hatte Barbara sich

---

[135] StAMM, A 44 d, 22.1.1581.
[136] StAKN, HIX F. 32, 22.4.1559, Katharina Danner.
[137] StAH, 4/480, 16.4.1575, 247^r.
[138] StAKN, K 56, 29.10.1677.

Schuhe gekauft und etwas von ihren Schulden bezahlt. Das übrige Geld gab sie einer Frau, die ihr eine rote Schlutte geschenkt und bei der sie manchmal gegessen hatte.[139] Anna Mayer aus Gottlieben stahl ihrerseits im Paradies eherne Hafen, einen hatte sie an eine Wirtshausmagd verkauft. Außerdem nutzte sie die billigeren ländlichen Handwerksmärkte zum Wucherhandel: Auf dem Schuhmarkt hatte sie ein paar neue Stiefel gekauft und teurer im Paradies verkauft. Sie stahl auch Rohmaterial und verarbeitete es vor dem Verkauf weiter: In einem Kramladen und von einer Bäuerin hatte sie Garn genommen, es versponnen und verkauft. Dies alles habe sie »vollbracht, damit sie (mit) ihren armen Kindern die Nahrung« hätte, sagte sie.[140] Auch ihr Beispiel zeigt, wie verzweifelt nach jeder erdenklichen Möglichkeit für Zusatzverdienste gesucht wurde. Für das Viertel der Niederburg, im Westen von Konstanz, hören wir schließlich von einem 20jährigen Dieb, dessen Vater in Frauenfeld hingerichtet worden war, und der seine gestohlenen Güter zu einer Feilträgerin in der Rheingasse trug.[141] In dieser lebte auch Antoni Contamina, Bürger und Silberkrämer. Er war weniger mißtrauisch als andere Goldschmiede und fragte nicht lang, woher die ihm angebotenen Gegenstände kamen. Eine Frau berichtete, ihr Mann habe Contamina das vom Thurgauer Landvogt gestohlene Silber weiterverkauft. Zeugen wußten, daß auch zu ihr selber einmal Kupfergeschirr gebracht worden sei. Sie hatte es aber nicht angenommen; der Sack war zu einer »Häfflemacherin (Krugmacherin)« im Nachbarhaus gewandert.[142]

Die Diebstähle ansässiger Frauen geben einen seltenen Einblick in die vielfältigen Notbehelfe der Unterschichten. Ihre Delikte wurden alle in kleinen und größeren Städten aufgespürt. Frauen, die auf dem Land lebten, schienen Marktorte zu nutzen, in denen es mehr Güter gab, sie kaum bekannt waren und ihre Diebstähle weniger auffielen. Der Großteil der entdeckten Frauen gehörte zur städtischen Unterschicht alleinstehender Frauen. Ihre Geschichten zeigen, daß die Annahmen, bedürftige Frauen hätten in der Frühen Neuzeit leichter als Männer Unterstützung gefunden und seien deshalb weniger stark in

---

[139] StAKN, K 68, 18.3.1691.
[140] StAKN, HIX F. 34, 18.4.1574.
[141] StAKN, K 67, 14.2.1693.
[142] StAKN, K 59, 8.3.1680, Catharina Stader.

Eigentumsdelikte verwickelt gewesen, zu allgemein ist.[143] Die Quellen reflektieren beispielsweise die städtische Hehlerei nur sehr selten, und doch gab es sie in jedem Handelsort und einem Grenzort am See wie Konstanz natürlich um so mehr. Allein eine Aussage wie die der inhaftierten Barbara Rhainbüchler verweist auf drei weitere Konstanzer Frauen und ein Mädchen, die immer wieder auch in die Hehlerei und vielleicht gelegentliche Diebstähle involviert waren. Eigentumsdelikte dieser Art gehörten durchaus zu den Überlebensstrategien einer ganzen Reihe alleinstehender städtischer Frauen – und doch waren der Wert der Ware und das Ausmaß der Deals gerade deshalb geringer und damit weniger auffällig, weil diese Frauen meist nur unvollständige Haushalte, will sagen sich und kleine Kinder oder sich allein versorgen mußten. Wenn sie zu den Hausarmen gehörten, half außerdem das Almosen. Dies kompensierte zumindest die schlechteren Chancen der ledigen Mütter und Witwen auf eine Heirat oder Wiederheirat und ihre stark eingegrenzten und wenig lukrativen Beschäftigungsmöglichkeiten. Die Quellen führen also die alltägliche Notsituation alleinstehender Frauen deutlich vor Augen, die über Steuer- und Almosenlisten schon lange belegt ist, und die daraus erwachsenden Verhaltensweisen: Die Wachsamkeit für jede sich bietende Gelegenheit zu kleinen Verdiensten oder Einsparungen, die Wieder- und Wiederverwendung gebrauchter Waren, das Umarbeiten von Kleidung, das »Aus-eins-mach-zwei« des Nähens, das frühe Ausschicken der Kinder zum Organisieren von Nahrung, kurzum: eine Spielart der Mentalität des pfiffigen oder bloßen Durchkommens, die auf eine ähnliche Weise einen großen Bevölkerungsteil in der Frühen Neuzeit tagtäglich beschäftigte.

DIE JAGD NACH SÄCKELN UND GROSSEN COUPS: PROFESSIONELLE DIEBINNEN Professionelle Diebinnen unterschieden sich von den bisher behandelten Gruppen, weil sie überwiegend für längere Lebensphasen, wenn auch nie ausschließlich, von Diebstählen lebten. Das Bild einer vom normalem Leben und gewöhnlichen Menschen, Zwängen und Werten abgespaltenen kriminellen »Subkultur« professioneller Diebe ist jedoch nicht nur in dieser Hinsicht

---

[143] R. Jütte, Poverty and Deviance in Early Modern Europe, Cambridge 1994, S. 199.

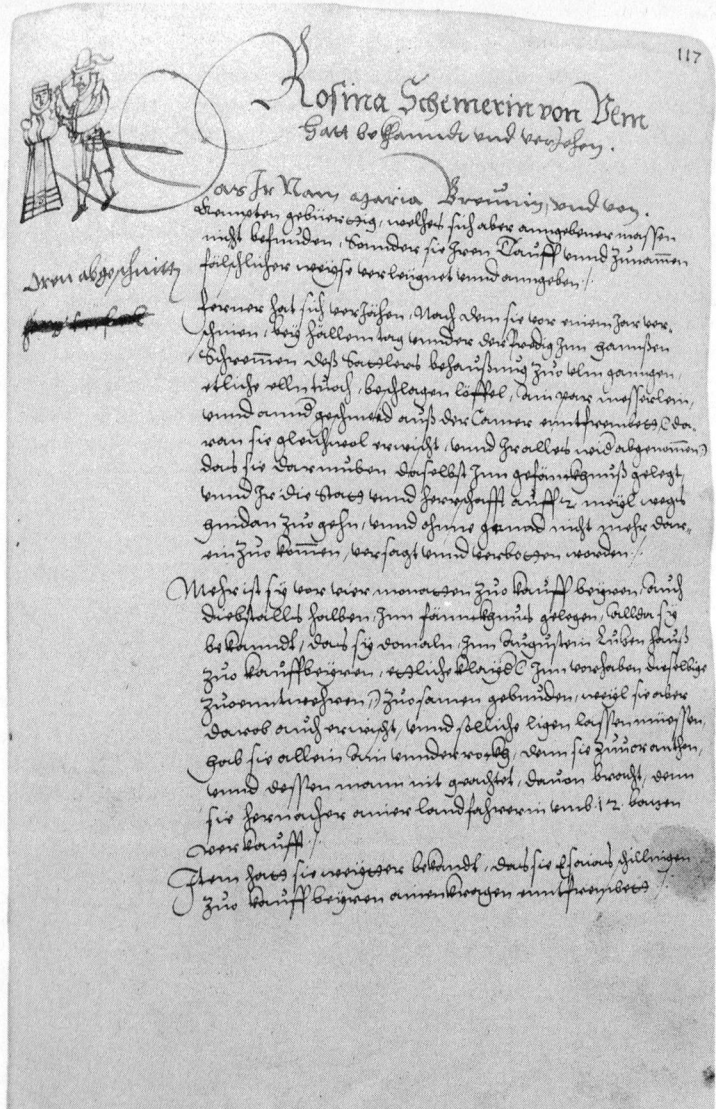

Rosina Schemerin von Ulm

hatt bekhandt vnnd waahr sein.

Daß Ir Nam Rosina Brauning, vnd von Kempten gebürtig, welches sie aber angelegner massen nit bekhinden, sondern sie Hans Claus und Zunamen fälschlichen weiß verleugnet vnd angeben.

Ohren abgeschnitt

Fermer hat sich verhalten, Nach dem sie vor einem Jar vor-schinen, beÿ Hallen beÿ wÿlender des heyligen harn schronen, deß karstschnit behaußung zu Ulm gangen, etliche vellstückh, beschlagen löffel, ain par meßschaiden, vnnd ain geschmid auß der Cameren entfrembdet, Da war sie gleichwol erwischt, vnd hat alß wider abgenommen, daß sie darumben daselbsten zum gefänknus gelegt, vnd er die statt vnd herrschafft Aulßer nicht mer ainendern zu gehn, vnd ohne ire hand nicht meh daranein zu khomen, vergagt vnnd versorgen werden.

Mehr ist sie vor Irer monaten zu kauffbeyren, auch dieskhalbs hallen zum fenngenus gelegen, willen sie bekhendt, doch sie damaln zum Vuzystain Tischler hauß zu kauffbeyren, etliche klaider zum vorhaben, diselbe zuunthrschm, Tuschame gebunden, welgl sie aber darob auch erwischt, vnd selbig ligen lassen müssen, hab sie allein das kindereöckhle, denn sie zuor aufen, vnd dessen nam nit gewüst, davon bracht, dem sie hernacher ainer landfahrenin vmb 12 batzen verkauft.

Item hat sie weyter bekhendt, daß sie eßwaß hilligen zu kauffbeyren aus schrancken vnbefähreter

zu relativieren. Bei dem kriminellen Tun der meisten Diebe (und zwar Männer und Frauen, im Unterschied zu Räubern) handelte es sich um Kleindiebstähle und Einbrüche, aus denen sich wiederum nicht mehr als die typische Beute von einigen Kleidungsstücken, etwas Geld und Lebensmitteln ergab. Große Coups gelangen selten. Frauen waren zwar auch an Diebesbanden beteiligt, die solche Coups planten. Doch die meisten Banden taten dies nur sporadisch und waren sehr locker organisiert; sie trafen sich selten zu gemeinsamen Aktionen oder aber in Untergruppen, um der Unauffälligkeit halber sofort danach wieder auseinanderzugehen.[144] Bei Frauen gab es keinen Aufstieg zum gewalttätigen Raub,[145] sie hatten keine Waffen und stahlen nur Kleinvieh, vor allem Hühner und Gänse. Der Raubmord, die Falschmünzerei und Entwendung wertvoller Schafe und Pferde blieben somit fast ausnahmslos den Männern vorbehalten, und damit auch das Gros der Todesstrafen.[146] In Memmingen, einer Stadt, deren vorrangiges strafpolitisches Ziel wie in Esslingen die abschreckende Verfolgung von Diebstahl war, weil sie an einer zentralen Handelsstraße lag, wissen wir beispielsweise von 43 Männern und 22 Frauen, die wegen Eigentumsdelikten an den Pranger gestellt, ausgepeitscht und verbannt wurden. 82 Männern (darunter 16 Raubmörder), die wegen Eigentumsdelikten die Todesstrafe erhielten, stehen dagegen vier hingerichtete Diebinnen gegenüber.

Professionelle Diebe waren mobil, das heißt, sie hatten keinen eigenen Haushalt. Sie waren jedoch nicht insgesamt, wie es sich die Obrigkeiten vorstellten, völlig »entwurzelt«. Die Wanderzeiten wechselten immer wieder mit Zeiten ab, in denen sie länger an einem Ort blieben, sei es, um bei der Ernte als Taglöhner oder Magd zu arbeiten, sei es, um zu überwintern. Ihre Routen bewegten sich überdies in einem abgesteckten Rahmen bekannter Landstriche und Ortschaften. Die meiste Zeit wurde auf Straßen und in ländlichen Gebieten verbracht. Es war nicht immer einfach, in Städte zu gelangen, und sehr

---

[144] U. Danker, Räuberbanden im Alten Reich um 1700. Ein Beitrag zur Geschichte von Herrschaft und Kriminalität in der Frühen Neuzeit, 2 Bde., Frankfurt 1988; Egmond, Underworlds.
[145] Mit Ausnahme von Margret Kechlin, die von ihrem Mann zur Beihilfe bei Raubmorden in Wäldern gezwungen wurde, HStASt, A 43, Bü. 3, 18.1.1526.
[146] Die wirklichen Zahlen sind ohne Zweifel höher, da die Einträge im dritten Urgichtbuch viele Lücken enthalten, StAMM, A 44e, 24.4.1615–21.6.1689.

schwierig, in ihnen zu bleiben: Torwärter und Gassenwächter konnten an Markttagen zwar nicht genau kontrollieren, wer in die Stadt kam, aber abends war genauer auszumachen, wer aus den falschen Gründen bleiben wollte. Stadtmauern hatten natürlich Löcher, und Ordnungshüter übermannte nachts der Schlaf; trotzdem bedeuteten Einzug und Verbleib in einer Stadt immer eine Hürde. Schon an der Grenze von Reichsstädten stolperten Diebe öfter über Grenzsteine, in die ein Galgen eingehauen war: dies zeigte die kaiserlich verliehene Blutgerichtsbarkeit ebenso an wie eine gewisse Entschlossenheit, sie zu nutzen.[147]

Diebe hatten jedoch bestimmte Anlaufpunkte, zu denen sie regelmäßig zurückkehrten, die dem Zeit- und Lebensgefühl also einen Rhythmus verliehen. Ihre Wahl war entweder professionell bedingt, das heißt, man besuchte beispielsweise regelmäßig Jahrmärkte bestimmter Orte, bei denen sich lukrativ stehlen ließ, oder privat, durch Verwandte oder Freunde, die Aufnahme gewährten. Agatha Selttenreich [sic!] und ihr Partner stahlen seit neun Jahren im Frühjahr und Herbst, »werkten« und schnitten im Sommer bei der Ernte und zogen im Winter zu ihren Brüdern.[148] Bei den meisten professionellen Dieben gehörte außerdem der Empfang von Almosen oder die Bettelei zu der Überlebensstrategie, und auch hieran orientierten sich die Wege: Wenn etwa das Kloster Salem einmal in der Woche Almosen austeilte, war der Andrang des Straßenvolks groß, obwohl fremde Bettler nur ein Viertel Stück Brot bekamen.[149] Die städtischen Diebstähle orientierten sich nicht zuletzt an lokalen Gegebenheiten: In Memmingen gab es viele Weber und Garn zu stehlen, in und um Konstanz viele katholische Kirchen und Klöster, also mehr Gold- und Silberschmiede, von denen man stehlen oder zu denen man gestohlenes Metall bringen konnte.[150] Während Memmingen im 16. Jahrhundert

---

[147] *In Hall galt dies für die Grenzsteine des Hospitals zum Heiligen Geist, siehe Katalog, Richter, Henker, Folterknechte. Strafjustiz im alten Hall, A. Deutsch (Hg.), Schwäbisch Hall 1993, S. 35.*

[148] *StAFr, B 5 III c 4, Nr. 7, Bd. 1., 119ᵛ, 15.6.1570.*

[149] *C. Schott, Armenfürsorge, Bettelwesen und Vagantenbekämpfung in der Reichsabtei Salem, Bühl 1978.*

[150] *M. Burkhardt, W. Dobras, W. Zimmermann, Konstanz in der frühen Neuzeit: Reformation, Verlust der Reichsfreiheit, Österreichische Zeit, Konstanz 1991, S. 211.*

zu einem regionalen Wirtschaftszentrum absank, dessen Jahrmarkt nicht mehr Bedeutung als der Wochenmarkt hatte,[151] spiegelten die Käufer und Waren auf Märkten in Städten wie Esslingen die Lebendigkeit des die Reichsgrenzen überschreitenden Handels wieder.[152] Dies machte bedeutende Märkte für Diebe ebenso attraktiv wie Jahrmärkte, zu denen jeder Ersparte brachte. An Gürteln der Besucher hingen oft sichtlich wohlgefüllte Säckel. Manche Diebinnen wagten sich außerdem auf Hochzeiten und andere Festivitäten, wo das Getümmel und die Ausgelassenheit so groß waren, daß sich beispielsweise unbemerkt von hinten ein Gürtel abschneiden ließ, um an das Nadelbein einer Frau zu gelangen.[153]

Diebinnen hatten eine diesem Mobilitätsmuster entsprechende gemischte Ökonomie städtischer und ländlicher Diebstahlsgüter und Verkäufe. Katharina Heu stahl beispielsweise in Kärnten, Ulm und Augsburg teurere Textilien auf Märkten und schnitt Säckel, während ihr auf den Dörfern nur der Einbruch in Häuser blieb, aus denen sie wiederum vor allem Textilien und Flachs, aber auch Messer, oder »in einem Weiler bei Ottobeuren drei Braten Fleisch« nahm.[154] Selbst noch so kleine Mengen an geringwertigem Diebesgut ließen sich irgendwo verkaufen oder tauschen und erweckten zudem kaum Verdacht. Drei Nägel und ein eisernes Spänglein verkaufte eine Frau beispielsweise 1692 für drei Schilling bei einem Konstanzer Schmied in der Rheingasse. Viel wurde direkt auf den Handelsstraßen vertrieben. Man bewegte sich vom Allgäu nach Oberschwaben, von dort nach Ulm und weiter nach Württemberg und begegnete Landstreichern, fliegenden Händlern und anderen möglichen Käufern. Textilien wurden deshalb so oft gestohlen, weil der Handel mit gebrauchter Kleidung ungemein florierte. Selbst der württembergische Herzog mußte sich beispielsweise 1696 dagegen verwahren, daß Stuttgarter Bürger mit ausgedienten Livrees seiner Diener herumliefen: es war normal, abgeschabte Stücke, bis sie zerfielen, weiterzu-

---

[151] R. Kießling, Die Stadt und ihr Land. Umlandpolitik, Bürgerbesitz und Wirtschaftsgefüge in Ostschwaben vom 14. bis ins 16. Jahrhundert, Köln 1989, S. 429, gibt als Tiefpunkt bereits das Jahr 1535 an.
[152] Zur wirtschaftlichen Entwicklung Memmingens siehe ebd., S. 529.
[153] StAMM, A 44 d, 157rv, 15.5.1607, Agatha Scheffeler.
[154] StAMM, A 44 c, 1551.

geben oder zu verkaufen.[155] Eine Diebin zog also beispielsweise glatt von der Wäscheleine anderer Leute weg Kleidungsstücke an und verkaufte sie einer »Landfahrerin« oder einer »Dirne Sabina genannt so sich um Augsburg aufgehalten«.[156] Man handelte in der Tat »fliegend«. Einem Bauern konnten zwischendurch seine Birnen abgeschnitten und schnell auf dem nächsten Markt verkauft werden, wie anderes Diebesgut auch.[157]

Der Umgang mit wertvollerem Diebesgut war für die mobilen Diebinnen ein Problem: Die Ware mußte schnell verkauft oder versteckt werden. Zu oft wurde man mit ihnen im Rucksack ertappt. Barbara Meyer hatte sich deshalb einen »Diebssack« unter dem Vorderschurz zusammengenäht; in ihn steckte sie die Ware der Kramläden auf dem Esslinger Markt und das Pelzbrusttuch eines Ratsmitglieds.[158] Sichere Verstecke waren schwierig zu finden. Barbara Widmer hatte klug eben jenen Tag zu einem Einbruch genutzt, an dem ein Konstanzer Bürger am Bohnenmarkt großzügig Wein ausschenkte und »viel Volk« da war. Trotzdem fand man ihre Beute in einer Wirtshaustruhe versteckt.[159] Märkte wurden auch dazu genutzt, um Mitfahrgelegenheiten auf Karren und Wagen zu finden und schnell mit der Ware zu verschwinden, zum Beispiel von Konstanz in den Thurgau oder nach Schaffhausen.[160] Dort konnte man vorgeben, eine Feilträgerin zu sein.[161] Wer sich etwas länger an einem Ort aufhielt, konnte andererseits Beziehungen zu den einfach zu identifizierenden lokalen jüdischen Hehlernetzen knüpfen (wenn es sie gab) und Waren sofort dorthin tragen. Für all jene, die sich besser auskannten, gab es mehr Möglichkeiten zur Weiterverarbeitung bestimmter Güter und darüber hinaus einen breiten Kreis einheimischer Handwerker und Händler, die wissend oder unwissend Diebesgut annahmen. Maria Hagg hielt sich länger in Konstanz auf und trug 1692 beispielsweise

---

[155] Reyscher, Gesetze, Bd. 13, S. 701f., »General=Verordnung, das unbefugte Tragen fürstlicher Livree betreffend«, 14.10.1696.
[156] StAMM, A 44 d, 17.8.1589, Rosina Schemer, 17^{rv}.
[157] StAKN, RP, BI 81, 1600, Barbara Widmer, 37^r–41^v.
[158] LAL, B 169, Bü 119, 91^{rv}, 9.10.1654.
[159] StAKN, RP, BI 81, 1600, 37^r–41^v.
[160] StAKN, K 28, 26.10.1639, Anna Mayer.
[161] StAKN, K 28.24.1.1640, Maria Beck.

einen Zimmerleuchter in das Haus eines Schleifers. Sie schmolz ihn »bei der im anderen Stüblein wohnenden Korporalin«. Das Metall verkaufte sie einem Glockengießer. Ein Tischtuch, ein Hemd und eine Gollerschlute erlösten bei einer Schneiderin zwanzig Groschen. Dinge ohne Gebrauchswert mußten dagegen privat verkauft werden und wurden deshalb selten gestohlen. Trotzdem wurde Hagg ein »kleines Zimmerschifflein« an den Koch »ab dem Fischmarkt« los.[162] Felle wurden an Gerber verkauft.[163] Diese Kontakte waren sichtlich vorteilhaft. Deswegen versuchten viele Diebinnen immer wieder für eine gewisse Zeit in ihre Heimatstadt zurückzukehren. Die Gelegenheit hierzu konnte sich zufällig ergeben, wie bei einer schon zweimal aus Konstanz verbannten Frau, die 1692 eine Frau in Zell beauftragte, ihr ein Kleiderbündel nach Konstanz zu tragen. Bei dieser Gelegenheit, wußte die Konstanzerin, ließen sich auch »die Spenden so im Münster ausgeteilt worden, empfangen«.[164]

Wie regelmäßig Marktorte an wichtigen Handelsstraßen von Dieben durchquert wurden, läßt sich vor allem am Beispiel Esslingens beobachten. Hier wurden sowohl Diebinnen aus der Region gefaßt, etwa aus Stuttgart, Beuren, Ellwangen, Weikersheim, Plattenhardt und Hall, als auch Diebinnen von weit her, beispielsweise aus Augsburg, Biberach, Nördlingen, Nürnberg, Ravensburg, Schaffhausen, Solothurn, Rabsweyler im Elsaß, oder 1613 »Elsa, ihr Vater ihr nicht wissend«, eine Diebin aus der Nähe von Mainz.[165] Vor allem Jahrmärkte wandelten sich zu einem »rendez-vous des filous«, zumindest jener aus dem Süden.[166] Sie stahlen entweder das uns inzwischen vertraute Standardrepertoire an Textilien, Leder- und Metallwaren, Nahrung sowie gelegentliche Extras, etwa einen Kessel oder Kinderspielzeug, oder waren spezialisierte Beutelschneiderinnen. Doch die Bürger lernten dazu: Säckel hingen oft nicht am Gürtel, sondern lagen in einem Beutel. Die Beute verlockte. Margaretha Haafen hatte 1588 beispielsweise ganze 52 Batzen aus den Säckeln der Jahrmarktsbesu-

---

[162] StAKN, K 66, 22.1.1692, Maria Hagg.
[163] Z.B. fünf Kalbsfelle und drei große Häute von Margarethen Blansch 1556, StAFr, B 5 IIIc 4 Nr. 7, Bd. 1, 87^v.
[164] StAKN, K 66, 20.3.1692.
[165] LAL, B 169, Bü. 119 II, 47^v, 3.12.1613.
[166] O. Hufton, The Poor, S. 265.

cher geleert.¹⁶⁷ Die Strafen schreckten allerdings. 1590 wurde Anna Fischer in Esslingen erhängt, weil sie mit einer Diebesgesellschaft auf Jahrmärkten und Märkten Beutel schnitt. Dies war eine für Frauen extrem seltene Strafe.¹⁶⁸ Helena Straub und ihre Kumpanen wurden 1592 in Esslingen im Gefolge des Martinimarkts enthauptet, genauso wie die namensgleiche Katharina Straub und ihre Begleiter im nächsten Jahr.¹⁶⁹ Die Jugend vieler der Diebe und Vaganten, die in Gerichtsprotokollen genannt werden, ist zunächst oft frappierend. Es waren Kinder, die mit zwölf oder, wenn sie Waisen waren, oft noch früher von zu Hause weggezogen waren, um sich ihr eigenes Brot zu verdienen. In Esslingen enthauptete man beispielsweise ein 16jähriges Mädchen, das mit ihrem Freund auf Märkten und Jahrmärkten regelmäßig Hüte und Hauben, Schuhe und Tuch gestohlen und an Juden oder arme Leute verkauft hatte. Bewegend bat sie darum, daß auch er enthauptet (anstatt gehängt) und sie damit zusammen begraben würden, da sie »wann sie wissen, daß sie nach dem Tod beieinander liegen, (sie) desto williger sterben wollten«.¹⁷⁰ Von anderen Frauen hören wir aus den Quellen nur, daß sie »weinsüchtig, voll, verlogen und gottlos« waren. Magdalena Brunner war zum Beispiel 1653 angeblich dem Schwören und Schmähen ergeben, brachte falsche Münzen in Umlauf und zog mit »losen, leichtfertigen und bösen Leuten« umher, vor allem Pfeifenspielern, Gauklern und Falschspielern.¹⁷¹

Diese Beschreibungen sagen uns wenig über die Herkunft und Heterogenität der Mitglieder dieser kleinen Teams und Diebes»banden«. Etwas mehr läßt sich den Informationen entnehmen, die Dieben zu Fahndungszwecken abgerungen wurden. Anna Möring, die Tochter eines Färbers und Witwe eines Landfahrers, gehörte zu einer Diebesbande und wurde 1599 in Esslingen gefaßt. Sie kannte das Aussehen, den Namen, die größten Coups, Teile der Lebensgeschichte und typische Aufenthaltsorte der anderen Diebe. Einen Beutelschneider beschrieb sie beispielsweise so: Er heiße Hans von Lachweylen, sei ein

---

¹⁶⁷ LAL, B 169, Bü. 119 I, 243ʳ.
¹⁶⁸ LAL, B 169, Bü. 119 I, 253ʳ–256ʳ, 6.10.1590.
¹⁶⁹ LAL, B 169, Bü. 119, 256ʳ–258ʳ, 27. 10. 1592 und 261ʳ–263ʳ, 12.1.1593.
¹⁷⁰ LAL, B 169, Bü. 119 I, 272ᵛ–277ʳ, 22.12.1599.
¹⁷¹ LAL, B 169, Bü. 119 II, 89ʳ–90ʳ, 10.12.1653.

»rau gelb« Person, habe in Heidelberg einen Verwandten erstochen und sei danach geflüchtet. In Frankfurt habe er einmal einen Säckel mit 50 Kronen gestohlen und halte sich vor allem bei Heilbronn auf. Ein anderer, der Lichlin, sei ein Pfeiffer aus der Pfalz, eine »lange braune starke Person«; er komme oft zum Durlacher Henker, sei schon aus Stuttgart, Leonberg und Württemberg verbannt worden und ziehe in der Nacht umher, um zu stehlen. Man kannte die bevorzugten Gasthäuser. Morde wurden erinnert (einer von ihnen hatte bei einem Jahrmarkt einen Landfahrer totgeschlagen), hingerichtete Verwandte (der Vater des braunen Georg war zu Weißenhorn enthauptet worden) und Gefängnisausbrüche (die krumme Anna »habe zu Ulm aus dem Gefängnis gebrochen«). Genossen wurden als rauh oder dick beschrieben, als »klein schwarz Männlin«, stark und lang, jung, bärtig oder nicht, mit einem »kleinenfalben« Bart oder einem »Knebelbärtlin«, einem »dipflichten Angesicht«, »vierschratig«, »triefenden Augen«, einem »rotbrechten brätschigen Angesicht«. Nachnamen waren oft unbekannt oder orientierten sich am Herkunftsort. Behinderungen (ein »Kriegsmann mit einer krummen Hant«) wurden ebenso vermerkt wie andere Nationalitäten, in diesem Fall zwei Schweizer. Die Kleidung wurde zusammenfassend als »bäurisch«, öfter aber im Detail beschrieben: »Trag schwarze Hosen und Wamms, ein breiten Hut darauf ein gelbes Zeichen«, unten lange Hosen, ein »Dägelin (Messer) mit einer hirschledernen Schale«, »grüne Strümpfe«, einen mit »knöpfflechten Barchet« gefütterten Mantel, blaue Hosen, einen ledernen Wams. Diese eine Garnitur kannte man. Afra Georg fiel aus diesem Bild heraus, weil er sich »verännder ... mit den Kleidern«. Charakterzüge wie, »sei ein hurtiger Kerl«, wurden kaum nebenbei vermerkt und auch das Handwerk nur einmal genannt: »Hans ... seines Handwerkcks ein Glaser ... werde under den Landfahrern Hans Glaser, oder allein der Glaser genannt«. Dagegen wurde in bezug auf die interne Professionalisierung genau unterschieden: Es gab Säckelschneider, Marktdiebe, Diebe, Einbrecher und einen »Steigbettler«, der entweder den Dieben gestohlene Sachen abkaufte oder sie ihnen mit Gewalt nahm, wenn die Preise überteuert waren. Einer ernährte sich »vielmehr mit Betteln als mit Stehlen«, Endriß aus Augsburg trage »zuzeiten einen Gewürzladen und mache falsche Bisamknöpfe«, und ein anderer, ein »rechter Dieb«, hatte ebenfalls einen »Kram«, den er sich mit »Stehlen zu

Wege gebracht«. Es gab aber auch sechs Straßenräuber, einer war mit einem Fäustling, einem Dolch und einer Wehr ausgerüstet, ein anderer war ein Landsknecht, der den »Wandergesellen sehr aufsässig« sei. Ein Dritter trug »zwei Rohr (Gewehre)«, während immerhin zwei Straßenräuber keine Waffen hatten. Aber Räuber hatten »Gesellen«. Eine Falschmünzerin und eine Hure wurden im Verhör noch erwähnt sowie eine Landfahrerin mit zwei stehlenden Töchtern.[172] Dies bestätigt die Vermutung, daß es einen breiten Rahmen der Zugehörigkeit zu einer solchen Gruppe gab, deren Mitglieder unterschiedlich oft und gewaltsam stahlen, mehr oder weniger bemüht waren, ihren Lebensunterhalt daneben auch anders zu verdienen, andere Weggenossen belästigten oder in Ruhe ließen. Es gab keine feste Zugehörigkeit und keinen einheitlichen Verhaltenskodex, wie bei Zünften, sondern unterschiedliche Einstellungen und Verhaltenspraktiken, wobei sich diejenigen hervortaten, die die Obrigkeit am gewitzigsten zu überlisten wußten und die größten Coups verbuchen konnten. Barbara Widmer wußte etwa von einer Diebin, sie prostituiere sich, handele manchmal mit falschen Münzen und habe einmal ganze dreißig Gulden erbeutet.[173] So wurde auch an dem Mythos um das Diebesleben mitgewoben, denn die glorreicheren Taten verdeckten die alltäglichen Erfahrungen der langen Märsche auf Landstraßen, des Überlebens mit Krankheiten, der Notwendigkeit, sich möglicherweise vor den eigenen Kumpanen in acht nehmen zu müssen, der Furcht vor dem Gefaßtwerden, der Erinnerung an die Tortur, Gefängnisse und hingerichteten Freunde, an deren Fleisch die Vögel lange Nahrung hatten.

▸ **Räuberdirnen?** ◂ In peinlichen Prozessen wurden Frauen, die in Begleitung von Räubern und Diebesbanden gefaßt worden waren, unächst oft als »Dirnen« mitbeklagt. Außer dem Hurereivorwurf wurde ihre Beteiligung an den Eigentumsdelikten geprüft. Die Ergebnisse bestätigen einmal mehr, daß Frauen unterschiedlich stark am Bandenwesen beteiligt waren. Während die einen kaum etwas von den Aktionen der Männer wußten, halfen die anderen bei den Ver-

---

[172] StAE, A Reichsstadt, F. 42, 31.10.1599.
[173] StAKN, RP, Bl 81, 38^r-41^v.

brechen und trennten sich zeitweise für eigene Unternehmungen von ihren Partnern.[174] 1618 wurde beispielsweise Maria Reuß in Memmingen enthauptet und dann ebenso ins Feuer geworfen wie die Männer in ihrer Begleitung. Sie hatten vor allem auf dem Land gestohlen und »arme Leute« genötigt, ihnen Geld zu geben. Daneben hatte Maria sich auch prostituiert, und zwar mit »Hurerei, Ehebruch und Unzucht, ums Geld willen, dermassen befleckt«, daß die Urgicht mit Rücksicht auf die öffentliche Verlesung, das heißt der Jugend und »ehrliebenden Ohren halben«, auf genauere Ausführungen verzichtete.[175] Apolonia, »vorgemelts Christoff Käfers Dirnen«, wurde 1572 ertränkt. Die Bande hatte sich von der typischen Mischung des Einbruchdiebstahls in Bauernhäusern, bei städtischen Krämern und anderen Bürgern, dem nächtlichen Diebstahl von bezechten Reisenden oder Wirten in Gasthäusern und Jahrmarktsdiebstählen ernährt. Apolonia verkaufte die Güter. Gebrauchte »Weiberschlappen« sowie schwarze und rote Unterröcke ließen sich schlichtweg unauffälliger durch eine Frau verkaufen. Teilweise verarbeitete sie die Stücke auch vorher weiter und zerschnitt beispielsweise einen Mantel zu Unterhemden. Dies tarnte die Tat. Außerdem war es leichter, mehrere Käufer für billige Waren zu finden, als einen für ein größeres, teures Stück. Apolonia hatte vor sechzehn Jahren im Dienst zu stehlen begonnen. Ihren besten Coup hatte sie alleine auf dem letzten Speyrer Reichstag gelandet. Zusammen mit Tausenden hatte sie den Einritt des Kaisers verfolgt. Das Glück winkte ihr förmlich zu: Einem Mann in ihrer Nähe fiel beim Herausziehen seines Schnupftuchs ein Ring in einem Brieflein aus der Tasche, ein schöner, goldener Ring, fand sie, mit einem »schönen Rockstein«. Sofort setzte Apolonia ihren Fuß auf das Kuvert. Obwohl der Mann den Verlust gleich bemerkte und alle Umstehenden um Hilfe bat, konnte sie es unbemerkt zu sich ziehen. Dann bückte sie sich, tat so, als ob sie ihr Schuhband binden wolle, steckte statt dessen aber den Ring in den Schuh und verkaufte ihn später einem Speyrer Juden.[176] So wie Apolonia übernahmen Frauen innerhalb der Bande meistens die Vermittlung von Diebesgut und be-

---

[174] Vgl. Danker, Räuberbanden, Bd. 1, S. 271 ff.
[175] StAMM, A 44e, 31ro, 13.3.1618.
[176] StAMM, A 44c, 19.5.1572; A 133/10.

kamen dafür einen Teil des Erlöses ausbezahlt.[177] Zudem halfen sie bei großen Einbrüchen den Gesellen, alles Gut zu geheimen Verstecken außerhalb des Orts zu tragen.[178] Andere Frauen wußten aber tatsächlich wenig über die Aktionen ihrer Partner: Agatha Strölin, die bis 1551 mit einem Mordbrenner herumzog, wußte nie, welches Haus er als nächstes anzünden wollte. Als sie einmal fragte, was er mit dem Pulver und Schwefel wolle, wies er sie zurecht: Es gehe sie nichts an, sie solle ruhig sein.[179] Auch Maria Buoler gehörte zwar zu einer 25köpfigen »Kompanei« von Räubern und Falschmünzern, bekam aber nur manchmal einen Geldanteil, immer freie Kost und wußte wenig über die Tatumstände.[180]

▸ Gespielinnen und Tricks ◂

Wenn Diebinnen weder alleine noch als Angehörige einer Bande umherziehen oder auf Gelegenheitsbekanntschaften angewiesen sein wollten, konnten sie sich fester mit einem Mann zusammentun. Dies bot einerseits zwar Schutz und Gesellschaft, andererseits war jedoch die Zusammenarbeit nicht immer einfach, vor allem wenn das Stehlen schwierig war und von guten Verkäufen alles abhing. Außerdem stritt man sich um die Anteile: Diebinnen verlangten gleichen Lohn für gleiche Arbeit! Agnes Knab hatte beispielsweise einen Gespann, der sich Junker Hans nannte. 1571 hatte sie ihn in Basel getroffen, als sie noch Magd in der Schenke beim Schuhmacherhaus war. Zusammen zogen Agnes und Hans mit den letzten Kriegsknechten nach Frankreich. Dort nahmen sie »im

---

[177] Maria Mait von Augsburg war mit Hans Sträler und seinen Gesellen herumgezogen, hatte die auf Märkten erbeuteten Waren zu Juden und anderen Hehlern getragen und einen Teil des Erlöses bekommen, StAMM, A 44 d, 11.1.1580.

[178] StAMM, A 44 d, 4.6.1585, 93^{rv}, Anna Bayr; Barbara Weber aus Freiburg sagte, sie sei zwei Jahre lang »wie eine gemeine Metz« im Land herumgezogen und habe sich von Almosen erhalten. Dann habe sie ihren Gespann Peter in einem Emishofener Wirtshaus kennengelernt, und er habe sie zur Ehe genommen, obwohl sie keine Hochzeit gehalten hätten. Dann und wann ging er fort und brachte Geld nach Hause, ohne zu sagen, woher er es hatte. Dann hatte sie ihm und seinen zwei Gesellen einmal tragen helfen müssen, er habe sie dazu genötigt, einen Zopf halb abgehauen und dann 10 Gulden Anteil gegeben, StAKN, HIX f.36, 9.12.1582.

[179] StAFr, B 5 III c 4, Nr. 7, Bd. 1, 7^v–8^r, 5.2.1551.

[180] StAFr, B 5 c 4 III, Nr. 7, Bd. 1, 634^v–638^v, 12.5.1604; Vgl. StAKN, HIX 37, 10.1.1583.

währenden Krieg viel Dinge, wie Leinlaken und söllichen Plunder« – »wie andere auch getan und wie Kriegsbrauch sei«. Die Konflikte begannen, als er ihr einmal von den erlösten acht Batzen nur drei gab, obwohl sie die Hauptarbeit geleistet hatte. Ein anderes Mal schlug er sie aus Mißtrauen, sie habe ihm nicht den gesamten Erlös von gestohlenem Gut gegeben.[181]

Weil die Männer also den gleichen Stil gegenüber den Frauen pflegen konnten wie sonst, das heißt sie übermäßig bevormunden, kontrollieren, schlagen und ausbeuten, schien es professionellen Diebinnen häufig vorteilhafter, sich mit anderen Frauen zusammenzutun.[182] Sie konnten Männer für Einbruchdiebstähle und das schwere Lastentragen anstellen. Bevor Affra Klein beispielsweise durch die Hintertür in das Haus eines Beckers schlich und in der oberen Kammer, wo tagsüber niemand war, Kleidung stahl, hatte sie sich einen »Trager« organisiert. (Er hatte dann ihrer Meinung nach das meiste Geld behalten.) Diese Einbrüche waren genau geplant, Details ausgespäht. Als Dreierteam hatten sich 1618 in Memmingen die sogenannte Numenschneiderin, die Sichelschnidin und die Mayenmacherin einen Weberknecht für einen Einbruch dazugeholt. Sie waren auf den Diebstahl von Metallwaren spezialisiert, vor allem Zinn. Das Metall schmolzen sie selber ein und verkauften es an Kantengießer.[183] Kinder, die unschuldig und bedürftig wirkten, beteiligte man auch hier am Stehlen: Die Numenschneiderin beauftragte ihre Tochter, in Wirtshäuser zu gehen und um Suppe oder Kraut zu bitten. Dann schmolz sie das Geschirr ein.[184]

Einbrüche waren in den Flecken und einsamen Höfen auf dem Land

---

[181] StAKN, HIX F. 33, 14.3.1571.

[182] Vgl. G. Walker, Women, Theft and the World of Stolen Goods, in J. Kermode und dies. (Hg.), Women, Crime and the Courts in Early Modern England, London 1994, S. 84f.

[183] Nach ihrer Ausweisung aus Memmingen wurde die 45jährige Numenschneiderin vier Jahre später mit ihrer nun 15jährigen Tochter in Augsburg gefaßt, weil letztere auf Geheiß der Mutter einem Weber Wolle und Garn gestohlen hatte. Sie wurden auch aus Augsburg ausgewiesen, aber drei Jahre später wieder dort gefaßt, und die Einträge im Stadtbuch wurden zurückverfolgt, StAMM, A 44e, 31.7.1618, 34^{rv}. Affra Klein hatte sich ebenfalls auf den Diebstahl von Metallwaren spezialisiert. In Lindau nahm sie silberne Messer, in Wangen silbern beschlagene Messer und einen Gürtel, in Ulm stahl sie bei einem Gold- und Messerschmied. Ihre Beute verkaufte sie an Juden, StAMM, A 44d, 2.2.1589, 143^{rv}.

[184] StAMM, A 44e, 31.7.1618, 34^{rv}.

einfach, die »arme Bauernschaft ... auf den Weilern und Einöden« selbst kleinen Banden ausgeliefert.[185] Immer wieder fanden Diebe die Häuser tagsüber leer vor, weil Leute auf dem Feld arbeiteten oder auf Märkten waren. Dann ließen sich Schachteln mit Geld aufbrechen oder ein offenes Zahlbrett leeren.[186] Auch aus Garten- und Hinterhäuslein konnte man leicht Dinge wie, bei einem Doktor, »zwei zinnene Kanten« oder, bei einem Bäcker, »20 Ellen weißes Tuch« entwenden.[187] Mit Glück konnte man durch Hintertüren in Häuser schleichen und durch leerstehende Nachbarhäuser entwischen.[188] Anna Paguet nahm 1673 zwei Sprossen aus dem Kellerfenster des Landschaftsabgeordneten Adam Schmidlin und hatte schon Wein, Schmalz und Brot im Sack, als zwei Schreiber sie ertappten.[189] Auch Schlösser waren nicht unüberwindbar: Eine Landfahrerin machte beispielsweise früh morgens ein Loch in die Tür des Hauses, in dem sie am Vorabend um Almosen gebeten hatte, entfernte mit der Hand »Schloß und Siegel« und brach ein.[190] Vor allem auf die richtige Zeit kam es an: entweder ganz früh oder spät oder während der Sonntagspredigt. Die Bürger im sächsischen Gomlow begründeten bei der Visitation 1577 sogar ihren mangelhaften Kirchbesuch damit, daß sie wegen der drohenden Überfälle von Landsknechten und Dieben zu Hause bleiben müßten![191] Dies mochte eine kluge Ausrede sein, aber tatsächlich schreckten Taten wie die Anna Konders, die einem Leonberger Metzger während der Sonntagspredigt 1695 ganze 400 Gulden aus einem Trog stahl, wahrscheinlich dauerhaft den ganzen Ort.[192]

Außer dem Einbruchdiebstahl gab es andere Tricks und Spezialisierungen, etwa das Fälschen von Brandbriefen. Wer sein Haus durch Feuer verloren hatte und damit auf der Straße gelandet war, bekam

---

[185] StAMM, A 44e, 10.3.1618, 33^{rv}, Maria Stäger.

[186] StAKN, RP, BI 81, 1600, 38^r–41^v, Barbara Widmer.

[187] *Für den aufgeflogenen Diebstahl von acht Hennen hatte ihre Schwester allerdings dem Amtmann 21 Batzen bezahlen müssen, StAKN, RP, BI 80, 12.10.1596.*

[188] StAMM, A 44e, 10.1.1642, 96^{rv}, Anna Fell.

[189] UAT, 84/25, 20.10.1673.

[190] StAH, 4/480, 3.5.1575, 251^{rv}.

[191] K. Pallas (Hg.), Die Registraturen der Kirchenvisitationen im ehemals sächsischen Kurkreise, Halle 1906, S. 245.

[192] HStASt, A 209, Bü. 215.

selbiges Unglück vom Heimatort in einem Brief besiegelt und gleichzeitig den Appell um Unterstützung auf der Wanderschaft mithineingeschrieben. Maria Bauler wurde also 1615 vorgeworfen, mit ihren falschen Brandbriefen »vielen Personen niedrigen und hohen Stands so Mitleiden getragen böslich und übel angeführt« zu haben. Im Memminger Rathaus hatte sie sich fälschlich als alleinstehende Frau ausgegeben, deren Mann ein Metzger gewesen sei und jetzt im Augsburger Pilgerhaus liege.[193] Wegen »gebrauchter falscher Bücher und Brief« wurden 1695 in Hall auch zwei Frauen aus der Nähe von Lindau und Ansbach inhaftiert.[194] 1697 wurde eine Oberpfälzerin verbannt, die sich als eine verarmte Adelige ausgab, zwei »Mägde« hatte, und »falsche Bettelbriefe« benutzte.[195] Diese Frauen mußten Geschichten erzählen können und geduldig um Mitleid ringen. Im alltäglichen Diebinnenleben gehörte eher das Umfärben gestohlener Textilien zu den Standardtricks.[196] In Konstanz arbeitete Maria Hagg mit Barbara Robigler zusammen, der Tochter eines verstorbenen Schuhmachers.[197] Sie quartierten sich in Gasthäusern ein, schütteten die Federn aus Kopfkissen und Unterbetten in einen Sack und verkauften sie. Dies war ein sehr verbreiteter Trick, doch die Frauen verübten ihn mit Systematik: Um 1690 zogen sie sechs Monate durch Schwaben und leerten die schon damals berühmten deutschen Federbetten. Auch in anderen Landstrichen gingen sie immer wieder so vor. Daraufhin »zehrten« sie dann, »gastierten« und hielten »die Zech frei«.[198] Diese ausgiebige, von niemand zu begrenzende Geselligkeit im Essen und Trinken bedeutete in der Mangelgesellschaft eine Zeit »guten Mutes«, einer Sorglosigkeit wie im Schlaraffenland.

Kirchendiebstähle wurden anscheinend ganz selten von Frauen ausgeübt,[199] ebenso die Falschmünzerei. Weil ihnen das Delikt nicht zugetraut wurde, hatten sie aber bessere Chancen, beim Falschgeldver-

---

[193] StAMM, A 44e, 1ro, 24.4.1615.
[194] StAH, 4/485, 4.1.1696.
[195] StAH, 4/485, 26.6.1697.
[196] StAKN, K 28, 5.8.1611, Elisabeth Ziegler.
[197] StAKN, K 66, 20.3.1692.
[198] StAKN, K 66, 22.1.1692.
[199] aber z. B. StAKN, K 44, 15.10.1679, Maria Isler.

trieb durchzukommen: Als 1635 in Hall eine Württembergerin mit falschen Münzen ertappt wurde und angab, sie habe diese erst in Hall bekommen, kam sie tatsächlich mit zwei Tagen im Hetzennest und einer Urfehde davon.[200] Zwei der wenigen »wahren« Falschmünzerinnen begegnen uns 1596 in Konstanz. Vor einem Jahr, so berichtete die angeklagte Barbara Wölfflin, sei sie in Weinfelden in die Gesellschaft von Barbara Geyser (einer bleichen, kranken Frau, die oft den Konstanzer Spitalkeller besuchte), eines Mannes und seines Gesellen gekommen. Bald bestellte Barbara für die Gruppe bei einem Tischmacher kleine Holzmodelle für Münzen und erklärte ihm, sie wolle »Zeichen auf die Hüte damit anfertigen«. In die mit Asche und Eiweiß ausgestrichenen Modelle wurde dann das geschmolzene Metall gegossen und jedes nur sechsmal benutzt. Bevor Barbara zum Falschmünzen nach Weinfelden ging, mußte sie jedesmal ihre vier Kinder in Verwahrung geben. Sie war in der Gruppe auch noch nicht ganz aufgenommen und hatte nur einen Anteil von acht Gulden bekommen. Trotzdem wurde sie in Konstanz enthauptet und verbrannt.[201] Anna Catharina Förster war fortgeschrittener: Sie lernte das Falschmünzen von einem Mann, mit dem sie, zusammen mit seinem Gesellen und dessen Frau, herumzog; sie machte in Lindau selber neun Gulden an »halben französischen Talern«, in einem Wald bei Ulm schmolz sie Haarnadeln und eiserne Löffel und gewann vier Gulden daraus. Anna wurde schwanger, und der Geselle hielt sie im Kindbett aus, bezahlte Wein und Fleisch. Auch hier galten also die normalen gesellschaftlichen Regeln, »verrohten« die Sitten nicht, wie die Obrigkeit annahm. 1671 enthauptete man Anna Förster in Brakkenheim.[202]

Manche Diebinnen lebten zusätzlich von der Prostitution. Man erkannte sie dann an ihrer Kleidung und daran, daß sie allein auf Kunden warteten. Apolonia, eine »gemeine Dirne«, war in ihrer Kleidung vermutlich für vagierende Prostituierte typisch: Sie trug »einen grünen Rock mit einem roten samtenen Pelz mit einer Stauch und Hütt, ein Schlutten schwarz wollen und die Ärmel mit Samt verbrämt«. Für 1601 waren die Stoffe auffällig, für untere Klassen ohnehin un-

---

[200] *StAH, 4/482, 8.10.1635.*
[201] *StAKN, RP, BI 80, 20.7.1596.*
[202] *UAT, 84/24, 14.1.1671, 179–198ʳᵛ.*

erlaubt farbig und teuer.²⁰³ Auch der Übergang von der Prostitution zum Diebstahl war, wie jeder wußte, fließend: Barbara Widmer aus Langenschlacht »hängte« sich an junge Burschen, die ihr statt Geld meistens Naturalien gaben. Von diesen aß sie und verkaufte den Rest an Wirte. Einem Knecht, der ihr keinen Lohn gegeben hatte, stahl sie »4 Batzen an Straßburger Kreuzern und ein Zeichen vom Hut«. Dem Sohn ihres Patenonkels in Langenschlacht, der eine ganze Nacht bei ihr verbrachte und nur 2 Batzen geben wollte, nahm sie mehr Geld aus seinem Säckel.

▸ **Strafen** ◂ Typisch für die meisten Diebinnen waren aber weder die Prostitution, noch Spezialisierungen, sondern die Mischung aus Glücksfällen, kleinen Coups und größeren Fängen.²⁰⁴ Zusammen mit ihrem nicht gewaltsamen Vorgehen war dies auch der Grund, warum bei den meisten einzeln aufgegriffenen Diebinnen mit der Aussprechung von Todesstrafen gezögert wurde. Ihre Erzählstrategien vor Gericht unterstützten zudem geschickt den Eindruck, ihre Delikte seien nicht schwerwiegend. Rachediebstähle wurden selten erwähnt,²⁰⁵ sondern vor allem Kleindiebstähle, insbesondere Fälle, in denen einem das Diebesgut wieder abgenommen worden war, oder jene, nach denen man (angeblich) das eingelöste Geld wieder verloren hatte. Vorherige Inhaftierungen zeigten, daß man einen Gutteil der Taten schon abgebüßt hatte.²⁰⁶ Eine Diebin gab also beispielsweise an,

---

²⁰³ StAKN, RP, BI 81, 38ʳ–41ᵛ.

²⁰⁴ *Agnes Knab nahm beispielweise 6 Gulden aus den Taschen eines Mannes, der mit ihr im Ulmer Weißen Rößlein übernachtete; in Schaffhausen sah sie, daß zwei wartende Männer Geld verloren, und in einem Notarshaus ergatterte sie einen mehrfarbigen Rock, Pelze und andere teure Kleidung, StAKN, HIX F. 33, 34, 8.2.1674. Agnes Kolb stahl einem Wirt einen Krug mit Wein, trank diesen aus und verkaufte den Krug, StAKN, RP, BI 80, 12.10.1596.*

²⁰⁵ Siehe aber HStASt, A 209, Bü. 1251, 24.9.1696, Catharina Lonsinger.

²⁰⁶ *StAMM, A 44 d, 2.2.1589, 143ʳᵛ. Agnes Vatter war aus drei württembergischen Orten ausgewiesen worden, in Bönningen nach 6 Jahren wieder aufgetaucht, aber man konnte sich nicht zu der Enthauptung entschließen. Sie hatte erfolgreich betont, daß ihre Einbrüche nicht schwerwiegend gewesen waren, die »Hungersnoth«, schwere Zeiten und ihre Vertreibung von zu Hause sie dazu gebracht hätten. Im Nürtinger Gefängnis machte sie dann ihre Fesseln mit einem Stein los, stieg über das Gebälk auf die Stadtmauer und floh, wurde aber schließlich vier Jahre später gefaßt und enthauptet, HStASt, A 209, Bü. 1737, 24.5.1696 und 11.10.1700.*

sie habe auf dem Memminger Markt einer Frau ein Nadelbein genommen, sei aber gefaßt worden. Ebenso habe sie einem Memminger Eisenkrämer gestohlene »Schüsselein« wiederbezahlen müssen. Dem Bäcker am Obertor hatte sie für 4 Pfennig Brot gestohlen; auch die Diebstähle ihrer Tour durch Württemberg schienen kaum der Rede wert zu sein: in Beuren zwei Röcke, in Tübingen zwei Brote, einen Käse, auf dem Treutelmarkt sechs Ellen weißes Tuch, zwei Paar niedere Schuh, drei Hauben und Taschentücher, auf dem Reutlinger Markt zwei Leinentücher, Frauen- und Kinderhemden, und ähnliches in Denzlingen, Pforzheim, Plattart, Biengen und Schwäbisch-Gmünd.[207] Daß man sie hierfür nicht hinrichtete, war klar (obwohl der Carolina gemäß jeder, der dreimal gestohlen hatte, ein »verleumdeter Dieb« war und die Frauen ertränkt gehörten[208]). Catharina Pfäntin aus Echterdingen hatte zwei uneheliche Kinder gezeugt und eines ausgesetzt, war in »Mannskleidern hin und wieder gezogen«, verdingte sich und stahl so etliche Male, wurde oft ausgepeitscht und dreimal verwiesen und blieb trotzdem in Württemberg. Auch in Kirchheim wurde sie 1697 aufgrund ihrer Jugend, der vorigen Strafen und der geringen Diebstähle halber nur ein weiteres Mal an den Pranger gestellt, ausgestrichen und ewig des Landes verbannt.[209] Diese Praxis änderte sich in Krisenzeiten: 1630 etwa wurde die 20jährige Apolonia Beurlin in Göppingen enthauptet, weil sie wiederholt Leinwand und Frucht gestohlen hatte, und dies obwohl sie ebenfalls schon abgestraft worden war und die Sachen teilweise zurückgebracht hatte.[210] Zu den weiteren Tricks, Strafen zu mildern, gehörte allgemein, falsche Namen und Heimatorte anzugeben, damit nicht Informationen über weitere Delikte mit Informationen aus anderen Städten zusammengeführt werden konnten. Wer trotz der Tortur standhaft blieb, konnte überdies sogar darauf beharren, nicht wiederholt, sondern zum ersten Mal gestohlen zu haben. Diebinnen gaben außerdem oft an, schwanger zu sein. Schwangere durften nicht hingerichtet werden, und Obrigkeiten waren kaum gewillt, eine Frau

---

[207] StAMM, A 44 d, 1.6.1604, 148^{rv}.
[208] G. Radbruch (Hg.), Die Peinliche Gerichtsordnung Kaiser Karls V. von 1532 (Carolina), Stuttgart 1975, S. 106.
[209] UAT, 84/14, 11.12.1697, 356^{rv}.
[210] UAT, 84/7, 7.2.1630, 20^{v}.

unter Umständen neun Monate lang zu inhaftieren. Eine andere Entschuldigungsmöglichkeit war, Krankheiten vorzutäuschen, insbesondere Epilepsie. Diebinnen wurden dann in der Regel baldigst an den Pranger gestellt, ausgepeitscht und verbannt. Die meisten Diebe kehrten zurück, wohin sie wollten. Der Landesverweis schreckte sie nicht im geringsten. Wer wollte sie schon wiedererkennen?[211]

Bevor es überhaupt zur Verurteilung kommen konnte, waren professionelle Diebinnen jedoch häufig schon aus Gefängnissen geflohen. Dies ermöglichten die mangelnden Sicherheitsvorkehrungen in kleineren Orten und die schlechte Bewachung oder bestechliche Wärter allgemein. Wenn Diebinnen nur kurz inhaftiert und verbannt wurden, stellte man sie beispielsweise in »Triller« auf den Marktplatz, und aus einem solchen drehbaren Käfig wurde Catharina Lonsinger durch Soldaten heimlich befreit.[212] Andere warteten länger auf Fluchtgelegenheiten. Affra Klein gab sich vor der Lindauer Obrigkeit für schwanger aus. Neun Wochen lag sie in Ketten. Dann nutzte sie das Getümmel des Wochenmarktes, gab dem Stadtknecht 4½ Gulden und seiner Frau einen Pelz. Sie riß aus, begab sich auf ein »Schifflein« und fuhr unauffällig mit anderen Marktleuten auf die andere Seite des Bodensees nach Fussach.[213] Gefängnisse lagen meist an der Stadtmauer, so daß eine Flucht leicht war, wenn sich etwa durch einen Stuhl ein Loch und von dort die Mauer erreichen ließ.[214] Oft waren die Gefängnisse noch provisorischer. Anna Milt sagte, in Weilheim sei die Gefängnistür nur mit einem Holzstöcklein verschlossen gewesen, anderswo gab es wiederum ein Loch in der Mauer. Der Neidlinger Amtmann meinte, wegen ihrer vielen Ausbrüche dächten die Leute, sie könne sich unsichtbar machen. So einfach verhielt es sich allerdings nicht: in Wiesensteig hatte ein volltrunkener Wächter ihr »Unzucht zugemutet«, aber sie durch Schreie den Amtmann alarmiert. Auch der zweite Wächter öffnete ihr Schließeisen und versprach ihr ein schönes Geschenk für den Beischlaf. Just in diesem

---

[211] *In der Nacht, nachdem Catharina Rotter wegen Hurerei aus dem Land verwiesen worden war, lehnte sie in Trutzlingen eine Leiter an ein Haus und begann, Reben abzuschneiden,* HStASt, A 209, Bü. 1735, 31.10.1694.
[212] *HStASt, A 209, Bü. 125, 24.9.1696.*
[213] *StAMM, A 44 d, 2.2.1589, 143^{rv}.*
[214] *HStASt, A 209, Bü.125, 24.9.1696.*

Moment fuhr aber der Herr Graf durch den Ort. Der Wärter schloß sie in eine andere Stube, um den Grafen zumindest wegfahren zu sehen. In seiner Aufregung ließ er die Gefängnistür offen, so daß Anna, »weil dies an einem Freitag gewesen, wo man den Armen Almosen ausgeteilt habe, sie mit selbigen armen Personen, ... des Grafen Kutschen nachgelaufen«, unerkannt aus der Stadt entrinnen konnte.[215]

Manche Diebinnen schlugen sich über 20 Jahre so durch. Anna Seyboldt wurde 1663 zum ersten Mal als Magd wegen ihrer Diebstähle inhaftiert. In Biberach verurteilte man sie zum Schwert, begnadigte sie aber wegen ihrer Jugend.[216] Anna war noch einmal davongekommen. Doch zur Strafe war auf ihrem Rücken ein Galgen eingebrannt. Sie heiratete, bekam sechs Kinder, stahl zwischendurch wieder. Es gab keinen Zweifel: Sie nutzte jede sich ihr bietende Gelegenheit skrupellos. Im Sindelfinger Gefängnis gab man ihr wegen der Kälte ein Bett, so daß sie nicht am Boden schlafen mußte. Bei ihrer Flucht nahm sie kurzerhand das Oberbett mit. Der Pfarrer, der den Totenschein für ihren Mann ausstellte, hatte nach ihrem Besuch ein Leintuch weniger. Nun, im Herbst 1683, war sie 35 Jahre alt und wurde enthauptet.[217] Andere Diebinnen zeichneten sich durch eine ähnlich grenzenlose Gerissenheit aus: Elisabeth Burckhard nahm selbst aus dem Stuttgarter Vogtamt noch das Oberbett mit. Sie war aus fünf Orten und schließlich dem Herzogtum insgesamt verbannt worden, hatte immer wieder Geige oder Lasterstein getragen und war unter Schlägen oder dem Beckenklang hinausgejagt worden. Die Metzgerswitwe blieb trotzdem in Württemberg, nutzte vor allem Nachtherbergen zu Diebstählen und entkam stets. Einmal, als man sie ergriff, simulierte sie einen Krankheitsanfall und wurde anstatt ins Gefängnis in das Spital eingeliefert. Dort knüpfte sie Bettlaken zusammen und ließ sich zum Fenster hinab. Jetzt war sie 55, gestand viele ihrer Taten und wurde mit dem Schwert gerichtet.[218] Ein juristisches Gutachten erklärte 1694, die Todesstrafe werde bei Dieben erst verhängt, wenn

---

[215] *HStASt, A 309, Bü. 67, 1613.*
[216] *Dies galt, wie wir schon gesehen haben, beileibe nicht immer als Milderungsgrund: 1613 wurde eine 18jährige wegen Diebstahl und Brandstiftung enthauptet, Anna Milt.*
[217] *HStASt, A 209, Bü. 1482, 1.10.1683 und A 309, Bü. 128.*
[218] *HStASt, A 209, Bü. 1710.*

eine Urfehde viermal gebrochen worden sei. Aber wie wollte man dies feststellen, wenn Namen geändert wurden und gar nicht alle Orte zuverlässig oder überhaupt Urfehden ausstellten? Doch wenn manche Diebinnen nach langen Jahren ernsthaft gefoltert wurden, merkten sie, daß sich die Liste ihrer Diebstähle längte und sie dem Druck der Befragung nicht mehr standhielten. Dann gaben sie auf und gestanden alles. Anna Maria Wörner aus Balingen war zum ersten Mal vor zehn Jahren bei Nachbarn eingebrochen. Ihre Geschichte als Diebin zeugt von der typischen Mischung aus guten und schlechten Zeiten. Sie besaß einen Dietrich und hatte bei einem Stuttgarter Oberrat gestohlen. In Kustnau war sie wegen ihres üppigen Prassens aufgefallen. Im Dienst bei einer Reutlinger Witwe sollte sie deren Sohn als Liebeszauber »von ihrem Menstruis (Menstruationsblut) in die Suppenbrühe« getan haben. Aber sie hatte sich nicht mit ihm eingelassen, sondern mit einem Soldaten und das Kind abgetrieben. Bitter beschuldigte sie ihre Eltern, es sei so gekommen, »weil sie ihr die Sach, so ihr gebührt, nicht zukommen lassen«. Nun war sie lebensmüde, räsonierte, sie sei eben in einem »bösen Planeten geboren und könne nicht anders«, und gab sich in die Hand des Henkers: Sie habe sowieso Nasenkrebs und wolle »ihr vielfältig Verbrechen gern mit dem Tod bezahlen«. Anna Maria begehrte ihre Enthauptung zuletzt sogar »inständig« und begann sich mit Psalmen und Gebeten zu trösten.[219]

> **Vertrauen** ❬ Dies kann auch zum Schluß noch einmal zu der Frage führen, wo diese Lebenswege eigentlich ihren Ausgang genommen hatten. Es gab einige, die mit Diebstählen als Überlebensstrategie aufgewachsen waren. Andere waren zufällig auf die Straße und zu einem solchen Leben gekommen, etwa weil sie vor gewalttätigen Männern aus der Ehe flohen.[220] Einige Male wurde auf die Verletztheit über vorenthaltene Erbteile hingewiesen, dem Wissen, zu kurz gekommen zu sein und mit nichts dazustehen. Dies grub das Gefühl, ungerecht behandelt worden zu sein, tief ein. Veruntreuungen hatten

---

[219] *HStASt, A 209, Bü. 1936, 16.2.1683.*
[220] *StAKN, K 58, 10.10.1674; Vgl. StAFr, B5 III c 4, Nr. 7, Bd. 1, 448ʳ–450ʳ, Catharina Schuhmacher, 21.3.1586; HStASt, A 309, Bü. 90 b, 12.10.1580.*

sehr oft etwas mit dem zuvor abhanden gekommenen *Vertrauen* in eine angemessene, gerechte, geschweige denn großzügige Behandlung durch andere zu tun. Überdies gab es wahrlich genug soziale Strukturen, die es zur Lebenserfahrung werden ließen, daß man sich besser nahm, was man nicht bekam. Professionelle Diebe gehörten überwiegend zu den Unterschichten, und dies bedeutete, daß es mehr Hürden bei der Verfolgung »gängiger« Lebensperspektiven gab: Heirat, Mitgift, Erbe, Haushaltsgründung. Wer sich das Heiratsgut ersparte, blieb dann in der Ehe arm, sobald die Kinder kamen, und falls der Mann starb, wurde das Überleben erst recht zum Kampf. Bedürftigkeit war lebenszyklisch geprägt und schwappte wellenförmig von den Eltern auf die Kinder über. Wir stoßen also immer wieder auf junge, besitzlose Diebinnen, die früh verwaist und somit heimatlos waren. Denn mit der Heirat kehrte man dorthin zurück, wo man etwas besaß oder zu besitzen hoffte. Sie wußten also, daß sie sich von früh an alleine durchs Leben schlagen mußten. Catharina Müllers Fall ist typisch, sie kam aus dem Dorf Hefigkofen, bei Ravensburg, und war Waise. Ihr Bruder war Soldat, ihre Schwester in der Nähe mit einem Wagner verheiratet. Geerbt hatte Catharina »außer wenigen Hausplunders« nichts. Bis vor zwei Jahren war sie bei ihrer Schwester geblieben, hatte dann ein Jahr bei jemand im Ort gedient, im Sommer zwei Bauern das Vieh gehütet. Martini machte sie sich zum Konstanzer Markt auf. Im vorigen Winter hatte sie durch Spinnen etwas Geld erspart, das jedoch im Nu aufgebraucht war. Bald darauf stieg sie durch ein Küchenfenster in ein Haus ein. »Was sie dazu verleitet und was sie gestohlen?«, wurde sie im Verhör gefragt. »Die Armut«, antwortete sie prompt, und zählte als Diebesbeute einen grünen und einen schwarzen Rock auf (die sie für elf Batzen verkauft hatte), eine schwarze Schlutte und ein rotes Mieder, einen Goller, »2 Zenderling Fleisch«, sechzehn Ellen Tuch, ein Pfund Wachs und sechs Batzen Geld. Außerdem fand sich in ihrem Sack ein silberner Löffel, den sie auf dem Weg nach Konstanz dem Meersburger Kronenwirt gestohlen hatte.[221] Der Sprung von Ravensburg nach Konstanz konnte groß sein, wenn er bedeutete, nicht zu Verwandten oder Bekannten vermittelt zu werden, sondern in einer fremden Stadt mit vierzehn oder sechzehn Jahren allein zu sein. Ein Zurück schien es oft

---

[221] StAKN, K 71, 13.4.1695.

nicht zu geben; Geschwister konnten einem entgegenschleudern, man solle ihnen nicht mehr unter die Augen kommen.[222]

Maria Graf war siebzehn Jahre alt, als sie in Konstanz gefaßt wurde. Sie kam aus Ulm, ihre Eltern waren tot, ihre eine Schwester auch, die andere mit einem Reiter verheiratet. Ihr Fall zeigt wiederum, daß der für ihre Schicht normale Lebensentwurf (lange Dienstjahre, Heirat, Haushalt) an Bindungskraft verlieren konnte, wenn es ohnehin keine unterstützende Familie und kein Erbe gab. Statt dessen konnte sich beispielsweise Abenteuerlust durchsetzen. Denn Maria war nach zwei Jahren als Magd in Ulm und Biberach zu Fräulein Beatrix von Guldinast nach Konstanz in den Dienst gekommen, die zu den alteingesessenen Patrizierfamilien gehörte. Es war geradezu ein Glücksfall. Doch die Versuchung nahte in Gestalt einer »herum vagierenden Krämerin«, die mit Spiegelglas handelte. Ihr öffnete Maria die Tür, sie redeten, und dann ging Maria mit ihr nach Augsburg. Zwei Jahre zogen sie auf Märkten umher.[223]

Durch die geringen Anforderungen des Arbeitsmarkts an nachweisbaren Qualifikationen und Verhaltenszeugnissen war der Lebensweg etwa einer Waise durchaus nicht vorgezeichnet. Man konnte mit Anstellungen und auch sozialen Beziehungen Glück haben. Vermögende zeigten auch Mitleid. Trotzdem blieb es eine Tatsache, daß eine Magd nur wenig von ihrem Verdienst sparen konnte und das Leben ohne jeglichen Besitz im Hintergrund ängstigte. Die Biographien der Besitzlosen, die zu professionellen Diebinnen wurden, sind deshalb von der ständigen Spannung gekennzeichnet, einerseits nach Beziehungen zu suchen, aber andererseits dem Instinkt zu folgen, für sich zu nehmen und zu gehen. Magdalena Rems Geschichte ist in dieser Hinsicht besonders eindrücklich. Als Waise war sie in einem Spital aufgewachsen. Schon mit zwölf, so erinnerte sie sich, hatte sie von einer Krämerin eine Gabel, ein Messer und eine Messerscheide gestohlen, verkauft und das Geld mit »anderen Spitalbuben so die Schwein gehütet verspielt«. Sie half immer der Spitalfrau, die krank war und auf Krücken ging, holte für sie Wein und trug Wasser. Deshalb habe diese sie »geliebt und allzeit etwas zu essen gegeben«. Von Gefühlen, von

---

[222] StAFr, B 5 III c 4, Nr. 7, Bd. 1, 50^v–51^r, 4.9.1561, 56ro, 23.7.1562, Anna Müller.
[223] Dann kam sie nach Konstanz zurück, und man erinnerte sich ihrer und damit auch, daß sie sich einen Rock von Fräulein Beatrix »geliehen« hatte, StAKN, K 65, 10.6.1697.

Liebe und Fürsorge, sprach sonst keiner so deutlich. Doch dann hatte Maria Geld aus ihrer Kasse genommen und der Kindermutter einen silbernen Ablaßpfennig gestohlen. Auch in ihren ersten Dienstanstellungen stahl sie, und zwar nicht nur von der Meisterin, sondern beispielsweise auch von einer Nebenmagd Geld. Davon kaufte Maria sich Schuhe; ihre ersten. Als sie im Dienst bei einem Rotgerber war und dessen Mutter starb, trug sie mit einer anderen Magd deren Kleider in ein Nebenhaus und stahl sich davon. Es schien so, als ob ihr nichts heilig sei. Doch das obrigkeitlich geprägte Stereotyp heidnischer Diebe traf nicht unbedingt zu: Maria war katholisch, wurde dann aber im »Wirtshaus Weißgerberherberg genannt, lutherisch«. Die Tochter des Meisters unterwies sie in der Bibel. Auch bei diesem Meister hatte sie es gut und gab an, ihre Herrschaft hätte sie »vast (sehr) geliebet«. Außerdem hatte sie Freunde, tanzte am Zinstag mit Gerber- und Metzgergesellen, und ein Sattlergeselle verprach ihr (vorübergehend) die Heirat. Aber wiederum stahl sie von der Meisterin, von einem Färber und einem Schuhmacher und einem Knecht das Wollhemd.[224] Diebstähle geschahen also auch durch die innere Erwartung, sich auf Beziehungen nicht dauerhaft verlassen zu können. Vertrauen mußte, wo es existierte, so immer wieder gebrochen werden, Veruntreuungen rächten den einst zugefügten Schmerz. Letztendlich schien es immer wieder besser, so gut es ging für sich selbst zu sorgen und so durchzukommen.

VERFOLGUNG VOR DEM ZEITALTER DES ZUCHTHAUSES Vom Grasdiebstahl zu professionellen Diebinnen hat ein langer Weg geführt. Er machte aber die unterschiedlichen Kontexte deutlich, in denen Diebstahl ausgeübt wurde, Teil des Lebens war und durch die Obrigkeit bewertet wurde. Im Mittelpunkt stand der Diebstahl durch die Zielgruppen der obrigkeitlichen Verfolgung. Daß die gesellschaftlichen Kosten ihrer Delikte diese Fokussierung kaum rechtfertigten, braucht nicht betont zu werden. Wenn nur ein württembergischer Schatzmeister 20000 Gulden und Silberwaren im Wert von 2000 Gulden veruntreute, so übertraf das wahrscheinlich die Gesamtmenge dessen, was alle Diebe im Land in zwei Jahrhunderten für ge-

---

[224] StAKN, K 56, 22.8.1669.

stohlene Waren einlösen konnten (ebenso wogen alle entwendeten Lebensmittel vermutlich nicht einmal das auf, was am herzoglichen Hof in einem Jahr verzehrt wurde).[225] Trotzdem wurden mobile Gruppen als erhebliche gesellschaftliche Bedrohung dargestellt, vor allem weil sie sich dem festen Zugriff der Autoritäten und damit scheinbar auch der moralischen Ordnung entzogen. An den Diebstählen hat dagegen aber immer wieder beeindruckt, wie minimal sie waren, daß sie für Grundbedürfnisse verwendet wurden, und wie selten durch Spezialisierungen, Glück oder Gewalt große Coups gelangen. Meistens schienen Richter dies in konkreten Fällen bei Frauen ebenso zu sehen und sprachen selten die Todesstrafe aus.

Diebe waren in bezug auf ihre Opfer nicht besonders wählerisch: oft waren gerade jene gefährdet, die sich keine Schlösser leisten konnten. Diebstahl stellte für einen Großteil der Bevölkerung also selbstverständlich eine reale Bedrohung dar; in einer Mangelgesellschaft waren für die meisten Haushalte auch Kleindiebstähle nicht leicht zu verschmerzen. Ein Großteil der Bevölkerung fühlte sich außerdem durch Steuern und Kriege ohnehin des Ihrigen immer mehr beraubt. Durch die permanente Bedrohung des mühsam zusammengehaltenen Besitzes verfolgte viele die Angst vor dem eigenen sozialen Abstieg. Redlichkeit war keine Tugend, sondern eine alltägliche Gratwanderung. Es erscheint plausibel, daß diese weitreichende Frustration über die Fragilität materieller Verhältnisse sich nicht zuletzt in der Aggression gegen Diebe entlud. Deshalb verbuchten Bürger auch ihre eigenen Veruntreuungen und Betrügereien als etwas anderes; subjektive Rechtfertigungen fanden sich genügend, genauso wie jeder Dieb glaubte, aus Armut zu stehlen.

Das dergestalt konstruierte Bild der Diebe als der ausgegrenzten, bedrohlichen anderen, vor allem als mobil, entwurzelt, unbescheiden und faul, erfüllte also eine klare gesellschaftliche Funktion. Florike Egmond hat gezeigt, inwiefern das Bild der Marginalität der Diebe deshalb ständig reproduziert wurde.[226] Jeder Richterspruch überging spezifische soziale und kulturelle Identitäten der Angeklagten und hob dagegen unmoralische Verhaltensweisen hervor, die dem Stereo-

---

[225] K. Marcus, A Question of Corruption: The Case of Martin Nuttel, 1543–44, German History 11/1992, S. 127–140.
[226] Egmond, Underworlds, S. 192 ff.

typ marginaler Lebensweisen entsprachen. Trotzdem läßt sich aber das Eigene der Lebenszusammenhänge und -erfahrungen aus den Gerichtsakten bergen. Wenn die Obrigkeiten nicht müde wurden, von hoffärtigen Mägden zu reden, kann dem ihre ökonomische Situation und die soziale Bedeutung von Kleidung entgegengesetzt werden; an dem Abtrag von Lebensmitteln wird immer wieder die Sehnsucht nach dem Ende begrenzter Rationen und dem Genuß unter den eigenen Gefährten deutlich; die Hehlernetze alleinstehender Frauen und Mütter machen einen Teil der Kultur des alltäglichen Durchkommens sichtbar. Die Geschichten professioneller Diebinnen zeigen sozial deutlich benachteiligte Menschen, die nach Schutz suchten und doch Vertrauen brachen, mit pfiffigen Tricks und Partnern besser, über kurz oder lang dann aber doch meistens schlechter lebten oder auch wieder in ein normales Leben zurückwechselten.

Strafpolitisch gab es in dem gesamten Zeitraum keine andere Auseinandersetzung mit den Ursachen von Eigentumsdelikten, als auf Faulheit und Unmoral zu verweisen. Ebensowenig wurde in eine effektivere Deliktbekämpfung investiert: Männer wurden in Scharen gehängt, Frauen verbannt, Gefängnisse blieben löchrig, Wachen und Kontrollen schlecht, Grenzen ungesichert. Wie bei dem Armenproblem blieb die Flut der Mandate, dazu kamen Prozesse und Strafen.[227] Diese Maßnahmen können leicht darüber hinwegtäuschen, wie wenig auch das Problem der Eigentumskriminalität Herzöge und Räte politisch interessierte. Nach Lösungen, das heißt kostenintensiven Lösungen wie höheren Almosen, dem Zuchthausbau und regionaler Kooperation wurde erst gar nicht gesucht.[228] Verfolgt wurde ad hoc und sozial höchst selektiv; jene, die zum ersten Mal verbannt wurden und sich von nun an alleine mit ihrer Habe am Leib und auf dem Rücken durchschlagen mußten oder am Ende eines langen Wegs ihr Leben ließen, bezahlten teuer.

---

[227] M. Dinges, Stadtarmut in Bordeaux, 1525–1675. Alltag, Politik, Mentalitäten, Bonn 1988, S. 523 ff.; E. Schubert, Arme Leute, Bettler und Gauner im Franken des 18. Jahrhunderts, Neustadt 1983, S. 322 ff.

[228] Im Unterschied zu einigen norddeutschen und niederländischen Städten, P. Spierenburg, The Prison Experience: Disciplinary Institutions and their Inmates in Early Modern Europe, Kap. 1.

5. »Ein fast wildes, barbarisches Leben«: Unzucht, früher Beischlaf und Hurerei

Im 16. Jahrhundert rückten die möglichen sexuellen Überschreitungen und leichtfertig geschlossenen Ehen junger Leute ins Kreuzfeuer reformatorisch und gegenreformatorisch gesinnter Kritik. Städtische Bordelle wurden überall aufgelöst und die Prostitution verboten. Das nächtliche Juchzen auf Gassen galt Obrigkeiten als ebenso verwerflich wie das röckeschwingende Herumwirbeln von Tanzpartnerinnen am Wochenende. »Spinnstuben«, die winterlichen Zusammenkünfte junger Frauen, bei denen sie durch gemeinsames Spinnen Holz und Licht sparten, sollten kontrolliert werden. Die Burschen leisteten den Frauen oft Gesellschaft, und dies, dachten die Obrigkeiten, konnte nur zu unerwünschtem Anbändeln führen.[1] Eheversprechen sollten nicht heimlich geschehen, sondern im Beisein und mit der ausdrücklichen Erlaubnis der Eltern oder Vormunde. Dies verhinderte Mesalliancen und den sich oft an heimliche Eheversprechen anschließenden Beischlaf ebenfalls. Von ledigen Frauen erwarteten Richter »eingezogenes« Verhalten und damit das Zurückdrängen unzüchtiger Avancen. Mehr als zuvor band dies die Ehre der ledigen Frauen an absolute Keuschheit, für deren Verteidigung sie nahezu allein verantwortlich waren.[2]

Gesetze, Tugendspiegel und Strafen wirkten in bezug auf das sexuelle Verhalten junger Leute jedoch kaum verhaltensändernd. Denn für viele längte sich das Warten auf die Ehe erheblich. Da Heirat und Haushaltsgründung zusammenfielen, entschied das materielle Vermögen über den Zeitpunkt der Hochzeit. Partner waren bei der Trauung durchschnittlich um die 25 Jahre alt. Diejenigen, die sich den Großteil ihres Heiratsguts selbst zusammensparen mußten, warteten

---

[1] H. Medick, Spinnstuben auf dem Dorf. Jugendliche Sexualkultur und Feierabendbrauch in der ländlichen Gesellschaft, in G. Huck (Hg.), Sozialgeschichte der Freizeit. Untersuchungen zum Wandel der Alltagskultur in Deutschland, Wuppertal 1982, S. 19–49.

[2] S. Burghartz, Jungfräulichkeit oder Reinheit? Zur Änderung von Argumentationsmustern vor dem Basler Ehegericht im 16. und 17. Jahrhundert, in R.v. Dülmen (Hg.), Dynamik der Tradition, Frankfurt am Main 1992, S. 13–40; S. Cavallo, S. Cerruti, Female Honour and the Social Control of Reproduction in Piedmont between 1600 and 1800, in E. Muir, G. Ruggiero (Hg.) Sex and Gender in Historical Perspective: Selections from Quaderni Storici, Baltimore 1990, S. 73–109.

oft noch weitere Jahre. Unverheiratete hatten also Bräuche für den sexuellen Umgang miteinander entwickelt. Männer teilten nachts »in Ehren« oder »ohne Ungebühr«, wie sie beteuerten, mit der auserwählten Partnerin (und meistens einer anderen Magd oder Geschwistern) ein Bett: Man lag beieinander, behielt Hemd, Rock und Hose an und tastete behutsam. Außer bei als »liederlich« eingeschätzten Frauen wurde vor dem ersten Beischlaf die Ehe versprochen.[3] Damit war ein Tauschpakt besiegelt; die Frau gab ihre Jungfräulichkeit, der Mann das Versprechen, im Fall einer Schwangerschaft (sollte der allgemein angewendete *coitus interruptus* versagen) ihre Ehre wiederherzustellen.[4] Wohnten beide Teile noch im elterlichen Haus, verstärkte sich in wirtschaftlichen Krisenzeiten der elterliche Druck auf Kinder, durch den vorehelichen Beischlaf keine Risiken in bezug auf die Partnerwahl und eine verfrühte Heirat einzugehen. Ledige Frauen waren aber in der Regel ohnehin vorsichtig und ließen sich nur mit einem Mann im heiratsfähigen Alter aus demselben oder einem benachbarten Ort enger ein, der zudem sozial gleichgestellt war und dieselben Lebenspläne verfolgte. Einer etwaigen Schwangerschaft folgte somit die umgehende Hochzeit.[5] Ein niedriger Anteil unehelicher Kinder ging deshalb stets mit einem hohen Anteil vorehelich empfangener Kinder an allen Erstgeburten einher. In drei württembergischen Dörfern (Bondorf, Nebringen und Mötzingen) lag letzterer während der frühen Neuzeit fast durchgehend bei 20 %.[6]

Diese Eheanbahnungspraxis wurde insbesondere für unvermögende Frauen unsicher sowie für jene, die sich zusätzlich fern von zu Hause und verwandtschaftlichen Bindungen bewegten. Bei ihnen brachen

---

[3] S. Breit, »Leichtfertigkeit« und ländliche Gesellschaft. Voreheliche Sexualität in der frühen Neuzeit, München 1991.

[4] R. Beck, Illegitimität und voreheliche Sexualität auf dem Land. Unterfinning, 1671–1770, in R. v. Dülmen (Hg.), Kultur der einfachen Leute. Bayerisches Volksleben vom 16. bis 19. Jahrhundert, Frankfurt am Main 1983, S. 112–150.

[5] Zur Kontinuität dieses Verhaltens siehe A. Gestrich, Traditionelle Jugendkultur und Industrialisierung. Sozialgeschichte der Jugend in einer ländlichen Arbeitergemeinde Württembergs, 1800–1920, Göttingen 1986, S. 52.

[6] A. Maisch, Notdürftiger Unterhalt und gehörige Schranken. Lebensbedingungen und Lebensstile in württembergischen Dörfern der frühen Neuzeit, Stuttgart 1992, zum frühen Beischlaf S. 295 ff., Tab.5.8.1.a., zu Illegitimitätsraten S. 298 ff.

Männer leicht ihr Eheversprechen oder gaben es erst gar nicht, entweder, weil sie noch auf eine bessere Verbindung hofften, oder weil sie weiterziehen wollten. Die Mobilität des Gesindes, der Gesellen und Tagelöhner war für die Frauen fatal; oft bemerkten sie die Schwangerschaft erst nach ihrem eigenen Wegzug oder dem des Partners. Das die Frau schützende Paternitätsprinzip, dem zufolge uneheliche Kinder vom Vater großgezogen werden mußten, kam durch diese Mobilität der Partner selten zur Anwendung. Ohnehin war es meist ein leichtes, mobile Frauen als liederlich zu diskreditieren, um damit zu behaupten, die Vaterschaft ließe sich nicht eindeutig feststellen. Alimentationsklagen waren ebenso aussichtslos. Gemeinden sahen hier rot und waren selten gewillt, uneheliche Kinder mit Geldern aus Armenkassen großzuziehen.[7] Denn in den hier behandelten südwestdeutschen Gebieten herrschten Nuklearfamilien, kleine Haushalte, Anwesen und Werkstätten sowie strikte Zunftregeln vor. Jedes Kind erbte zu gleichen Teilen. Dies machte die »rechte« Heirat aller Töchter und Söhne bedeutsam. Uneheliche Kinder durchschnittlich vermögender Bürger störten diese Ordnung; die unvermögender, fremder Mütter bedrohten sie.

Die Verfolgung der sexuellen Unmoral verschärfte sich seit dem letzten Drittel des 16. Jahrhunderts. Auch »normalen« Bürgerkindern drohten zunehmend Verhöre wegen Freizeitvergnügungen und dem frühen Beischlaf. War um Strafmilderungen zu bitten oder feilschen, traf der kalte Blick der Verachtung die vor den Richter gebrachten Paare, sollten ihre Hochzeiten keine Feste mehr sein. »Beständigkeit«, »Maßhalten« und »Vernunft« bildeten sich neostoisch reformuliert zu Leitwerten der Führungsschichten heraus. Dies stärkte erneut die Überzeugung, daß »niederen Trieben« harte Strafen galten.

---

[7] *Insgesamt hing der Umgang mit unehelichen Kindern natürlich von dem individuellen Vermögen der Betroffenen, ihrer örtlichen Eingebundenheit sowie den regionalen ökonomischen Strukturen und Erbregelungen ab; vgl. P. Becker, Leben und Lieben in einem kalten Land. Sexualität im Spannungsfeld von Ökonomie und Demographie. Das Beispiel St. Lambrecht 1600–1850, Frankfurt am Main 1990, S. 273 f.; U. Gleixner, »Das Mensch« und »der Kerl«: Die Konstruktion von Geschlecht in Unzuchtsverfahren der Frühen Neuzeit (1700–1760), Frankfurt am Main 1994, S. 170 f.; P. P. Viazzo, Illegitimacy and the European Marriage Pattern: Comparative Evidence from the Alpine Area, in L. Bafield u. a. (Hg.), The World We Have Gained. Histories of Population and Social Structure. Essays Presented to Peter Laslett on his Seventieth Birthday, London 1986, S. 100–121.*

Hinzu kam, wie schon in der Einleitung beschrieben, daß Obrigkeiten während des Dreißigjährigen Krieges den Zorn Gottes durch das »hurerische«, unzüchtige Verhalten der Bevölkerung vermehrt und die täglichen Bußgebete entkräftet sahen. Gleichzeitig vertieften sich im 17. Jahrhundert Ängste über die Auflösung der Ständegesellschaft. Der Arbeitsmarkt für unabhängige Lohnarbeit wuchs. Dies minderte die Bedeutung des Hauses als kontrollierender und erzieherischer Instanz für junge Leute bis zur Eheschließung. Die Furcht vor sexuellen Ausschweifungen, der Geburt unehelicher Kinder und somit der Erosion einer auf stabilen Haushalten und Familien basierenden gesellschaftlichen Ordnung wuchs. Sie entlud sich in einem erhöhten Kontrollbedürfnis über das Gesinde und unabhängige Arbeiterinnen. Es war also nicht damit getan, daß eigenständige Frauen und weibliche Lehrlinge während des 16. Jahrhunderts aus den Zünften ausgeschlossen worden waren und Frauen damit einer gewerblichen Organisation entbehrten; zusätzlich wurden während des 17. Jahrhunderts wesentliche Teile der weiblichen Arbeitskultur im Gesindedienst, dem Feiltragen, Waschen und dem Textilbereich als mit moralisch niederen Charaktereigenschaften und Verhaltensweisen verbunden dargestellt. »Es mag sich ein jeder hüten / vor Mägden / Ammen / Bettelvolk / Kleider = Umträgerinn(en) / und dergleichem liederlichen Gesinde / ... / Denn durch solch Teufels Geschmeisse werden sie beredet / zu Hurerei und Ehebruch«, rief ein Diener in Gryphius' Lustspiel vom untreuen Hausgesinde recht ernsthaft.[8] An dieser Entwicklung wird auch die hohe symbolische Bedeutung des weiblichen sexuellen Verhaltens deutlich. Die Autorität der Landes-, Stadt- und Hausväter beruhte auf der Domestizierung weiblicher Begierde. Eine keusche Frau verkörperte die höchste Tugend, eine begierige Frau die ungezügelte Natur, deren wilde Kräfte die menschliche Zivilisation untergruben. Die Verfolgung und Bestrafung leichtfertiger Frauen wurde in einer Kultur, die die triebhafte, unkontrollierte Natur mit neuer Verve zu überwinden suchte, zum Eckstein sozialer Ordnung. Und dies um so mehr, als das Haus als Fundament dieser Ordnung durch den wirtschaftlichen Wandel bedroht schien.

---

[8] A. Gryphius, Lustspiele I, Hugh Powell (Hg.), Tübingen 1969, S. 194.

FLEISCHESVERBRECHEN: GESETZE UND STRAFPRAXIS Diese zunehmende Bedeutung der massiven Ahndung der Fleischesverbrechen seit dem letzten Drittel des 16. Jahrhunderts läßt sich zunächst an der Gesetzesentwicklung ablesen: In Württemberg erließ Herzog Christoph 1585 das erste Mandat gegen Fleischesverbrechen. Partner, die sich nach einem Eheversprechen beigeschlafen hatten und die Heirat beabsichtigten, sollten zu acht beziehungsweise die Frau zu vier Gefängnistagen bei Wasser und Brot verurteilt werden. Das Tragen des Brautkränzleins wurde ebenso verboten wie Spielleute und Hochzeitsgäste: bei einer solchen Hochzeit sollte es nichts zu feiern geben. Ein lediger Mann, der sich mit einer »gemeinen, unerbarn verruften Weibsperson in Unzucht« einließ, sollte genauso wie die Frau zwölf Gefängnistage bei Wasser und Brot absitzen. Schon bei einer Wiederholung des Delikts drohte der Landesverweis. Wenn ein lediger Mann eine Jungfrau mit gutem Ruf oder Witwe zu Fall brachte, sollte der Mann vierzehn Tage im Turm bei Wasser und Brot verbringen und Jungfrauen entschädigen. Die Frau mußte aber in jedem Fall ebenfalls acht Gefängnistage absitzen, es sei denn, so wurde extra hinzugefügt, sie hatte die Tat doch durch Handlungen verursacht, ohne die der Beischlaf unterblieben wäre. In diesem Fall sollte auch sie vierzehn Tage im Gefängnis verbringen. Eine ehrbare Jungfrau, die sich hatte fallen lassen, sollte demnach härter bestraft werden als eine verrufene Frau! Witwer und Witwen verwirkten darüber hinaus ihr Recht auf den Besitz und die Nutzung der Güter, die an die Kinder gehen sollten, und etwaige noch bei ihnen lebende Kinder sollten von ihnen weggenommen werden. Diese drastische Regelung drückte aus, wie sehr das Erbe und die Kinder vor den Folgen einer illegitimen Beziehung mit einer verrufenen Frau geschützt werden sollten.[9] Während der nächsten vierzig Jahre erfolgten keine gesetzgeberischen Maßnahmen; dann kamen sie Schlag auf Schlag. 1626 wurde das Verbot der Spinnstuben ausgesprochen. 1630 folgte das im Zeichen des Dreißigjährigen Kriegs stehende »Generalreskript, die Bestrafung der Fleischesverbrechen betreffend«. Es klagte, die bislang angesetzten Gefängnis-

---

[9] Siehe Reyscher, Gesetze, Bd. 4, Mandat, die Bestrafung der Fleischesverbrechen betreffend, 21.5.1586, S. 445–450.

strafen würden »bei dem jungen Gesindlin schier für nichts, oder gar gering gehalten«. Deshalb wurden sie erhöht: Der frühe Beischlaf wurde mit vierzehn Gefängnistagen für Männer und acht für Frauen bestraft. Unzüchtige Männer wurden mit drei anstatt zwei Wochen, Frauen mit zwölf Tagen Haft bestraft.[10] Bald nahte Schlimmeres in Gestalt des von dem Modell der Genfer Sittenzucht beeinflußten Pietisten Johann Valentin Andreae, seit 1638 württembergischer Hofprediger und Konsistorialrat. Ein von ihm beeinflußtes Reskript legte 1642 zunächst mit unorthodoxem Elan fest, daß unzüchtige Rats- und Gerichtsverwandte ihres Amtes entsetzt werden sollten. Außerdem wurde die Strafe derjenigen »frühen Beischläfer« erhöht, die sich erst nach der Schwängerung der Frau die Ehe versprochen hatten. Männer mußten 28 Tage, Frauen 16 Tage bei Wasser und Brot ausharren. Eltern wurde eingeheizt, das »Haus = Regiment« wohl zu versehen, für das sie Gott im Himmel zur Rechnung ziehen werde. Dies hieß: Knechte und Mägde sollten voneinander getrennt schlafen, Eltern sollten unverheiratete Paare zur Heirat drängen und vorher jedes längere unbeobachtete Zusammensein zwischen ihnen verhindern. Auch sonst wurde der Blick durch Schlüssellöcher zur politischen Tugend erhoben: Beobachtete man bei Ledigen den »verdächtigen Zuwandel« Andersgeschlechtlicher, war dies anzuzeigen. Der »Zuwandel« wurde zunächst mit einem Verweis, dann einer Haftstrafe von sechs beziehungsweise drei Tagen und schließlich mit der Inhaftierung und dem Verhör der Betreffenden geahndet. Das Reskript mahnte zudem wöchentliche Treffen der Amtmänner mit zwei Richtern oder Ratsmitgliedern an, um »fleißige Nachforschungen« über etwaige leichtfertige Personen anzustellen.

Wenige Monate später folgte eine letztmalige Strafverschärfung: Unzüchtige Männer sollten nun sechs, Frauen vier Wochen im Gefängnis verbringen; frühe Beischläfer vier beziehungsweise zwei Wochen.[11] Innerhalb von sechzig Jahren hatten sich damit die Strafen für Unzucht und den frühen Beischlaf um das drei- bis vierfache erhöht.

---

[10] *Reyscher, Gesetze, Bd. 5, General=Reskript, die Bestrafung der Fleisches=Verbrechen betreffend, 18.12.1630, S. 408 f.*

[11] *Reyscher, Gesetze, Bd. 5, General=Reskript, die Strafen der Fleisches=Verbrechen betreffend, 1 / 11.11.1645, S. 440.*

Zwischen unschuldig verführten Jungfrauen und »verleumdeten Weibsbildern« wurde im 17. Jahrhundert endgültig nicht mehr unterschieden: Jede Frau trug Schuld an dem Beischlaf. Beim frühen Beischlaf wurde zusätzlich gefragt, ob ein Paar schon vor dem Beischlaf eine Heirat beabsichtigt oder diese erst aufgrund der Schwangerschaft der Frau beschlossen hatte. Männer wurden entweder doppelt so hoch oder mit einem Drittel mehr Gefängnistagen als Frauen bestraft. Dies scheint anzudeuten, daß Männern doch eine aktivere Rolle bei der Initiierung des Beischlafs beigemessen wurde. Zwei Gruppen von Frauen wurden jedoch gesetzlich als leichtfertig und verführerisch beschrieben: »Eigenbrötlerinnen« und Schweizer Mägde. Ein Mandat von 1654 widmete sich Schweizerinnen, die sich in Württemberg verdingten. Angeblich begaben sie sich schon schwanger in den Dienst nach Württemberg, um mit ihren Kindern die Herrschaft, Seelhäuser und Armenkästen zu beschweren. Diese »ausländischen Metzen« sollten nun umgehend angezeigt werden, wenn sie sich verdingten oder ein Kind entbanden. Dann sollten sie um den Brunnen geführt, mit dem Becken ausgeklopft und des Landes verwiesen werden.[12] Mit dem Generalreskript gegen den Kindsmord von 1658 waren bis zum Ende des Jahrhunderts dann auch alle Maßnahmen in bezug auf die Kontrolle illegitim schwangerer Frauen und vorehelicher Sexualität in Kraft getreten.[13] Weitergehende Strafverschärfungen waren kaum denkbar, und so blieb dem Oberrat nur, auf die Durchsetzung bestehender Strafmaße zu vertrauen. Sein Augenmerk richtete sich im zweiten Drittel des 17. Jahrhunderts vor allem auf die stärkere Verfolgung des Kindsmords. Dieser stellte die blutigste Folge schärfer sanktionierter außerehelicher Schwangerschaften dar.

Seit 1630 waren die strengeren Mandate in Württemberg rasch aufeinander gefolgt, und das Beispiel Hall zeigt, daß dies eine beeindruckende gesetzgeberische Leistung war. Hier hatte der Dreißigjährige Krieg das Problem der »unzüchtigen Jugend« ebenfalls erneut in das Blickfeld moralischer Reformen gerückt, die Handlungsfähigkeit des

---

[12] Reyscher, Gesetze, Bd. 6, General=Reskript, die Bestrafung ausländischer Metzen betreffend, 15.1.1654, S. 459.
[13] Reyscher, Gesetze, Bd. 13, General=Reskript, die Verhütung des Kindsmords betreffend, 1.3.1658, S. 320.

Rats aber zunehmend lahmgelegt.[14] Das erste Haller Strafmandat gegen Unzuchtsdelikte bestimmte 1643 recht milde, daß ledige, unzüchtige Personen mit jeweils zehn Gefängnistagen bei Wasser und Brot und dem Verbot des Jungfernkranzes bestraft werden sollten.[15] Schärfere Strafen und die Entschlossenheit, sie durchzusetzen, folgten erst in der zweiten Hälfte des 17. Jahrhunderts. 1665 wurde erstmals eine Strafe für den frühen Beischlaf angesetzt: zehn Gefängnistage für Mann und Frau, ebenso wie bei der Unzucht. Anstatt der würdigen kirchlichen Heirat erfolgte die Verheiratung des Paars in der Ratsstube.[16] Ab 1671 unterschied man auch in Hall zwischen jenen, die sowieso hatten heiraten wollen, und denen, die erst die Schwangerschaft der Frau zur Heirat bewogen hatte: erstere wurden weiterhin mit zehn Gulden oder zehn Gefängnistagen, letztere mit vierzehn Gulden oder vierzehn Gefängnistagen bestraft. Eltern beziehungsweise Hausmütter und -väter, die den vorehelichen Beischlaf in heimischen Betten nicht anzeigten, sollten dies mit zehn Gulden büßen und das Paar die gleiche Summe erlegen. In Hall wurde damit sehr viel stärker davon ausgegangen, daß Männer und Frauen (trotz des geringeren Lohns von Mägden) für Unzucht und den frühen Beischlaf gleich zu bestrafen waren. Selbst nach dem Einfluß des Französischen Krieges blieben die Strafmaße niedriger als die württembergischen. Einzig der Angriff auf das Gesinde und seine Freizeit- und Eheanbahnungsmöglichkeiten erfolgte mit einer Vehemenz, die in Württemberg ihresgleichen suchte. Denn außer dem überall verdammten »Bettfreien« wurde ab 1671 auch das gemeinsame Essen des Gesindes mit fünf Gulden belegt, und 1680 verbot man Mägden und Knechten, sich zum Wein einzuladen.[17] 1682 wurde Mägden und Knechten untersagt, sich abends nach der Betglocke im Freien aufzuhalten.[18] Tanzvergnügen, bei denen das »Herumwerfen und schwenken« schon seit 1562 untersagt war, sollten stärker kontrolliert werden und wurden 1677, wie auch schon 1630, gänzlich ver-

---

[14] H. Nordhoff-Behne, Gerichtsbarkeit und Strafpflege in der Reichsstadt Schwäbisch Hall seit dem 15. Jahrhundert, Sigmaringen 1971, S. 52–55.
[15] StAH, 4/499, 43^v-44^r.
[16] StAH, 4/499, 8.3.1665, 81^v-84^r.
[17] StAH, 4/495, 3.10.1680.
[18] StAH, 4/495, 26.5.1682.

boten.¹⁹ Klöpflinsnächte, die zum Werberitus gehörten, waren in Hall ebenfalls schon 1566 untersagt worden;²⁰ das Verbot wiederholte der Rat in der zweiten Hälfte des 17. Jahrhunderts dreimal.²¹ 1684 erfolgte eine letzte Erhöhung der Strafen und Differenzierung der Delikte.²²

Für Memmingen und Konstanz sind kaum Verordnungen erhalten, vielleicht wurden aber auch tatsächlich nur wenige erlassen, und man vertraute darauf, daß veränderte Strafpraktiken die wirksamsten Zeichen setzten. In Memmingen wurde im Zeichen des Dreißigjährigen Krieges 1630 allerdings ebenfalls eine neue Zuchtordnung erlassen. Sie verbot Spinnstuben und verurteilte »leichtfertige« Heiraten, die geschlossen wurden, obwohl die zukünftige Ernährung einer Familie dem Paar unmöglich war.²³ Einheimische und fremde »Dirnen« sollten mit Schmach und Spott verbannt werden, weil sie die Männer verführten. Wenn eine Frau geschwängert worden war, aber zur »Schwächung« selber Anlaß gegeben hatte, war der Mann nicht verpflichtet, »ihr weiteres als ein paar Schuh zu geben«. Sarkastisch spielte dies auf die ihr bevorstehende Verbannung an. Unzüchtige, heiratsunwillige Paare wurden mit der Ausweisung bedroht: eine unvergleichlich harte Verordnung, die zudem zur gängigen Praxis wurde! Bei Einheimischen konnte die Verbannung allerdings durch Fürbitten verkürzt und durch Hausarrest ersetzt werden.²⁴ Gleich-

---

[19] *StAH, 4/492, 1562, »Dantzordnung«; 4/494, I, 20.5.1630; III, 10.5.1671, 17ʳ; 4/495, 1.6.1677.*
[20] *StAH, 4/492, 22.11.1566.*
[21] *R. Dürr, Mägde in der Stadt. Das Beispiel Schwäbisch Hall in der Frühen Neuzeit, Frankfurt am Main 1995, S. 310, Fn. 22.*
[22] *Der frühe Beischlaf wurde bei Verlobten mit zehn Gefängnistagen und einer Geldstrafe von 10 Gulden bestraft. Die verspätet Heiratswilligen sollten zehn Gefängnistage absitzen und 14 Gulden Buße entrichten. Die jeweiligen Geldstrafen konnten durch öffentliche Arbeit abgegolten werden. Ein lediger Mann, der eine Jungfrau oder Witwe geschwängert hatte, ohne sie heiraten zu wollen, sollte sie standesgemäß dotieren, das Kind alimentieren und ebenso wie die Frau eine Strafe von 14 Gulden entrichten und vierzehn Tage im Gefängnis verbringen. Eine Weigerung, die Frau zu dotieren, zog die Verbannung nach sich. Wenn sich das Gesinde zum Wein führte, sollte der Knecht 1 Gulden, die Magd 15 ß bezahlen, StAH, 4/495, 14.1.1684.*
[23] *StAMM, 265/2, 26.11./6.12.1630, 17ᵛ und 14ʳ.*
[24] *Siehe z.B. StAMM, RP, 1.7.1667–11.8.1669, 11ʳᵛ, 2.8.1667, Mathes Hornung für seine Magd.*

zeitig mußte aber das Bürgerrecht wieder erworben werden.²⁵ Heiratete das Paar, folgte eine Gefängnis- und um so höhere Geldstrafe, beziehungsweise in der Praxis auch entweder oft der vierwöchige Hausarrest und eine Geldstrafe oder allein eine sehr hohe Geldstrafe.²⁶ 1648 legte eine Kirchenzuchtsordnung fest, daß die nach der Zuchtordnung bestraften Personen auch kirchlich Buße tun mußten.²⁷ In Memmingen ist damit wie in Hall das Prinzip der Gleichbestrafung der Partner hervorzuheben. Hervorstechend ist die rückhaltlose Verbannung unzüchtiger, heiratsunwilliger Paare.

In katholischen Städten und Territorien wurden Unzucht, »unzüchtige« Eheanbahnungspraktiken, ledige Mütter und »Dirnen« ebenso scharf verfolgt. Konfessionelle Unterschiede sind einzig im Umgang mit dem frühen Beischlaf zu erkennen. Das Trienter Konzil hatte mit der langen kanonischen Tradition gebrochen, das beidseitige Einverständnis des Paares als Eheschließungsakt anzuerkennen. Dies hatte bedeutet, daß der Beischlaf vor der offiziellen Trauung nicht als Sünde gelten konnte, sobald er von dem beidseitigen Eheversprechen begleitet war. Nach Trient bestand damit auch in katholischen Gebieten das Delikt des frühen Beischlafs vor dem Zeitpunkt der kirchlichen Heirat. Trotzdem wurde dieser zumindest in Konstanz von der weltlichen Obrigkeit nie mit Strafen belegt, die über 1–4 Gefängnistage hinausgingen. Gleichwohl versuchte man natürlich auch hier die »unbedächtlichen«, der Lust geschuldeten, verfrühten Ehen zu unterbinden. Der Handlungsdruck stieg in den 1570er Jahren. Süddeutschland litt unter schweren Teuerungen, und die Armenkassen leerten sich.²⁸ In direkter Anlehnung an eine Augsburger Verordnung mußten sich Konstanzer heiratswillige Paare nun einem genauen Verhör über ihre Einkünfte unterziehen. Hierbei fragte der Steuer-

---

²⁵ Siehe z. B. StAMM, RP, 1.7.1667–11.8.1669, 68ʳ, 13.1.1668, Michel Englers sel. Tochter.
²⁶ Bei der Hochzeit sollte statt des Jungfrauenkranzes ein Schleier getragen und vorher beim Kirchdiener um Absolution gebeten werden, ibid., 8ʳ–9ᵛ.
²⁷ T. Wolf, Reichsstädte in Kriegszeiten. Untersuchungen zur Verfassungs-, Wirtschafts- und Sozialgeschichte von Isny, Lindau, Memmingen und Ravensburg im 17. Jahrhundert, Memmingen 1991, S. 65. Bei einem Rückfall drohte der (anscheinend aber kaum verhängte) Kirchenbann. Unhold vermerkt aber nur vier Fälle, in denen der Kirchenbann verhängt wurde, siehe ders., Geschichte der Stadt Memmingen, S. 301.
²⁸ StAKN, DI, F. 202, 733ʳ–40ʳ, 4.11.1576.

herr auch, ob die Eltern oder Vormunde in die Heirat eingewilligt hatten. Diejenigen, die wider den Willen der Eltern zu heiraten versuchten, hatten damit sofort ihr Bürgerrecht verwirkt! Vor der Heiratsbewilligung mußte jedes Paar versprechen, zumindest während der nächsten fünf Jahre keine städtischen Almosen zu beanspruchen – sonst verwirkte es wiederum das Bürgerrecht. Fremde, die nur durch die Heirat mit einem/r Konstanzer/in das Bürgerrecht erlangten, durften sogar zehn Jahre lang kein Almosen beanspruchen.[29] Auch in Konstanz wurde überdies ein Unterschied zwischen schwangeren und »ehrlichen« Bräuten gemacht; erstere durften ab 1595 nur mittwochs um acht Uhr ohne ein jungfräuliches Hochzeitskleid von einer Hebamme geführt zur Kirche gehen, und das Hochzeitsmahl sollte aller »Lustbarkeiten entbehren«.[30] Durch die sonst weitgehende Nichtahndung des frühen Beischlafs blieben normale Bürgerskinder in katholischen Gebieten jedoch auch im 17. Jahrhundert weitgehend vor Strafandrohungen wegen »Fleischesverbrechen« geschützt.[31] Sie betraf vor allem die stärkere Regulierung der Freizeit im Feldzug gegen »Leichtfertigkeit«.

› **Die Überwachung der Freizeit** ‹ Diese verschärfte Kontrolle der Freizeit, die junge Leute beiderlei Geschlechts zusammen verbrachten, äußerte sich in Verboten und Ermahnungen. In Bußregistern sind ab und zu entsprechende Geldstrafen verzeichnet. Manchmal finden sich jedoch Urfehden und etwas ausführlichere Beschreibungen der »Delikte« selber. Sie vermitteln ein Bild der Feierabendvergnügungen junger Leute: Man sieht sie in größeren Gruppen bei Tänzen am Wochenende oder an Sommerabenden, in kleineren Gruppen beim gemeinsamen Weintrinken im Haus, bei Besuchen, oder sogar zu zweit in Kammern, abends in der Werkstatt des Meisters, beim Weintrinken in Gasthäusern oder bei Ausflügen in benachbarte Dörfer. Protestanten wie Katholiken betrachteten all dies mit Mißtrauen:

---

[29] StAKN, DI, F. 204, 41^r–45^r.
[30] StAKN, A 1/28 a, Franz Bickel-Chronik, S. 45.
[31] 1667 galt es zum Beispiel als »unnachgiebig«, daß die Tochter des Landvogtes trotz seiner Fürbitte wegen des frühen Beischlafs mit einem Studenten 15 lb d bezahlte, StAKN, RP, BI 147, 30.1.1667, 89^r, Mathis Deschler.

In Konstanz griff im Juli 1562 beispielsweise der Stadtknecht ein, als abends die Gesellen in der St. Paulsgasse mit den »Mädlin« auf der Gasse spontan zwei Tänze abhielten.³² 1578 verbrachten eine Haller Weingärtnertochter und ihre zwei Freundinnen acht Tage im Gefängnis: Bei der Steinbronner Kirchweih hatten sie »die ganze Nacht durchgetanzet und gesprungen und gesungen«.³³ 1608 erhielten zwei Töchter einen starken Verweis, die tanzen gegangen und über Nacht in der Kammer eines Knechts geblieben waren,³⁴ während 1647 sechs Beckenknechte gezüchtigt wurden, die sich am Neujahrstag über die erlaubte Zeit hinaus mit Spielleuten und »etlichen Mädlin auf der Gassen lustig erzeigt«.³⁵ Man traf sich mitten in der Stadt oder verfügte sich an ihre Ränder: So wurden 1669 mehrere Konstanzer Jungen und Mädchen mit Geldstrafen belegt, die vor dem Petershausener Tor Wein getrunken hatten.³⁶ Widerstand brachte Jugendliche vor die Gerichte: 1687 berichtete der Haller Stadtschultheiß, daß eine Magd beim Haaltanz am Neujahrstag gewesen sei. Als sie der Stadtknecht vorgeladen habe, hätte sie diesem »schnertzige Reden« gegeben, wie »es wäre ihm Stadtschultheißen vielleicht nur ums Geld zu tun, was sie denn für (eine) Strafe geben müsse, ja, sie hätte getanzt ehe er Stadtschultheiß geworden wäre«.³⁷

Immer prophezeite man die gleiche Verkettung von Elementen: Unabhängigkeit, Wein und das beidgeschlechtliche Zusammensein führten zu Übermut und Unzucht. Abendliche Besuche von Freunden galten als verbotener »Einzug lediger Personen«. 1632 wurde beispielsweise in Konstanz die ledige Agnes Streub angezeigt. »Allerlei« Gesellen kamen während Tag und Nacht in ihr Haus. Eines Abends hatte sie mit zwei Bürgerssöhnen »einen Trunk aufgestellt« und »in allen Ehren bis morgens um 1 oder 2 Uhren mit ihnen lustig und guter Ding gewesen, der eine (habe) Spitzgeiglin bei sich gehabt«.³⁸

---

[32] StAKN, HIX, F. 32.
[33] StAH, 4/480, 20.8.1568, Christina Clausen, Margaretha und Anna Ulrich Hamans Töchter, 58ʳ.
[34] StAH, 4/481, 3.9.1608, 68ʳ.
[35] StAH, 4/482, 12.1.1647, 144ʳ.
[36] StAKN, RP, 1669, BI 149, 72ʳ.
[37] StAH, 4/553, 192ᵛ–193ʳ, 11.1.1687.
[38] StAKN, K 29/6.5.1632.

Mußte man nicht morgens früh heraus, Montag bis Samstag zur Arbeit und sonntags zum Kirchgang munter sein? Auch bei einer Lichtstube im väterlichen Haus war die 20jährige Catharina Meussburger jedoch im Januar 1686 mit zwei Bäckerssöhnen und -töchtern, zwei Färberstöchtern und »dem Straub« bis um zwei Uhr morgens »beieinander verblieben«.[39] Völlig indiskutabel war das »frevelhafte, spöttische Stücklein« einer ungezügelten oberpfälzischen Siedermagd, die sich 1655 während der Wolpershausener Kirchweih betrunken von einem Haller Becken einen »Tannenzapfen zwischen die Beine« hatte schieben lassen.[40] Auch Streiche zeigten, daß mit Sexualität gespielt wurde. 1619 beschäftigte den Memminger Rat der folgende Fall: Zwei Gesellen hatten die Spinnerin Anna Rüffin besucht. Auf der Ofenbank ihrer Hauswirtin schlief ein Füssener Geselle. Einer der Gesellen griff ihm in die Hose, band einen »Faden um die Scham« und zog daran.[41] Anstatt über solche Streiche zu schmunzeln, konnten sich Täter von den Ratsherren einige Gefängnistage einhandeln.

❯ Unzüchtige Geschäfte ❮ So gewannen harmlose Treffen und Taten etwas Anrüchiges, und natürlich wurden auch mehr Schuldige herausgefunden. Oft wurde auf den reinen Verdacht hin vernommen. So kann man beispielsweise in zwei Seiten im Memminger Ratsprotokoll vom Januar 1668 folgendes lesen: Ein Verhör zweier Lediger wurde angeordnet, die sich »verdächtig zuwandelten«, der Kürschner vom Kalychtor sollte vernommen werden, weil man sagte, er habe eine schwangere Jungfrau nach Augsburg geführt, und eine Magd sollte befragt werden, was für »verdächtige Mittel« sie eingenommen habe.[42] Bei solchen Anklagen konnte man sich meist herausreden und schweren Strafen entgehen. Um »Fleischesverbrechen« aufzudecken, bedurfte es in der Regel der sichtbaren Schwangerschaft. In Gebieten, die im 17. Jahrhundert den frühen Beischlaf hart bestraften, machte die Gruppe der »Söhne und Töchter« deshalb den größten Teil der

---

[39] StAKN, K 4, 30.1.1686.
[40] StAH, 4/482, Catharina Kisslerin, 13.10.1655, 210^v–211^r.
[41] StAMM, A 138/6, 10.2.1619, Hans Hirschmann, Jerg Haider, Anna Rüff.
[42] StAMM, RP, 1.7.1667–11.8.1669, 69^{rv}.

Angeklagten aus. Je entehrender und belastender Strafen wurden, um so mehr stieg jedoch der Druck auf die Richter, sie in eine Geldstrafe abzumildern, deren Abzahlung man in langen Raten versprach. Dies schützte vor allem Ortsansässige, die schon geheiratet hatten oder eine Heirat beabsichtigten, vor längeren Gefängnis- oder gar Verbannungsstrafen. In Hall gingen die wegen des frühen Beischlafs beklagten Ehefrauen sogar meistens straffrei aus: Ihr »Verbrechen« wurde nur durch die Schwangerschaft bei der Hochzeit oder die rasch folgende Niederkunft aufgedeckt. Sie hatten für ein Kind zu sorgen und keine Zeit im Gefängnis zu verlieren.[43] Schlechter als den Bürgerssöhnen und -töchtern erging es einer zweiten Gruppe: dem Gesinde von außerhalb. Je geringer ihr Besitz war, um so wahrscheinlicher wurde es, daß der Beischläfer sie nicht heiraten wollte. Und die Unzucht derer, die nicht heirateten, zog unweigerlich härtere Strafen nach sich.[44] Um diese in Geldstrafen umzuwandeln, reichten die Rücklagen der Mägde nicht. Mägde wurden also öfter mit längeren Gefängnisstrafen, Arbeitsstrafen oder der Ausweisung bestraft als einheimische Töchter. Schließlich gab es eine dritte Gruppe von Frauen, die am stärksten von Ehrenstrafen und der Ausweisung bedroht war. Zu ihr gehörten Frauen, die ein uneheliches Kind zur Welt brachten, diejenigen, die verdächtigt wurden, mit mehr als einem Mann Unzucht getrieben zu haben, und schließlich jene Frauen, die einem Soldaten beigeschlafen hatten. In diesen Fällen konnte eine Ausweisung allenfalls durch starke Fürbitten abgewendet werden. Aber selbst sie fanden im Verlauf des 17. Jahrhunderts immer weniger Gehör. Tränenreiche Bitten um Gnade im Namen der »armen Sünderin Maria Magdalena« versetzten keine Berge mehr.[45] Diese Frauen lebten oft fern von zu Hause, besaßen kaum Vermögen, arbeiteten als Mägde, Spinnerinnen oder Näherinnen, wurden von Gesellen, Knechten und Soldaten als leicht zu haben angesehen und von anderen als liederlich, so daß schon Bekanntschaften mit Männern zu Verdächtigungen führten. »Soldatenhuren« wurden am stärksten stig-

---

[43] Dürr, Mägde in der Stadt, S. 253.
[44] Ebd., S. 359–361.
[45] HStASt, A 573, Bü. 5, 23.11.1666, Susanna Storren; Stadtarchiv Deidesheim, Nr. 287, Gerichtsbuch 1560–1729, fo. 309, Anna Maria Hörin, 17.10.1667.

matisiert und neben der Verbannung am häufigsten mit Ehrenstrafen belegt.⁴⁶

In Hall läßt sich die veränderte Strafpraxis durch die Urfehdbücher am besten nachzeichnen. Die Zeit ab 1665 stellte einen massiven Einschnitt dar: Die Gesamtzahl der geleisteten Urfehden und der Anteil der wegen Unzuchtsdelikten Verurteilten stiegen drastisch an. 276 Männer und Frauen wurden allein zwischen 1675–1684 wegen Unzuchtsdelikten (Ehebruch eingeschlossen) verurteilt.⁴⁷ Blickt man ins vorangegangene Jahrhundert zurück, wird der Wandel überdeutlich: 1566–1576 finden sich 25 wegen Unzucht bestrafte Frauen, von denen vierzehn verbannt wurden. Nur eine Frau wurde wegen frühem Beischlaf bestraft. 1681–1691 wurden dagegen beispielsweise 138 Frauen wegen Unzucht beklagt und 31 verbannt. 76 von ihnen mußten eine Geld- oder Gefängnisstrafe absitzen und wurden teilweise zudem in der Ratsstube verheiratet. Weitere 31 Frauen kamen in das Gefängnis und leisteten danach eine Arbeitsstrafe ab; drei Frauen wurden wegen Hurerei verbannt. Elf Frauen wurden wegen frühem Beischlaf inhaftiert, fünf leisteten öffentliche Arbeitsdienste ab. Diese Strafpraxis wurde bis zum Ende des Jahrhunderts fortgesetzt: In den acht Jahren zwischen 1692–1700 wurden ganze 167 Frauen wegen Unzucht bestraft, viele von ihnen waren durch Soldaten geschwängert worden.⁴⁸

Das erhöhte Risiko von Frauen, zu Kriegszeiten wegen Unzucht scharf bestraft zu werden, wird auch im katholischen Freiburg deutlich: Hier dienten die Urfehden in den letzten zwanzig Jahren des 17. Jahrhunderts fast ausschließlich der Bestrafung unzüchtiger Frauen,

---

⁴⁶ U. Rublack, Metze und Magd: Frauen, Krieg und die Bildfunktion des Weiblichen in deutschen Städten der Frühen Neuzeit, Historische Anthropologie, 3/1995, S. 412 bis 432.

⁴⁷ Dürr, Mägde in der Stadt, S. 229, Tab. 38.

⁴⁸ *Lediglich acht Frauen wurden wegen dem frühen Beischlaf inhaftiert und mit einer Urfehde bestraft. Die Franzosen waren 1688 in das Haller Territorium eingefallen, konnten aber mit einer hohen Kontributionszahlung befriedet werden. Um der andauernden Gefahr zumindest etwas entgegensetzen zu können, hatte der Schwäbische Kreis 1681 ein stehendes Heer aufgestellt. Die Kreistruppe blieb in Friedenszeiten in Unterlimburg einquartiert; Soldaten waren nun ein Teil der Gesellschaft, wurden aber von Bürgern »wenig respektiert«, siehe G. Wunder, Die Bürger von Hall. Sozialgeschichte einer Reichsstadt 1216–1802, Sigmaringen 1980, S. 161.*

insbesondere der »Soldatenhuren«. Schweizerinnen waren wiederum unter besonderem Verdacht. Der Einfluß der französischen Kriege verschärfte hier die Situation, aber allgemein läßt sich sagen, daß seit dem Dreißigjährigen Krieg die vehemente Bestrafung der Unzucht ein Signum der Suche nach sittlicher Ordnung war. Auch die quantitative Auswertung der Aktivitäten des Emdener Presbyteriums zeigt dies: Zum Hauptanliegen der calvinistischen Sittenzucht war seit der Mitte des 17. Jahrhunderts auch hier die Bestrafung unzüchtiger Frauen und insbesondere lediger Mütter geworden. Damit veränderte sich der Charakter der Kirchenzucht fundamental: »Nicht der beste Weg der Selbsterkenntnis, der Buße und der Rückkehr des Sünders in die Gemeinde [wurde nun] diskutiert, sondern seine Bestrafung als Abschreckung für die anderen!«[49] Heinz Schilling zufolge belegt auch der Wortlaut der Protokolle, »daß der pietistische Kirchenrat einen systematischen Feldzug gegen sexuelle Verfehlungen durchführte«.[50]

▸ Spott und Distanznahme ◂ Die sarkastischen Kommentare der Haller Gerichtsschreiber im 17. Jahrhundert sind ebenfalls sprechende Belege für die atmosphärische Kälte, die unehelich geschwängerten Frauen zunehmend begegnete. Sie galt vor allem den Armen, die sich in hoffnungslose Liebschaften einließen. Über Catharina Näberin, die Kirchberger Magd eines Ratsherrn, wurde 1664 geschrieben, sie habe einen Haller Küferknecht auf der Stiege mit »ihrem Underschurz ... spielen lassen«. Er habe ihr nicht »geschadet«, das heißt sie nicht geschwängert. Trotzdem begehrte sie die Heirat, doch er hatte »keine Lust zu ihr«. Also war es Unzucht und das Urteil schnell gefällt: Da die »gute Dirn nicht viel zum besten« hatte, wurde sie verbannt.[51] Die trockene Moral lautete: Wer zu arm zum Heiraten war, mußte eben standesgemäß warten. Versuchten solche Frauen einen Mann durch eine Schwangerschaft ei-

---

[49] H. Schilling, Sündenzucht und frühneuzeitliche Sozialdisziplinierung. Die calvinistische, presbyteriale Kirchenzucht in Emden vom 16. bis 19. Jahrhundert, in G. Schmidt (Hg.), Stände und Gesellschaft im Alten Reich, Stuttgart 1989, S. 290–293 u. Zitat S. 298.
[50] Ebd., S. 292.
[51] StAH, 4/483, Anna Catharina Näberin, 17.1.1664, 1ʳ.

gennützig an sich zu binden, hieß dies nur eins: Sie wollten nicht Magd, sondern Ehefrau und Herrin sein. Urteile über den Straftatbestand uneheliche Sexualität waren also von Ängsten über den Zerfall ständischer Schranken geprägt. Dies war, neben dem alten Unwillen darüber, für die unehelichen Kinder der Unvermögenden aufzukommen, der Hauptgrund für die kalte Aburteilung einer anmaßenden Magd wie Catharina Näberin durch das Haller Patriziat im Barock.[52]

Spott und Verachtung traf auch jene, die im Konkubinat zusammenlebten und dann verlassen wurden. Anna, Michel Schnitzers Tochter, hatte 1609 ein Bauersknecht geschwängert. Sie versprachen sich die Ehe und lebten wie »Eheleute« zusammen. Nun war er ausgerissen, und der Richterspruch lautete, Anna solle ihn »suchen«, das heißt, sie wurde verbannt.[53] Solche Fälle bestätigten: Unklare Bindungen führten zu unehelichen Kindern und doppelten Eheversprechen. Den langsamen Eheanbahnungsriten traute man nicht: 1684 verzeichnen die Urfehdbücher den Fall einer Oberspeltacher Magd und eines Knechts, die sich zum Wein geführt hatten und danach »bei nächtlicher Weile in Ehren, wie sie sagen, beisammen im Bett gelegen«. Die Ratsherren bestraften mit vier Gulden und acht Tagen Gefängnis.[54] Zwei Enslinger wurden 1647 bestraft, weil sich »beide zu sehr geliebt und er ihr durch solche Lieblichkeit ein Kindlein anbefohlen«.[55] War dies nicht höhnend gemeint? Ebenso urteilte man 1650 über Anna Öttin und Hans Rössler, ihre »Löffelei« habe sie so »verliebt gemacht, daß sie Anna darüber schwanger gworden und der Schurz und Rock ferner ganz zur kurz worden«. Weil sie nicht mehr Geld hatten, sollten sie drei Gulden bezahlen und heiraten.[56] Ganz im Ton städtischer Flugblätter über die Spinnstuben-Extravaganzen derber Bauern lautete auch der Eintrag über zwei Bauerskinder aus dem Umland 1667, sie seien verschiedene Male, »wie es fast unterm Bauresvolk gemein werden will, so zusammen in die Vorsetz (Spinnstuben, U. R.) gangen und sich miteinander verliebt, daß ihr Bauch angefangen dicker

---

[52] Vgl. Dürr, Mägde in der Stadt, S. 262 ff.
[53] StAH, 4/481, 13.10.1609, 88ʳ.
[54] StAH, 4/484, 23.10.1684, 172ʳ.
[55] StAH, 4/482, Jacob Gsell und Catharina Schultheiß, 12.5.1647, 147ʳ.
[56] StAH, 4/482, 4.10.1650, 170ʳ.

zu werden und (sie sich) bald um die Hebammen bewerben müssen«.[57]

Verhütung verdeckte Unzucht, und so drückte obrigkeitlicher Spott oft die Genugtuung darüber aus, daß eine Frau schließlich doch schwanger geworden war. Unterweisungen in der Kunst des *coitus interruptus* wurden natürlich als sündhaft verurteilt. 1678 verbannte man dementsprechend eine Gründelhardter Witwe aus Hall, weil sie junge Knaben »in Verübung der Unzucht, wie sie es nämlich machen sollen, darmit es kein Kind gebe« unterrichtet hatte »und dergleichen häßlichen Händel mehr«.[58] *Coitus interruptus* war sehr verbreitet, während Petting weniger oft beschrieben wurde. Ein Eintrag über eine Magd und ihren Partner lautete jedoch, er habe zwar »sein rem nicht in re gehabt«, sie hätten aber »solang miteinander geübt und belustiget, bis der Samen ergangen«.[59] Auch Oralsex wurde beschrieben: David Klotz wurde dafür bestraft, daß er sein »membrum virile herauszog« und seiner gewesenen Magd damit »übers Maul gefahren, sprechend, soll ihm ein Bächlin darauf geben«.[60] All dies verhinderte gottgesandte »Hurenkinder«, die die Sündhaftigkeit des Paares entblößen sollten.

Den wiederholt Unzüchtigen waren Schand- und Ehrenstrafen sowie die Verbannung fast sicher: 1654 trieb der Henker beispielsweise die Unterlimburgerin Barbara Schmid mit dem Becken zum Weilertor hinaus. Sie hatte mit elf Männern, darunter verheiratete Strumpfstricker und Schmiede, geschlafen und marschierte nun »mit ihrem gefüllten Ranzen«, d.h. schwanger, in die ewige Verbannung.[61] Eine Westheimer Magd bekam 1687 einen Zettel mit dem Wort »Schandhur« um den Hals gehängt, als sie auf dem Lasterstein stand; dann wurde sie mit dem Becken ausgeklopft und des Landes verwiesen.[62] Andere folgten ihr: »leichtfertige Schandhur«, besagte ein Zettel

---

[57] *Nach einer Geld- und Gefängnisstrafe wurde das Paar in der Ratsstube verheiratet, StAH, 4/483, Hans Bernhardts Sohn, Agatha, Jacob Kochendörffers Tochter, 16.8.1667, 37ʳ.*

[58] StAH, 4/484, Barbara, Jörg Böhmen wittib, 14. 5. 1678, 68ʳ.

[59] StAH, 4/485, 19.2.1686, 2ʳ.

[60] StAH, 4/485, 16.1.1686, 1ʳ; und den Vergleichsfall 4/485, Barbara Schewen, 8.8.1698.

[61] StAH, 4/482, 18.2.1654, 195ʳ.

[62] StAH, 4/485, 6.8.1687, 21ʳ.

1688, »Hurenkupplerin«, jener einer Tagelöhnerfrau 1689, die mit der Geige vor das Narrenhaus gestellt und durch die Stadt geführt wurde.[63]

Zusammenfassend muß deutlich bleiben, daß die Durchsetzung hoher Strafen gegen Bürgerskinder immer hürdenreich blieb. Jene, die sich zu einer Heirat entschlossen hatten, erreichten durch Fürbitten und Geldzahlungen meistens Milderungen. Trotzdem war das veränderte Klima deutlich spürbar. Das 17. Jahrhundert verzeichnete einen neuen Anlauf, die Gesetze maßvollen Verhaltens durch disziplinarische Härte zu verankern. In Hall war die Bestrafung vorehelicher Sexualität im letzten Drittel des Jahrhunderts zur entscheidenden Aktivität des Gerichts geworden. Klagen über Unzucht und Hurerei bekamen ein neues Gewicht, weil diese Delikte als Anmaßung gegen Standesschranken gewertet wurden. Unvermögende Mägde und Eigenbrötlerinnen waren ungeschützt am leichtesten zu treffen und wurden zur Zielscheibe von Verdächtigungen. Verbannungen, eine Renaissance der Ehrenstrafen und beißender Spott wurden in bezug auf schwangere, ledige Frauen zur Regel. Der folgende Abschnitt beleuchtet die gesellschaftlichen Kontexte dieser Entwicklung näher.

SEXUALITÄT UND EHRE Das entschiedene Vorgehen des ehemaligen Memminger Stadtschreibers Meurer gegen das Gerücht, seine Tochter habe ein uneheliches Kind zur Welt gebracht, hat am Anfang dieser Untersuchung gezeigt, wie eng die Familienehre mit dem sexuellen Verhalten der Töchter verbunden war.[64] Allgemein bestimmten sexuelle Reinheit und Treue die weibliche weit stärker als die männliche Ehre. Das lose oder aufgesteckte Haar, die Art der Kopfbedeckung und der Jungfrauenkranz waren die wichtigsten, an den Körper gebundenen, stets sichtbaren Symbole für den Stand und die sexuelle Ehre einer Frau. Süddeutsche Frauen beschimpften sich dementsprechend als »Schappellhuren«, und noch vehementer rissen sich französische Ehefrauen diese Kopfbedeckungen herunter, um

---

[63] StAH, 47485, 21.1.1688, 26^v; 7.7.1689, 43^v.
[64] Vgl. Kap. 2.

anzuzeigen, daß eine Frau nicht ehrbar, sondern hurerisch sei.[65] Die »Hure« war zu einem der züchtigen Hausfrau entgegengesetzten kulturellen Denkbild geworden: sie war nicht nur lüstern, sondern berechnend, nicht fruchtbar, selbstbezogen und verschwenderisch. Namentlich bei verheirateten und höhergestellten Frauen war diese Beschuldigung ein Vehikel, um die Unredlichkeit einer Frau bloßzustellen. Gleichzeitig zeigt die häufige Verwendung dieses Schimpfwortes, daß Frauen gesellschaftliche Normen in bezug auf sexuelle Reinheit verinnerlichten und verteidigten.[66] Dies hatte einen klaren Grund: Weil die weibliche Natur als zur Mäßigung unfähig dargestellt wurde und Scham, Zucht und Ehrbarkeit nur einem Kampf der Frau mit dieser verderbten Seite entspringen konnte, versprach die klare Grenzziehung zwischen unzüchtigen und züchtigen Frauen letzteren die Distanzierung von der auch ihnen zugeschriebenen Doppelnatur. Die kulturell hoch wirksame Vorstellung von der begierigen Frau wurde also entkräftet, wenn Frauen »keine Schande auf ihr Geschlecht« kommen ließen oder zumindest die begierigen Frauen als anders ausgegrenzt wurden. In Ehrenhändeln manifestiert sich damit oft das weibliche Ringen nach einer stabilen gesellschaftlichen Identität, als ehrbare Frau.[67]

Von der männlichen Doppelmoral hinsichtlich der Ausgrenzung hurerischer Frauen zu reden, ist müßig; es sei einzig gesagt, daß »redliche« Handwerker, Ladenbesitzer und Amtsträger sich vielleicht mit mehr Schuldgefühlen als üblich, aber natürlich ebenso wie ledige Burschen darum bemühten, die nach der Schließung der Bordelle verbleibenden, frei arbeitenden Prostituierten auszumachen. Zusätzlich reizte, daß man nun nicht mehr auf die christlich legitimierte und damit auch in Bordellen zum Gesetz erhobene Missionarsstellung

---

[65] J. Farr, *The Pure and Disciplined Body: Hierarchy, Morality and Symbolism in France during the Catholic Reformation*, JIH, 21/1991, S. 391–414.

[66] *Siehe ebd.*; G. Cattelona, *Control and Collaboration: The Role of Women in Regulating Female Sexual Behaviour in Early Modern Marseille*, French Historical Studies, 18/1993, S. 13–35; C. Lipp, *Ledige Mütter, »Huren« und »Lumpenhunde«. Sexualmoral und Ehrenhändel im Arbeitermilieu des 19. Jahrhunderts*, in U. Jeggle u.a. (Hg.), Tübinger Beiträge zur Volkskunde, Tübingen 1986, S. 70–86.

[67] Vgl. L. Gowing, *Domestic Dangers: Women, Words, and Sex in Early Modern London*, Oxford 1996, Kap. 3.

festgelegt war.⁶⁸ Einen seltenen Einblick in die Erfahrungen einer freien, städtischen Prostituierten des 17. Jahrhunderts gibt uns der Fall der Konstanzerin Ursula Belzenhofer, die folgende *chronique scandaleuse* enthüllte: Schon mit vierzehn Jahren hatte sie ihren ersten Buhlen gehabt und viermal mit ihm Unzucht getrieben. Dann war ein Hafnerjunge gefolgt und ein weiterer Bursche, der in ihre Kammer hinaufstieg und ihr die Ehe versprach, nur daß ihr Meister sie »heftig ausgefilzt und schandlich getan« hatte. Ursula enthielt sich daraufhin zunächst der Irrwege. Nach ihrer Heirat und fortdauernder Armut erschien die gelegentliche Prostitution ihr und ihrem Mann jedoch als gute Einnahmequelle: Sie erwähnte als Kunden den alten Wachtmeister (zweimal auf einer Bank), den Stadtknecht, den gewesenen Stadthauptmann, einen Schwefelbrenner, Studenten, den Bruder eines Krämers (ehe er Priester wurde), einmal stehend, »wofür er ihr einen Taler zu geben versprochen, aber nicht mehr als 15 Kreuzer gegeben«. »Standlinge« waren der zeitgenössische Inbegriff wilder Sexualität und wurden im Zusammenhang mit illegitimen Beziehungen häufig erwähnt. Der Brunnenmeister hatte Ursula neun Kreuzer gegeben, andere gaben drei Kreuzer oder nichts, und mit einem Gesellen (für 2 Kreuzer) hatte es aufgrund seiner Volltrunkenheit mit dem Geschlechtsverkehr nicht geklappt. Der verheiratete Konstanzer Stephan Conradi wollte ebenfalls stehend in sie eindringen, und obwohl er ihr beim zweiten Mal »nicht recht bei« kam, holte er ein Pfund Schweinefleisch aus dem Sack, »daß sie seiner Frau und niemand etwas sage«. Bei Handwerkern und Krämern wusch oft eine Hand die andere: Johannes Waibel, der alte Sichlenbäcker, nahm Ursula so eines Fastnachts mit in sein Hinterstüblein,

»und entblößte sie oben und unten herum, drückte sie auf das Lotterbett und trieb es so lang mit unerbahrem Anfassen und Angreifen mit ihr, bis daß er (mit Erlaubnis zu vermelden) seinen Samen in großer Menge in die Stuben hinaus vergossen: dafür habe er ihr versprochen, ihr angelaufenes (angestundetes) Mehl und Milch nachzulassen und (die Schulden) an der Tafel abzuwischen«.⁶⁹

---

⁶⁸ P. Schuster, *Das Frauenhaus. Städtische Bordelle in Deutschland 1350–1600*, Paderborn, 1992, S. 64f.
⁶⁹ »und verstattet dz er sie oben und unden umbher entblößt, sie auf dz gutschen Betstättlin (=Lotterbett) hinangetruckht, und es so lang mit unerbarn antaschn und angriffen mit ihro

Diese freie Prostitution hatte es immer gegeben: Mit der Einrichtung städtischer Bordelle im späten 14. Jahrhundert wurde allein versucht, sie zugunsten der kontrollierten Prostitution einzudämmen.[70] Für Bürger auf dem Land waren die Bordelle jedoch ferner gewesen, verheirateten Männern ihr Besuch ohnehin verboten. Zudem war dieser teurer als der reine Sex, der oft zwischen Tür und Angel stattfand und mit Naturalgaben entlohnt wurde. Im 17. Jahrhundert hatte die freie Prostitution endgültig das Monopol. Wenn Straßenhuren erwischt wurden, verbot man ihnen zunächst das »nächtliche Wandeln auf den Gassen« und wies sie in Wiederholungsfällen aus. Die innerstädtische, komfortablere, teurere Prostitution für Gesellen, Studenten und Handwerker fand nun ausschließlich in Privathäusern statt. Dies erschwerte es besorgten Nachbarn und der Obrigkeit, herauszufinden, wer als »Hure« zu bezeichnen war, wer nur mehrfache Unzucht übte oder mit ledigen Burschen harmlosen Umgang pflegte. Immer wieder ergingen deshalb Anzeigen gegen Frauen, die von Männern besucht wurden oder sie trafen.[71]

Für ledige Frauen und Witwen, die nicht unter direkter männlicher Kontrolle standen, war das Risiko, verdächtigt zu werden, besonders hoch. Dies betraf auch Töchter, deren Vater fort oder gestorben war. 1599 sagte man beispielsweise über eine Konstanzerin, ihr Vater habe noch nicht vierzehn Tage im Siechenhaus gelegen, da sei sie schon »in der Mummerei in Mannskleidern, wie auch jetzt seit Weihnachten öfter herum gelaufen«. Damit war es nicht genug: Ein Meersburger Schlosser hatte bei ihr und der Mutter übernachtet. Auch bei diesen Anklagen war in den Augen der Nachbarn entscheidend, ob die Betroffenen »redlich« arbeiteten. In diesem Fall war nicht nur der Schlosser unzünftig, sondern arbeiteten Mutter und Tochter so we-

---

getrieben, biß dz er s.v. sein Sam, in grosser Menge in die Stuben hinaus vergossen: dafür habe er ihr versprochen, ihr angelaufenes Mehl und Milch nachzulassen und an der Tafel abzuwischen«, StAKN, K 52, 20.7.1666.

[70] Vgl. L. Roper, Das fromme Haus. Frauen und Moral in der Reformation, Frankfurt am Main 1995, Kap. 3; B. Schuster, Die freien Frauen: Dirnen und Frauenhäuser im 15. und 16. Jahrhundert, Frankfurt am Main 1995; P. Schuster, Das Frauenhaus. Zu den Reformen nach Trient siehe S. Cohen, The Evolution of Women's Asylums since 1500: From Refuges for Ex-Prostitutes to Shelters for Battered Women, New York 1992, S. 46ff.

[71] Roper, Das fromme Haus, Kap. 3.

nig, daß man sich wunderte, wo sie das Geld zum Essen hernahmen.[72] Die Maßnahmen gegen solche Frauen sahen beispielsweise so aus: Als 1667 in Konstanz vermutet wurde, daß eine mit ihrer Tochter alleine lebende Frau verdächtige Besuche von »geistigen und weltlichen Personen« erhielt, befahl der Rat der Tochter, sich sofort in den Dienst zu begeben. Der Mutter wurde drei Monate das Almosen entzogen.[73]

Oft waren solche Anschuldigungen vage. Es gab klare Fehlschläge. 1626 verdächtigte man die Memminger Garnsiederin Maria Conrad der Unzucht. Ihr Mann war anscheinend wegen zu hoher Schulden geflohen. Nun hieß es, viele unbekannte Handwerksgesellen gingen bei Maria ein und aus, und sie führe ein wüstes Leben. Eine Nachbarin berichtete jedoch auf Befragen, Maria habe ihr »ernstlich« geklagt, sie könne sich von der Garnsiederei allein nicht mehr ernähren, »Gott geb wie sie schinde oder kratze, denn ihr Mann habe sie gar zu hart eingesetzt (mit Schulden)«. Deshalb arbeitete Maria nun auch als Wäscherin. So löste sich das Geheimnis der Besuche schnell: Die Gesellen trugen ihre Wäsche zu Maria. Der Schifferlinsche Büchsenmachergeselle, den man besonders häufig gesehen hatte, war zudem nicht zu Maria, sondern zu ihrer Magd gekommen, die »nichts rechts« gewesen sei und schließlich mit ihm weggezogen war. Maria hatte aufgrund der Anschuldigungen trotzdem einen Tag im Gefängnis verbracht und mußte eine Urfehde schwören.[74] Immer wieder treffen wir auf derartige Anschuldigungen, die für die Betroffenen zutiefst ehrenrührig waren und umgreifende Folgen haben konnten. 1697 verdächtigte man beispielsweise die mit ihrer Mutter und ihrem Bruder zusammenlebende Konstanzer Nadlerin Anna Briel der Unzucht, weil sie oft zu ihrem Nachbarn ging. Bald stellte sich heraus, daß sie sich nur Handwerkszeug von ihm lieh! Wegen des »Schimpfs der Gefangenschaft« fürchtete sie nun um ihre Heirat mit einem Meersburger.[75]

---

[72] StAKN, HIX F. 42, 16.2.1599, Rosina Schuller.
[73] StAKN, RP, 1667, BI 147, Christina Ehenmann, 12.5.1667, 257ʳ, 267ʳ; 23.8.1667, 469ʳ.
[74] StAMM, 144 / 1, 8.8.1626.
[75] StAKN, K 5, 14.5.1697.

’ Eigenbrötlerinnen ‛ Angesichts dieser Ängste in bezug auf unabhängige Frauen war die wahre Crux im 17. Jahrhundert, daß die Gruppe der »meisterlosen« Lohnarbeiterinnen mit der Ausweitung der Textilindustrie drastisch anstieg. Man bezeichnete sie als »Eigenbrötlerinnen« und meinte damit vor allem ledige Frauen, die als Näherinnen oder Spinnerinnen unabhängig ihr eigenes Brot verdienten, sich ein Zimmer mieteten oder bei ihren jeweiligen Arbeitgebern wohnten und immer wieder umherzogen. Ihre Unabhängigkeit von der Ordnung des Haushalts wurde zum Brennpunkt von Ängsten über den sozialen Wandel in einer Gesellschaft, deren Produktionsweisen in diesem Bereich kapitalistischere Züge annahmen. In Württemberg wurden Eigenbrötlerinnen erstmals 1642 in dem von Andreae (der hier seine Erfahrungen in dem durch textile Protoindustrie geprägten Amt Calw einbrachte) beeinflußten Reskript gegen Fleischesverbrechen als besondere Verdachtsgruppe erwähnt. Es führte aus, das Zusammensein junger Männer und Frauen führe zwar allgemein zu Unzucht,

> »bei denen Lichtkerzen (Spinnstuben) wie auch müssigen finstern Eigenbrötlerinnen, die am Licht und öffentlichen Diensten nicht eingehen, oder schaffen mögen, sondern als ein faules geschwätziges, und gemeiniglich leichtfertiges Gesind, hin und wieder in denen Winkeln stecken, die Kirchen und öffentlichen Gottesdienst gar selten besuchen, auch junge unschuldige Herzen an sich hängen und verführen«.

ganz besonders aber Eigenbrötlerinnen verstünden sich zudem meisterlich auf die Kuppelei. Spinnstuben zu halten wurde ihnen deshalb untersagt.[76]
Solche Verdächtigungen betrafen mobile, unabhängige, billige Arbeitskräfte allgemein. Hinsichtlich der Frauen kam jedoch entscheidend dazu, daß ihnen die Macht zur Verführung »unschuldiger Herzen« zugeschrieben wurde. In Traktaten über das Gesinde wurde also allein schon die Wahl der niedrigeren Eigenbrötelei mit dem Hang zu Ungehorsam und Unzucht erklärt. Der Hamburger Pastor Johann Balthasar Schupp prognostizierte 1658 pointiert, wenn eine Frau ihre Magd häufig belehre, »so gehet sie davon / mietet ein eigen Stüblein /

---

[76] Reyscher, Gesetze, Bd. 5, General=Reskript, die Bestrafung der Gottes=Lästerung und der Fleisches=Verbrechen betreffend, 29.7.1642, S. 426.

wird eine Wäscherin oder Näherin / aus der Näherin eine Hure / aus der Hure eine Amme«.⁷⁷
Aber die Geschichte war anders. Frauen waren im 16. Jahrhundert aus den Zünften des Textilhandwerks ausgeschlossen und in die »Eigenbrötelei« abgedrängt worden. Dabei wurde genau eingegrenzt, welche Arbeiten sie verrichten durften. Wie Merry Wiesner gezeigt hat, führte dies dazu, daß eine ledige Memmingerin sich beispielsweise 1632 wie eine Löwin vor dem Rat gegen ihren eigenen Bruder behaupten mußte und 1662 wiederum als Witwe gegen eine Gruppe junger Männer, um zusammen mit einer Magd auch nur selbständig die Strumpfstrickerei ausüben zu können!⁷⁸ In der kleinen Bodenseestadt Lindau machten die Schneider 1626 gegen 30–40 unabhängige Näherinnen Front, die ihnen angeblich Arbeit wegnahmen, weil sie Kunden zu Hause besuchten und zu niedrigeren Löhnen arbeiteten. Durch ihre »Hoffart, Meisterlosigkeit und Schlupfwinkel« seien sie dem Gemeinwesen schädlich.⁷⁹
Einzig das Spinnen blieb als unangefochtene, aber proletarisierte Frauenarbeit übrig. Orte mit einer hohen Textilproduktion hatten einen großen Bedarf an gesponnenem Garn und zogen Spinnerinnen an. Ihnen wollte man zwar keine Zunftrechte verleihen, sie aber doch soweit gewerblich einbinden, daß ihre Arbeit und Löhne kontrolliert werden konnten. In der für das Textilgewerbe so bedeutsamen Stadt Augsburg hatten die Weber schon 1577 protestiert, sie könnten nicht genug Mägde finden, die vertraglich für sie spinnen würden. Frauen, die von außerhalb in die Stadt kämen, arbeiteten unabhängig, lebten bei einer Familie oder mieteten sich ein Zimmer. 1582 wurde allen Nichtbürgerinnen dieses unabhängige Leben und Arbeiten verboten. 1597 schien sich jedoch nichts geändert zu haben. Die Eigenbrötlerinnen sagten, sie seien nicht so dumm, als Spinn»mägde« zu arbeiten. Durch unabhängige Arbeit ließe sich das Dreifache verdienen. Erst in dieser Klage verbanden die Weber ihren Angriff mit dem Vorwurf,

---

⁷⁷ Zit. nach Dürr, Mägde in der Stadt, S. 89. Vor ihm hatte 1651 auch der Esslinger Superintendent Tobias Wagner betont, daß die Eigenbrötelei die Zuflucht der ungehorsamen und unbeständigen Knechte und Mägde sei, ebd., S. 112.
⁷⁸ M. E. Wiesner, Working Women in Renaissance Germany, New Brunswick 1986, S. 181f.
⁷⁹ J. C. Wolfart, Political Culture and Religion in Lindau, 1520–1628, Diss., Phil. Cambridge 1993, S. 334f.

die Eigenbrötlerinnen seien unzüchtig. Weil sie selbst über ihre Arbeitszeiten entschieden, spazierten sie die ganze Woche mit jungen Gesellen umher und böten Mädchen vom Land und Bürgerstöchtern ein schlechtes Beispiel. Dem Vorwurf, unabhängig arbeitende Frauen seien schamlose, geldgierige, faule Flaniererinnen, lagen hier also klare materielle Interessen zugrunde. Härtere Verordnungen folgten: Einheimischen und fremden Frauen wurde verboten, einen eigenständigen Haushalt zu führen. Frauen, die gegenüber Arbeitgebern höhere Lohnforderungen stellten, wurden sogar verbannt![80]

Sheilagh Ogilvie hat für Wildberg aufgezeigt, wie hier ebenfalls im 17. Jahrhundert immer wieder Eigenbrötlerinnen mit Hausdurchsuchungen aufgespürt und mit der Verbannung bedroht wurden.[81] Eigenbrötlerinnen mußten sich dauerhaft bei Meistern verdingen. Weber konnten damit die Löhne niedrig halten. Verluste durch niedrige Tuchpreise wurden durch weitere Lohnsenkungen ausgeglichen.[82] Allein die festen Wohnsitze ermöglichten auch die Kontrolle der Produktionsmethoden. Dabei scheute die württembergische Regierung nicht vor drakonischen Maßnahmen zurück, denn schließlich ging es um ihr merkantilistisches Aushängeschild: die Calwer Zeughandelskompagnie. Diese hing, wie ein Reskript 1656 schrieb, »einig an dem rechten, guten, zarten Faden«, weil sie feinere Stoffe herstellte. Die von Spinnerinnen benutzte Garnhaspel für gröberes Garn sollte deshalb durch die Schneller ersetzt werden, deren Einsatz sich die Spinnerinnen bislang widersetzt hatten (vermutlich weil sie bei längeren Arbeitszeiten die gleiche Menge produzierten). Also wurden alle Spinnerinnen einberufen, ihre Häuser visitiert und die Haspeln zerschlagen.[83] Die Kontrolle unabhängiger Arbeit ging auch in Wildberg mit der scharfen Ahndung außerehelicher Sexualität einher. Uneheliche Schwangerschaften wurden kategorisch bestraft

---

[80] Wiesner, Working Women, S. 176f.

[81] S. C. Ogilvie, Women and Proto-industrialization in a Corporate Society: Württemberg Woollen Weaving, 1590–1760, in P. Hudson, W. R. Lee (Hg.), Women's Work and the Family Economy in Historical Perspective, Manchester 1990, S. 76–104, bes. S. 86–92.

[82] Jeder Weber, der einer Spinnerin mehr Lohn anbot, wurde bestraft. Wichtiger als die ständig ausreichende Garnversorgung blieb die Sicherung der Kontrolle über die Löhne und Produktqualität und damit die Ausbeutung weiblicher Arbeitskraft, ebd. bes. S. 88 und S. 91.

[83] Reyscher, Gesetze, Bd. 13, Reskript, das Schneller=Spinnen betreffend, 2.6.1656, S. 296f.

und in Kirchenbüchern wie Haushaltslisten registriert. Ab dem Ende des 17. Jahrhunderts trug man die Namen unehelich geborener Kinder sogar spiegelverkehrt in das Gemeinderegister ein;[84] als ob sie die Weltordnung nun vollends auf den Kopf stellten.

› **Die Spinnerin** ‹ Auch wenn tote Babys gefunden wurden, fiel der Tatverdacht leicht auf mobile, ledige Frauen. In Memmingen wurde beispielsweise 1608 ein totes Kind gefunden, als man Hans Spindelins »Privet (Klo)« innerhalb von sechzig Jahren [sic!] zum zweiten Mal »räumte«. Die Anwohner der drei Nachbarhäuser wurden befragt, woher das Kind kommen könne. Spindelins Magd beteuerte glaubhaft, »gemeiniglich in ihrem Stüblin zu sitzen« und sich »keiner Sachen« anzunehmen. Spindelins Geselle war erst seit Lichtmeß hier und wußte nichts. Ebenso unschuldig gaben sich die Gesellen des Buchbinders in der Gasse, zwei Augsburger und ein Bozener. Der Schneidermeister berichtete zunächst, er habe seit sechs Jahren keine Magd mehr gehabt. Sein Geselle war Lichtmeß nach Biberach heimgezogen. Zu diesem sei immer eine Goldspinnerin mit der Kunkel gekommen, die noch in ihrem Dienst sei; der Geselle sei ihr oft nachgegangen. Sein neuer Geselle hatte dagegen noch nicht gesagt, »daß er einem Frauenbild nachfolge«. Dann berichtete der Schneider über die Nachbarn: Der Buchbinder habe drei bis vier Gesellen, die oft wechselten, so daß man sie nicht kenne, aber er wüßte weder von ihnen oder den Mägden etwas Unrechtes zu sagen. Die Buchbinderin selber ging oft zu Predigten, Hochzeiten, Kindstaufen oder Besuchen aus dem Haus, treffe sich abends zum Spinnen mit der Fischerin und ihrer Magd sowie der Magd der Frau Stebenhaber und bliebe nachts oft lange auf. Doch dies werde am Handwerk liegen. Der Schneider machte sich seinen eigenen Reim auf den tragischen Fund: Bei Wochen- und Jahrmärkten öffnete Spindelin sein Privet gegen eine Gebühr von »Birnen und Krießbeeren« für das Bauernvolk. Der Schneider sorgte sich schon lange, »es möchte vielleicht eine solche Person etwas an ihr haben, das die Hausgenossen entgelten müßten«. (Um den Leuten das Privet zu verleiden, hatte der Schneider sie deshalb öfter darin eingesperrt ...) Seine Frau bekräftigte dies, kam aber auch

---

[84] Ebd., S. 92.

auf die Goldspinnerin als mögliche Verdachtsperson zurück. Sie wußte von zwei anderen schwangeren Goldspinnerinnen: Die eine war mit einem Schneidergesellen weggezogen, die andere hatte einen Webermeister als Kindsvater benannt.

Außer dem Spindelinschen, dem Schneider- und Buchbinderhaushalt wurde nun eine in der Gasse lebende Witwe befragt. Diese hatte in den letzten Jahren drei Mägde gehabt, die allesamt Memminger Bürgerstöchter waren. Ihre jetzige Magd sagte vage, »daß wohl etliche schwanger worden, schätze sie doch wohl sie haben ihre schwangeren Leiber und Kinder mit sich weggenommen«. Außerdem war bekannt, daß eine der vorigen Mägde vor fünf Jahren fast einen »Raihen (Reigen)« gehalten hätte, um einer ledigen Frau vor ihrem Haus den Jungfrauenkranz »abzusingen«. Ein lediger Mann hatte sie dazu angestachelt, war dann aber selber nicht gekommen, und andere hatten sich dagegen geäußert. Keiner der Befragten erinnerte sich mehr daran, wer die vermeintlich gefallene Jungfrau gewesen war. Und damit hatten sich die Erkenntnisse der insgesamt vierzehn Befragten erschöpft: Die einzigen Anzeichen einer heftigen »Buhlschaft« waren die häufigen Besuche der Goldspinnerin bei dem Schneidergesellen.[85]

Nach solchen Beschreibungen sieht man die geschäftige Buchbinderwerkstatt vor sich, ebenso die kleinere Stube des Schneiders mit nur einem Gesellen, von dem er wußte, ob er ein »Frauenbild« im Kopf hat oder nicht. Man erkennt die Bürgerstöchter, die zuverlässig im Dienst blieben, um in Memmingen den richtigen Mann zu finden, und sich darüber ereiferten, welche »Tochter« vielleicht ihre Jungfrauenschaft verloren hatte; die »rechtschaffenen« Gesellen aus den Städten entlang der Memmingen mit der Welt verbindenden Handelsstraßen, in die sie zurückkehrten, um dort einen eigenen Hausstand zu gründen. Nur die fremden Goldspinnerinnen fielen aus diesem Gefüge heraus: Zwei waren schwanger, eine war schon freiwillig mit dem Schneidergesellen weggezogen, die andere wartete wohl noch auf die Alimentation durch den Weber. Auch die dritte ging, wie sie wollte, abends bei dem Schneidergesellen ein und aus, immerhin mit ihrer Kunkel. So ging man davon aus, daß sie sich beim Arbeiten Gesellschaft leisteten. Gerade deshalb ist der Fall interessant, weil er

---

[85] StAMM, 135/8, 5.2.1608, 8.2.1608.

zeigt, daß ein Verhältnis zwar als »Buhlschaft« gedeutet werden konnte, sich hieraus aber nicht notwendig Mißtrauen ableitete. Dazu bedurfte es *sichtbarer* Anzeichen für unzüchtiges Verhalten. Noch fürchteten die Bewohner dieser Gasse stärker das Bauernvolk und fremde Durchziehende als Träger ansteckender Unreinheiten und loser Moral.

▸ Die Näherin ◂ Sobald eine Eigenbrötlerin jedoch in ihrer eigenen Kammer Männerbesuche empfing, wuchs das Mißtrauen rapide. Wir ersehen dies aus dem Fall Maria Mayers, der sich 40 Jahre später in Memmingen zutrug. Maria war eine Näherin. In Memmingen hatte die Schneiderzunft diese gegenüber dem Spinnen qualifiziertere Arbeit erfolgreich unter ihre Kontrolle gebracht. Seit 1616 mußten selbständige Näherinnen eingebürgert sein, ein Jahr als Lehrling und ein Jahr als Assistentin arbeiten und außerdem eine jährliche Gebühr an die Schneiderzunft bezahlen.[86] Maria arbeitete 1648 schon seit einigen Jahren unabhängig und lebte zur Miete bei einer Schneiderwitwe. Diese hatte zwei Söhne und vermietete zwei Kammern an Zimmergesellen – einen Salzburger und einen Emsländer. So wie Maria waren auch die Zimmergesellen »Eigenbrötler«.[87] Ihre Arbeitskraft war im Baugewerbe dringend nötig; Memmingen hatte während des Dreißigjährigen Kriegs zwei Drittel seiner Bevölkerung verloren.[88] Marias Geschichte zeigt nun, daß das Bürgerrecht die Näherinnen für fremde unzünftige Gesellen und einheimische Schneidergesellen zu äußerst attraktiven Heiratspartnerinnen machte. Zunächst hatte nämlich der Salzburger Zimmergeselle Maria in ihrer Kammer besucht. Er tat dies an Sonntagen oder von der Arbeit kommend, wohlbedacht zu »ehrlichen Zeiten«. Doch der Schneidergeselle Hans Leonhard war forscher. Maria erinnerte sich noch genau. Es war vor zwei Jahren gewesen, als sie mit ihm und ihrer Vermieterin abends Wein getrunken hatte. Der Schneiderzunftknecht lag mit den Schnei-

---

[86] *Wiesner, Working Women, S. 178 f.*
[87] *Da jeder von ihnen unter anderem über fünf Säcke Korn verfügte, sollten sie eine wöchentliche Anlage geben.*
[88] *Aber die Stadt quoll über: im Oktober 1646 zählte man 4700 Geflüchtete, unter ihnen um die 1100 Männer, siehe Unhold, Geschichte der Stadt Memmingen, S. 243 u. 248.*

dergesellen im Streit, und der Sohn der Vermieterin war mit zwei Gesellen in das Haus geflüchtet. Es sei zu gefährlich, befanden sie, wieder hinaus auf die Gasse zu gehen. Deshalb waren schließlich alle drei Schneidergesellen über Nacht geblieben. Hans Leonhard war nach einem Jahr wiedergekehrt. Er bat Maria, ein Maß Bier zu holen. Als sie wiederkam, lag er in ihrem Bett. Sie brachte ihn nicht mehr zum Aufstehen. Er schlief, und um Mitternacht brachte sie ihn in ein Bett in der Stube. Nach Jacobi kam er wieder. Aber nun trug sie ihren Kammerschlüssel fest bei sich. Er wollte in der Stube schlafen. Dann kam der Salzburger Zimmergeselle vom Zechen mit Freunden zurück und schlug ihn zum »Haus hinaus«. Sonst zeigte der Salzburger kein Interesse mehr an Maria. Und doch blieb er eifersüchtig. Denn als nun der Emsländer Zimmergeselle öfter zu Maria ging, beschwor er die Schneiderwitwe Schaup, sie solle »die Huren aus dem Haus tun«. Während der Kriegszeit (der Westfälische Friede wurde erst im Oktober beschlossen) wollte die Vermieterin Maria zunächst nicht wegschicken. Freimütig gab der Emsländer zu, er »hätte Lust und Lieb zu ihr der Näherin gehabt«. Bald ertappte Schaup die beiden im Bett. Die Näherin habe auf ihm gehockt, berichtete Schaup dem Rat; diese Stellung kennzeichnete die begierige Frau. »Pfui, was führst du für einen Lotter«, warf Schaup ihr vor. Maria schwieg. Als der Geselle von Marias Kammer hinunterkam, sagte Schaup schnippisch, »sie habe vermeinet, er helfe der Näherin nähen, so sehe sie aber, daß sie mit einander in das Bett gehen«. Er lachte. Schaup hatte sie angeblich noch einmal zusammen im Bett angetroffen und ihr Sohn auch. Am vorangegangenen Samstag war es zum Eklat gekommen; Maria beschuldigte Schaup, sie durch die Anzeige beim Rat verraten zu haben; diese entgegnete, sie sei eine leichtfertige Hure und »ärger als ihr Bruder, den man zur Stadt hinaus geführt«. Maria habe öfter bei dem Zimmergesellen gelegen, als sie bei ihrem eigenen Mann, von dem sie sechs Kinder habe. Dann müsse sie ja sehr viele Kinder vertrieben haben, antwortete Maria fragend. Die Vermieterin bestätigte, man wisse ja, daß sie »wohl damit umgehen könnte«.[89] Sie stellte sich Maria als eine Frau vor, die an keinen Meister und keinen Ehemann gebunden sein wollte und deswegen Kind um Kind abtrieb.

---

[89] *StAMM, 145 / 5, 9.6.1648, Verhör Mayer / Schaup; 15.6.1648, Verhör der Zimmergesellen.*

**' Die begierige Frau ** An diesen Fallbeispielen wird immer wieder deutlich, daß man letztendlich die Frau für jedwede Unzucht verantwortlich hielt: Sobald sie nicht so »eingezogen« lebte, wie die Magd im vorigen Beispiel, die in ihrer Freizeit stets in ihrer Kammer saß, sich nichts annahm und womöglich auch noch in der Bibel las, öffnete sie der Unmoral die Tür. »Ohne Huren keine Buben« faßte ein rechtsgutachtlich zitiertes Sprichwort diese Ansicht knapp zusammen. Und deshalb mußten auch die »Huren« das Haus, den Ort verlassen; dieser Ausschluß stellte eine imaginäre Ordnung wieder her, in der die Begierde beherrscht war. Andernfalls wurde das Haus zum »Hurhaus«. Die unsagbare weibliche Verführungskraft, so glaubte jeder, rührte aus der übergroßen Begierde der Frauen. Ihre Vernunft sei schlichtweg zu schwach, um Lüste zu zähmen. Jede unverheiratete Frau, jung oder alt, die nicht regelmäßigen Beischlaf als Therapie bekam, konnte anderen Männern also gefährlich werden. Und wie sehr die Begierde der Frau tatsächlich als bedrohliche Macht wahrgenommen werden konnte, zeigt der folgende Fall eindrücklich. 1653 klagte die Hausener Witwe Anna Ruoder dem Oberrat, der vorige Bürgermeister habe mit ihr geschlafen. Er sei straffrei ausgegangen, sie habe vier Wochen im Gefängnis gesessen. Dann habe er auch noch dafür gesorgt, daß man sie und ihre vier kleinen Kinder »wider alles Recht und Billigkeit, zu dem Dorf hinausgestoßen und nimmer mehr darinnen, wo sie doch geboren und erzogen, leiden wollen«. Um seine Sache noch besser zu »bemänteln«, habe er sie vor der Kanzlei zudem beschuldigt, mit dem Knecht eines Rittmeisters Unzucht getrieben zu haben. Tatsächlich kam der Vogt dem Bürgermeister rasch zu Hilfe. Schon Annas Mutter, berichtete er, habe Hurerei getrieben und nach ihrer Verbannung in die Pfalz katholisch geheiratet. Deshalb habe ihre Tochter auch gar kein Bürgerrecht. Sie lebe ein »ärgerliches« Leben und werde wegen »einer Weibsperson ungeziemender Stücklein halber ... continuierlich carceriert (eingesperrt)«. Anstatt als Tagelöhnerin zu arbeiten und ihren Kindern »in Ehren« ein Stück Brot zu verdienen, sei sie »wie die faulen Landröcke mit verhülltem Kopf, von einem Ort zum anderen gewandert, und im Müßiggang das Almosen von der Tür gefordert«. Der Vogt ließ es an Deutlichkeit nicht fehlen: Wenn sie wieder in den Ort hineingelassen würde, werde man dafür Sorge tragen, daß sie stürbe oder mit ihren vier Kindern »hinausgescholten« würde. Denn, davon war er überzeugt, wenn sie nicht in

Hausen gelebt hätte, wäre der alte Bürgermeister nicht in diese Sünde geraten. Dieser habe sich schon entschlossen, bei ihrem etwaigen Wiedereinlaß »Hab und Gut zu verlassen und sich an einem anderen Ort niederzulassen«. Und daß durch eine solche »famose Person« ein Bürger, von denen es (nach dem Krieg) sowieso nur noch eine Handvoll gebe, vertrieben und der höchst verarmte Flecken noch mehr beschwert werde, könne der herzogliche Oberrat doch wohl kaum zulassen. Die Hausener waren sich einig: Anna Ruoder wollten sie nie wieder sehen.[90] Der alte Bürgermeister hatte in diesem Fall also sogar für die Vertreibung einer Frau gesorgt, weil ihm sonst selber nur die Flucht vor ihr blieb. Der Ruf ihrer Mutter war ihr vorausgeeilt, sie lebte vom Betteln, und doch hatte er ihr nicht widerstehen können. Ihre Präsenz gefährdete seine Existenz, und damit war die Ordnung umgestürzt, daß der Mann über die Frau herrschen konnte, weil er seinen Trieben nicht erlegen war.

Ein richtiger Mann verlor seinen Kopf nicht – er bestand aber auch vor dem weiblichen Verlangen. Aus dieser Spannung ließ sich Kapital schlagen. Die begierige Frau, die einem Mann den Kopf verdrehte, behielt zumindest diesen Trumpf in der Hand. Dies erfuhr 1666 auch der Sohn des herzoglichen Kellerküfers. Er besuchte am Pfeffertag, dem 28.12., seinen Unterknecht, den Sohn des Kirchheimer Verwalters. An diesem Tag »bepfefferten« die ledigen Burschen so lange den Körper junger Frauen, bis sie sich durch einen Kuß oder das Versprechen von Schnaps, Nüssen oder Speck »freikauften«.[91] Jene, die es sich leisten konnten, wie beispielsweise der Sohn des Verwalters, sicherten sich nach diesen Lustbarkeiten die weitergehenden Dienste einer Magd. Anna, die Magd des Vaters, beschlief der Sohn als erster auf dem »Lotterbett«; dann überließ er sie großzügig dem Oberknecht. Doch das Vergnügen nahm eine unerwartete Wendung. Zwischen zehn Uhr abends und drei Uhr morgens beschlief der Oberknecht Anna fünf Mal. Dann schickte er sie mit den Worten, »sie werde nunmehr ersättiget sein«, verärgert fort. »Leichtfertig« antwortete sie, »daß es nicht also, sondern sie noch weit mehrers – mit Benennung einer starken Anzahl – von Nöten sei, oder ausstehn könne«. Sie wurde schwanger,

---

[90] *HStASt, A 209, Bü. 588, Anna Maria Ruoder, Weilandt Friedrich Ruoders Witwe.*
[91] *R. Kopf, Mitteilungen über volkstümliche Überlieferungen in Württemberg, Festbräuche, Württembergisches Jahrbuch, 2/1905, S. 52.*

aber nicht von dem Oberknecht, meinte Anna – der Meister selber war ein notorischer Mägdeschwängerer. Von dem Oberknecht hatte sie gar keinen Samen empfangen. Hierin lag das Problem der Nacht, denn er hatte es »wie ihr Meister öfters ihr Vertröstung getan, vor der Scheuren abzuladen, auch also gemacht«. Der Oberknecht bestätigte, er habe sich immer »rechtzeitig absentiert«. Deshalb sei sie vermutlich »desto weniger content (zufrieden)« gewesen, und habe noch am Morgen »viele schandlose Reden getrieben«.[92] Die Begierde hatte er zumindest durch das »rechtzeitige Absentieren« aus ihrem Körper kontrolliert. Von einer Magd wollte er sich kein Kind andrehen lassen. Aber nachdem sie dann überall enthüllte, daß er sie unbefriedigt gelassen hatte, fühlte er sich doch in seiner Ehre getroffen.

Wiederum mochten die meisten Frauen froh und zufrieden sein, wenn ein Mann ihnen nur nichts »schadete«, »vor der Scheuer ablud«, keine »Frucht einfuhr«, nicht schwängerte. Aber diese Geschichten machen deutlich, inwiefern Männer den Vorgang der Naturbeherrschung am Körper der Frau wiederholten. Die gute Frau war sexuell domestiziert und gehorchte dem Willen des Mannes als ihrem Haupt. Doch auch die wilden und niederen Anteile der menschlichen Natur, triebhafte Begierde und Leidenschaft, wurden auf die Frau ausgegrenzt. Sie sei in der Hurerei »ärger als ein Vieh«, sagte ein Reiter über eine Magd, die mit mehreren Soldaten geschlafen hatte.[93] Zügelloser und hungriger als Tiere, reizten Frauen aber zu heroischen Taten der Bemeisterung und Ermannung über die ungebändigte Natur. Diese »Zivilisationsarbeit«[94] gelang aber imaginär besser als mit realen Frauen. Den Eskapaden folgte das Bewußtsein des rationalen Kontrollverlustes, des Zusammenbruchs der Grenze zwischen dem Selbst und dem anderen, gefolgt von dem Gefühl der Demütigung und Aggression sowie der Angsterfahrung einer möglichen Umkehr von Fruchtbarkeit in die eigene Zerstörung. Denn die realen begierigen Frauen konnten Siegesphantasien zerstören, indem sie die imaginäre Potenz, Maskulinität und den Herrschaftsanspruch des Mannes hinterfragten, weil sie zeigten, daß Vernunft und Ehr-

---

[92] *HStASt, A 209, Bü. 1345, 7.2.1666, Anna Maria Vischer.*
[93] *HStASt, A 209, Bü. 1564, Katharina Ruotweiß, 28.2.1690.*
[94] *Siehe Weigel, Topographien der Geschlechter. Kulturgeschichtliche Studien zur Literatur, Hamburg 1990, S. 159.*

barkeit ein Konstrukt und nur eine Seite der Medaille waren. Es könne »keine Kuh im Flecken rindern«, ohne daß der alte Schultheiß dabei sein müsse, der ein Schelm und lüsterner Mann sei, schalt 1598 die »aufrührerische, verlogene« Anna Bender.[95]

Die zerstörerische Kraft der Begierde zeigte sich in der Frühen Neuzeit nicht zuletzt in der Anwendung von Liebeszauber.[96] Vor allem Frauen verwendeten die magischen Rezepte, um einen Menschen vollständig an sich zu binden. Liebestränke waren beispielsweise so stark, daß die 19jährige Christine Kehrer 1667 mit rotem Wein den Mann, auf den sie schon seit vier Jahren ein Auge geworfen hatte, dazu brachte, auf einer Kirchweih seine eigene Verlobte mit Mükkenpulver zu vergiften. Der Schäferssohn meinte, Christine habe ihn verhext, »daß er nur sie lieben könne«. Er bezahlte mit dem Leben.[97] In Besigheim lernte eine Magd 1656 »etliche Stückle, womit einer könne zur Liebe gebracht werden«, vor allem ihr verwitweter Meister. Sie solle eine Muskatnuß verschlingen, ausscheiden und ihm zu essen geben; Schamhaare ausreißen und ihm zu essen geben; ihm mit einer Wurzel über den Rücken streichen. Umgekehrt mußte eine Frau »den Willen« des Mannes leben, wenn er ihr männlichen Samen in Wein zu trinken gab.[98] Über die Kontinuität und Verbreitung des Liebeszaubers in nichtmediterranen Ländern ist wenig bekannt, aber die Quellen zeigen deutlich, wie sehr der Zauber um die Leidenschaft junge Leute beschäftigen konnte. Passion hieß hier, mit Leib und Seele ausgeliefert zu sein, so fest aneinander gebunden wie nur möglich, vor allem aber: den Willen des anderen zu zerstören.

Für den Mann, der im Besitz des »Willens« zu sein hatte, und die Frau im sexuellen Akt zu diesem, »seinem Willen« bringen mußte,

---

[95] *HStASt, A 209, Bü. 355.*
[96] *M. O' Neil, Magical Healing, Love Magic and the Inquisition in Late Sixteenth-Century Modena, in S. Haliczer (Hg.), Inquisition and Society in Early Modern Europe, London 1987, S. 88–114; M. H. Sánchez Ortega, Sorcery and Eroticism in Love Magic, in M. E. Perry, A. J. Cruz (Hg.), Cultural Encounters: The Impact of the Inquisition in Spain and the New World, Los Angeles 1991, S. 58–92; G. Ruggiero, Binding Passions: Tales of Magic, Marriage and Power at the End of the Renaissance, New York 1993, Kap. 3.*
[97] *HStASt, A 209, Bü. 1725, 1.8.1667.*
[98] *Stadtarchiv Besigheim, 06, 29.3.1656, Ursula Brotsäckin.*

war Liebeszauber, kurzum, ein Alptraum. Ganz deutlich zeigt dies der Fall einer Böblinger Ratsverwandtentochter, Rosina Pfeissinger. Wenn Männer länger geschäftlich unterwegs waren, holten sich Frauen üblicherweise eine jüngere, befreundete Frau über Nacht zum Schutz ins Haus. Rosina leistete so einige Male Maria Möhrlin Gesellschaft. Zu ihnen gesellte sich ein Weingärtner namens Leonhard, der Sohn des ehemaligen Bürgermeisters. Rosina und Leonhard plänkelten bald über das An-sich-Binden und Zerstören von Menschen: Er erzählte, wenn man einen jungen Eichenschoß abbreche und im Namen der drei Höchsten in den Boden stecke, müsse derjenige »gleichsam aussiechen«, wegen dem er gesteckt worden sei. Rosina antwortete, eine Tübinger Magd habe ihr gesagt, wenn eine Frau einem Mann drei Tropfen ihres Menstruationsbluts eingebe, müsse er ebenfalls »aussiechen«, also sterben. Rosina hörte sich gut bei Frauen um. Lockend erzählte sie Leonhard, die Tochter eines Böblinger Gerichtsverwandten habe gesagt: »Es schmecke einem Weibsbild ... niemals besser, als (mit Erlaubnis zu reden) Ständling.« Leonhard fühlte sich gedrungen zu fragen, ob sie dies probieren wolle,

»darauf er also vor ihr gestanden und dergleichen Händel angefangen, daß der Samen an seinen Schenkeln hinabgeloffen, Sie, Rosina habe sich nicht mehr enthalten können und gesagt, komm her Leonhardle, wir wollen auf meine Stiege, und uns ein Lieb darzu geschehen lassen, Es habe aber der Jung Leonhard Rebmann nicht mehr recht fortkommen können, Jedoch auch nicht abgelassen, weil er gefürchtet, Sie möchte ihn hernach ausfoppen, So ihm auch geschehen wehre«.

Im Schweiße seines Angesichts war er doch in sie gedrungen und hatte Rosina entjungfert. Als Möhrlin das Blut auf Rosinas Hemd sah, fragte sie: »Mägtlen, wie bist du so keck, sorgest du nicht, du gangest mit einem Kind, nimm ein Exempel an der Metzgerstochter«. Doch Rosina antwortete, wenn sie spüre, daß sie schwanger sei, werde sie es nicht verheimlichen. Sie werde dann gleich heiraten, auch wenn man ihnen nach der frühen Geburt dann nichts mehr geben wolle. Doch auch mit der Heirat war man nicht zufrieden: Rosina sollte einen »wackeren jungen Kerl« heiraten, der das »Tuchschererhandwerk erlernt«.[99] Rosina machte sich also von Heiratsplänen und

---

[99] HStASt, A 309, Bü. 163 und 164, 4.4.1664, 25.5.1664.

dem elterlichen Vermögen frei. Begierig reizte sie Leonhard, drängte ihn, nachdem er sich schon verausgabt hatte, noch weiter zu ihrer Befriedigung und drohte anderenfalls mit Spott. Sie lockte mit Leidenschaft, forderte und begutachtete Virilität. Bewundert wurde nur die Überschreitung. So geriet die beherrschte und maßvolle Maskulinität ins Wanken. Und mit ihr die Fähigkeit, die Leidenschaft durch Vernunft zu zügeln, die Willenskraft zu lenken.

DOMESTIZIERUNG UND GEWALT Die begierige Frau konstituierte also während der Frühen Neuzeit eine doppelte Bedrohung. Zum einen unterlief sie eine Ordnung, die auf elterlich abgesegneten Ehen sozial gleichgestellter, zur Haushaltsgründung fähiger Partner gründete; weitergehend verleitete sie Männer zu Lastern, was ihre Selbstbeherrschung und damit die Legitimität der Herrschaft des Mannes über die Frau in Frage stellte. Dies konnte selbstverständlich nicht toleriert werden, und so war eine Funktion des Rechts, jene Frauen auszugrenzen, die sich die Rolle der begierigen Frau zu eigen machten. Sie waren ohnehin in der Minderzahl: »Ehrbare« Frauen versuchten sich von der Vorstellung der weiblichen Doppelnatur zu befreien und die Befähigung der Frau zu Keuschheit, Gleichmut und Erziehung zu preisen. Nur so ließ sich nach ihrer Vorstellung – über kurz oder lang – die Gleichstellung mit Männern erlangen.
Zunehmend wurden also vor allem jene, die sich außerhalb der Ordnung des Hauses bewegten, als mann- und meisterlos und damit begierig gefürchtet. Mobile, ledige Frauen dienten als Gegenbild zu »keuschen Töchtern«, die man bis zur Heirat im Haus, im selben Ort oder zumindest bei Verwandten hielt. Mehr noch als das Gesinde betraf dieser Marginalisierungsprozeß die wachsende Gruppe der Eigenbrötlerinnen, deren Arbeitskraft vor allem die expandierende proto-kapitalistische Textilindustrie benötigte. Während also in der Genremalerei das Nähen und Spinnen im 17. Jahrhundert zum bevorzugten Topos für die Darstellung des gemeinsamen, stillen häuslichen Fleißes von Mutter und Tochter avancierte, wurden unabhangige Näherinnen und Spinnerinnen nie mit Tugenden in Verbindung gebracht, gleich wie ihre Finger bluten und Augen tränen mochten. Gesetze gegen die Unzucht verschärften sich im 17. Jahrhundert stark. Unter denen, die am leichtesten verdächtigt und am härtesten für die

»Fleischesverbrechen« bestraft wurden, finden wir genau jene beiden Gruppen mobiler Frauen: Mägde und Eigenbrötlerinnen. Sie waren auch die Hauptverdächtigen bei Kindsmordverbrechen.

6. »Ein anderes Städtlein, ein anderes Mädlein« : Kindsmord

Flüchtigkeit, Zwang oder enttäuschte Hoffnungen prägten Verhältnisse, die nicht in einer Ehe mündeten. Endeten sie aufgrund der unsicheren Verhütungsmöglichkeiten mit einer unehelichen Schwangerschaft, war die Situation der Frau miserabel. Die scharfe Politik gegenüber ledigen Müttern in der zweiten Hälfte des 17. Jahrhunderts machte es zunehmend schwerer, gegen Scham und Verzweiflung anzukämpfen. Es gab kaum Findelhäuser, und die Aussetzung eines Kindes wurde ohnehin bestraft.[1] Die obrigkeitliche Verfolgung und Bestrafung von Kindsmord verstärkte sich gebietsweise – beispielsweise in Nürnberg und Danzig – sowie in unserem Untersuchungsbereich in Württemberg.[2] Hier wie anderswo waren die Kindsmörderinnen mehrheitlich um die 25 Jahre alte, wenig vermögende Dienstmägde oder Tagelöhnerinnen, die sich mit einem alters- und standesgleichen Mann eingelassen hatten.[3] Sie wurden schwanger, eine Heirat wollten sie selbst zwar, in der Regel aber der Mann nicht. Die Schwierigkeiten, sich mit einem unehelichen Kind durchzuschlagen, erschienen zu groß. Es war selbstverständlich, daß nicht verbürgerte – immer häufiger aber selbst verbürgerte – ledige Mütter ihre Stelle quittieren und den Ort verlassen mußten, um sich von da an bettelnd und vagierend über Wasser zu halten. Eine uneheliche Schwangerschaft veränderte damit die Lebensaussichten junger Frauen schlagartig zum Schlimmsten. Deshalb entschieden die späteren »Kindsmörderinnen«, ihre Schwangerschaft zunächst geheimzuhalten. Da ihr wachsender Bauch nach einigen Monaten Mißtrauen erregen mußte, wechselten sie häufig ihren Dienst- und Aufenthaltsort. Trotzdem schöpften Mitmenschen meist Verdacht, warnten die

---

[1] A. Obermaier, Findel- und Waisenkinder. Zur Geschichte der Sozialfürsorge in der Reichsstadt Augsburg, Zeitschrift des historischen Vereins für Schwaben, 83 / 1990, S. 113–128.
[2] Zu Nürnberg und Danzig siehe R. v. Dülmen, Frauen vor Gericht. Kindsmord in der frühen Neuzeit, Frankfurt am Main 1991, S. 61, Tab. 3.
[3] Aus den württembergischen Strafakten der Ämter ergeben sich folgende größere Gruppen: 38 Kindsmütter waren Mägde, 13 zu Hause lebende Bürgerstöchter, 12 Tagelöhnerinnen, Spinnerinnen und Näherinnen, 13 verheiratete oder verwitwete Frauen; 24 Männer waren Knechte oder Diener, 15 Soldaten, 11 Bürgerssöhne, 6 Gesellen, 9 verheiratete Männer. Eine außerordentlich umfassende und differenzierte Studie bietet O. Ulbricht, Kindsmord und Aufklärung in Deutschland, München 1990; vgl. auch J. R. Farr, Authority and Sexuality in Early Modern Burgundy (1550–1730), New York 1995, Kap. 5.

Frau, das Kind nicht zu töten und ihr eigenes Leben zu riskieren. Die Frauen leugneten die Schwangerschaft heftigst, schlossen sich ab und erfuhren doch oft, daß sie allein und verzweifelt waren. Viele der Frauen versuchten abzutreiben. Deshalb, durch Frühgeburten oder andere Ursachen, wurde ein Teil der Kinder tot geboren.[4] Vor den Richtern erinnerten sich die Frauen an plötzliche Geburten im Stehen. Das Baby fiel hart auf den Boden. Es starb an mangelnder Pflege oder wurde schnell getötet. Dann wurde es häufig in Stoff gewickelt, versteckt und manchmal auch begraben. Blutspuren, der verlorene Bauch, ein gefundenes Kind oder andere Anzeichen führten zur Aufdeckung des Kindsmords. War das Kind nachweislich lebendig und »vollkommen« geboren worden, enthauptete man gemeinhin die Mutter. Erschien die Totgeburt natürlich, bestraften Richter mit dem Pranger, Auspeitschen und ewigem Landesverweis. Da die meisten Frauen behaupteten, das Kind sei tot geboren worden, prüften Verfahren vor allem diese Aussage.

Ein Blick auf die Entwicklung der Verfolgung dieses Delikts zeigt, daß Kindsmord bis zum Spätmittelalter selten vor die Gerichte kam.[5] In der ersten Hälfte des 16. Jahrhunderts wurden öfter harte Strafen, aber auch großzügige Begnadigungen ausgesprochen. Als weltliche Obrigkeiten ihre Strafpolitik ab der zweiten Jahrhunderthälfte zu systematisieren begannen, wurden Frauen dagegen kaum noch begnadigt, wenn sie ein nachweislich lebendiges Kind getötet hatten. Gleichzeitig kamen die Obrigkeiten jedoch zugunsten der Enthauptung von den härtesten Strafen ab, dem Ertränken, Säcken und Lebendigbegraben. Eine gradlinige Entwicklung zu »humaneren« Stra-

---

[4] Otto Ulbricht schätzt den realen Anteil der Totgeburten auf ca. 8 %, ohne jedoch die höhere Anzahl der Totgeburten durch Abtreibungsversuche ausreichend zu berücksichtigen, siehe ders., Kindsmörderinnen vor Gericht. Verteidigungsstrategien von Frauen in Norddeutschland, 1680–1810, in G. Schwerhoff, A. Blauert (Hg.), Mit den Waffen der Justiz: Zur Kriminalitätsgeschichte des Spätmittelalters und der frühen Neuzeit, Frankfurt am Main 1994, S. 54–85. Zur Abtreibung siehe U. Rublack, The Public Body: Policing Abortion in Early Modern Germany, in L. Abrams, E. Harvey (Hg.), Gender Relations in German History: Power, Agency and Experience from the Sixteenth to the Twentieth Century, London 1996, S. 57–79.
[5] H. Bode, Die Kindstötung und ihre Bestrafung im Nürnberg des Mittelalters, Archiv für Strafrecht und Strafprozeß, 61/1914, S. 430–481; A. Felber, Unzucht und Kindsmord in der Rechtsprechung der freien Reichsstadt Nördlingen vom 15. bis 18. Jahrhundert, Bonn 1961, S. 95 ff.

fen war dies jedoch nicht: Durch die steigende Aufklärungsrate führten Nürnberg wie Württemberg im 17. Jahrhundert verschärfende Strafen wie das Zwicken der Frau mit glühenden Zangen, das Aufstecken ihres enthaupteten Kopfes auf einen Pfahl oder sogar das Ertränken in einem Ledersack wieder ein.[6]

Die Todesstrafe schien notwendig, weil eine Mutter ihr eigenes Fleisch und Blut getötet hatte. Dies wurde als »Blutschuld« verstanden, die – um Gott zu versöhnen – durch ihren Tod zu sühnen war. Noch 1852 beschrieb eine Kindsmörderin, der Besuch von Hinrichtungen habe sie nie abgeschreckt. Von der Enthauptung einer Schweizer Kindsmörderin sei ihr jedoch etwas im Gedächtnis geblieben, »›ach Gott, nur leider nicht in meinem Herzen!‹« Es waren die von dem Geistlichen nach der Enthauptung gesprochenen Worte aus dem ersten Buch Mose 9,6: »›Wer Menschenblut vergießt, dessen Blut soll auch durch Menschen vergossen werden!‹«[7]

Diese direkte Vergeltung wurde erheblich stärker in bezug auf Kindsmorddelikte als beispielsweise Totschlagsdelikte für notwendig gehalten, ein klassisches Delikt männlicher Aggression. Der erste Abschnitt dieses Kapitels wird diese Diskrepanz näher ausleuchten. Sie zeigt, wie die Bedeutung des unnatürlichen Todes eines Menschen kulturell konstruiert wurde. Diese Ansicht hing mit der spezifischen Bedrohung zusammen, die Mord als Irritation von Annahmen über vermeintlich stabile Qualitäten des menschlichen Charakters darstellte, hier: »natürlicher« Mütterlichkeit. Die intensivierte Verfolgung verheimlichter Schwangerschaften und des Kindsmords war also nicht allein ein Teil des Kampfes gegen die Folgen der Unzucht. Sie entsprach dem Anliegen, Mutterliebe zu naturalisieren. Wiederum ging es aber auch um die klare Grenzziehung zwischen Wildnis und Zivilisation: Frauen sollten – anders als Tiere – ihre Nachkommen unabhängig von Nützlichkeitserwägungen vor dem Tod schützen und aufziehen.

Dieser Ruf nach dem Schutz jedes Kindes stand natürlich andererseits in einem bezeichnenden Kontrast zu der realen Ausgrenzung lediger Mütter und ihrer »Hurenkinder«. Uneheliche Kinder ließen sich

....

[6] *v. Dülmen, Frauen vor Gericht, S. 25 f.*
[7] *B. F. von Tscharner (Hg.), Die Wunder der Gnade. Lebensbeschreibung einer Verbrecherin, von ihr selbst geschrieben im Gefängnis, Stuttgart 1852, S. 49.*

theologisch kaum als Zeichen des göttlichen Segens für die Vereinigung von Mann und Frau darstellen. Im Gegenteil, sie waren die göttliche Strafe der unzüchtigen Frau, die den »Ehestand verachtete«. Tübinger Juristen urteilten beispielsweise 1689, Magdalena Kropp hätte wissen müssen, daß aus dem illegitimen Beischlaf »dem gemeinen Lauf der Natur« zufolge ein unschuldiger »Zeug entspringen möchte«, der meistens seine »geilen Eltern ihrer im Finstern ausgeübter Mißhandlung« öffentlich und zu ihrer »größten Beschämung« vor der Welt beschuldige.[8] Solche Kommentare waren selten. Sie machten unbeabsichtigt deutlich, daß es paradox war, Mutterliebe für ein sozial schändliches, ungewolltes Kind zu erwarten. Am Beispiel der Kindsmörderinnen konnte Mütterlichkeit also nur dann als natürliches Ideal beschworen werden, wenn die sozialen Kontexte ihres Mutterwerdens ausgeblendet blieben. Diese sollen deshalb in den weiteren Abschnitten dieses Kapitels rekonstruiert werden.

WAR MORD GLEICH MORD? Mord und Totschlag wurden in der Frühen Neuzeit fast ausschließlich von Männern begangen. Unter Mord verstand man rechtlich die geplante, kaltblütige Tötung einer Person, unter Totschlag die aus Notwehr, Fahrlässigkeit oder dem Affekt erfolgte unbeabsichtigte Tötung einer Person. Beide Delikte entsprangen typischen Konstellationen: Mord war in der Regel Raubmord oder mit sonstigen materiellen Interessen verbunden, wurde von gesellschaftlichen Außenseitern verübt und unnachgiebig mit der Hinrichtung bestraft. Totschlag erfolgte am häufigsten nach einem Straßen- oder Wirtshausstreit unter sozial Gleichgestellten. Aufgrund dieser unterschiedlichen Täterkreise und Delikthintergründe hatte sich für Totschlagsfälle eine Tradition milderer Bestrafungen entwickelt. Totschlagssühnen setzten sich aus einer materiellen Kompensation für die Hinterbliebenen, religiösen Bitten für den Seelenfrieden des Verstorbenen und Bußhandlungen des Täters zusammen.[9] Wallfahrten und Messen im Büßerhemd dominierten in katholischen, das Aufstellen von Sühnekreuzen und kirchliche Buß-

---

[8] *HStASt, A 209, Bü. 701, 12.4.1698.*
[9] *Den besten Überblick gibt R. His, Das Strafrecht des Mittelalters in zwei Bänden, Bd. 2, Nd. Aalen 1964, S. 296–341.*

bitten in protestantischen Gebieten.[10] Ähnlich wie bei der Kirchenbuße für Ehebrecher dienten Reuerituale zur Reinigung des temporär aus der Gemeinschaft gestellten Täters. Dann folgte die Versöhnung mit Gott und der Familie und damit die Wiedereingliederung in die Gemeinschaft.

Die Sühneleistung konnte außergerichtlich zwischen der Familie des Täters und der des Opfers vereinbart werden. Seit dem 16. Jahrhundert versuchten weltliche Obrigkeiten jedoch zunehmend, ihr Sanktionsmonopol auch im Bereich der Totschlagssühnen zu etablieren. Sie wollten Vereinbarungen zwischen Angehörigen zumindest bestätigen. Zudem wurde es für stärker nötig als bisher angesehen, Totschlag im Interesse des Allgemeinwohls auch durch eine öffentliche Strafe zu ahnden, etwa durch die zeitlich begrenzte Verbannung ins Haus oder aus dem Ort. Gleichwohl gab es im 16. wie im 17. Jahrhundert eine bemerkenswerte Anzahl von milden Strafen in der Tradition des Sühnegedankens. Zudem konnten Angehörige leicht erwirken, daß auf einen entehrenden peinlichen Prozeß verzichtet wurde.[11] Das Verständnis für die Situationsgebundenheit gewaltsamer Affekthandlungen zwischen zwei Erwachsenen war demnach groß. Die Tötung betrachtete man vornehmlich als unglückliche Schicksalswendung. Die sozialen Folgen harter Strafen wurden bedacht und bei sonst »braven« Bürgern wurde schnell eingesehen, daß der Familie des Opfers durch die Hinrichtung oder lebenslängliche Verbannung des Täters vielleicht in bezug auf ihre Rache- und Schmerzgefühle, aber nicht materiell gedient war und überdies die

---

[10] B. Losch, Sühne und Gedenken in Baden-Württemberg. Ein Inventar, Stuttgart 1981.

[11] *In Memmingen lassen sich zwischen 1551 und 1689 beispielsweise nur zwei peinliche Prozesse wegen reinen Totschlagsdelikten finden; ein Ravensburger wurde 1566 wegen Totschlag zum Galeerendienst verurteilt und 1627 ein Memminger enthauptet, der sich außer einem Totschlag schon ständige Händel und Drohungen zuschulden hatte kommen lassen, StAMM, A 44 c und e. In Konstanz wurde zwischen 1570 und 1700 kein einziger Konstanzer Bürger wegen einer Mord- oder Totschlagsstrafe hingerichtet, siehe Adreßkalender für die Stadt Konstanz auf das Jahr 1852, Konstanz 1852, S. 7–12. In Memmingen ließ 1672 ein Vater verlauten, er wolle es sich 100 Reichstaler kosten lassen, wenn sein Sohn, der nach einem Wirtshausstreit im Affekt einen Mann die Stiegen hinuntergeworfen und tödlich verletzt hatte, einem Malefizprozeß entrinne. Dieses Geld mußte er daraufhin der Witwe und den Erben des Verstorbenen geben, sein Sohn wurde auf zehn Jahre aus der Stadt verbannt, StAMM, RP, 12.2.1672–13.2.1674, 94ro, 18.9. und 20.9.1672.*

etwaige Familie des Täters ihren Ernährer verlor. Materielle Kompensationen richteten sich nach dem Vermögen des Täters und des Opfers, bewegten sich aber in einer Mindesthöhe, die solche Zahlungen für arme Bürger vermutlich unmöglich machte. Die Totschlagssühne schützte also in der Regel ehrbare Bürger und Bürgerskinder vor den Folgen ihrer unkontrollierten Gewalt. Ihre Reuebezeugungen sollten nicht verwischen, daß das Austaxieren der zu leistenden Vergleichszahlungen zu einem wahren Kuhhandel werden konnte.

▶ **Die tote Spinnerin** ◀ Dies zeigt ein in Memmingen erhaltener Vergleichsrevers aus dem Jahr 1698.[12] Er ist besonders interessant, da das Opfer völlig unschuldig und der Täter sozial höherstehend war. Es handelt sich um eine »leidige« Geschichte: Ein 19jähriger Metzgerssohn, Georg Kleiber, hatte sich an einem Aprilsonntag aufgemacht, um die Torwache zu versehen. Das Gewehr seines Vaters war kaputt, und so hatte Georg sich die Flinte des benachbarten Küfers ausgeliehen. Dieser erklärte ihm, sie sei scharf mit Schrot geladen. Zur vermeintlichen Entschärfung blies er das Zündpulver von dem Zünddeckel ab. Nach Beendigung des Wachdienstes ging der Metzgerssohn zurück zum Küferhaus. In der Stube saß die Frau mit drei Schweizer Schwestern, die vermutlich als Spinnerinnen bei ihr arbeiteten. Die Küfersfrau neckte den mannbar werdenden Nachbarn: Bestimmt könne er von weitem keinen Vogel treffen. Dies mochte stimmen oder nicht, aber die Waffe verlieh Georg zumindest Macht über die sich belustigenden Weibsbilder. Also zielte er auf die Küfersfrau und sagte spaßhaft, er wolle sie jetzt erschießen. Sie warnte ihn, aber angeblich erwiderte er, die Flinte sei entschärft. Dabei drehte er sich um, legte auf die Spinnerin Barbara Baldaussin an und sagte, jetzt wolle er sie erschießen, es gelte »gleich um Sie«. Mit »Knall und Fall« flog das Schrot in Barbaras Kopf und tötete sie. Der Revers verzeichnete, Georg habe »O Jesu! was hab ich gethan!« gerufen. Dann sei er weggelaufen, bis Nachbarn ihn wieder zu sich gebracht und ins Hospital geschafft hätten, wo er sich noch aufhalte. Diese Betroffenheit wurde vertraglich aufgeführt, um zu zeigen, daß Georg tief schockiert, aber unschuldig war. Das Hospital als Aufenthaltsort stellte ihn zudem

---

[12] StAMM, A 147/9, 6.5.1698.

außerhalb der Gemeinschaft, aber nicht – wie ein Gefängnis – einem Delinquenten gleich, sondern den »Gemütsverwirrten«.

Am Anfang der Vergleichsverhandlungen brachten die zwei verbliebenen Schweizer Schwestern vor, Barbara habe wie alle Geschwister mit ihrer täglichen Handarbeit das Auskommen der alten Mutter in Tirol mitgesichert. Das Vermögen des Täters betrage 400 Gulden, also forderten sie 200 Gulden Entschädigung. Kleibers Vater entgegnete, Georgs mütterliches Erbe betrage nicht mehr als 75 Gulden, und was er von ihm bekomme, werde angesichts seiner vielen Kinder so aufgeteilt, daß es keinesfalls ein Vermögen von 400 Gulden ergebe. Die Tat sei völlig unvorsätzlich geschehen, und Georg sei vom Küfer fälschlich informiert worden, die Waffe sei entschärft. Im sächsischen Landrecht sei aufgrund der Sachlage nur ein halbes Wehrgeld von 15 Gulden zu zahlen. Deshalb werde als Zugeständnis ein ganzes Wehrgeld von 30 Gulden genügen. Die Schwestern verwarfen dies, einigten sich aber dann auf 100 Gulden, woraufhin Kleiber auf 50 Gulden erhöhte. Schließlich vermittelte der Spitalmeister einen Kompromiß von 60 Gulden zuzüglich der Leich- und Begräbniskosten. Der Metzgerssohn bezahlte in bar, Barbaras Familie sprach ihn von jedweder Verantwortung und Schuld los. Damit hatte die Sache ein Ende.

Der Wert des Lebens einer ledigen Schweizer Spinnerin ohne nennenswertes Heiratsgut, mit einer armen Mutter und vielen Geschwistern, wurde also genau taxiert.[13] Die Vernichtung ihres Lebens konnte nur einem materiellen Wertausfall gleichgesetzt werden – dem Ende ihrer Unterstützung der Mutter. In Kindsmordfällen wurde dagegen ausschließlich der ideelle Verlust des von Gott gegebenen Kindes hervorgehoben. Der Revers beschrieb den Tod Barbaras als wortloses Hinscheiden innerhalb weniger Stunden, ohne auf das Blut, den Schmerz und die Trauer der Angehörigen einzugehen. Der verstörte Zustand des Täters wurde dagegen ausführlich dargestellt. Sein Unglück erweckte Mitleid. In Kindsmordfällen standen die Details des Tötens, des Zustands der Leiche und das Mitleid mit dem Opfer im Mittelpunkt. Diese Darstellung weckte gegen die Täterin gerichtete Rachewünsche. Barbara war unschuldig an ihrem Tod ge-

---

[13] *Schon 1602 hatte nämlich eine Metzgerin an die Familie einer Bäckerin 100 Gulden bezahlt, obwohl diese nur im Verlauf eines Streits an Herzversagen gestorben und die Metzgerin eindeutig unschuldig war, StAMM, A 135 / 5, 8.1., 11.1. und 15.1.1602.*

wesen und ohne Möglichkeiten, sich zur Wehr zu setzen. In der Unschuld der Neugeborenen sah man bei Kindsmörderinnen die besondere Grausamkeit ihrer Tat. Zudem wog natürlich der »vorsätzlich« erscheinende Verwandtenmord schwerer; die Zerstörung einer Familie von innen gehörte zu den bedrohlichsten Vorstellungen einer auf familiärem Zusammenhalt gründenden Gesellschaft.[14]
Solche Vergleiche der Wahrnehmung verschiedener Tötungsdelikte und der Reaktionen auf sie zeigen, daß die jeweilige Bedeutung der »Entleibung« von Menschen gesellschaftlich konstruiert und variabel war. Durch abschreckende, unnachgiebige Strafen wurde die hohe gesellschaftliche Wertigkeit guter Mutterschaft im Bewußtsein der Untertanen verankert, während man etwa umgekehrt darauf verzichtete, die Bedeutung der friedlichen Mitbürgerschaft mit ähnlichen Strafmaßnahmen durchzusetzen. Die zunehmend wichtige Verfolgung von Kindsmord in einigen Gebieten des Reiches wird deshalb nur verständlich, wenn man den mit diesem Delikt verbundenen Ängsten und Politikbestrebungen nachgeht.

»MÜTTERLICHKEIT« Im Jahr 1688 war eine blinde Frau im Konstanzer Spital ärgerlich, daß Elsbetha Eggenmann so lange das »Secret« (das Klo) besetzt hielt. Sie solle sehen, daß nichts Unsauberes darinnen sei, womit sie sich »besudeln« könne, sagte sie noch zu der 27jährigen Schweizerin. Elsbetha war vor kurzem von ihrem Meister in das Spital eingewiesen worden, sie klagte über Wassersucht. Im Secret fühlte die blinde Frau in einem Taschentuch etwas Eingewickeltes. Sie hielt es für einen »Fluß« oder Monatsblut. Andere sahen, daß es ein Kindskopf war. Bis auf den Kopf und die Glieder lag der Körper des Babys »zerstückert« im Secret. Später gestand Elsbetha auf die Frage der Richter, ob sie wisse, warum sie inhaftiert worden sei: »Sie wisse es leider wohl, weil sie das Kind also vertranschiert habe.«[15] Die heimlichen Geburten fanden häufig im »heimlichen Gemach« statt.

---

[14] *Deutsche Flugschriften beschäftigten sich dementsprechend außerordentlich häufig mit dem Thema des Verwandtenmords und der völligen Zerstörung von Haushalten, s. J. Wiltenburg, Disorderly Women and Female Power in the Street Literature of Early Modern England and Germany, Charlottesville 1992, Kap. 9.*
[15] *StAKN, K 64, 9.7.1688.*

Das Kind wurde Exkrementen gleichgesetzt. Statt zur Welt zu kommen, wurde ein Mensch schlicht ausgeschieden. Dies machte das Delikt grauenhaft.

Grausame Zerstückelungen gab es selten. Aber wenn das Kind aus dem Haus getragen wurde, konnte es nicht durch die Institutionen der Zivilisation, Haus, Familie, Religion, und Freunde aufgenommen werden. Anstatt dessen brachten Tiere und Naturelemente dem ungeschützten Menschen den Tod. Eine Tagelöhnerin nahm 1683 beispielsweise ihr Baby in einem Schnitzobstsack in den Wald. Dort stöberte es ein Hund auf.[16] In Stuttgart gestand eine Kindsmörderin ebenfalls, ihr Kind im Wald gelassen zu haben. Als man es dort nicht fand, wurde gemutmaßt, Wölfe und Füchse hätten es aufgefressen.[17] Andere Kinder verwesten im Wasser. Auch dort zersetzten sie Tiere. 1680 fand ein Spielmann an einem Weidenbusch bei einer Mühle ein solches verfaultes Kind. Viele »Fische und Mücken« seien daran gewesen, berichtete er. Eine Neckaremser Dienstmagd warf ihr Baby in die Ems.[18] Esslinger, die Floßholz suchten, fanden 1699 das Kind einer Stuttgarter Magd im Neckar. Sie verscharrten es sofort am Ufer, weil es »schon übel gerochen und von Maden angegangen« war.[19] Anstatt sie in einem Fluß zu ertränken, wurden Kinder teilweise auch nach der Geburt wie ungewollte Katzen in einem Wasserkübel ersäuft. Anna Maria Hamberger ertränkte ihr Kind so in einem Zuber und bewahrte es ein Jahr in einer Schachtel auf, angeblich um es vor Insekten zu schützen. Darin war es »endlich aus dem gerechten Gericht Gottes … in einem Keller ganz verdorrt aufgefunden worden«.[20]

Menschliche Fruchtbarkeit sollte von Nützlichkeitserwägungen frei sein. Nur bei Tieren wog man ab, ob sie gebraucht wurden. Ebenso verstörte der manuelle Umgang mit Neugeborenen wie mit einem Tier: Die von einem wandernden Glückstadter Gesellen geschwängerte Hallerin Margaretha Lebenzin hob 1683 beispielsweise ein lebendiges Knäblein »wie einen Hund am Boden am Hals« auf. Der Ju-

---

[16] *HStASt, A 209, Bü. 2003, 27.11.1683, Johanna Lurger.*
[17] *HStASt, A 210, Abt. III, Bü. 28, 5.5.1683, Agnes Fried.*
[18] *HStASt, A 209, Bü. 2058, 12.10.1680, Catharina Kluppert.*
[19] *HStASt, A 210, Abt. II, 22.2.1699, Maria Dorothea Sauer.*
[20] *HStASt, A 209, Bü. 1690, 1673.*

rist empfahl, ihr deshalb »wenigstens ein oder zwei Zwicken mit Zangen« zu geben, damit sie »wie ihr armes Kind auch noch ein Schreie vor ihrem Ende tue«.[21] Um Schreie zu verhindern, wurde Kindern wie Geflügel die Gurgel umgedreht. Die erstickten und erstochenen Kinderleichen wurden eingewickelt, versteckt oder vergraben. Sie wurden selten begraben. Auch dies verstieß nicht nur gegen die Gebote Gottes, sondern auch die Gesetze der menschlichen Zivilisation: Nur Tiere begruben sich nicht.

In diesen Fällen verwischte also die Grenze zwischen bestialischem und menschlichem Handeln. Also grenzte man die Taten der Kindsmörderinnen als extrem aus. Gottgeschaffenen Geschöpfen, so lautete die Doktrin, war es unmöglich, ihre Kinder zu töten. Denn bei der Erschaffung der Welt habe es Gott in die Natur des Menschen »gleichsam eingepflanzt«, erläuterte eine Klagschrift 1678, daß man die Leibesfrucht »nicht allein ernähren«, sondern auch im Notfall unter Aufopferung des eigenen Lebens »conservieren (erhalten)« möchte. So handelten nicht nur Christen, sondern heidnische und barbarische Menschen, ja, sogar die unvernünftigen Tiere.[22]

Eine religiöse Erklärung für solch extremes Handeln war natürlich, der Teufel habe seine Hand im Spiel. Und tatsächlich ließ Ursula Fugger noch 1569 ihre Dienstmagd mehrfach exorzieren, weil sie – wie ein guter Teil der Beklagten insgesamt – angab, der Teufel habe sie zum Kindsmord verführt.[23] Richter glaubten jedoch nicht länger an den möglichen Sieg des Teufels über wahre Mutterliebe. Mütterlichkeit wurde als ein von materiellen Bedingungen und sonstigen gesellschaftlichen Einstellungen zu Gewalt und Verführung losgelöstes Gefühl naturalisiert. 1652 verurteilte man die ledige Margaretha Weiß mit dieser Begründung. Sie hatte ihr ungetauftes Kind nachts auf die Gasse geworfen, also: »Wölfen, Schweinen oder Hunden« zum Fraß ausgesetzt. Der berühmte Tübinger Jurist Harprecht kommentierte, selbst »barbarische Persier« verabscheuten den Kindsmord. Ebensowenig sei eine »indianische Dienstmagd« bekannt, die ihr Kind umgebracht habe, denn diese Menschen liebten »auch in

---

[21] StAH, K 11, F. 44.
[22] HStASt, A 309, Bü. 14, Angelika Tilhausen.
[23] M. Schad, Die Frauen des Hauses Fugger von der Lilie (15.–17. Jahrhundert). Augsburg – Ortenburg – Trient, Tübingen 1989, S. 52 f.

äußerster Armut« ihre Kinder mehr »als alle Schätze der Welt«. Das Blut des Kindes hatte das Land geschändet, und so gelobte Harprecht, das Land könne nur durch das Blut der Täterin wieder versöhnt werden.[24]

▶ Der doppeldeutige Körper ◀

Das Problem lag jedoch tiefer. Es fällt auf, daß der weibliche Körper in der Frühen Neuzeit Schnittpunkt gegensätzlicher Vorstellungen war. Entwicklungen in ihm erschienen sowohl als Teil einer festgelegten, erklärbaren, gottgewollten und dem Menschen dienenden Natur als auch als Teil einer sich unvorhersehbar, eigenwillig und »unvernünftig« manifestierenden Natur. Nur wenn man der hiermit in Zusammenhang stehenden Wahrnehmung von Schwangerschaft nachgeht, wird verständlich, gegen welche bedrohliche Unklarheit die Mediziner, Juristen und Theologen auch hier argumentierten.

Schon die äußerliche Grenze zwischen Tier und Mensch konnte, wie man sah, durch die analoge Behandlung der Körper verwischen. Abtreibungen wurden etwa mit den gleichen Mitteln wie Notabtreibungen bei zur Geburt zu schwachen Tieren durchgeführt. Sie brauche »ein Purganz (treibendes Mittel) wie ein Roß«, sagte eine Näherin 1691,[25] und ein Mann urteilte 1667 in Übereinstimmung mit einem ebenfalls befragten »erfahrenen Chirurg« über die von einer Frau eingenommene Kräutermischung, mit ihnen treibe er ein Fohlen vom Pferd.[26] Wie bei einer Kuh oder Ziege wurde davon gesprochen, eine Frau sei an ihren Brüsten zu »melken«, um durch den Milcheinschuß die Schwangerschaft nachzuweisen.[27] So wie bei einem Euter ermöglichten Melkbewegungen der Hebamme dann »ein Glas Milch« aus Brüsten »herauszuziehen«.[28] Die Milchproduktion der weiblichen Brust wurde seit Aristoteles immer wieder als Bindeglied zwischen Mensch und Tier dargestellt, und die reproduktiven Organe

---

[24] HStASt, A 209, Bü. 587, 27.10.1657.
[25] StAKN, K 4, 28.7.1691, Elisabetha Löffler.
[26] HStASt, A 209, Bü. 1923, 22.7. und 30.8.1667, Margaretha Schmollinger.
[27] G. Radbruch (Hg.), Die Peinliche Gerichtsordnung Kaiser Karls V. von 1532 (Carolina), Stuttgart 1975, S. 48.
[28] HStASt, A 210, Abt. II, Bü. 28, Agnes Fried.

der Frau wurden insgesamt oft als tierähnlich beschrieben.[29] Analogien zwischen Katzen und Kindern wurden hergestellt. Eine Hebamme befand 1627, das Kind einer Konstanzer Wirtsmagd sähe wie eine tote Katze aus.[30]

Hierbei mochte es sich um naheliegende Vergleiche zwischen Mensch und Tier handeln. Die Durchbrechung innerer Grenzen war gravierender. Eine württembergische Pfarrersmagd gab beispielsweise 1583 an, von dem häuslichen Hündchen geschwängert worden zu sein. Der Pfarrer bezahlte die Deflorationskosten.[31] Bei Männern verfolgte man in Württemberg heftigst die Sodomie, aber diese umfaßte nur die temporäre Vereinigung mit einem Tier. Frauen konnten dagegen Tiere oder Monstren wie Föten in sich tragen, nähren und gebären. Eine englische Dienstmagd gebar 1569 beispielsweise eine Wildkatze. Sie gab mehrere Erklärungen ab, und die Katzengeburt bezweifelte niemand. Immerhin notierte der Richter am Rand seiner Zeichnung der rotbraunen Wildkatze zuversichtlich: »Es gibt kein Geheimnis, das sich nicht ergründen läßt.«[32] Eine schleswig-holsteinische Frau sagte ebenfalls aus, bei der Geburt sei eine Katze von ihr weggeschossen.[33] 1715 gab eine Onstmettingerin vor, acht Frösche geboren zu haben; der Balinger Arzt begutachtete die Frösche gewissenhaft, und der Apotheker legte sie in Branntwein ein.[34] Von einer als eindeutig biologisch aufgefaßten Grenze bezüglich der Verbindung zwischen tierischen und menschlichen Wesen konnte also noch gar keine Rede sein. Die Stabilisierung der Vorstellung einer vollkommen distinkten, erhabenen menschlichen Natur blieb ein hürdenreiches Unterfangen. Gleichzeitig sah man die Macht der Mutter und der Natur über das Leben als bedrohlich an. Den Mutterleib beschrieben Mediziner wie Theologen als nährende Kloake, in dem das nicht gereinigte Menstruationsblut den Embryo umgab. Simon

---

[29] L. Schiebinger, Nature's Body: Gender in the Making of Modern Science, Boston 1993, S. 55.

[30] StAKN, HIX F. 46, 17.9.1627, Anna Schanderin.

[31] HStASt, A 209, Bü. 352, Margaretha Abt, 1583.

[32] »There is nothinge so secret / shall not be maide open«, British Library, London, Add. Ms., Lansdown, 101, No. 6, fo. 33; D. Cressy, De la Fiction dans les Archives? ou le Monstre de 1569, Annales E. S. C. 48 / 1993, S. 1309–1329.

[33] Ulbricht, Kindsmord in Deutschland, S. 156.

[34] U. Rublack, The Public Body.

Museaus war sich sicher, allein durch Gottes Hand ersticke der Mensch nicht im Dreck.[35] Das Körperinnere der werdenden Mutter schien also rätselhaft, abscheulich, bedrängend, ja, seiner Natur nach mörderisch.

In Kindsmordfällen wurde die sich in weiblichen Körpervorgängen manifestierende Eigenmächtigkeit und Doppeldeutigkeit der Natur nun schließlich besonders deutlich, weil viele Frauen angaben, die Schwangerschaft nicht wahrgenommen, sondern sie für Wassersucht, einen »Fluß«, das heißt gestocktes Blut, einen »Brand«, »Herzgeblüt«, ein unbestimmtes »Gewächs«, das »Umherlaufen der Gebärmutter« oder sogar für Blähungen gehalten zu haben.[36] Ein Gutachten urteilte, es sei der »Natur und dem gemeinen Weltlauf« zuwider, daß eine Frau nichts von ihrer Schwangerschaft merke.[37] Der nächste Abschnitt zeigt, daß ein solcher Kommentar nach der objektiven Bestimmbarkeit der Entstehung menschlichen Lebens drängte, die keine »Natur« ermöglichte.

SCHWANGERSCHAFT ODER FÄULNIS? Zurück zum Fall der Elsbetha Eggenmann im Konstanzer Spital, die ihr Kind »vertranschierte«: Sie sagte, die Geburt sei für sie völlig überraschend gekommen. Die Schwangerschaft hatte sie als Krankheit erfahren. Im Dienst bei dem Handelsmann Salier war sie von einem »Geschwulst überfallen« worden, ihr »Magen« und ihre Füße waren ganz geschwollen, und sie verspürte grausames Kopfweh. Ihr Bauch war nicht besonders groß, und sie hatte es »nicht anders empfunden, als daß es ihr underweilen in dem Bauch gewesen als wann sich ein Schwamm aufblähe, und sei aber gleich wiederum vergangen«. Sie war sich nicht sicher, ob sich ein Kind oder die Gebärmutter bewegte. Also schickte sie eine Urinprobe zum ehemaligen Henker. Wie viele seiner Kollegen betätigte sich Meister Johannes Deubler als Arzt. Die Befähigung hierzu wurde Nachrichtern seit langem aufgrund ihrer Kenntnisse der

---

[35] U. Rublack, Pregnancy, Childbirth and the Female Body in Early Modern Germany, P&P, 150/1996, S. 84–110; G. K. Paster, The Body Embarrassed: Drama and the Disciplines of Shame in Early Modern England, Ithaca 1993, Kap. 4.

[36] HStASt, A 209, Bü. 2093, 19.2.1694, Juditham Zeller.

[37] HStASt, A 209, Bü. 1909, 1649, Sabina Caskarten, Tübingen.

menschlichen Anatomie zugeschrieben. Deubler war das Medizinieren zwar vom Rat verboten worden, aber die Leute konsultierten ihn weiterhin.

Bis zu Deublers Diagnose überlegte Elsbetha sich, daß das Ausbleiben ihrer Periode trotz eines einjährigen Verhältnisses mit einem Offizier nicht unbedingt auf eine Schwangerschaft hindeuten mußte: Sie hatte bei vorigen Krankheiten schon öfter ausgesetzt. Manche Frauen hatten überdies »zwei, drei oder mehr Jahr einen Mann, und wurden dannach nicht schwanger«. Denn bei vorehelichem Geschlechtsverkehr wurde fast immer durch den *coitus interruptus* verhütet. Die Frauen sahen, wie der Samen außerhalb ihres Körpers in Mengen verfloß oder der Mann ohnehin vorzeitig ejakulierte. Eine Konstanzer Näherin rechnete beispielsweise nicht mit einer Schwangerschaft, da der Bürgerssohn, der sie seit ihrer Jugend belästigt hatte, »das Werk zwar vollbracht, hingegen aber ihren Leib nicht eröffnet, sondern den Samen zwischen ihren Füßen ehe er an das Ort kommen verlassen habe«.[38]

Deublers Diagnose bestätigte Elsbethas Vermutung. Die Wassersucht habe bei ihr angesetzt, »und sei der Magen ganz voller Schleim, welcher ausgeführt werden müsse«. Hierzu sollte ein Pulver nützen, das Elsbetha in einem Säckchen in (gestohlenen) Wein hängte und dann trank. Es half wenig, und auf der Suche nach weiteren Rezepten gegen Wassersucht empfahl eine Frau ihr Kerbholderbeere, die sie ebenfalls in Wein getränkt einnahm. Nur dem Handelsmann Salier und seiner Frau kam die am ganzen Leib »geschwollene«, nur an der Kunkel einsetzbare Magd langsam verdächtig vor. Die Meisterin mahnte, falls sie schwanger sei, die Frucht »recht« zur Welt zu bringen. Sicher war auch sie sich nicht. Elsbetha konsultierte schließlich den Stadtphysikus Dr. Sandelholzer. Er entnahm zwei Urinproben und verordnete ihr »anfangs ein Purgiertränklin und nachgehends ein Wasserlin und Hauptpülulin« gegen das Kopfweh. Nachdem sie besagtes »Wasserlin« eingenommen hatte, das den Schleim austreiben sollte, wachte Elsbetha nachts mit heftigem Bauchgrimmen auf. Bald gebar sie das schwache Kind und versuchte es entsetzt in das Klo zu drängen.[39]

---

[38] *StAKN, K 4, 28.7.1691, Elisabetha Löfflerin.*
[39] *StAKN, K 64, 1688.*

Elsbethas Perspektive war von »Spezialisten« gestärkt worden. Das Ausbleiben der Periode wurde allgemein als Stockung des Blutflusses im Körper interpretiert, die zu Verunreinigungen oder Geschwulstbildungen führte. Der Unregelmäßigkeit von Blutungen wurde also eine hohe Bedeutung zugemessen. Es gab zahlreiche treibende Kräuterrezepturen, um die »Zeit wiederzubringen«. Selbst eine Reihe von Symptomen, wie etwa das Ausbleiben der Menstruation und ein geschwollener, harter Bauch, konnten ebensogut als Schwangerschaft wie als Blutstockung verstanden werden.[40] Der Straftatbestand »verheimlichte Schwangerschaft« versuchte mithin da Ordnung und Eindeutigkeit zu schaffen, wo eine körperliche Entwicklung sowohl als Entstehung menschlichen Lebens als auch als Wachstum eines auszutreibenden, bösartigen Geschwulstes deutbar war.

Das rechtliche Dilemma blieb bestehen. Obwohl die meisten Kindsmörderinnen sich in fortgeschrittenen Schwangerschaftsmonaten über ihre Schwangerschaft im klaren waren, ließ sich ihr öffentliches Leugnen kaum durch biologische Beweise entlarven. Natürlich gab es ein Zusammenspiel äußerer Anzeichen, das man gemeinhin als deutliches Merkmal einer Schwangerschaft betrachtete. Dazu gehörten einerseits Appetitlosigkeit durch Übelkeit und andererseits die Gelüste auf bestimmte Speisen, die ausbleibende Menstruation und später der Milcheinschuß, der dicke, harte Bauch, geschwollene Füße und Unbeweglichkeit, die zu einer verminderten Arbeitsfähigkeit führten. Noch ausschlaggebender war das soziale Wissen. Während verheiratete (und eine normale Ehe führende) Frauen fast nie verdächtigt wurden, eine Schwangerschaft zu verheimlichen, war man bei ledigen Frauen mißtrauischer. Der Verdacht verstärkte sich bei An-

---

[40] *Barbara Duden hat diese Körpersicht ausführlich rekonstruiert. Sie kommt ebenso zu dem Schluß, daß das Ausbleiben der Periode als ein »widersprüchliches Zeichen« aufgefaßt wurde und damit das Gespür der Frauen über die Gewißheit, schwanger zu sein, entschied. Falsches Wachstum, die »Überfülle von Blut und Schleim«, mußten ausgetrieben werden, siehe dies., Geschichte unter der Haut. Ein Eisenacher Arzt und seine Patientinnen um 1730, Stuttgart 1987, bes. S. 183–185; dies., Die »Geheimnisse« der Schwangeren und das Öffentlichkeitsinteresse der Medizin. Zur sozialen Bedeutung der Kindsregung, in K. Hausen, H. Wunder (Hg.), Frauengeschichte/Geschlechtergeschichte, Frankfurt am Main 1992, S. 117–130; M. Lorenz, »... als ob ihr ein Stein aus dem Leibe kollerte ...«: Schwangerschaftswahrnehmungen und Geburtserfahrungen von Frauen im 18. Jahrhundert, in R. v. Dülmen (Hg.), Körper-Geschichten, Frankfurt am Main 1996, S. 99–121.*

zeichen für eine Liebschaft um so mehr. Obwohl die Umwelt also oft fest an die Schwangerschaft glaubte und den Kindsmord nahen sah, ermöglichte die prinzipielle Doppeldeutigkeit der Anzeichen selbst in ihrer obigen Kombination keine Überführung.

Auch die Carolina bemerkte also in ihrer Diskussion der Muttermilch (dem vermeintlich sichersten Symptom) einschränkend, sie sei bei einer ungeständigen Frau nicht als eindeutiger Schwangerschaftsbeweis wertbar, da »etliche Leibärzt sagen, daß aus etlichen natürlichen Ursachen etwan (manchmal) eine, die kein Kind getragen, Milch in den Brüsten haben möge«.[41] Und dieser Meinung waren »Leibärzt« auch noch hundertfünfzig Jahre später. Dementsprechend erklärte die Mutter einer Stuttgarter Kindsmörderin 1699, ihre Tochter sei »von Jugend an von den Trotten also gesogen worden, daß sie Milch gegeben«.[42] Auch die anderen Zeichen waren stets mehrdeutig. Eine Wehmutter, die 1683 ein ganzes Glas voll Milch aus den Brüsten einer 20jährigen mit gutem Ruf »herauszog«, blieb in ihrem Urteil beispielsweise unsicher, weil ihr das »geschwollene Herz« der Beklagten auf andere Wechselwirkungen hinzudeuten schien.[43] Die Hebamme, geschworene Weiber und andere Frauen stellten vor allem die Festigkeit und Größe des Bauches fest. Ein dicker Bauch konnte jedoch nicht mehr als normale Korpulenz bedeuten. 1674 war es den Stuttgarter geschworenen Weibern beispielsweise unmöglich, die Schwangerschaft einer Magd mit Gewißheit zu beurteilen; diese sei eine »große korpulente Person«.[44] Barbara Schönmännin in Hall sagte nonchalant, »sei sie eben voll und leibig gewesen, daß sie solchs nicht anders gemeint, dann sie wäre so faist (dick)«.[45] Die Beklagte Maria Sauer rechtfertigte sich 1699, sie habe sich vor den Eltern »allezeit in der Stube angetan«. Diesen sei kein schwangerer Bauch aufgefallen, und sie selber meinte, einen »Brand« zu haben.[46] Ebenso sagte Magdalena Kopp 1689 zu einer anderen Frau, »es brenne ihr so in ihrem Leib«, und zu den Richtern später, sie habe den Bauch nicht gebun-

---

[41] Radbruch, Peinliche Gerichtsordnung, S. 48.
[42] HStASt, A 210, Abt. II, Bü. 125, 22.2.1699.
[43] HStASt, A 210, Abt. II, Bü. 28, Agnes Fried, 5.5.1683.
[44] HStASt, A 210, Abt I, Bü. 447, Anna Catherina Mann, 2.3.1674.
[45] StAH, K 11, F. 39.
[46] HStASt, A 210, Abt. I, 24.4.1699.

den, sondern sich stets vor ihren Eltern an- und auszogen.[47] Auch die Härte eines Bauches ließ sich verschieden erklären. Obwohl die Hebamme schwor, die Magd Catharina Kluppert sei schwanger, sagte diese beharrlich, ihr Bauch sei immer hart und dick, wenn ihre Blutung aussetze.[48] Maria Vischer sagte gleichfalls zu einer Frau, bleibe ihre Periode aus, so sei der Leib »morgens dünn, abends dick und schwer«.[49] Die Periode kam nicht unbedingt rhythmisch und gleichmäßig, sie war keine »Regel«, sondern man bezeichnete sie als die »Zeit« und den »Fluß«. Barbara Schönmann meinte, in den vergangenen Monaten einmal oder dreimal ihre »Zeit« gehabt zu haben, wenn auch »gleich wol nit gar so vollkommenlich«. Dies sei wohl vom »Mosttrinken« gekommen und schon einmal so gewesen. Andere konnten überzeugend erklären, sie hätten ihre Periode nach dem Genuß einer »Kernsuppe« oder zu heftigem Tanzen verloren.[50] Die Menstruation konnte eher jahreszeitlichen als monatlichen Rhythmen folgen. Eine verbreitete Annahme war, daß sie im Winter ausbleiben und im Frühjahr oder Sommer wiederkehren konnte.[51]

Die Ansicht blutbeschmierter Tücher wurde zwar regelmäßig erwartet, aber wenn eine Frau keiner Beziehung verdächtigt wurde, ließ sich der Verlust der Periode leicht erklären. Über ihn wurde offen gesprochen, weil er eben in erster Linie eine Blutstockung bezeichnete, der durch treibende Mittel begegnet werden mußte. Eine Mutter in dem Dorf Erdmannshausen bei Marbach verteidigte 1680 ihre Tochter deshalb mit den Worten, sie habe ihre Schwangerschaft nicht verheimlicht, sondern »ein reines Gewissen wie ein Kind im Mutterleib«. Ihre Sorge war gewesen, bei der Tochter habe sich »wieder alles verstopfet, sie noch daran sterben werde, wie des Kappen Tochter«. Sie hatte seit vier Jahren nicht menstruiert. Als »ihr wehe geworden«, sagte sie gleich zur Magd, »ihre Blumen kämen wieder«. Der Schultheißensohn hatte sie vergewaltigt. Ihr Bauch war dick geworden, aber die Brüste klein geblieben. Die Schultheißin hatte sie be-

---

[47] HStASt, A 209, Bü. 701, 12.2.1698.
[48] HStASt, A 209, Bü. 2058, 12.10.1680.
[49] StAH, K 11, F.39.
[50] HStASt, A 209, Bü. 1690, Anna Maria Hamberger, 1673.
[51] Z. B. HStASt, A 210, Abt. II, Bü. 128, Maria Magdalena Fröhlich, 28.1.1700; A 209, Bü. 1024, 29.2.1688, Christina Sophia Class.

tastet, aber »nicht schwanger befunden«. Unerwartet gebar sie dann doch ein Kind, das später starb.⁵² Als eine Upfinger Magd 1698 einmal ihre Periode nicht bekam, rieten »die Weiber« ihr ebenfalls, sie solle »den Mann zu Lanningen brauchen«, damit er ihr Mittel gebe.⁵³

Nur sehr selten, so scheint es, waren beratende oder verschreibende Frauen sich in der Behandlung solcher Frauen bewußt, daß es sich um eine Abtreibung handelte.⁵⁴ Sonst untersuchten, befragten oder warnten Männer und Frauen ledige Frauen, die ihre Periode verloren hatten und treibende Mittel verlangten, oder verweigerten ihnen die Mittel vollständig. Eine Konstanzerin gab beispielsweise einer Kindbetterin treibende Mittel, um die Wiederkehr ihrer Blutung zu befördern. Ebenso gab sie einer verheirateten Frau die Mittel, weil sie angab, lange keine Kinder mehr bekommen und ihre Periode verloren zu haben. Sie verweigerte dieselben Mittel aber einer ledigen Allmannsdorferin, die dann aber zum städtischen Doktor gebracht wurde, der ihr Medizin verordnete.⁵⁵ In Leonberg mischte die Barbierswitwe ebenfalls nur auf nachhaltiges Beteuern, es handle sich um keine Schwangerschaft, die Kräuter zusammen, die ihr Mann auch den »Weibsbildern« gegeben hatte, die »ihre monatliche Zeit verloren«.⁵⁶ In Kleinasbach warnte der Nachrichter 1699 eine Magd, die ihr verordneten »einig Pülverlein« nicht zu nehmen, falls sie schwanger sei.⁵⁷ Im Fall einer Memmingerin entschieden 1622 eine medizinierende Frau und zwei Doktoren sicher, sie sei nicht schwanger, sondern leide an einer »unreinen Mutter«. Acht Wochen später kam sie unerwartet nieder.⁵⁸ Solche Fallbeispiele zeigen abermals, daß man gewöhnlich zwar hellhörig wurde, wenn bei einer ledigen Frau die Periode aussetzte und sie die Blutung befördern wollte, ihre sub-

---

⁵² HStASt, A 209, Bü. 1559, Barbara Kleinknecht.
⁵³ HStASt, A 209, Bü. 2013, 21.3.1698, Anna Munderich.
⁵⁴ *Einer Michelfelder Hirtentochter wurde 1680 durch eine Haller Frau Melissen-und Seffenträncke empfohlen, die sie bei Schwangerschaften selber nahm, StAH, RP 1680, 521ʳ–522ᵛ, 22.10.1680, Maria Barbara Vischer.*
⁵⁵ StAKN, K 72, 30.7.1697, Maria Hippenmayer.
⁵⁶ HStASt, A 309, Bü. 127, Regina Kapphan.
⁵⁷ HStASt, A 209, Bü. 558, 3.2.1699, Anna Sailer.
⁵⁸ StAMM, A 140/5, 21.10.1622, Magdalena Winter.

jektive Deutung ihres Körperzustands aber entweder überzeugte oder letztendlich nicht handfest widerlegbar war.

Dies änderte sich, wenn die Frau den Beischlaf gestand. Bei Barbara Schönmann ließ die Hebamme daraufhin nicht länger mit sich fakkeln: Wie es kommen könne, fragte sie, »daß eine all Nacht bei einem Mann liegen und nicht wissen sollte, wann sie mit einem Kind gienge oder nicht?«.[59] Bei den ohnehin als leichtfertig bekannten Spinnerinnen oder Schweizer Mägden genügten auch Vermutungen. Die Gröninger Spinnerin Barbara Dollinger wurde beispielsweise 1686 von Mägden schon allein wegen ihres dicken Bauches zur Rede gestellt, den sie einzog und sich dabei krümmte. Barbara sagte, es schneide ihr so im Leib. Ihre Blutung käme so stark wieder und ginge nicht recht fort. Dann gehe sie mit einem Kind, folgerte man prompt. Als sich Barbara dann eines Tages auf ihr Bett legte, kamen die Mägde mißtrauisch hinterher. Bald schimpfte die Hebamme auf sie ein: »Du leichtfertige Hur, du hast einmal ein Kind, tue eines gleich hervor, sonst will ich es tun.«[60] Ähnliches Mißtrauen erregte die in Leonberg arbeitende schweizerische Magd Barbara Sticker, die dort von einem schweizerischen Knecht geschwängert wurde, ein Kind gebar, mit Stroh bedeckte und ihre Arbeit im Stall fortführte. Die Wehemutter war überzeugt, Barbara habe schon einmal ein Kind geboren und sei »eines gleichen Prädicats (Rufs), wie dann Schweizermägden in gemein sein soll, welchen nicht das beste Lob gegeben wird«.[61] Ab 1654 wurde gesetzlich verlangt, schwangere Schweizermägde sofort aus Württemberg auszuweisen. Das Kindsmordreskript von 1658 befahl, alle eine Schwangerschaft leugnenden inländischen Frauen sofort zu inhaftieren, um den Kindsmord zu verhüten. Durch die unsichere Schwangerschaftsdiagnostik fehlten jedoch die Beweismittel. Beide Gesetze hatten damit eine eher symbolische Bedeutung: Sie verdeutlichen die Entschlossenheit von Herzog und Rat, bevölkerungspolitische Regulative einzusetzen.

---

[59] *StAH, 4/479, Sonntag nach Trinitatis 1554, 187^{rv}*.
[60] *HStASt, A 209, Bü. 1023, 3.5.1686.*
[61] *HStASt, A 209, Bü. 1471, 12.3.1664, Barbara Sticker.*

DAS DRAMA DER DEUTUNGEN Vor allem in den letzten Wochen vor der Geburt, wenn sich Außenstehende immer sicherer wurden, daß die äußeren Anzeichen für eine Schwangerschaft sprachen, die Schwangere dies aber beharrlich leugnete, entspann sich das Drama der Deutungen. Ein neuer institutioneller Schauplatz hierfür war in Württemberg ab dem letzten Drittel des 17. Jahrhunderts die Kirchenzensur. Dort las der Pfarrer einer Verdachtsperson das Kindsmordreskript von 1658[62] vor und schärfte ihr die weltlichen und göttlichen Strafen für das Delikt ein. Dieser Hinweis auf die göttlichen und damit ewigen Strafen war wichtig, weil viele glaubten, reuigen »armen Sündern« stünde das Himmelreich offen. Weit gefehlt! Auch auf sie – so lautete die lutherische Drohung – wartete die Hölle. Einer Weinsheimer Kindsmörderin wurde also beispielsweise 1681 von den Prozeßrichtern dieses Wissen abgefragt, nämlich ob sie wisse, welche Strafe auf die heimliche Schwangerschaft und Geburt stehe, wenn das Kind danach tot gefunden werde? Sie dachte nach. Dann rekapitulierte sie, »die öwige (ewige) Straf«, und später, »die zeitliche«. Die nächste Frage (prompt): »Was für eine zeitliche Straf dergleichen Metzen verschuldet?« Sie dachte noch länger nach, wurde mehrfach ermahnt. Die ewige Strafe werde mit der »höllischen Pein« bestraft, »die zeitliche mit dem Gefängnis!«, erwiderte sie dann. Doch bald gestand sie, der Pfarrer habe ihr klargemacht, die Hinrichtung sei die weltliche Strafe.[63] Die mahnenden Gespräche mit dem Pfarrer verhinderten vermutlich selten die Tat. Im Prozeß ermöglichten sie jedoch die Feststellung, die Beklagte habe im vollen Bewußtsein über die Härte der Strafe für das Delikt gehandelt. Hinrichtung und Hölle waren ihr schon verheißen.

Vor der Einführung der Kirchenzensur und dort, wo sie nie bestand, wurde, wann immer sich der Verdacht einer verleugneten Schwangerschaft hielt, die Besichtigung durch die Hebamme und »geschworenen Weiber« angeordnet. Dies erhöhte erneut die Öffentlichkeit des Verdachts. Viele Verdächtigte ängstigte weniger ein sicheres Ur-

---

[62] Reyscher, Gesetze, Bd. 6, S. 11 f.
[63] HStASt, A 209, Bü. 1594, 14.5.1681. Zum Verständnis von Hölle und Verführung vgl. S. Holtz, *Der Fürst dieser Welt: Die Bedrohung der Lebenswelt aus lutherisch-orthodoxer Perspektive*, Zeitschrift für Kirchengeschichte, 107/1996, S. 29–49.

teil der Hebamme als ihre Entlassung als Dienstmagd. Im 17. Jahrhundert sahen »ehrbare« Haushalte ihren Ruf oft schon durch entsprechende Mutmaßungen beschädigt. Im Februar 1609, nahe dem Ort Beilstein, sah ein aus seinem Weinberg kommender Mann beispielsweise auf einem Feld an der Straße eine hockende, hochschwangere Frau. Er fragte, »was ihr wäre«. Es »wäre ihr wehe zum Kind«, antwortete sie. Man habe sie aus ihrem Dienst und Helfenberg geworfen. Er tröstete sie und sagte, »sie solle ein gutes Herz haben, er wolle ihr Weiber holen«. Als diese kamen, war die Geburt vorüber und das Kind tot. Es war unmöglich festzustellen, ob es zunächst gelebt hatte. Die Richter zogen mildernd in Betracht, es sei unchristlich gewesen, sie mitleidslos aus dem Dienst zu vertreiben.[64] Derartig noble Auffassungen schwanden jedoch bald. Schwangere schweizerische Mägde sollten – wie gesagt – ab 1654 sofort verbannt werden, damit sie württembergische Armenkästen nicht belasteten. Ob es nun unchristlich sein mochte oder nicht – 1666 riß auch dem Stuttgarter Hofapotheker und seiner Frau der Geduldsfaden. Alle mutmaßten über die Schwangerschaft ihrer Magd. Weil sie damit das »herrschaftliche Haus (mit Erlaubnis zu melden) zu einem Hurenhaus gemacht« habe, entließen sie die 24jährige fristlos.[65] Gute Mägde verinnerlichten die Schuldzuweisung: Eine Memmingerin beteuerte 1622, wenn sie nur etwas von ihrer Schwangerschaft geahnt hätte, wäre sie von selber aus dem Haus gegangen. Dem Junker und seiner Frau die »Unehr« anzutun, sei »ihr das größt«.[66] Es ging um die Etikette: Ein Kindsmord brachte Unannehmlichkeiten ins Haus. Einer verwaisten Elsässerin, die schwanger nach Stuttgart gezogen war, legte man es deshalb als »keck« aus, daß sie sich ausgerechnet beim herzoglichen Landschaftseinnehmer als Tagelöhnerin verdingt hatte. Das tote Kind lag im Holzschuppen, dort ausgerechnet in einem Kinderschlitten; die niedersten menschlichen Instinkte hatten so in dem ehrbaren Haus

---

[64] *Hier wurde mit dem Pranger und ewigen Landesverweis bestraft, HStASt, A 209, Bü. 544, 1609, Katharina Bachtan.*
[65] *HStASt, A 209, Bü. 1345, 5.7.1666, Anna Maria Vischer.*
[66] *StAMM, A 140/5, 21.10.1622, Magdalena Winter. Eine Lauffener Wirtsmagd entschuldigte sich 1688 ebenfalls, sie habe das Haus der Wirtin nicht »verschreien«, sondern das Kind in Stille gebären und mit ihm weggehen wollen, HStASt, A 209, Bü. 1144, Anna Margaretha Mugler, 9.8.1688.*

bleibende Spuren hinterlassen.⁶⁷ Überdies hob das Kindsmordreskript die Aufgabe der Hauseltern hervor, etwaige Schwangerschaften des Gesindes zu kontrollieren. So färbte die Schande des Kindsmords leicht ab. Das Reskript war einmal jährlich nach der umfangreichen Eheordnung von württembergischen Kanzeln zu verlesen. Die Hauseltern sollten ihmzufolge stets auf verdächtige Zeichen achten und diese entweder der Obrigkeit melden oder die Magd zunächst selber vor der »Gefahr und hoher Straf« warnen.⁶⁸

▸ **Die Warnungen der Frauen** ◂ Anna Laister war im Jahr 1665 von einem Gesellen ihres alten Meisters schwanger. Er versprach ihr die Ehe und bei seinem Wegzug: »Er wolle schon wiederkommen.« Anna wußte, daß sie darauf nicht vertrauen konnte, versuchte also zuerst abzutreiben und wechselte dann die Stelle.⁶⁹ Ihre neue Meisterin bemerkte den wachsenden Bauch und warnte Anna »beweglich (bewegt)«: Es »seien dergleichen Exempel vorhanden, daß Metzen die Schwängerung geleugnet, und die Kinder heimlich geboren und verwahrloset, die darum um den Kopf gekommen seien, daher sollte sie's vorher offenbahren, wann es also«. Die Hafnerin fügte mit tröstendem Pragmatismus hinzu: »Sei ja nicht die Erste, werde gewiß auch nicht die Letzte sein, die geschwängert worden.« Sie versuchte Anna also klarzumachen, daß eine uneheliche Schwängerung vorkommen konnte und die Folgen der Kindsverwahrlosung schlimmer sein würden als das Leben mit dem Kind. Anna wollte dennoch nicht mit der »Sprach ... heraus«. Sie zeigte »ihr den Leib im Hemd«, »da solle sie sehen, ob sie schwanger sei«. Die Meisterin berichtete dies dem Diakon. Er ordnete die Besichtigung durch die Hebamme und geschworenen Weiber an. Als Anna sie kommen sah, fürchtete sie, »sie müsse gleich aus dem Haus«.

Frauen wußten um unglückliche Vorgeschichten und die Härten des

---

⁶⁷ HStASt, A 210, Abt. I, Bü. 448, Dorothea Hippert, 27.10.1678. Auch eine Dienstmagd des Theologieprofessors Osiander war in seinem Haus von einem Nürnberger Studenten geschwängert worden und hatte im fünften Monat abgetrieben, HStASt, A 210, Abt. II, Bü. 349, ca. 1665, Barbara Ebert.
⁶⁸ Reyscher, Gesetze, Bd. 6, S. 11f.
⁶⁹ HStASt, A 210, Abt. I, Bü. 424, 4.10.1665.

Lebens mit einem unehelichen Kind. Gleichwohl verurteilten sie die Tötung eines Neugeborenen. Auch Frauen in der Nachbarschaft konnten es deshalb als ihre natürliche Pflicht ansehen, eine vermeintlich schwangere Frau handgreiflich zu prüfen und vor dem Mord und ihrer eigenen Strafe zu warnen. 1679 »predige« eine Frau Katharina Heinrich »von der strengen Straf der himmlischen Richter und ewigen Verdammnis«.[70] Eine Freiburger Beklagte berichtete 1618, die Muschlerin habe sie »hart unter die Sporen genommen, sie auch am Leib ersucht und gegriffen«, und ihr dann erst geglaubt, sie sei nicht schwanger.[71] Anna Maurer wurde 1671 von ihrer Stiefmutter gewarnt, ihre Schwangerschaft zu gestehen, »sie komme sonst dem Henker unter die Hand«. Sie bat Nachbarn, Anna zuzureden. Doch diese sagte nur, sie wolle sie eben wie alle Stiefmütter »in öffentliche Schande bringen«.[72]

An den Warnungen wird deutlich, wie sehr die Enthauptungen den Menschen vor Augen standen. »O Dicke, du hast ein Kind gehabt«, rief 1630 in Urach eine 70jährige Frau mit vollster Gewißheit aus, als sie die bei ihrer Tante dienende Maria Späth begutachtete. Sie öffnete den Goller, befühlte die Brust und zog an ihr. Dann wiederholte sie, Maria »habe das Kind umgebracht, so werde ihr bestimmt der Kopf oder Schädel hinders gehauen«.[73] Ebenso nachdrücklich mahnte eine Frau 1664 die Maurerstochter Anna Fritz beim Grasschneiden auf dem Acker, eine etwaige Schwangerschaft zu gestehen und ihre Leibesfrucht keinesfalls umzubringen. Sie zeigte ihr den Besigheimer Galgen, »so vor Augen gestanden, bei welchem vor wenig Zeit 2 Kindsmörderinnen gerichtet worden seien«.[74] Diese beiden Frauen waren 1648 und 1649 enthauptet worden. Die erste hatte (trotz der Kriegszeiten!) erfolglos vorgebracht, ein Soldat habe sie vergewaltigt. Die zweite war eine Köchin in der »Krone«. Ihr Kind hatte schlecht versteckt in einem Mehlfaß gelegen.[75] Fünfzehn Jahre später wurde eine Magd wie Anna Fritz also noch durch ihr Beispiel ge-

---

[70] HStASt, A 209, Bü. 1359.
[71] StAFr, B 5 III c 4 Nr. 7, Bd. 1, 773ʳ–778ʳ, 5.7.1618, Anna Maria Kelber.
[72] HStASt, A 209, Bü. 1928, 24.11.1671.
[73] HStASt, A 209, Bü. 1986, 14.8.1630.
[74] HStASt, A 209, Bü. 382, 18.10.1664.
[75] HStASt, A 209, Bü. 317, Barbara Bürckhler; Bü. 318, Eva Rohrer.

warnt. Sowieso hielt man Anna für eine »sehr freche und in Kleidern hurerische Metz«, die sich »bübisch und leichtfertig« gab. Die Geschichte der Schwängerung war jedoch – wie in den meisten Fällen – prosaisch: Als sie bei einem Ziegler diente, beschlief und verließ sie der Ziegelknecht. Anna wurde entlassen, sobald man die Schwangerschaft bemerkte, und verdingte sich bei einem Metzger. Das »Geschrai« über die verheimlichte Schwangerschaft drang bis zu Annas Stiefmutter in das rund 18 km entfernte Brackenheim. Drei Wochen vor der Geburt kam sie zu Anna. Diese leugnete weiterhin »boshaft«. Daraus schloß der Amtmann, daß sie den Mord des Kindes geplant habe. Je heftiger eine Frau leugnete, um so verdächtiger machte sie sich. Ein Predigtexempel Luthers lehrte, das vehemente Abstreiten der Geburt sei ein Zeichen des von Gott eingepflanzten schlechten Gewissens.[76] Als Anna schließlich gebar, kam jedoch zufällig der Metzger in die Kammer. Er nahm das Baby und rannte zu einem für sein eigenes Kind bereiteten Bad. Damit rettete er auch Annas Leben.

Handfester als Mahnungen waren Hilfsangebote für das Leben mit einem unehelichen Kind. Selbst sie nützten jedoch wenig, wenn die ledige Mutter samt ihrem Kind schließlich verbannt wurde.[77] Die 23jährige Margaretha Brommer aus der Schweiz diente 1660 seit fünf Jahren in Württemberg. Ihre Schwester hatte in Stuttgart geheiratet. Sowohl sie als auch eine Müllerin boten der vermeintlich schwangeren Margaretha die »Wartung und Pfleg« des Kindes »beweglich« an.[78] In einem kleinen württembergischen Ort versprach die Schulmeistersfrau 1679 der unehelich schwangeren Pfarrersmagd mutig ihre Patenschaft, Milch und Mehl. Der Vater der 20jährigen Magd war ein verstorbener Soldat; der Kindsvater ein »Marketenderknecht names Joseph von dem Generalstab«, der Katharina dreimal beschlafen hatte. Ihrem Stiefvater und der Mutter schleuderte sie entgegen, was ihre Schwangerschaft sie anginge, »sie gäben ihr ja nichts«. Vielleicht malte Katharina sich aus, sie hätte den Knecht mit einem anständigen Heiratsgut gewinnen können. Der Stiefvater bot an, das

---

[76] E. H. Rehermann, *Das Predigtexempel bei protestantischen Theologen des 16. und 17. Jahrhunderts*, Göttingen 1977, S. 428.
[77] Siehe Kap. 3.
[78] UAT, 20.10.1660, 84/14, 433^{rv}.

Kind für sie aufzuziehen. Doch Katharina sperrte sich dagegen.[79] Der Stiefvater einer anderen Magd, Anna Gönninger, war 1679 sogar bereit, ihr aus seinem Vermögen Heiratsgut für die Hochzeit mit einem Soldaten zu geben, denn die Mutter verweigerte ihr jeden Kreuzer. Der Soldat wollte sein Eheversprechen halten. Er kämpfte um die Heiratserlaubnis und gegen das elterliche Mißtrauen. Er könne schreiben, was er wolle, hatten Annas Eltern dem Pfarrer zunächst gesagt, dem Soldaten sei es »nur um ein Stück Geld zu tun«. Anna zog zwei Frauen ins Vertrauen: »O wie werden meine Leute tun«, sorgte sie sich, »wann sie hören, daß ich schwanger sei?« Selbst als die Eltern alles ahnten und der Stiefvater sein Angebot machte, traute sie sich nicht, die Schwangerschaft einzugestehen.[80]

▸ Soldatenhuren ◂

All die im 17. Jahrhundert von Soldaten unehelich geschwängerten Frauen waren Leidtragende eines strukturellen Problems: Stehende Heere wurden geschaffen, Einquartierungen geduldet, aber Soldaten fast nie die Heirat erlaubt. Noch dazu konnten Soldaten natürlich nicht vor städtischen Gerichten verklagt werden, um beispielsweise Alimentationszahlungen zu erwirken. Württembergische Reskripte zeigen, daß die Obrigkeiten das Problem der falschen Eheversprechen der Soldaten deutlich sahen. Sie seien der »irrigen Meinung«, schimpfte ein Reskript »betreffend die Verehelichung der Militär=Personen« vom Mai 1691, »als wären sie Ausgewählte an keine Ordnung, wie andere Untertanen, mehr gebunden, sondern ihnen alles in Ehesachen nach Belieben, …, frei und zur Willkür stehe«.[81] Ein Reskript des Jahres 1700 kam ebenfalls auf die »täglich einkommenden häufigen« Gesuche der Bevölkerung zu sprechen, die Eheversprechen der Soldaten einklagten. Es sei hinlänglich bekannt, schrieb der Herzog, daß den Soldaten zu Fuß und zu Roß ebenso wie denen des Kontingents des Schwäbischen Kreises das Heiraten ohne die Erlaubnis des Offiziers verboten sei. Geschwängerte Frauen, die um die Heiratserlaubnis bäten, seien bislang »anderen zum Exempel« abgewiesen worden. Nichtsdestoweniger scheuten sich aber

---

[79] *HStASt, A 209, Bü. 1359 und A 309, Bü. 17, Katharina Heinrich.*
[80] *HStASt, A 209, Bü. 2010, 10.10.1679.*
[81] *Reyscher, Gesetze, Bd. 19, S. 296 f.*

»Lands=Untertanen Töchter« nicht, »dem schnurstracks zu wider, sich an die Soldaten zu hängen, in ehelichen Verspruch ein= und gar darüber schwängern zu lassen«. Weiterhin seien alle Gesuche abzulehnen und die »Soldaten militärisch, und die geilen Dirnen der Lands=Ordnung gemäß« zu strafen. Elterliche Zucht wurde gefordert: Untertanen sollten keine »Bulerei« zwischen ihren Töchtern und Mägden mit Soldaten zulassen, und all dies, »damit das Land mit unehelichen Kindern nicht ferner überhäuft werde«.[82]

Die von Soldaten häufiger als von anderen Männern angewendete Gewalt bei der Umwerbung von Frauen verdrängte man. Die Verantwortung für jegliche Beziehung zu Soldaten wurde primär der Frau, aber auch ihren Eltern oder Meistern zugeschrieben. Die geschwängerte Tochter oder Magd stigmatisierte man sofort als »geile Dirne«, die ihre Leichtfertigkeit selber zu büßen hatte. Dieses Begründungsschema entlastete städtische wie territoriale Obrigkeiten elegant von den Kosten ihrer eigenen Politik: Sie entgingen höheren Soldforderungen, die Soldaten ermöglicht hätten, für Familien aufzukommen, und sie entgingen gleichzeitig der Belastung öffentlicher Mittel durch uneheliche Kinder, die ihre Eheverhinderungspolitik produzierte.

▸ **Schande** ◂ So wurde die Angst vor der Schande der unehelichen Schwangerschaft und verdorbener Heirats-und Lebenschancen leicht übermächtig. 1693 berichtete man, eine Schweizer Magd in Böblingen habe nach der Unzucht mit einem Reiter ihr Kind in einem »Kübel ersaufen lassen«, und zwar aus »deren bei all dergleichen Metzen und KinderMörderinnen ganz gemeinen Ursach, um der Schand bei den Leuten abzukommen und dieses Kind los zu werden«.[83] Über die 1686 beklagte Schweizer Wirtsmagd Anna Schuhler urteilte man, sie habe »ihre Leichtfertigkeit verbergen« und nicht in »Schand kommen« wollen. Verdienten sie diese Schande? Anna zum Beispiel diente unterhalb der Festung Hohentwiel. Vor »Leichtfertigkeiten« mit den Soldaten und Durchziehenden hatte sie sich jedoch wohlweislich gehütet. Ein 1½ Stunden entfernt arbeitender schweizeri-

---

[82] Reyscher, Gesetze, Bd. 19, S. 573.
[83] HStASt, A 209, Bü. 943, 10.2.1693, Anna Barbara Sturzenacker.

scher Schmiedknecht erschien als verläßlichere Wahl. Doch daß er sie geschwängert hatte, wollte er nicht wahrhaben.[84]

Bei denjenigen, die noch zu Hause lebten oder im heimatlichen Umkreis arbeiteten, konnte familiärer Druck die Tötung des schändenden Bastards verlangen. Eine zum zweiten Mal geschwängerte Spinnerin tötete beispielsweise 1686 das Kind aufgrund der Drohungen ihres Vaters und ihrer Geschwister: »Wann sie wieder, wie vorher, ein Hurenkind hätte, wollten sie es so schlagen«, und sie selber solle ihnen nicht mehr unter die Augen kommen. Der Vater überlebte so eben und eben von seinem Vermögen, und das mütterliche Erbgut belief sich auf magere 33 Gulden.[85] Der Bruder einer Magd drohte ihr, »wie er sie traktieren wolle, wenn sie schwanger sei«, und dann: »Wann er eine Schand an ihr erlebe, wolle er davon laufen, und den Vater sitzen lassen.« Ein uneheliches Kind verschlechterte für einen redlichen Bürgerssohn in einem kleinen Ort die eigenen Heiratsaussichten sowie die Chancen, einen guten Schwager zu finden, mit dem sich das geerbte Gut erhalten und mehren ließ. Für die Eltern bedeuteten ein uneheliches Enkelkind und die Flucht des entehrten Bruders das Ende einer redlichen Existenz. Und in Familien, die etwas auf sich hielten und ihren Abstieg fürchteten, kam es deshalb immer wieder vor, daß getötet wurde, um ein uneheliches Kind nach außen zu verheimlichen.[86] Teilweise hatte es schon vorher Auseinandersetzungen über das unzüchtige Verhalten einer Tochter gegeben. Maria Sauer mußte sich zum Unwillen ihres Vaters beispielsweise ausgerechnet in einen irländischen Soldaten verlieben, der in Stuttgart einquartiert war und kaum ein Wort Deutsch (geschweige denn Schwäbisch) verstand. Ihr Vater willigte schließlich unter der Bedingung in die Heirat ein, daß sie lutherisch bleiben könne. Der Soldat gab beflügelt vor, schon mit dem Pfarrer gesprochen zu haben. Noch mahnte der Vater jedoch seine Tochter, seiner »müßig zu gehen«. Anstatt zu folgen, schlief sie einige Nächte woanders und mit dem Irländer. Bei der Heimkehr beschützte er sie vor den Schlägen des Vaters. Kurze Zeit später hörte der langsam sprachgewandtere Irländer jedoch, Maria sei

---

[84] *HStASt, A 209, Bü. 1975, 4.10.1687, Anna Schuhler.*
[85] *HStASt, A 209, Bü. 1023, 13.4.1686, Barbara Dollinger. Vgl. HStASt, A 209, Bü. 277.*
[86] *Das Kind war nur im Beisein der Mutter geboren und umgebracht worden, HStASt, A 209, Bü. 1479, 9.2.1681, Catharina Guldenmann.*

eine »leichtfertige Hure« und habe sich auch mit anderen »gemein« gemacht. Es stellte sich heraus, daß sie eine Unzuchtsstrafe abgesessen hatte und danach aus Scham ein dreiviertel Jahr weggezogen war. Nachdem der Irländer das erfahren hatte, wollte auch er die inzwischen Schwangere nicht mehr. Sie gebar das Kind heimlich. Der Vater war aufgebracht. Als man in den französischen Kriegen Calw niedergebrannt hatte, war der Sattler nach Stuttgart geflohen. Er hatte sein Leben wieder aufgebaut, machte selber nur Wachen und hatte seine drei Kinder gut untergebracht: Eine Tochter diente bei einem Oberratssekretär, die jungen Kinder dienten in der herzoglichen Küche, und von dem Essen, das sie brachten, versorgte seine Frau Kostgänger. Nur Maria brachte alles durcheinander und die Familie in Schande. Deshalb duldete der Vater, daß das Kind im Neckar versenkt wurde, als es Tage nach seinem Tod im Haus zu stinken begann.[87]

Am Ende eines noch krasseren Familiendramas wurden in Liebenzell 1676 eine Mutter samt ihren beiden Töchtern enthauptet. Die eine Tochter war ebenfalls von einem »keinnützigen« Soldaten geschwängert worden und schämte sich maßlos. Auch in diesem Fall versuchte man, die Geburt heimlich zu halten. Die Schwester taufte den neugeborenen Jungen auf den Namen des verstorbenen Familienvaters. Doch dann hatte »ihr Mutter so ein Schand«, daß sie das Kind nach einer Woche in der Wohnstube erwürgten; der Bruder vergrub es.[88] Mit dem Tod des Vaters steigerte sich die Notwendigkeit einer sicheren Heirat. Es war jedoch ein Zeichen der Zeit, daß nicht nur Unzucht mit einem Soldaten, sondern schon der frühe Beischlaf in manchen Familien als so entehrend gefürchtet wurde, daß nur Mord eine Heirat zu retten schien. Und so folgte die Pathogenese der bürgerlichen Moral der Verteuflung der »Fleischesverbrechen« im 17. Jahrhundert auf dem Fuß. 1673 ertränkte beispielsweise eine Witwe ihr Enkelkind an dem Tag, als die Schwiegermutter erstmalig zu Besuch kam. Alles hatte so gut begonnen. Die Tochter hatte bei einem Amtmann gedient, der Bräutigam bei einem Junker. Doch sie hatten sich beigeschlafen. Die Mutter befürchtete, die Schande dieser Leichtfertigkeit werde auf ihre Tochter zurückfallen. Sie verheimlichten also die Schwangerschaft, die Mutter entriß der Tochter das Neu-

---

[87] HStASt, A 210, Abt. II, Bü. 125, 24.4.1699.
[88] HStASt, A 209, Bü. 1511, Barbara Weiland, 1676.

geborene und ertränkte es. Die Tochter konnte sich von der Kinderleiche nicht trennen. Auch im neuen Haus nach der Hochzeit behielt sie sie in einer Schachtel bei sich.[89]

Solche Fälle sowie vorangegangene, die von der Schande eines Soldatenkindes oder elterlichen Sanktionen gegen Mesalliancen und Bastarde berichten, verdeutlichen, daß beileibe nicht nur arme Mägde und Spinnerinnen ungewollte Kinder töteten. Voreheliche Unzucht war beispielsweise ebenfalls gravierender, wenn anstatt des Kindsvaters ein anderer Mann geheiratet und die Frau zu früh nach der Hochzeit schwanger wurde: Die von einem Cornet geschwängerte Katharina Ruotweiß befürchtete ihr »Mann haue ihr so den Kopf ab«, weil er sich schon dachte, das Kind sei nicht seines. Wohl »100 Mal« hatte sie mit der Mutter überlegt, wie sie das Kind abtreiben oder umbringen könne.[90] Auch die Situation verlassener Ehefrauen, die von einem anderen Mann schwanger wurden, war nicht leicht. Margaretha Schmollinger war von ihrem Mann vor fünf Jahren verlassen und seitdem schon einmal wegen »Ehebruch« öffentlich bestraft worden. Sie war deshalb so »in der Schande gewesen«, daß sie nun »zur Verhütung größeren Spotts« ihre Schwangerschaft leugnete. Sie wußte, andernfalls werde es »übel mit ihr angehen«.[91]

▸ Armut und Bettelei ◂

Frauen, die nicht Schande, sondern Armut als direktes Motiv angaben, gehörten dagegen klar zu der Gruppe jener, die auf sich selbst gestellt waren und kein Erbe oder Heiratsgut zu erwarten hatten. »Ihre Leute (Eltern) seien arm, und wo sie mit dem Kind hinkomme, sei sie unrecht«, faßte beispielsweise 1697 eine von einem Reiter geschwängerte Magd ihre Situation zusammen. Ihr Vater war früh verstorben, und die Mutter hatte einen Müller geheiratet.[92] Die Wirtsmagd Anna Weilandt war 1624 von einem unbekannten Schacherer schwanger und versuchte abzutreiben. Denn auf

---

[89] *HStASt, A 209, Bü. 1690, Anna Hamberger, 1673; vgl. auch HStASt, A 209, Bü. 701, 12.4.1698, Magdalena Kopp.*

[90] *HStASt, A 209, Bü. 1564, 24.3.1690.*

[91] *HStASt, A 209, Bü. 1923, Margaretha Schmollinger, 30.8.1667.*

[92] *HStASt, A 209, Bü. 2011, 2.8.1697, Anna Holder.*

die Frage, »wo sie jetzt mit dem Kind bei jetziger schwerer Teuerung (da weder er noch sie Armut halben Hilf tun möchten) hin sollte«, wußte Anna keine Antwort.[93] Ebenso klar beschrieb eine in Tübingen arbeitende Frau 1657, sie habe ihr Kind in Lumpen gewickelt und in die Ammer geworfen, weil »sie als ein blutarmes Mensch die erfordernde Taufsuppen nicht bezahlen, viel weniger das Kind lange Zeit alimentieren oder ernähren könnte«.[94] Natürlich war es nicht unmöglich, mit einem unehelichen Kind vagierend zu überleben. Es verwundert aber ebensowenig, wenn Frauen sich außerstande sahen, einem solchen Leben entgegenzusehen. Kindsmord konnte auch eine Art stilles Aufbegehren gegen die ungerecht erscheinende Verschlechterung eines sowieso schon harten Lebens sein. Dies legen Geschichten, wie die der Sattlerstochter Angelika Tilhausen nahe. 1677 verschlug es sie aus dem katholischen Westfalen nach Kirchheim am Neckar. Seit neun Jahren hatte die 20jährige nichts mehr von ihrer Familie gehört. Während dieser Zeit, also seit sie elf Jahre alt war, hatte sie als Spinnerin und Wirkerin ihr eigenes Brot verdient. Sonst hatte sie nichts »im Vermögen«. Am Abend der Geburt spann sie bis um Mitternacht in der Spinnstube. Dann ging sie in ein Feld und gebar. Angelika wickelte das Kind eng in einen Rock, damit es nicht schrie, schaute es an und drückte ihm die Kehle ab. Sie legte es unter eine Hecke vor dem Dorf in den Schnee.[95]

Auch Barbara Seyfried behauptete 1679: Sie habe »ganz keine Nahrungsmittel«, mit denen sie das Kind hätte durchbringen können; der Kindsvater habe ihr geheißen »hinzuziehen«. Die Richter dagegen waren sich einig, sie hätte durch ihre »Handarbeit« mit dem Kind sehr wohl überleben können.[96] Doch war dies möglich? Wie sollte sich beispielsweise die jung verwitwete Lohnwäscherin Ursula Steiner durchschlagen? Der Kindsvater, ein Knecht, hatte gesagt, auch wenn sie ihm das Kind vor die Tür setze, werde er davonziehen. Selbst im Winter wusch sie draußen am Bach. Ihr Soll mußte sie mit oder ohne Kind erfüllen.[97] Deshalb sahen solche Frauen mit einem

---

[93] *HStASt, A 209, Bü. 854, 5.4.1624.*
[94] *HStASt, A 209, Bü. 1918, Martinodin.*
[95] *HStASt, A 209, Bü. 1355, 22.10.1677.*
[96] *HStASt, A 209, Bü. 1153.*
[97] *HStASt, A 209, Bü. 261, 1625.*

Kleinkind nur die Bettelei als Perspektive.[98] Durch die Verbannungspolitik blieb ledigen Müttern zunächst sowieso keine andere Wahl. Die Meisterin der Elsbetha Eggenmännin sah dies auch voraus und ermutigte sie: »Gib dahero wohl Achtung auf dich, daß du dein Frucht recht zur Welt bringest, auf den Arm nehmest und dein Stück Brot suchest, denn Gott wird dich nicht verlassen.«[99] Doch Gottvertrauen ließ sich angesichts alltäglicher Widrigkeiten schwer behalten. Anna Franz machte sich beispielsweise mit ihrem unehelichen Kind 1690 bettelnd auf den Weg. Ein mit ihrem Meister verwandter Dragoner hatte ihr beigeschlafen. Inzwischen war er vor Mainz umgekommen. Es gab keine Alimentation. Sie war nicht länger Magd, sondern Vagantin. In zwei Orten sagte sie, es wäre kein Wunder, wenn sie sich und das Kind töte. »Gutherzige Leute« beherbergten sie für immerhin zwei Nächte, dann wurden Soldaten einquartiert. Diese duldeten kein schreiendes Kind im Haus. Man quartierte Anna in die Scheune aus. Das Kind schrie und schrie. Sie schlug es zweimal. Nacht brach herein. Anna fragte im Haus nach Licht. Sie bekam es nicht. Im dunklen Schuppen lag das Kind nun stumm im Stroh. Bald fühlte sie, daß es starr und tot war. Anna hatte es getreten, damit es stürbe »und sie des Leidens abkäme«.[100]

UMKÄMPFTE STRAFEN Die völlige Verdrängung der Existenz des Kindes war ungefähr ebenso selten wie die Sorge um die Seele des Kindes durch ein Begräbnis.[101] In ihrer Mehrzahl waren die kaum

---

[98] *Barbara Schönmann beteuerte vor dem Haller Gericht, sie hätte das Kind gerne gehabt und auch erhalten, wenn sie ihr Leben lang mit ihm hätte betteln gehen müssen, StAH, 4/479, 182ʳ–197ʳ, Sonntag nach Trinitatis 1554. Auch die Kindsmörderin Cordula schwor wenige Jahre später, sie wolle, daß ihr Kind noch lebe und »mit ihm samblen geen«, StAH, 4/479, 254ʳ–257ʳ, Mittwoch nach Phillipi 1559. Sie hätte »lieber das Brot auf den Knien betteln mögen«, als dem Kind etwas zuleide tun, sagte Magdalena Kopp 1698, HStASt, A 209, Bü. 701, 12.4.1698. Eine schweizerische Magd redete der sich schwanger wähnenden Maria Fröhlich in Stuttgart zu, wenn das Kind lebend zur Welt käme, »würden sie eben miteinander ins Schweitzerland gehen und betteln«, HStASt, A 210, Abt. II, Bü. 128, 5.2.1700.*

[99] *StAKN, K 64, 18.5.1688.*

[100] *HStASt, A 209, Bü. 2068, 2.1.1690. Vgl. auch StAMM, A 44 d, 6.6.1572, Anna Schweitzer.*

[101] *Der Schulmeister in Lößgau hatte sein uneheliches Kind mit der Pfarrersfrau erwürgt, in einen Hafen geschoben, auf den Kirchhof getragen und unter dem »Gruffthuslin« vergraben,*

vermögenden, überdurchschnittlich oft verwaisten und von ihrer Familie getrennten Mägde weder kaltblütig noch in ihrem Herzen gebrochen, sondern entschlossen, durch ein ungewolltes Kind nicht jedwede Würde, Heiratschancen und minimale Existenzsicherheit zu verlieren. Der Umwelt der Kindsmörderinnen waren die sozialen Hintergründe der Tat oft einsichtig. Obwohl die Ermordung eines lebendigen Kindes allgemein verabscheut wurde, bestand hinsichtlich der Frage, ob seine Rächung die Hinrichtung der jungen Frauen erforderte, kein gesellschaftlicher Konsens.

Es ist zumindest möglich, daß sich aufgrund dieser unterschiedlichen Einstellungen zur Todesstrafe für das 17. Jahrhundert zwei gegenläufige Entwicklungen herausbildeten: zum einen die Intensivierung der Kindsmordverfolgung im Zuge der verschärften Strafpolitik gegen Unzucht während der zweiten Hälfte des 17. Jahrhunderts, zum anderen aber das fast vollständige Versiegen der Verfolgung in anderen Städten während des gleichen Zeitraums. Die erste Entwicklung ist bei den hier untersuchten Gebieten in Württemberg und Hall, die zweite in Memmingen, Esslingen und Konstanz erkennbar. Während in Württemberg im 17. Jahrhundert mindestens 191 Prozesse wegen Kindsmord und Kindsmordverdacht eingeleitet[102] und in Hall insgesamt 15 Kindsmordfälle bestraft wurden, sind für Memmingen allein vier, in Esslingen zwei und in Konstanz sieben Fälle überliefert. In sechs der Konstanzer Fälle wurden zwischen 1600–1644 Todesstrafen ausgesprochen, ebenso sind in Memmingen die letzten beiden Todesstrafen für Kindsmörderinnen 1630 und 1632 verzeichnet. In Esslingen wurde 1676 eine Kindsmörderin zum Tod verurteilt und dies, wie gleich zu sehen sein wird, gegen die massiven Bedenken des Bürgermeisters. Diese Ergebnisse zeigen, daß die Kriminalisierung des Kindsmords und der Anstieg der Hinrichtungsrate im 17. Jahr-

---

HStASt, Bü. 361, 1598, Anna Krössler. Eine Memmingerin hatte das Kind dem Totengräber bringen wollen, StAMM, A 44 c, Katharina Bittingerin, genannt Jung Vogelin, c. 1551–64; Barbara Schönmann hatte 1554 ihr »Kindlin Im Gertlin begraben« und Gras darüber gestreut, StAH, 4/479, 182ʳ–197ʳ; Catharina Rien machte ihrem »Kindlein« in einem Reisighaufen ein »Gräblein«, HStASt, A 309, Bü. 90 b, 9.2.1574. Vgl. auch HStASt, A 309, Bü. 172, 1615; A 209, Bü. 317, 1648, Barbara Bürckler; StAMM, A 139/5, 5.4.1621, Anna Schneider.
[102] Diese Zahl hat die von Prof. Gestrich geleitete Stuttgarter Gruppe zur Erforschung des württembergischen Kindsmordes 1994 vorgelegt.

hundert keine lineare und umfassende Entwicklung war. Eine Möglichkeit, diese rätselhaften Unterschiede zu erklären, wäre anzunehmen, daß die Ausweisungspolitik illegitim schwangerer Frauen während der zweiten Jahrhunderthälfte in den kaum bestrafenden Städten so effektiv war, daß Kindsmord selten vorkam. Andere Variablen sind, daß dem Delikt wenig Aufmerksamkeit geschenkt und damit kaum Druck auf die Bevölkerung ausgeübt wurde, Verdachtspersonen anzuzeigen, oder eben Vorbehalte gegen die Todesstrafe für Kindsmörderinnen bestanden.

Die diesbezügliche Ambivalenz der Richter ist selbst in dem verfolgungsstarken Hall erkennbar. Hier bestrafte man während des 17. Jahrhunderts sieben Kindsmörderinnen mit dem Tod. Fünf von ihnen wurden zwischen 1671 und 1690 enthauptet, also in den Jahren der verstärkten Sittenzucht. In sieben weiteren Fällen wurden jedoch Begnadigungen ausgesprochen, selbst wenn ein lebendiges Kind getötet worden war. Dies war in Württemberg nahezu undenkbar.[103] 1676 war das Todesurteil über eine Magd aus Altdorf bei Hall schon verlesen worden, als so starke Fürbitten für sie einkamen, daß das Gericht sie zum Landesverweis begnadigte.[104] Ein Jahr später setzten sich acht Gemeinden im Haller Umland dafür ein, daß die mitschuldige Mutter einer enthaupteten Kindsmörderin nur ein Jahr in ihr Haus verbannt wurde. Zehn Gemeinden baten um Gnade statt Recht für die Kinds-

---

[103] *Zwischen 1650 und 1700 wurde nur in fünf Fällen nicht mit dem Tod bestraft, weil das Kind glaubhaft zu früh oder durch das Hinzukommen anderer trotz der verheimlichten Schwangerschaft doch noch lebendig geboren worden war. In vier weiteren Fällen schien es relativ gesichert zu sein, daß das Kind unvorhergesehen tot geboren worden war. In einem besonders interessanten Fall konnte sich 1694 die Bietigheimer Hebamme gegen den Arzt durchsetzen. Eine Witwe war wegen des Verdachts der Schwangerschaft verhaftet worden, und als die Stadtknechtsfrau zusammen mit der Hebamme nach ihr schauten, war das Kind tot geboren. Obwohl der Arzt meinte, sie habe es ermordet, sagte die Hebamme, es sei »im Mutterleib abgestanden« und deshalb tot geboren. Deshalb wurde die Witwe verbannt, obwohl sie als unzüchtig und diebisch bekannt war, HStASt, A 209, Bü. 400, Anna Löckerlin. Doch dies war ein Einzelfall. Die anderen Frauen, deren Kind »zeitig« und tot gewesen war, wurden nur mit der Enthauptung verschont, weil sie zu Hause lebten, in zwei Fällen erst 20 Jahre alt waren, eine Frau epilepsiekrank war, Fürbitten einkamen oder ihre Aussagen glaubhafter wirkten. Die Masse der Mägde und Näherinnen hatte keine Chance auf eine Begnadigung.*

[104] *StAH 4/79, Fraisch-und Malefizrepertorium, Margaretha Weiß.*

mörderin und den Kindsvater.[105] 1680 mobilisierten wieder die Altdorfer: Die Waise Maria Laidig hatte sich mit einem Kleinaltdorfer Burschen eingelassen. Die Liaison endete in seiner Flucht und ihrer Inhaftierung als Kindsmörderin. Eigentlich sollte sie enthauptet werden. Doch dann überreichte man dem Rat eine »von ihren Brüdern, Schwägern, Freunden und dreier Gemeinden, so Wolpertshausen, Altdorf und Sulzdorf lang und schön abgefaßte Fürbitt«. Weil sie immer einen guten Ruf gehabt habe und Besserung verspräche, solle man die obrigkeitliche Milde der Schärfe vorziehen. Auch der Großaltdorfer Pfarrer schloß sich der Bitte wegen ihres »jederzeit wohl und christlich geführten Wandels« an. Als der Kindsvater gefaßt wurde, taten sich gleich drei Pfarrer aus dem Umland zu einer Fürbitte zusammen.[106] Weniger günstig stand es 1680 um eine Michelfelder Magd, die nachweislich Abtreibungsmittel genommen und dem Baby sieben Wunden zugefügt hatte. Aufgrund dieser Grausamkeit votierte der Haller Ratsbeauftragte Schragmüller (gegen die Einwände des Kollegen Closter) dafür, sie vor der Enthauptung mit glühenden Zangen zu zwicken. Ihr Vater war Hirt in zwei Michelfelder Gemeinden und ließ durch den Anwalt fragen, man werde seine Tochter doch nicht etwa »nach strengen Rechten richten lassen«? Die kühle Antwort lautete, sie habe ihr Leben verwirkt, und im übrigen werde man soviel tun, »als verantwortet werden könne«. Verschärfend wurde beschlossen, ihren Kopf auf einen Pfahl zu stecken. Am Tag der Hinrichtung drängten sich Fürbitter vor dem Haller Rathaus. Der Anwalt verlas die schriftlichen Fürbitten der Eltern, Geschwister, dreier Gemeinden sowie die des Michelfelder Pfarrers. Der Entscheid lautete, sie nicht zu zwicken, den Kopf aber aufzustecken, jedoch ohne es ihr vorher zu sagen.[107]

Diese Beispiele zeugen also einmal mehr davon, daß das Mitleid für verbürgerte Beklagte deutlich höher lag. Man war daran gewöhnt, daß sozial *andere* dem Henker unter die Hand kamen. Die Enthauptung für den Kindsmord bedrohte als einzige Strafe auch Frauen, die man nur als sozial *Normale* kannte. Und so erstaunt es vielleicht gar nicht so sehr, daß die Legitimität der Todesstrafe in bezug auf diese

---

[105] StAH, B4/284, RP 1677, 367^r und 394^r.
[106] StAH, B4/287, RP 1680, 421^r, 423^v, 546^r.
[107] Ebd. 529^v–530^r.

Personen – ebenso wie beim Totschlag der Männer – von vielen bezweifelt und sogar angefochten wurde.

In Esslingen finden wir 1676 mit dem Fall Margaretha Münzingers überdies ein Beispiel dafür, wie explosiv selbst die Stimmung um die Hinrichtung einer nicht von Angehörigen unterstützen Kindsmörderin sein konnte. Margaretha hatte zudem mit einem Soldaten Ehebruch verübt. Das Kind fand man tot.[108] Margaretha sollte enthauptet werden. Am Tag ihrer Hinrichtung fand der Henker jedoch »verdächtige Sachen« auf der Gefängnistreppe. Diese verursachten ihm »großes Nachdenken und Schrecken«. Es stellte sich heraus, daß mehrere Soldaten Margaretha befreien oder sie sogar eher selbst erschießen wollten, anstatt sie durch des Henkers Hand sterben zu lassen.[109] Man verschob die Exekution. Der zuständige General berichtete nicht nur von dem Plan der Soldaten, sondern auch von einem lothringischen Kanzlisten, der ins Lager gekommen war und vorbrachte, sein Fürst wolle nicht, daß die Kindsmörderin gestraft werde, »sondern ihro das Leben geschenket: und eine andere Straf mit ihro vorgenommen werden möchte«.[110] Es vergingen knapp drei Monate, bis der geschlossene Rat zur endgültigen Urteilsfällung zusammenkam. Der Bürgermeister erklärte (»weitläufig«, notierte der Ratsschreiber), es sei ihm in seinem diesjährigen Amt nichts Beschwerlicheres begegnet, als diese Hinrichtung zu vollziehen. Er wünsche die Begnadigung, auch weil jetzt von einer Person sicher ausgesagt worden sei, daß der Herzog von Lothringen »ihr das Leben zu schenken begehret habe und dahero ein Ehrsamer Rath durch diese Execution etwan (vielleicht) eine Ungnad auf sich laden, und eine ganze Stadt dessen zu entgelten haben (müßte)«. Weitere Argumente folgten. Viele Kapitalsünden begäben sich, wie zum Beispiel schreckliches Gotteslästern, ohne daß die Todesstrafe ausgesprochen werde.[111] Außerdem habe die Inhaftierte in den vergangenen Wochen »die Todesangst, welche bitterer,

---

[108] *LAL, B 169, Bü. 119, Bd. II, 183ʳ–184ᵛ, 6.6.1676.*
[109] *StAE, RP 1676/7, 191ᵛ, 7.4.1676.*
[110] *Der General bezweifelte jedoch den Wahrheitsgehalt dieser Meldung, »weilen man wiße, daz Ihr Durchl. sehr eyfrig ob der Justiz halte«, ebd., 202ʳ.*
[111] *In der Tat schrieb die Carolina für Blasphemie Strafen an »leib, leben oder glidern« vor, trotzdem wurde die Todesstrafe aber fast nie verhängt, Radbruch (Hg.), Die Peinliche Gerichtsordnung, Art. 106, S. 77.*

als der Tod selbsten, ausgestanden«. Ihre lange, harte Gefängnisstrafe sei zu berücksichtigen. Schließlich solle man sich den jüngsten Fall einer württembergischen Kindsmörderin vor Augen halten. Vor ihrer Hinrichtung habe ein »Kavalier« aus Phillipsburg angekündigt, falls man sie enthaupte, wolle er dem ganzen Herzogtum »Ungelegenheiten« machen. Und so habe man sie zur Auspeitschung und Verbannung begnadigt. Hieran könne man sich in Esslingen ein Beispiel nehmen. Der Rat tat dies nicht: Er beschloß mehrheitlich, die Enthauptung zu vollziehen.[112] Derartig polarisierte Meinungen gab es immer wieder, ebenso Fürbitten. Ob Hinrichtungen bei der Menge mehr Abscheu über die Tat der Kindsmörderinnen oder über ihre Richter auslösten, wurde jedoch so zu einer offenen Frage.

TRADITION UND DISSENZ Für- und Gnadenbitten gemeiner Leute bilden deshalb die Wurzeln einer Tradition der Kritik an der Todesstrafe, die im späten 18. Jahrhundert mit der Aufklärung langsam Grund gewann. Die Strafpolitik der frühen Neuzeit wurde nicht passiv hingenommen. Ihre Durchsetzung durchzeichnen Kämpfe. Dies gilt anscheinend aber mehr für die Reichsstädte und natürlich vor allem in bezug auf Täter, mit deren Schicksal man sich zu identifizieren vermochte, weil ihr Ruf sie als sozial normal auszeichnete, ihre Geschichte und Familie bekannt waren. In Württemberg, dem verfolgungsintensivsten Gebiet, ist vermutlich nicht nur deshalb kaum etwas von Gnadenbitten für Kindsmörderinnen zu hören, weil die »offizielle und bäuerliche« Moral in bezug auf die Bestrafung des Kindsmords zusammenliefen.[113] Von Bauern hören wir in den Fällen recht wenig. Die meisten Fälle deckte man in den Amtsstädten auf. Dort wurden auch die Urteile ausgeführt. Hinsichtlich der Todesstrafen schien die Bevölkerung auch in bezug auf ansässige Verurteilte gelernt zu haben, daß in das ferne Stuttgart gesandte Gnadengesuche nichts auszurichten vermochten. Die räumliche Distanz zwischen den Urteilenden und dem Ort des Urteilsvollzugs war bedeutsam: Kein Tübinger Jurist oder Stuttgarter Oberrat sah je die Angehörigen

---

[112] StAE, RP 1676/7, 232^r–33^v.
[113] C. Zimmermann, »Behörigs Orthen angezeigt«. Kindsmörderinnen in der ländlichen Gesellschaft Württembergs, 1581–1792, MGG, 10/1991, S. 69.

einer Enthaupteten vor sich oder den Unmut ganzer Gemeinden. In den Warnungen, die württembergische Frauen an jene richteten, die ihre Schwangerschaft verheimlichten, erschien die Enthauptung für den Kindsmord als etwas Unausweichliches, ein sicheres Geschehen.

Die härteren Gesetze gegen »Fleischesverbrechen« verstärkten im 17. Jahrhundert nicht nur die Zukunftsängste unehelich schwangerer Frauen, sondern auch ein Gefühl der Schande. Sie fühlten sich beschmutzt, zur »Hur gemacht«, verlassen. Die Tochter eines Esslinger Weingärtners gestand 1657, sie habe bis zuletzt gehofft, der Kindsvater, der ihr die Ehe versprochen habe, werde kommen, sie ehelichen und zur Kirche führen, »also sie wieder sauber machen«.[114] Allein die Ehe konnte Frauen, die den familiären Haushalt verlassen hatten, um sich ihr Heiratsgut zu verdienen, wieder in die Reinheit überführen, unter die klare Kontrolle eines Mannes. So lautete zumindest das Ideal.

---

[114] UAT, 84/11, 309rv, 16.5.1657, *Anna Maria Erstlerin*.

7. Warten auf Gottes Hilfe: Ehekonflikte

Grimmelshausens Courasche war bei Ehestreitigkeiten schlagfertig. Einem Ehemann entgegnete sie, nachdem er sie gezüchtigt hatte:

»Mein Liebster! (und damit gab ich ihm gar einen herzlichen Kuß /) ich hätte vermeint gehabt / die jenige Schlacht so wir einander vor diesmal zu liefern / sei allbereits gehalten; so hab ich auch niemalen in Sinn genommen / eure Hosen zu praetendirn; sondern / gleich wie ich wohl weiß / daß das Weib nicht aus des Mannes Haupt / aber wohl aus seiner Seiten genommen worden / also habe ich gehofft meinem Herzliebsten werde solches auch bekannt sein / und *er werde derowegen sich meines Herkommens erinnern / und mich nicht / als wann ich von seinen Fußsohlen genommen worden wäre / vor sein Fuß=Tuch / sondern vor sein Ehe=Gemahl halten* / vornehmlich; wann ich mich auch nicht unterstünde ihme auf den Kopf zu sitzen / sondern mich an seiner Seiten behülfe / mit demütiger Bitte / er wolle diese Abenteuerliche Fechtschul einstellen; Ha ha! sagte er / das sein die rechte Weiber=Griffe / die Herrschaft an sich zu reissen ehe mans gewahr wird;«[1]

In umgangssprachlicher Kürze machte 1597 die Frau des Konstanzers Daniel Labhart ihm denselben Vorwurf: »Er halte sie nicht wie ein Weib sondern nur wie Füßhader (=Fußlumpen).«[2] Umgekehrt schrieb ein unter der Herrschaft seiner Frau leidender Seidensticker 1627 dem Memminger Rat: »Wenn das Weib will Meister und Herr sein, der Mann aber ihr Knecht und Fußhader (sein soll), von ihr verachtet, verläumdet, und verfolgt, ... wie kann es Gott gefallen?«[3] Solche Quellen zeigen, daß in frühneuzeitlichen Ehen nicht nur »geordnete Gleichheit«[4] erlebt wurde, sondern eine schwierige Spannung zwischen Partnerschaft und Patriarchat. Diese war im Konzept der Ehe angelegt: An der letztendlichen Vorherrschaft des

---

[1] *Die Courasche versinnbildlichte als literarische Figur ein lüsternes, geld- und machtgieriges Mannweib zur Zeit des Dreißigjährigen Krieges. Zitiert aus W. Bender (Hg.), Grimmelshausen. Lebensbeschreibungen der Ertzbetrügerin und Landstörtzerin Courasche, Tübingen 1967, S. 41f., meine Hervorhebung.*
[2] *Fußhader siehe Fischer, Schwäbisches Wörterbuch, Bd. II, Tübingen 1908, col. 1897; StAKN, HIX, F. 41, 10.6.1597.*
[3] *StAMM, A 144/1, Hans Friedrich Raidel, 9.1.1627, meine Hervorhebung.*
[4] *S. Ozment, When Fathers Ruled: Family Life in Reformation Europe, Cambridge Mass. 1983, S. 99.*

Mannes wurde nie gezweifelt, aber sowohl in einem Teil der kanonischen wie humanistischen Ehelehren ebensowenig daran, daß die Frau eine zu achtende Gefährtin war. Die Vorstellung der ehelichen »Gefährtenschaft« bestimmte ohnehin schon lange das »einige Hausen« von Bauern und Handwerkern. Seit dem 11. Jahrhundert hatten sich Großhaushalte zunehmend aufgelöst und die »Familiarisierung von Arbeit und Leben« eingesetzt. Eine Haushaltsgründung fiel in aller Regel mit der Eheschließung zusammen, denn bäuerliches und handwerkliches Wirtschaften oblagen im Kern dem Ehepaar als Arbeitspaar. »Partnerschaft« im Sinne von gemeinsamer Arbeit, Fürsorge und Respekt bewährte sich im täglichen Tun; vom Hausfrieden hing das Auskommen ab.[5] Die Reformation akzentuierte diese Entwicklung und verstärkte die Bedeutung der Ehe als »zentrale gesellschaftliche Ordnung«.[6] Dafür sorgten die Einführung der Priesterehe und die Auflösung der Konvente, das Prostitutionsverbot, die Ahndung heimlicher Eheversprechen und die Aufwertung der kirchlichen Hochzeit. Im Zuge der Gegenreformation veranlaßten auch katholische Obrigkeiten bis zum Ende des 16. Jahrhunderts die Schließung der städtischen Bordelle und verstärkten ihre Aufsicht über Eheschließungen. Nicht Leidenschaft – darin waren Katholiken und Reformierte, Gelehrte und Ungelehrte sich einig –, sondern eine gewachsene Liebe und Freundschaft sollten Eheleute aneinander binden. Nur dies gab ihnen die Kraft, die Härten und Wechselfälle des Lebens gemeinsam zu meistern. Ehelehren, die Hausväterliteratur, Gesetze und Predigten betonten darüber hinaus nachdrücklich die Pflicht der Hauseltern, Kinder und Gesinde im Haus christlich zu erziehen und ihnen Beispiel zu sein. Das Haus galt so insgesamt als Stand und Fundament der politischen Ordnung. Was in ihm geschah, hatte folglich nicht ausschließlich privaten Charakter, sondern lag weitgehend im öffentlichen Interesse.

---

[5] *R. Beck, Frauen in der Krise. Eheleben und Ehescheidung in der ländlichen Gesellschaft Bayerns während des Ancien régime*, in R. v. Dülmen (Hg.), Dynamik der Tradition, Frankfurt am Main 1992, S. 137–212; H. Wunder, »Er ist die Sonn', sie ist der Mond«. Frauen in der Frühen Neuzeit, München 1992, Kap.3.

[6] H. Wunder, »Er ist die Sonn'«, S. 88; J. F. Harrington, *Reordering Marriage and Society in Reformation Germany*, Cambridge 1995, S. 14.

Hinsichtlich des Hausregiments verstand es sich wie von selbst, daß der Mann das Haupt des Hauses war, ihm aber nicht gewaltsam vorstehen sollte. Dies entsprach dem politischen Verständnis vom »guten Regiment«, das für Frieden und Wohlstand sorgte, weil der Herrscher weise, streng aber gerecht die Zügel in der Hand hielt und »Liebe die Tugend der Herrschaft war«.[7] Hauptproblem blieb hier wie in der politischen Theorie der Umgang mit dem »schlechten Regiment« und der Tyrannei. Diese Situation war gegeben, wenn der Mann durch sexuelle Untreue eine Art Verrat übte, durch Gewalt die physische Existenz der Hausgenossen bedrohte, nicht mehr für Nahrung, Schutz und Frieden sorgte, sondern gemeinsame Ressourcen zum eigenen Genuß verpraßte. War eine solche Herrschaft noch legitim zu nennen? Da das Haus zum »Kristallisationskern der Sozialverfassung« geworden war, läßt sich zeigen, daß Lutheraner diese Frage ähnlich wie die nach dem politischen Widerstandsrecht gegen Herrscher beantworteten.[8] Die Reformation führte zwar (zusätzlich zur katholischen Praxis der Trennung von Tisch und Bett bei starker Gewalt, Ehebruch, Desertion, Häresie, Aussatz oder der Annullierung einer Ehe bei Impotenz und Sterilität) die teilweise eine Wiederverheiratung der unschuldigen Partei ermöglichende Scheidung von Eheleuten ein. Eine bloße Trennung, so argumentierten Reformatoren einleuchtend, bestrafe (abgesehen von der Alimentation für die unschuldige Partei) beide Partner gleich. Trotzdem hielten lutherische gleich den katholischen Ehegerichten in der Praxis daran fest, daß nur in Extremfällen getrennt werden sollte, was Gott zusammengefügt hatte. Scheidungsklagen gingen bei den Ehegerichten ohnehin selten ein (diese waren im wesentlichen »Vor-Ehegerichte«, in denen über die Einhaltung von Eheversprechen verhandelt wurde). Die Erwerbs- und Familiensituation gewöhnlicher Menschen ließ nur zutiefst unglückliche Ehepartner an eine Scheidung denken – überdies war der Ehegerichtsprozeß kostenaufwendig. Schließlich sind die sel-

---

[7] *Dies beschreibt Rainer Beck ebenfalls für den katholischen Bereich als theologische Position in bezug auf die Ehe, siehe ders., Frauen in Krise.*
[8] *Zitat und zum Widerstandsrecht im folgenden siehe C. Link, Herrschaftsordnung und bürgerliche Freiheit. Grenzen der Staatsgewalt in der älteren deutschen Staatslehre, Wien 1979, S. 28, 194, 226; E. Wolgast, Die Religionsfrage als Problem des Widerstandsrechts im 16. Jahrhundert, Heidelberg 1980, bes. S. 15–18.*

tenen Scheidungsklagen aber auch als Reaktion auf die strenge Rechtsprechung zu bewerten. Als akzeptable Scheidungsgründe galten etwa in Württemberg und im protestantischen Konstanz (d. h. bis 1548) nur das langjährige böswillige Verlassen durch den Ehepartner und der Ehebruch. Bei der Impotenz des Mannes wurde die Ehe für nichtig erklärt. In Württemberg wurde 1687 in der dritten Eheordnung dann doch die Quasidesertion als Scheidungsgrund aufgenommen, das Verfahren aber so hürdenreich gestaltet, daß wahrscheinlich nur wenig Eheleute aus diesem Grund geschieden wurden.[9] Egal wie unerträglich das Eheleben sonst war: Gehorsam und Treue blieben christliche Leidenspflicht. Treu war man nicht mehr gegenüber einem tyrannischen Herrscher (Ehemann), sondern gegenüber Gott, der diese Ordnung geschaffen hatte und zur rechten Zeit gerecht strafte. Obwohl Reformatoren die Ehe zum »weltlichen Ding« erklärt hatten und die gerichtliche Aufsicht über »Ehesachen« gänzlich der weltlichen Obrigkeit überließen, blieb die Ehe also als ein vor Gott geschlossener ewiger Bund unantastbar. Aus der Sicht gewöhnlicher Leute wirkten sich Konfessionsunterschiede im Bereich der Ehepolitik nur gering aus.[10] Scheidungsklagen und Trennungsgesuche von Frauen, die der tiefe Unfrieden zwischen Partnern motivierte, bedeuteten für jede Obrigkeit eine unzulässige Infragestellung der gesellschaftlichen Ordnung, der Geschlechterhierarchie und der göttlichen Vorsehung. Weil dieser Unfrieden an der politischen Konzeption von Ehe und Haushalt als Fundament der guten Ordnung nagte, wurden Frauen und Männer bestraft, wenn sie sich nicht mehr ehelich beiwohnten oder »einig hausten«. Für das Gros trennungswilliger Eheleute blieb deshalb bis in das neunzehnte Jahrhundert hinein die heimliche Desertion der einzige Ausweg.[11] Für dieses »böswillige

---

[9] *Siehe G. Erbe, Das Ehescheidungsrecht im Herzogtum Württemberg seit der Reformation, ZfWLG, 14 / 1955, S. 95–144; T. M. Safley, Let No Man Put Asunder: The Control of Marriage in the German Southwest: A Comparative Study, 1550–1600, Kirksville, Mo. 1984; R. Phillips, Putting Asunder: A History of Divorce in Western Society, Cambridge 1988, S. 50 ff.; R. M. Kingdon, Adultery and Divorce in Calvin's Geneva, Cambridge, Mass. 1995; zu Konstanz siehe U. Rublack, Geordnete Verhältnisse? Ehealltag und Ehepolitik im frühneuzeitlichen Konstanz, Konstanz 1997.*

[10] *Vgl. Harrington, Reordering Marriage, S. 273–278.*

[11] *D. Blasius, Die Last der Ehe. Zur Sozialgeschichte der Frau im Vormärz, Tel Aviver Jahrbuch für deutsche Geschichte, 21 / 1992, S. 18; L. Abrams, Concubinage, Cohabitation and the Law:*

Verlassen« entschieden sich Männer aber sehr viel leichter. Ihre Arbeits- und Lebenschancen waren in der Fremde weit besser als die der Frauen. Frauen setzten stärker auf eine obrigkeitlich beförderte Regelung ihrer Konflikte durch die Disziplinierung der Männer. Der Anteil weiblicher Kläger war in Ehesachen deshalb regelmäßig weit höher als der männlicher. Ehefrauen wußten, daß die Obrigkeiten ihre Aufgabe ernst nahmen, den schlechten Hausvater (wenn er trank, schlug und untreu war) zu einem besseren Regiment zu erziehen. Dies war sowohl in katholischen wie reformierten Gebieten der Fall und hatte mit einer sogenannten modernen Entwicklung zur richterlich unterstützten Emanzipation der Frau nichts zu tun.[12] Innerhalb der Ständelehre war es selbstverständlich, daß der höhergestellte Hausvater seiner Pflicht, Frau und Kinder zu ernähren und schützen, nachzukommen hatte und im Notfall hieran erinnert werden mußte. Die zunehmende obrigkeitliche Aktivität in diesem Bereich hing aber nicht allein mit dieser Sorge um den sozialen »Frieden«, die gesellschaftliche Ordnung und Moral zusammen. Im Kampf gegen verschwenderische, trinkende Haushalter versuchte man einmal mehr die unnötige Angewiesenheit von Familien auf öffentliche Fürsorge zu verhindern, die Finanz- und Steuerkraft der Haushalte dagegen zu stärken. Nicht nur deshalb wäre es für den hier behandelten Untersuchungsbereich problematisch, von einer Allianz der Richter mit den klagenden Ehefrauen zu sprechen.[13] Denn die Richter ermahnten auch die Frauen zu besserem Verhalten. Sie bestraften die Männer zwar mit Gefängnisstrafen, drangen aber regelmäßig selbst in den krassen Fällen männlichen Fehlverhaltens durch Trunksucht und Gewalt auf ein fortgesetztes Zusammenleben.

Bei der folgenden Untersuchung der Ehekonflikte der Mittel- und Unterschichten geht es nicht um ein Urteil, ob Ehen vor und nach der Reformation mehrheitlich durch patriarchale oder partnerschaftliche Umgangsweisen geprägt waren oder ob Eheglück häufiger war als das

....

Class and Gender Relations in Nineteenth-Century Germany, Gender & History, 5/1993, S. 81–100.
[12] *Wie Heinrich Richard Schmidt dies vertritt, siehe ders., Dorf und Religion. Reformierte Sittenzucht in Berner Landgemeinden der frühen Neuzeit, Stuttgart 1995, S. 249.*
[13] *Ebd.*

Erlebnis des »Ehestands als Wehestands«.¹⁴ Ausgehend von der Annahme, daß Streit selbst in den besten Familien vorkam, sind die spezifischen Konfliktdimensionen in frühneuzeitlichen Haushalten zu bestimmen, die Ehepartner auf dem Hintergrund ihrer Persönlichkeit, Arbeitsweise und der obrigkeitlichen Ehepolitik erlebten. Die Fälle verändern unseren Blick auf die frühneuzeitliche Ehe, die Historiker lange als eine dem elterlichen Interesse und wirtschaftlichen Erwägungen geschuldete, emotionslose Zweckgemeinschaft beschrieben haben. Dieses Bild ist zwar durch die jüngere Forschung revidiert worden. Gleichwohl weiß man noch immer wenig darüber, wie all diejenigen Frauen ihre Ehe erfuhren, deren Leben weder Teil einer Chronik war, noch in ausführlichen Leichenpredigten gewürdigt wurde oder in Ehepaarbildnissen ein Abbild fand.¹⁵ Konflikte machen überdies die Dynamik häuslicher Herrschaft sichtbar. Machtbereiche und Umgangsweisen waren hier nicht allein von vornherein verfestigt. Sie wurden auch ausgehandelt: »Weiber=Griffe« sorgten für Wirbel. Bigamie- und Ehebruchsfälle sowie der Gattenmord, mit dem wir uns im weiteren beschäftigen werden, zeigen eindrücklich, mit welchem Ausmaß an Verzweiflung manche Eheleute zu leben hatten, bis der Tod sie schied. Gattenmorde zeugen aufgrund der für trennungswilligen Frauen relativ ausweglosen Situation deshalb auch nicht von perfidem Haß. In ihnen brach sich der Wunsch die Bahn, eine Ehe zu beenden, die von einem Bund der Liebe und Treue zu einer Fessel der Verachtung und Verletzung geworden war.

WIE KATZ UND MAUS: EHELEUTE IM STREIT Im Jahr 1517 behandelte das Haller Gericht den Fall des Sieders Hans Stadmann. Nachdem seine erste Frau ihn verlassen hatte, war ihm vor Jahren die

---

¹⁴ *Vgl. A. J. Hammerton, Cruelty and Companionship: Conflict in Nineteenth-century Married Life, London 1992, S. 169; zur Betonung der Vielfalt von Erfahrungen »ehelicher Liebe« in der Frühen Neuzeit vgl. Wunder, »Er ist die Sonn'«, S. 85; zur ehelichen Gewalt s. M. Hohkamp, Häusliche Gewalt. Beispiele aus einer ländlichen Region des mittleren Schwarzwaldes im 18. Jahrhundert, in T. Lindenberger, A. Lüdtke (Hg.), Physische Gewalt: Studien zur Geschichte der Neuzeit, Frankfurt am Main 1995, S. 276–302.*

¹⁵ *Wichtige Ausnahmen stellen L. Roper, Das fromme Haus. Frauen und Moral in der Reformation, Frankfurt am Main 1995, und Beck, Frauen in der Krise, dar.*

Wiederheirat erlaubt worden. Nun hatte er seine zweite Frau davon getrieben. Das Urteil lautete, er solle ihr

> Eheliche beywohnung thon, Ir an speiss, getrannck, kalt vnnd warm, klaidung vnnd anderer nottdurfft, kainen mangel lassen, auch sie nit schlagen, stossen, Sonnder Inn Ehren halten, alss zi(e)mlich, vnnd ainem biderman gepurt.[16]

Aus der städtischen Handwerkerkultur des 15. Jahrhunderts und zunehmenden obrigkeitlichen Regulierung des Soziallebens der Bürger ging diese vorreformatorische und seit der Reformation breiter und weiter institutionalisierte Vorstellung hervor: Der Biedermann, ein ehrsamer, ordnungsliebender Bürger, versorgte seine Frau mit Nahrung, Schutz und Kleidung. Er schlug sie nicht, sondern ehrte sie. Arbeit, Rechtschaffenheit und Mäßigung waren die Grundlage für das gute wirtschaftliche und gemeinschaftliche Auskommen. Im protestantischen Augsburg wie im gegenreformatorischen Konstanz wurden gewalttätige, trinkende und verschwenderische Ehemänner deshalb regelmäßig mit kurzen Haftstrafen belegt. Handwerkerfrauen wandten sich mit ihren Klagen über Ehestreitigkeiten an den Rat, Nachbarn im Handwerkermilieu berichteten über unfriedliche Eheleute.[17] Daß nie Tagelöhner, sondern fast ausschließlich die sozial mittelständischen Gruppen die politischen Regelungsinstanzen in Anspruch nahmen, ist vorab erklärungsbedürftig.[18] Als Grund ist zum einen zu vermuten, daß diese sich von Gericht und Rat politisch vertreten sahen und von einem Wertekonsens ausgingen. Der Druck auf eine funktionierende Ehegemeinschaft war außerdem bei nicht Lohnarbeitenden besonders groß, weil von ihr das Auskommen direkt abhing. Handwerkerpaare verbrachten darüber hinaus sehr viel gemeinsame Zeit im Haus. Bürger- und Bauersfrauen konnten dem Mann »die Hosen« streitig machen, wenn ihre Herkunft sozial höherrangig und ihr Heiratsgut hoch war. Auch verfügte man in mittelständischen Haushalten über genug Geld, um sich den regelmäßigen starken Alkoholkonsum leisten zu können, der meist den Anlaß zu wiederholten Gewalttätigkeiten des Mannes bildete. Schließlich mußte man sich selbst die Klagen über Eheprobleme vor städtischen

---

[16] StAH, 4 / 477, 39^v–40^r.
[17] Für Augsburg und grundlegend: Roper, Das fromme Haus, Kap. 5.
[18] Und dies nicht nur in den Städten, vgl. Schmidt, Dorf und Religion.

Gerichten leisten können: Obrigkeitliche Strafen für unfriedliche Eheleute – ja, selbst kurze Haftstrafen – bedrohten das kärgliche Budget der Armen zu sehr.[19] Lyndal Roper hat gezeigt, daß städtische Räte durch dieses einseitige Sozialprofil der Kläger dem Dilemma ausgesetzt waren, daß vor Gericht gerade die unlösbaren, tiefen Konflikte in den Ehen der »Biederleute« deutlich wurden. Ebenso unangenehm offenbarte sich durch sie, daß es keineswegs einer »natürlichen« Ordnung entsprach, daß der Mann aufgrund seines überlegenen Geschlechts ein gutes Regiment führte und die Frau sich ihm fügte.[20] Die Realität vieler Ehen war kompliziert. Um eben diese Lebenswirklichkeit zu erfassen, untersucht der folgende Abschnitt weniger die Sicht städtischer Räte auf konfliktreiche Ehen,[21] die Symbolkraft der Schimpfwörter und Gewaltmittel der Ehepartner[22] oder ihre gerichtlichen Darstellungsweisen der Fälle.[23] Er rekonstruiert die Sicht der Nachbarn auf die Ursachen ehelicher Konflikte.

›Der schlimmste Teufel ist der Eheteufel‹

Der Konstanzer Caspar Riesser weinte, als er einem Nachbarn gestand, er könne und wisse nicht mehr mit seiner Frau zu hausen, denn sie verletze seine Ehre täglich. Es gab einen Anlaß für seine Tränen. An diesem Tag war ein Bote aus seiner Heimat gekommen. Riesser hatte seiner Frau gesagt, sie solle eine Suppe kochen. Drei Maß Wein hatten die Männer getrunken. Danach begleitete Riesser den Gast bis an das Stadttor – so ehrte man Besucher von außerhalb. Doch kaum war Riesser heimgekehrt, erbrach sich der Zorn seiner Frau über ihn. Sie selbst rief schließlich aus, »wenn er sie nicht schlage, so werde sie ihn schlagen«. Riesser bat seinen Nachbarn, mit einem anderen Mann zu seiner Frau zu gehen. Warum sie nicht mehr mit ihrem Mann »hausen« wolle, sollten sie fragen. Riessers Frau hatte sich inzwischen ebenfalls ratsuchend an einen Mann gewandt. Etwas müsse geschehen, sagte

---

[19] *Weder Safley noch Beck machen Angaben über die Vermögensstellung der Kläger vor Ehegerichten, siehe Safley, Let No Man Put Asunder; Beck, Frauen in der Krise.*
[20] *Vgl. Roper, Das fromme Haus, Kap. 5.*
[21] *Ebd.*
[22] *D. W. Sabean, Property, Production and Family in Neckarhausen, Cambridge 1994, Kap. 4.*
[23] *Beck, Frauen in der Krise.*

sie, ihr Mann behandle sie erbärmlich. Sie gestand später, ihrem Mann böse Worte gegeben zu haben. Aber nur nachdem er ihre Eltern so übel geschmäht habe: »Du und dein alt Unholden«, hatte er gesagt, »sei eben einer wie der ander.« Man wußte, daß er sie mindestens zweimal geschlagen hatte, sie ihm aber andererseits einen Hebel in das Gesicht geworfen hatte. Zwei Zeugen hielten sie für ein »liederliches Weib«. Aber man wußte auch von Erniedrigungen. Ein Zeuge berichtete, Riesser habe seine Frau einmal Birnen kaufen geschickt, die gekauften dann für zu teuer befunden und sie ihr über den Kopf geschlagen. Sie hatte die Birnen vom Boden aufgesammelt und wieder zum Markt getragen.[24]

Alle Ehekonflikte drückten auf eine ähnliche Weise aus, daß die Basis des Zusammenlebens sich verkehrt hatte: Anstatt der »ehelichen Liebe und Treue« zueinander, dem harmonischen Wirtschaften und tröstenden Beistand über Arbeit und Mühen bestimmten den Alltag Gewalt, Spott, Eigennutz, Ekel, Mißtrauen über den Umgang mit Gütern, Mißfallen über die Herkunftsfamilie, Demütigungen und deshalb je nachdem mehr Verzweiflung oder Haß. Manchmal wurde die Familie, am häufigsten wurden jedoch Nachbarn eingeschaltet, wobei das aktive Eingreifen in die Partnerschaft den männlichen Nachbarn angetragen wurde. Wenn die Ratsbeauftragten ihre Erkundigungen über streitende Eheleute einzogen, waren deshalb meistens die Schuldzuweisungen der Nachbarn entscheidend: Sie kannten beide Seiten und die Geschichte der Streitigkeiten über Jahre.

Die nachbarlichen Urteile entsprachen nun ihrerseits verschiedenen Wahrnehmungsmustern der Ursachen von Ehekonflikten, die ich nacheinander beschreiben will. Frauen, die eindeutig als Hauptschuldige befunden wurden, zeichneten sich vor allem dadurch aus, daß sie ihrem Mann ständig »böse Worte gaben«, ihn öffentlich klein machten und ihm kaum oder wenig zu essen gaben: der Typus des Hausdrachens also, gegen dessen verbale Kraft Männer auf Dauer auch mit Schlägen nichts ausrichten konnten. In Memmingen stritt sich die Menhauserin beispielsweise nicht nur mit Nachbarinnen, sondern führte das ganze Jahr hindurch »mit Fluchen und Schwören ein böses Regiment«. Man beschrieb sie als ein »hochtragen, über-

---

[24] StAKN, HIX, F. 62, 2.2.1578.

müttig und unverträglichs Mensch«. Zornig sei sie »wie ein wildes unbändiges Tier«. Sie wolle die Gesellen »regieren«, und ihr Mann »ginge im Haus umher wie ein Schaf und gelte weniger dann ein Bub«.²⁵ Eine Konstanzer Glasersfrau versorgte abends »Schlaftrinker« bei sich, trank, sang und tanzte mit Gesellen. Sie hatte ein »wildes Leben« und sagte ungestört zu Nachbarn, »müsse jetzo ihren Narren, ihren Mann meinend, hinweg schicken damit sie (ein) Gutleben haben könnte«.²⁶ Einem Küfer, den seine Nachbarn für einen »tugendlichen Gesellen« hielten, gab seine Frau »kein gutes Wort«, schelmte ihn bei Streitigkeiten, nannte ihn auch vor Nachbarn »Schelm und Dieb«, hatte ihn am Sonntag nach dem Kirchgang nicht mehr ins Haus gelassen und ihm zufolge »nie am Morgen zu essen gegeben«. So habe sie es auch mit ihrem ersten Mann getrieben, und zu einem Küfer hatte sie frei heraus gesagt, ihr Mann »werd den Tag nicht mehr erleben, daß sie ihm Gutes tun werde, wolle ihn zuschanden machen, sie wolle, daß er am Galgen hinge«.²⁷ Wie eine »unvernünftige Bestie« verhielt sich auch Jacob Mebes Frau in Hall, die wegen des Haderns drei Jahre zuvor schon einmal mit ihrem Mann ausgewiesen worden war und nun 1678 alleine Stadt und Haus auf ewig den Rücken kehren mußte.²⁸ Eine Konstanzer Handwerkerfrau trieb 1633 ihren Mann und den Gesellen mächtig zur Arbeit an. Nachbarn sagten, wenn er bei seiner vorigen Frau so viel »gewerkt« hätte, wie bei dieser, dann wäre er reich geworden. Sie selbst ging indes morgens aus dem Haus und kam abends betrunken wieder – eine wahre Umkehrung der Verhältnisse.²⁹ Der Fall Thebus Beringers war am tragischsten: Er hatte sich 1603 schließlich selbst erhängt. Seit fünf Jahren wohnte seine Frau ihm nicht mehr ehelich bei oder versorgte ihn mit Essen. Dies war eine der keineswegs seltenen inoffiziellen, stillen Trennungen von Tisch und Bett. Sie hatte sich um Liebhaber bemüht, und eine Nachbarin wußte, »Es sei der Thebus gar trostlos und verlassen gewesen, hab sein Frau wenig Lieb zu ihm gehabt«. Sie sei »dem guten Leben nachgegangen«,

---

²⁵ StAMM, A 140/5, 14.8.1622.
²⁶ StAKN, HIX, F.33, 19.1.1569(?), Simon Muntzens Frau.
²⁷ StAKN, HIX, F.33, o.D. c. Mai 1571, zwei auseinanderliegende Protokolle zu demselben Fall.
²⁸ StAH, 4/484, 1.10.1675, 40ʳᵛ; 3.5.1678, 67ʳᵛ.
²⁹ StAKN, HIX, F.46, 15.1.1633, Jacob Keller und Frau.

sagte eine andere Frau, während er Hunger gelitten habe: »Wenn er über Feld gewesen und manchmal hungrig und blaß heimgekommen, hätte sie ihm wenigsten nichts getan, weder zu trinken noch zu essen gegeben«, so daß er beim Bäcker habe Schulden machen müssen.[30]

▶ **Haüslichkeit** ◀ Die Schuld der Frau war vor allem klar, wenn der Mann sich nicht nur unprovokativ verhielt, sondern außerdem »hauslich« war. »Hauslich« zu sein bedeutete in bezug auf Handwerker, daß sie abends selten Gaststätten besuchten und immer bei der Arbeit gesehen wurden. »Früh und spät« war beispielsweise 1625 der Konstanzer Metzger Ulrich Frey am Arbeiten. Aber die Haushaltung war trotzdem erbarmungswürdig. Seit Jahren wurde hier nur geflucht, geschworen und geschlagen. Seine Frau »schwiege ihm zu keinem Wort, zu jedem werde du (mit Erlaubnis zu melden) Hundsgeigen, Bayer«, »Schelm, Dieb, Seelenmörder, Ehebrecher« gesagt. Kurzum war klar, sie wolle »alles anfangen, damit sie ihn vertreiben könne«. Auch ihren vorigen Mann hatte diese Frau so behandelt; »ihn einmal mit blosser Wehr zu hauen begehrt, daß er in ein Kammer entweichen müssen«.[31] Es lag also gar nicht an der zweiten Ehe, in die eine Handwerkerfrau reifer und vielleicht vermögender ging. Dem Erklärungsmuster der Nachbarn zufolge, das an die Lieder von Hans Sachs und vielen anderen für die gleiche Klientel erinnert, lag es einfach in der Natur solcher Frauen, mit einem Partner zu hadern, ihm in eigene wie gemeinsame Befugnisse hereinzureden und damit die Hosen streitig zu machen.[32] Der Ladenbesitzer Burckhard Schmiegkh hatte deshalb seiner mißtrauischen, eifersüchtigen Frau unmißverständlich gesagt: »So sie mit Ihm an ein andern Ort komme, müsse sie auch tanzen was er pfeiffe.«[33]
Die Tatsache, daß ein Mann rechtschaffen arbeitete, wog in der Wahrnehmung der Handwerker sogar so stark, daß ihm schlechtes

---

[30] StAKN, HIX, F.43, 11.12.1603.

[31] StAKN, HIX, F.46, 1.7.1625.

[32] M. E. Müller, *Der Poet der Moralität. Untersuchungen zu Hans Sachs*, Bern 1985.

[33] StAKN, HIX, F.48, 5.12.1576.

Verhalten in anderen Bereichen kaum zugetraut wurde. Frauen solcher rechtschaffen arbeitenden Männer erreichten auch wenig Verständnis für ihre Klagen über häusliche Gewalt. Hans Haller sah man beispielsweise männiglich »viel werken und nicht zum Wein gehen, nur zu den Büchsenschützen«. Spät abends hörte man oft ein »lautes Wesen«. Als aber Hallers Frau in einer solchen Nacht, als ihr Mann sie vor dem Zubettgehen schlug, bei dem Seckelmeister läutete und fragte, was sie tun sollte, riet er ihr nur: »Sie sollte wieder ins Haus gehen und still schweigen, er werd ihr so Gott wolle nichts mehr tun bis morgens, werd es vielleicht besser werden.« Hans Haller selber litt unter dem ständigen Schmähen durch seine Frau und gestand einer Nachbarin, seine Frau »plage ihn und er werd von ihr müssen«.[34]

Noch deutlicher wurde die Schuldzuweisung an die Frau gerichtet, wenn sie selber »unhauslich« war, trank und schlecht wirtschaftete. Eine Hallerin wurde 1671 zunächst mit Glück davor verschont, zur Strafe den Markt zu kehren, obwohl sie alles vertrank und die Kinder »verderben ließ«, denn ihr Mann lag im Sterben. Der Stadtschultheiß empfahl dennoch bald darauf, sie im Haus an eine Kette zu binden, da sie sich täglich volltrinke und den Mann schände, anstatt ihm Trost zuzusprechen.[35] 1688 meldete ein Salzsieder den Einungern, daß Caspar Blintzigs Frau öfter bezecht herumliefe und nun von den Schlägen ihres Mannes ein »schwarz blaues Gesicht« hatte. Der Mann rechtfertigte sich damit, daß er ihr elf Kreuzer gegeben habe, die von ihr fast ganz ausgegeben worden seien. Zudem stecke sie ihn in »Schuldenlast«, weil sie Kleider, Hausrat und Mobilien versetze. Sie trinke sich öfter »voll und doll« und »halte sich und ihr Bett so unrein (mit Erlaubnis zu melden), daß er schier nimmer bei ihr bleiben könne«.[36] Diese Art von körperlichem Ekel vor dem Beischlaf war nicht ungewöhnlich. Er konnte von schwer heilenden Krankheiten der Frau herrühren. Margaretha Trinkler litt beispielsweise um 1530 nach einem Unfall an Schenkelschwellungen, die auch durch Kräuterrezepturen nicht verheilten. Ihr Mann, der Cannstatter Stadtschreiber, ließ sie nicht mehr in das Bett. Er hielt ihr vor, »sie stinke so übel, sei aussätzig und maletzig wie ihr Bruder«. Zu einer Magd sagte er, er

---

[34] StAKN, HIX, F. 33, o. D., vermutlich 1571.
[35] StAH, 4/549, 42^v, 13.7.1671, und 44^r, Nicolaus Baurens Frau.
[36] StAH, 4/554, 397^v–398^{rv}, 27.8.1688.

wolle sie und nicht seine Frau, die »voll Salben ... bis in den Hindern« sei.[37] Als Kunigunde Clainer vor dem Rothenburger Gericht die eheliche Beiwohnung durch ihren Mann einklagte, sagte er ebenfalls nur, daß sie »maletzig und nicht sauber oder schön wäre«.[38]
Auf ein bestimmtes Maß an körperlicher Reinheit und Sauberkeit der Bettwäsche wurde also Wert gelegt. Aber in erster Linie wurden die Tugenden Fleiß und Sparsamkeit mit dem »guten Haushalten« verbunden. Nachbarinnen urteilten über eine schlecht haushaltende Konstanzer Schneidersfrau, sie habe ihrem Mann Grund genug für Schläge gegeben. Auch als er »eines der Mädlin gebuhlt«, sei es gewesen, »weil sie wohl hausgehalten habe« und fleißig gewesen sei: »Deshalb habe der Meister es geliebet.«[39] Liebe war also nahtlos mit der Wertschätzung der haushalterischen Qualitäten einer Frau verknüpft; die Art, in der gearbeitet wurde, sagte beinahe alles Wesentliche über den Charakter eines Menschen aus. Nicht nur auf Fleiß und Umsichtigkeit wurde geschaut, sondern auch, ob sich jemand mißmutig oder ein Lied summend (die Männer pfeifend) an das Tageswerk begab. Auf diese Qualitäten mußte Verlaß sein. Als sich Sebastian Studer 1577 vor dem Konstanzer Rat wegen seiner Ehe zu verantworten hatte, konnte er deshalb nichts anderes sagen, als daß er mit seiner Frau hausen wolle, »wie es einem ehrlichen Mann zustände«. Aber sie wolle nicht bei ihm bleiben, denn wenn »er nachts heim komme und meine sie solle ihm zu essen geben, laufe sie ihm aus dem Haus«. Sie vernachlässigte ihre hauswirtschaftlichen Pflichten vollkommen: Erst letzte Woche hatte sie Teig ansetzen und am nächsten Tag in die Backstube bringen sollen. Als er am Morgen vom Wachdienst (dies war eine der korrespondierenden männliche Pflichten) nach Hause gekommen sei, habe er feststellen müssen, daß sie über Nacht weggeblieben sei, »also habe er selber kneten müssen und den Teig zum Bäcker getragen«.[40]

---

[37] *HStASt, A 43, Bü. 9.*
[38] *H. J. Grembowietz, Das Bauerngericht der Freien Reichsstadt Rothenburg ob der Tauber vom späten Mittelalter bis zu seinem Niedergang (1403–1678). Eine rechtshistorische Untersuchung an Hand der Gerichtsbücher und anderer Quellen, Diss. jur., Würzburg 1974, S. 31.*
[39] *StAKN, HIX, F.41, 25.4.1595, Steiss.*
[40] *Eine Zeugin wußte, die Frau sei verschiedene Male weggelaufen und habe gesagt, sie wolle nicht bei ihrem Mann sein, weil er sich sofort mit Wein volltrinke, wenn er etwas Geld habe.*

▸ **Pflichten** ◂ Jeder Ehepartner wollte darauf vertrauen, daß der andere den eigenen Aufgabenbereich wohl versah. Und diese Aufgabenzuteilung nahm der Hausvater vor. Das meiste brauchte nicht ausgesprochen zu werden. Es war beispielsweise klar, daß, wenn keine Magd im Haus war, die Frau im Winter morgens als erste aufstand und das Feuer anmachte, so daß der Mann sich in eine gewärmte Stube setzen und seinen Kopf in warmes Wasser stecken konnte. Es war ebenso klar, daß eine Frau, wenn auch in Gesellschaft, am Abend nähte und spann, während der Mann öfter ausschließlich Freizeit und Vergnügen unter Geschlechtsgenossen beanspruchen konnte, spielte und trank. Eine Frau mußte Gäste gut bewirten und hierüber nicht zuletzt die Qualität des Hauswesens demonstrieren: die Mägde sollten spuren; was aufgetischt wurde, von guter Vorratshaltung, eine fette Suppe und gebackene Krapfen von Gutmeinen zeugen. Gerade bezüglich der »stillen« Dienste, aus denen sich Liebe, Fürsorge und Gehorsam ablesen ließ, gab es oft besondere Empfindlichkeiten: Eine Memmingerin legte ihrem Mann vor einem sonntäglichen Kirch- und Hochzeitsbesuch 1603 beispielsweise ein sauberes Taschentuch auf die Bank, anstatt es ihm in die Hand zu geben. Allein deswegen hatte er sie mit einem Wagenseil geschlagen. Nach dieser Hochzeit brachte er einen auswärtigen Freund nach Hause. Die Frau buk ihnen »Küchle, und vermeinte, sie wäre wohl daran«. »Aber nichtsdestoweniger und ungeachtet daß der Denzel den Küchle stark zugesprochen«, hatte ihr Mann ein Maß Bier verschüttet und gesagt, sie solle ihm aus den Augen gehen.[41] Man mußte es dem Ehemann also »recht machen«, und dieser konnte für erhebliche Unsicherheit in bezug auf das eigene Gefühl sorgen, Pflichten gut erfüllt zu haben. Gebote des Mannes waren zudem ultimativ und autoritativ: Im Stall nahm Michael Perg seiner Frau das Licht weg und sagte, »wenn sie Brunst anfache, müsse er als Hausvater es verantworten«.[42] All diese Regeln setzten das stille Wissen um ihre Pflichten und die Fügsamkeit der Frau voraus und werden uns deshalb häufig überhaupt erst bewußt, wenn sich eine einzelne Frau ihnen widersetzte. Daniel Labhart, ein

---

Geschlagen hatte er sie wohl nicht, aber wenn er betrunken nach Hause kam, versuchte sie mit ihrer Kunkel anderswo Unterschlupf zu finden, StAKN, HIX, F. 51, 10.11.1577.

[41] *StAMM, A 135 / 8, 13.12.1603.*
[42] *StAKN, RP, BI 144, 1664, 620r.*

vermögender Konstanzer Bürger, kam beispielsweise 1597 aufgeregt nach Hause. Er versprühte Anweisungen, wie ihr Haus für den Besuch des Erzherzogs Matthias und seines Gefolges zu rüsten sei: er werde den Wein holen, seine Frau solle sich unter anderem mit genügend Heu versehen, falls Gäste einlogiert würden. Labhart erntete lediglich einen mürrischen Blick. Er hub an: dies sei »meiner Herren Ordnung und Befehl, und ob sie demselben zuwider sein wolle«. Sie entgegnete aufrührerisch, »was sie herinnen meinen Herren nachfragt, er solle es wieder abschaffen«, warf ihren Löffel von sich und ging in das weibliche Refugium im Haus, in die Küche. Damit machte sie völlig deutlich, daß sie sich den politischen Anordnungen widersetzen konnte, die er als männlicher Bürger verkündet bekam und in die Familie weitertragen sollte: sollte er nur tun, was ihm gesagt worden war, er war vereidigter Bürger und an Gehorsam gebunden. Aber sie nahm sich heraus, diese Ordnung zu ignorieren. Ähnliche Vorfälle kamen hinzu: Er hatte sie einmal nur über die Gasse zum Bäcker geschickt, sie aber wollte sich nichts befehlen lassen. Es bestand der Verdacht einer Affäre zwischen ihr und einem Mann, mit dem sie dreimal musiziert hatte. Labhart hatte seinen Freund, den Hospitalmeister, eigenhändig zum Bett geführt und als Beweis gezeigt, daß es von Schuhen »kotig« gewesen sei. Die Familie versuchte einen privaten Versöhnungsversuch mit einem »Handschlag und Weintrunk«, einer Reinszenierung des Eheverspruchs. Doch Labharts Frau wußte genau, »es werde kein Gutes tun, bis daß sie voneinander kommen«.[43]

▸ **Voll und doll** ◂ In all diesen Fällen wurde also die Frau typischerweise als Hauptschuldige gesehen und erntete von Frauen und Männern in ihrer Umgebung wenig Sympathie. Darüber hinaus gab es aber weitere Wahrnehmungsweisen, denen zufolge der Frau genauso viel oder weniger Schuld zugeschrieben wurde als dem Mann. Es gab Ehepaare, über die typischerweise geurteilt wurde, »keins sei besser als das andere«.[44] Zwei Haller Paare, die »immerfort haderten« und sich »mörderisch anfielen«, wurden beispielsweise 1630 mit zwei

---

[43] StAKN, HIX, F. 41, 10.6.1597.
[44] StAKN, HIX, F. 46, 15.1.1633, Jacob Keller und Frau.

Tagen und sieben Nächten im Narrenhaus bestraft, schworen eine Urfehde und mußten sich mit einem Handschlag verzeihen.⁴⁵ Der Hintergrund solcher Urteile war oft, daß beide Partner häufig tranken, schlecht haushielten und sich beschimpften. Interventionen der Nachbarn wurden abgewehrt, so daß diese sich schließlich – meist nach einem besonders heftigen Streit der Eheleute – beim Rat beschwerten. Über eine Konstanzer Organistenfrau und ihren Mann wurde etwa 1606 berichtet, sie hielten ihre Kinder »schnöd« und hätten ein krankes Kind alleine gelassen, um zum Wein zu gehen. Die Mahnungen der Nachbarn beantworteten sie mit »unbescheidenen Reden«.⁴⁶ Dann und wann kam es vor, daß männliche wie weibliche Nachbarn von den Schreien alleingelassener Kleinkinder alarmiert wurden und diese schnell zu sich nahmen. Ein solches Verhalten wurde als schlimme Nachlässigkeit der Mutter bewertet, und dies um so mehr, falls sie nicht etwa zum Markt, sondern in das Wirtshaus ging. Das regelmäßige Zechen stand Frauen ohnehin nicht zu. Was bei Männern, die es sich leisten konnten, toleriert wurde, sah man bei Frauen als liederlich an. 1609 riß Konstanzer Nachbarn nach vier Jahren des Streits zwischen Friedle Sauter und seiner Frau der Geduldsfaden: Sie »beweine« sich fast täglich, berichtete man, und schlage ihn so »schandlich zurück, daß man ihn verbinden müßt«, kurzum, sie lebten in »großem Unfrieden und Widerwillen, schlagen, schänden, und schmähen einander, und schonen auch der Nachbarn nicht«.⁴⁷ Eine Sailersfrau hatte 1617 gar ihren Mann »verlacht und verspottet, hab ihn über die Gassen hinab geleckert und gelumpt«. Beide tranken sich täglich »voll und doll«, und eine ehemalige Magd sagte, es sei eine »elende Haushaltung«.⁴⁸ Wein wurde von Männern auch nach Hause geschickt. 1610 hatte Felix Zimmermann in Memmingen ein Maß Wein getrunken und seiner Frau ebenfalls ein Maß Wein heimschicken lassen, aber »da sei sie schon trunken gewesen«. Als er nach Hause gekommen sei, habe »sie also ein Lärmen mit ihme gehabt, ihn geschelmet und gediebet«, so daß er ihr Maulschellen gab. Nun sah er sich zu Unrecht wegen wiederholter Gewalt ins Ge-

---

⁴⁵ StAH, 4/482, 24.6.1630, 64r.
⁴⁶ StAKN, HIX, F.43, 24.1.1606, Kerner.
⁴⁷ StAKN, HIX, F.44, 2.6.1609.
⁴⁸ StAKN, HIX, F.45, 23.9.1617, Jacob Straub und Frau.

fängnis gesetzt.⁴⁹ Nachbarn fürchteten solche Ehepaare. Häufig nahmen sie die Feuergefahr zum Anlaß für ihre Klage. Dies drückte Angst vor der realen Gefahr der abendlichen Unvorsichtigkeiten betrunkener Paare aus. Auf einer symbolischen Ebene sprach dies aber auch für die Furcht vor der Ausbreitung der gemeinschaftszerstörenden Nichtachtung und des lodernden Hasses. Die Obrigkeit sprach von der kollektiven Strafe Gottes: »Es wär kein Wunder«, sagte der Rat 1605 über eine Memminger Frau, »wann sie und die ganze Gemeind ihretwegen bestraft würden.«⁵⁰ Gerade solche Paare waren von der Ausweisung bedroht, wenn sie sich nach mehrfachen Versöhnungsversuchen und Strafen nicht besserten. 1666 wurde in Hall etwa der »Anna Margaretha, Claus Meissners Bürgers Weib allhier« verkündet, sie werde wegen des Haders und Zanks mit ihrem Mann, bei dem sie ihn geschlagen und das Gesicht zerkratzt hatte, drei Tage und Nächte ins Hetzennest gesteckt, und falls sie sich nicht wohlverhielten, würden beide ausgewiesen.⁵¹ 1667 forderte der Konstanzer Rat auf die Bitte zweier Männer hin ein Schneiderehepaar und ein Pastetenbäckerehepaar auf, »friedlicher und einiger miteinander zu hausen oder es werde ihnen das Bürgerrecht und der Einsitz aufgekündigt und sie werden fortgeschickt«.⁵² Mit dem Verlust von Haus, Arbeit und Bürgerrecht war das Desaster perfekt. Man kann davon ausgehen, daß selbst die zerstrittensten Ehepaare nach solchen Drohungen alles daran setzten, die Konflikte nicht weiter schwelen zu lassen.

▸ **Die Sprachen der Gewalt** ◂ Es gab einige wenige Ehen, in denen beide Partner gleich viel stritten, aber erkannt wurde, daß die Uneinigkeit eine Folge wirtschaftlicher Schwierigkeiten war. Wieder bestimmte die Wahrnehmung der Handwerker vorrangig, wie gut ein Ehepaar zusammen die Arbeit versah. Über ein Konstanzer Küfers-

---

⁴⁹ StAMM, A 136/1; ausführliche Fälle auch in StAKN, 6. 10. 1597, HIX, F. 41, Hans Stümelin und Frau; Hans Scheelhass' Frau in Konstanz »beweinte« sich fast jeden Freitag, und einmal hatten sich beide am Tag 24 Maß Wein geholt, HIX, F. 42, 15.10.1599.
⁵⁰ StAMM, A 135/8, 15.5.1605.
⁵¹ StAH, 4/483, 14.10.1666, 30ᵛ.
⁵² StAKN, RP, Bl 147, 17.10.1667, 536ʳ.

paar wurde 1597 beispielsweise gesagt, sie haderten wegen der wenigen Arbeit. Sonst, sagte ein Tischmacher, seien sie immer friedlich gewesen, »wenn man Ihnen was zu arbeiten gebracht, haben sie den Leuten allwegen guten Bescheid geben und solliche Arbeit fürderlich fertig gemacht«.[53] Auf dieser ständigen Mitarbeit der Frau basierten alle kleinen Handwerksbetriebe, die sich keinen Gesellen leisten konnten. Dies betraf etwa ein Drittel und in Krisenzeiten sogar die Hälfte aller Werkstätten.[54] Der Wagner Georg Gamel regte sich deshalb nicht nur über das heimliche Schuldenmachen seiner Frau auf, sondern zwang sie erbost zur Arbeit in der Werkstatt, aus der sie immer wieder entrann. »Er könne nicht mehr mit ihr hausen«, sagte er erschöpft zu einem Nachbarn: Von der Zusammenarbeit hing das Überleben ab.[55] Kunden wollten die Arbeit möglichst schnell gemacht haben, und ohne Hilfe ließen sich bestimmte Arbeitsvorgänge gar nicht ausrichten.

Nicht wirtschaftliche Sorgen, sondern Gewalt durch Alkoholkonsum stand bei einer Reihe weiterer Konflikte im Vordergrund. Bei seltenen Vorfällen wirkte sich Trunkenheit mildernd auf das Strafmaß aus. Nur so ist zu erklären, daß beispielsweise 1655 ein Kornmesser, der betrunken seine Frau geschlagen, das Bett genommen und zum Fenster hinausgeworfen sowie den Bettladen zerhauen hatte, glimpflich mit einer Gefängnisnacht davonkam.[56] Anders verhielt es sich bei Männern, die als friedliche und gute Haushalter geachtet wurden, als ein »lieber Nachbar«. Nur daß sich alles änderte, wenn sie betrunken waren. Vom Konstanzer Bildhauer Hans Borck sagte man 1607, er »beleidige sonst kein Kind«, aber betrunken tobe er im Haus herum. Besonders wild war er geworden, nachdem er einmal einen Maler mit nach Hause gebracht hatte und noch ein Maß Wein holen lassen wollte, was die Frau nicht zuließ.[57] »Er sei so gar seiner selbst nicht«, sagte eine Memmingerin 1617 selbst über ihren Mann, der sich morgens mit Branntwein, nachmittags mit Bier und Wein betrank. Die Nachbarn hielten ihn für einen »guten Mann«. Allein das Trinken

---

[53] StAKN, HIX, F. 41, 9.12.1597.
[54] H. Wunder, »Er ist die Sonn', sie ist der Mond«, S. 100.
[55] StAKN, HIX, F. 43, 17.7.1602.
[56] StAH, 4/482, 27.8.1655, 209ʳ.
[57] StAKN, HIX, F. 44, 11.6.1607.

und Schelten führe dazu, sagten sie, daß die Eheleute »miteinander leben wie Katz und Maus«.[58]

Und dann gab es selbstverständlich die Gruppe der notorisch betrunkenen und stark gewalttätigen, monströsen Männer, die jeder verurteilte. Hier fürchteten Frauen um ihr Leben, und das wurde nicht nur so gesagt, weil körperliche Gewalt die einzige Art der Grausamkeit war, die gerichtlich als Trennungsgrund anerkannt wurde. Über Jahre war meistens für die Umgebung sichtbar, daß der Mann wenig arbeitete und viel trank, so daß er seiner Rolle als Hauptenährer nicht mehr nachkam und Frau und Kinder an Hunger litten. Im Haller Totenbuch wurde 1706 offen über eine Küfersfrau vermerkt, sie habe von ihrem Mann »mehr Trutz als Schutz, mehr Schläg als Wohltat« erhalten.[59] Gewalt war selten blind: Die Kinder wurden fast immer in Ruhe gelassen, und der Ärger ergoß sich über die Frau. Joß Mangerstan kam 1626 mit »bloßer Wehr« nach Hause und schlug um sich; Nachbarn urteilten »er sei ein alte Hex und sei böser als das Betele, deren man den Kopf abgehauen«.[60] Der Messerschmied Jacob Zwaig führte »stetigs ein unnützes volles Leben«: Er versah seine Werkstatt schlecht, obwohl er genug Arbeit hatte, ging nicht in die Kirche, führte auch das Gesinde nicht dorthin, das überdies so wie seine »hausliche« Frau große Armut litt, der er betrunken »übel handelte«.[61] Erasmus Rauscher richtete seine Gewaltdrohung gezielt auf das Ehebett, wollte es erst verbrennen und schlug es dann aber doch entzwei. Damit ging symbolisch auch das Band der Ehe zu Bruch und ein Teil des von der Frau eingebrachten Guts. Nachbarn versuchten, den Betrunkenen zu beschwichtigen, gaben seiner Frau einen Unterschlupf, hatten ihr über die Jahre immer wieder Brot geliehen. Sie hörten ihr zu, wenn sie erzählte, er habe ihr ein Messer an das Herz gesetzt und gesagt, wenn er könnte, würde er ihr etwas zu essen geben, daß sie stürbe. Das Versorgen und Ernähren war das zweite starke Band zwischen Eheleuten. Fertig auf dem Tisch und

---

[58] StAMM, A 138/2, 17.10.1617, Schleebuzen.
[59] G. Wunder, Die Bürger von Hall. Sozialgeschichte einer Reichsstadt 1216–1802, Sigmaringen 1980, S. 176.
[60] Gemeint war Elsbetha Zeller, die zwei Jahre zuvor wegen Dieberei und Kindsmord mit glühenden Zangen gezwickt und enthauptet worden war, StAKN, HIX, F.46, 10.11.1629.
[61] StAKN, HIX, F.41, o.D. 1595/6.

wann immer möglich mit viel Schmalz versehen, drückte das Essen auch die Wertschätzung der Anstrengung des Mannes aus und gab Stärke.[62] Die Symbolkraft des vergifteten Essens als imaginierter Tötungsart war deshalb ebenso hoch wie die eines verbrannten oder zerhauenen Bettes. Tisch und Bett wurden so getrennt und die eheliche Liebe vernichtet.

Nachbarn versicherten einer Frau wie der Erasmus Rauschers ihrer Zeugenschaft und gaben ihr Rat. Beispielsweise: Sie solle es »einer Oberkait klagen«. Aber bei gewalttätigen Ehemännern war das keine einfache Entscheidung, und die Rauscherin hatte offensichtlich schon hin und her überlegt. »Ja, wenn man ihn zur Stadt hinaus schickte, wollte sie es tun«, sagte sie, »wenn man ihn aber nur gefänglich abstrafe, so sei sie ihres Lebens nicht sicher.« Und in der Tat beklagte die Frau sich nie, sondern erst ein Nachbar zeigte seinen eigenen Streit mit Rauscher an.[63] Allgemein lagen die Gefängnisstrafen für solche Männer bei ein bis drei Tagen oder Nächten, bei wiederholten oder schwer gewalttätigen Fällen bei bis zu 7–14 Tagen und Nächten Gefängnishaft. In Hall wurde etwa 1651 ein Schuster zu neun Tagen und Nächten im Gefängnis verurteilt, weil er seiner Frau »das eine Auge fast und einen Arm abgeschlagen« hatte.[64] Zu wenigen Tagen in einem »Kante« genannten Gefängnis verurteilte man jene, die erstmalig dafür bestraft wurden, »übel« mit ihrer Frau zu leben und eine »gottlose« Haushaltung zu führen.

Die obrigkeitlichen Strafen waren für Frauen ein zweischneidiges Schwert. Die mehrfachen kurzen Gefängnisstrafen, mit denen ein gewalttätiger Mann zunächst bestraft wurde, waren dazu angetan, als Demütigung erfahren zu werden und deshalb mehr Zorn zu schüren als Reue zu befördern. Hilflos wandten sich 1668 der Vogt und der Dekan Cannstatts an den Oberrat. Sie zitierten als ein Beispiel für viele den Fall eines notorisch übelhausenden Schuhmachers. Auf eine nachdrückliche Warnung hin hatte er nur gesagt, »man habe ihn schon in die Vorstadt getrieben, jetzt wolle man ihn ganz hinaus treiben«. Deshalb werde er seine sechs Kinder sitzen lassen und davon ziehen. Wie man in solchen Fällen handeln sollte, wußte man in

---

[62] Vgl. Beck, Frauen in der Krise, S. 164 f.

[63] StAKN, HIX, F. 45, 14.1.1617.

[64] StAH, 4/482, Hans David Mack, 18.7.1651, 175ʳ.

Cannstatt nicht mehr. Doch die Antwort aus Stuttgart war ebenso unbefriedigend wie vorhersehbar: Wenn sie sich nicht besserten, solle man solche Männer mit dem Turm bestrafen.[65] Frauen saßen also in der Klemme. Keine Gemeinde war bereit, auch nur in einem einzigen Fall die Kosten für die Versorgung von sechs Kindern zu übernehmen. Eine der besten Lösungen für die mit »Übelhaushaltern« verheirateten Frauen war, vom Rat die Verfügungsgewalt über die Finanzen zugesprochen zu bekommen. In Hall ging 1685 ein Goldschmied unterstützend mit der Frau des Herrenschmieds vor die Einunger (schon die Zunft hatte hier also offene Ohren gehabt). Die Frau klagte über den Weinkonsum des Herrenschmieds, die Geldausgaben und daß ihm kein Essen gut genug sei. Seit einem Jahr habe sie deshalb alles »einbüßen« müssen, »sich mit ihren Kindern behelfen und schleppen wie ein armer Wurm, addendo, sie wolle das verdiente Geld selbst einnehmen«. Es wurde ausgemacht, sie solle dem Mann täglich ein Maß Wein »und ander Notdurft verschaffen« und den Knecht ausbezahlen. Zwei Kuratoren wurden beauftragt, den Fall im Auge zu behalten, der Schmied zu »wackerer« Arbeit ermahnt.[66] Eine Ausweisung des Mannes schuf dagegen neue finanzielle Sorgen und war außerdem keine Dauerlösung. Jede Ausweisung von Ehepartnern war zeitlich begrenzt: Danach sollte die Versöhnung folgen. Über den etwaigen Wiedereinlaß des Mannes hatte die Obrigkeit zu bestimmen. Die Entwicklung einer Ehe war keine Privatsache mehr, nachdem man sich einmal an den Rat gewandt hatte. In Memmingen wurde beispielsweise 1610 zwischen dem ausgewiesenen Joachim Diendorff und seiner Frau ein Versöhnungsvertrag aufgesetzt. Schriftlich erklärte er, sich zukünftig wie ein »christlicher Haus- und Biedermann« zu verhalten, und sie,

Ihr Heil noch ferner mit ihm zu versuchen, ihn wieder aufzunehmen, und sich wie einer gottesfürchtigen christlichen Ehefrau gebühre, und wohl anstehe, ihrem äußersten Vermögen nach, underhalten und haben solle, auch seines vorigen Verhaltens nichts engelten lassen wolle.[67]

---

[65] *HStASt, A 206, Bü. 1504.*
[66] *StAH, 4/553, 8ᵛ–9ʳ.*
[67] *StAMM, RP, 26.4.1609–6.8.1613, 96ʳᵛ.*

Wenige Monate später versuchte seine Frau, Anna Maria Vogler, erneut seine Ausweisung zu erreichen.[68] Der Gang vor den Rat veränderte nicht zuletzt die Darstellung der Ehekonflikte und schuf so weitere Zerrüttungen. Hier ging es um eine offene Konfrontation mit dem Partner, um Beschuldigungen, Ausflüchte und Rechtfertigungen. Oft wurde nur ermahnt und zur Versöhnung aufgerufen, aber die Strafe für einen Beteiligten drohte immer als Risiko im Hintergrund. Die Ermahnung richtete sich also nach den Themen aus, die aus obrigkeitlicher Sicht die Güte des Ehelebens und Haushaltens beeinflußten: die eheliche Beiwohnung an »Tisch und Bett«, also das beidseitige Versorgen mit Nahrung und die gelebte Sexualität, physische Gewalt, Ressourcenverschwendung, Arbeitsscheu, Alkoholkonsum und Gottlosigkeit. Jeder versuchte sich Luft zu machen und die Ratsbeauftragten einzunehmen, deren mahnende Versöhnungsansprachen am Ende dennoch formelhaft blieben und deren Urteile trafen. Der Memminger Seidensticker Raidel verwies 1627 in seiner Supplikation auf die Allerweltsweisheit »Weiberregiment, nimmt selten ein guts End« und bat den Rat, seine Frau wegen ihres Lästerns, Schändens und Schmähens so zu verwarnen, daß sie mehr »Abscheu und Furcht« vor ihm haben würde. Wegen der Streitigkeiten war er schon inhaftiert und von Wirtshäusern verbannt worden. Seine Frau hatte nach seiner Entlassung den Kirchdiener und einen anderen Mann gebeten, als »Schiedsleute« zu fungieren und sie zu Hause zu versöhnen. Beide Eheleute versprachen, sich zukünftig besser zu verhalten. Raidel begab sich hoffnungsfroh auf eine Geschäftsreise, schickte ein Schwein sowie Geld zur Bezahlung der Schulden nach Hause und brachte seiner Frau einen »Taler zum guten Jahr« mit. Aber schon über der Metzelsuppe mit Nachbarn hatte der Streit wieder angefangen, und es dauerte nicht länger als bis zum Ende der ersten Januarwoche, bis man wieder entzweit war. Die Anschuldigungen kannten keine Grenzen: Sie warf ihm vor, seine erste Frau umgebracht und vorher »voller Franzosen« gemacht zu haben, weil er lange eine Hure im Wirtshaus »verzehrt und ausgehalten« habe.[69] Frauen warfen ihren Männern immer wieder vor, »Hurenbuben« zu sein. Auch Männer mußten also mit einem Angriff auf ihre sexuelle

---

[68] *s. u.*

[69] *StAMM. A 144 / 1, 8.1.1627.*

Ehre rechnen. Dessen Spitze war aber wiederum der Vorwurf der Untreue gegenüber allen Hausvaterpflichten.

› **Nachbarn** ‹ Bei den Ehepaaren, die vor den Rat kamen, waren die Risse also meistens tief und wurden durch die Klage weiter aufgebrochen. Wenn »Versöhnung« noch möglich war, wurde sie als Aufforderung sich zusammenzuraufen wie immer außergerichtlich ausgesprochen: entweder durch die Familie oder die Zunft, vor allem aber in der Nachbarschaft.[70] Nachbarn waren die einzigen Zuhörer und Zeugen ohne ein klares Eigeninteresse an der Regelung des Konflikts, außer der Wiederherstellung der Nachbarschaftsruhe. Memminger Bürger beklagten sich 1610 beispielsweise über einen Mann, der nachts so schreie und »rumor«, daß man es bis zu Jörg Greyffens Haus höre und keiner schlafen könne.[71] Die Wände waren dünn und die Häuser dicht gebaut; auch deshalb konnte man Nachbarn wenig vormachen. Wenn man sich das Leid klagte, kamen also auch die feineren Töne zum Ausdruck, die Verzweiflung, Hilflosigkeit und das dem bloßen Haß vorgelagerte tiefe Verletztsein. Es war auch in erster Linie die Nachbarschaft, die ein Ehepaar sozial in »guten wie in schlechten Zeiten« begleitete, obwohl sich die Zusammensetzung der Nachbarschaft durch die hohe frühneuzeitliche Mobilität immer wieder änderte. Bevor ihr Mann in den Türkenkrieg zog, veranstaltete eine Konstanzerin beispielsweise eine »Abschiedszeche« mit den Nachbarn, bei der das Paar eine Art mündliches Testament machte, dem zufolge derjenige, der zuerst stürbe, das Gut des anderen erben solle.[72] Kleine Feste wurden gefeiert, zu denen man »der Nachbarschaft wegen« hinging.[73] Wann immer es die Jahreszeit erlaubte, saßen die Frauen der Straße abends strickend oder spinnend zusammen

---

[70] *Für eine umfassende Studie dieser Funktionen von Nachbarschaft siehe D. Garrioch, Neighbourhood and Community in Paris, 1740–1790, Cambridge 1986; Roderick Phillips stellt fest, daß Männer in Rouen sich mit dem Schutz benachbarter Ehefrauen zurückhielten: Dies war Frauensache, siehe ders., Women, Neighbourhood and Family in the Late Eighteenth Century, French Historical Studies, 18/1993, S. 13–35.*
[71] *StAMM, A 136/1, 2.11.1610, Felix Zimmermann und Frau.*
[72] *StAKN, HIX, F. 53, 2.7.1566, Wendel Schlöchs Frau.*
[73] *StAKN, HIX, F. 41, 9.11.1598, Galli Schomüle.*

vor einem Haus oder im Hof. Männer und Frauen aus der Nachbarschaft trafen sich zu einem Schwatz abends gemeinsam auf der Gasse. Menschen waren in ihrem Tun gegenwärtig. Durch ebenerdige Stubenfenster war sichtbar, wieviel gearbeitet wurde.[74] Vor den Nachbarn bestimmte sich die weibliche Ehre über ein gut versorgtes Hauswesen und die männliche Ehre darüber, daß die Familie ernährt wurde.[75] Man hielt sich »gar unnachbarlich«, wenn man schlecht lebte und die Nachbarn schalt.[76] Gute Nachbarn schauten dagegen kurz herein, trafen sich beim Einkauf, gingen zum Bad, liehen sich oder tauschten etwas aus, hatten ein Auge auf die Kinder sowie ein waches Ohr für Lärm und Gewalt. Wenn es nötig war und möglich schien, wurde eingegriffen. Dies betraf auch das höhere und eingesessene Gesinde im Haus. Eine Köchin sagte 1567, sie sei einmal bei einem gewalttätigen Streit von Eheleuten in das Haus hineingelaufen, »wollten scheiden und Fried machen«, sei aber vom Mann hinausgewiesen worden.[77] Teilweise kam deshalb kollektive Nachbarschaftshilfe. Als ein Bäcker seiner Frau betrunken grausam drohte, er werde sie umbringen, sobald sie eingeschlafen sei, schrie sie aus dem Fenster um Hilfe. Prompt rückten die Nachbarn mit Leitern an. Man wußte, daß sie wegen seiner Drohungen schon drei Nächte woanders geschlafen hatte.[78] 1597 sagte Salome Ehrhard aus, sie sei vor dem Haus gesessen und habe ihr Kind »gesauget«, als sie das »groß Getümmel und Geschrei« zwischen Felix Kharer und seiner Frau gehört habe. Eine weitere Frau, die vor dem Haus gesponnen hatte, versuchte Frieden zu machen. Ohne Kopfbedeckung und mit großem Geschrei sei Kharers Frau in das Haus einer Nachbarin geflüchtet; der betrunkene Mann sei hinterher gelaufen und habe die »Haustür mitsamt den Säulen eingestoßen«. Die Nachbarin schrie zornig, »er sei

---

[74] *Von einem Memminger Weber wußte man beispielsweise, daß er schon während seiner ersten Ehe den Branntwein gebraucht hatte, »wie der Fisch das Wasser«, und ein Zeuge sagte, daß der Weber nie mehr als zwei »Werckh im Stuel« gehabt habe, er also kaum Garn verspann, StAMM, A 138/6, ?? 3 1619.*

[75] *Wenn sie nur ein armseliges Habermus essen wollten, sagte ein Mann zu einem anderen im Streit, müßte er es ja bei Nachbarn entlehnen, StAK, K 58, 18.7.1682.*

[76] *StAKN, HIX, F. 42, 22.12.1600, Barbara Frey.*

[77] *StAKN, HIX, F. 53, Donnerstag nach Judion, 1567.*

[78] *StAKN, HIX, F. 43, 7.8.1602, Galli Schomüle.*

ein voller Unflat, solle das seinige einstoßen«, da habe er auch sie schlagen wollen, was Nachbarn verhindert hätten.[79]
Auch bei Krankheiten stand man sich bei, wenn der Mann versagte: Wären die Nachbarn ihr nicht »zugesprungen«, sagte eine Memmingerin, hätte sie »verderben« müssen. Ihr Mann hatte trotz ihrer Krankheit verlangt, daß sie große Wasserzuber schleppte und andere schwere Arbeiten verrichtete. Einem Nachbarn war schließlich der Geduldsfaden gerissen: Er hatte den Mann angeschrien, »ob er sein Weib umbringen wolle?«.[80]
Ungerechtfertigte Gewalt gegen Frauen führte zu der einhelligen Unterstützung aus der Nachbarschaft. Aber sonst wog man ab, für wen Stellung zu beziehen war. Es war keineswegs so, daß Frauen zu Frauen und Männer zu Männern hielten. Generell war man auf der Seite desjenigen, der unfair und entwürdigend behandelt wurde, obwohl er selber dazu keinen Anlaß gab. Man wußte genau, daß sich Machtverhältnisse im Haus in der Tat umdrehen konnten, wenn eine Frau es klug anging. Eine Konstanzerin hatte zum Beispiel sehr oft ihre Schwester und ihre Mutter bei sich im Haus. Ihren Mann ließ sie auf der Gasse stehen, während sie aßen. Er hatte ihr am Bett eine Ohrfeige gegeben. Die Nachbarin wußte, die Frau sei seit vierzehn Tagen nicht mehr »zu ihm gelegen«.[81] Aber wiederum konnten nicht nur weibliche Familienangehörige die Stellung einer Frau im neuen Haushalt stärken. Michael Pergs Frau hatte sich mit ihrem Sohn verbündet: Auch sie aß nur mit ihm und verabreichte dem Mann sein Essen im »Oberstüble«. Außerdem sah sie dem Sohn alles nach, während Perg klagte, sie »vertraue ihm nicht, wie es in Hauswesen und Handwerk hergehe«.[82] Solche Allianzen mit im Haus lebenden älteren Kindern und Verwandten bewirkten immer wieder die entscheidende Verschiebung der Machtbalance: Zwei standen gegen einen.[83] Wichtig war auch das Gesinde: Wenn ältere Mägde eine Frau unterstützten, konnte ein unnützer, gewalttätiger Mann zumindest im

---

[79] StAKN, HIX, F. 41, o.D., c. Juli 1597.
[80] StAMM, A 139 / 4.
[81] StAKN, HIX, F. 39, 26.2.1587, Spyter.
[82] StAKN, RP, BI 144, 1664, 620ʳ.
[83] Ein Beispiel für ein Baderehepaar, bei dem die Mutter des Mannes mit ihm gegen die Frau agierte, siehe StAKN, HIX, F. 41, 6.5.1598.

Haus immer mehr an die Seite gedrängt werden. Anna Maria Vogler war selbst schon in das Memminger Gefängnis gewandert und hatte sich mit ihrem Mann vom Rat »väterlich« ermahnen lassen, eine friedliche Ehe zu führen. Ihr Mann war tatsächlich ausgewiesen worden, dann aber, wie verlangt, wiedergekommen. Danach hatte sich die Situation von Tag zu Tag verschlechtert. In einer Supplikation beschrieb Anna Maria 1610, wie ihr Mann beispielsweise eines Abends betrunken aus der Krämerzunft kommend ins Haus gepoltert war und rief: »Er wolle bei den tausend Sacra:sachen Wehrmaister im Haus sein, und du Sacramentischer Sack willst du mir nichts zu fressen geben.« Anna Maria hatte die Magd zum Büttel geschickt, der auch bald mit einem Gehilfen nahte. Der Mann verbarrikadierte sich, die Frau brach die Kammer auf; der Büttel fragte, warum er sich so »vollgesoffen« habe, obwohl es ihm verboten worden sei. Aggression und ein Gefühl der Ausweglosigkeit lagen dicht beieinander: Als nächstes kündigte der Mann öffentlich abwechselnd an, entweder sich selbst oder die Frau und die Magd umbringen zu wollen. Anna sprach von Tyrannei. Doch es war – wie so oft – eine ohnmächtige Gewaltherrschaft. Anna Maria hatte einen Großteil der Arbeit übernommen und ging sogar selber nach Mundelsheim, um »angefrümbte« (angefangene) Arbeit fertig zu machen. Das Geld dafür wollte sie selbst behalten. Außerdem verlangte sie »Rast und Ruhe«, wenn sie mit den »Hausgenossen« abends »matt und müd, darzu auch etwann ganz naß, hungrig und durstig« heimkam: Tatsächlich zeigte sie also, daß eine Frau sehr wohl die Meisterschaft in einem Handwerkerhaushalt, inklusive aller Pflichten, übernehmen konnte. Sie hatte hart gearbeitet und redete gegenüber dem Rat Klartext: Sie wolle die endgültige Ausweisung ihres Mannes, daß er von ihrem Bett und Tisch »abgeschafft werde«, Leib und Seele wolle sie sich »ferner mit ihm nicht beschweren«. Ansonsten sei sie gezwungen,

dann dieweil er sich so grosser thatten rhüemen thuet, wie er so ein arbaittsamer Man sey, würd er verhoffentlich sein broth selbst erarnen und dem gemainen Sprüchwortt nach, das ein Man ein weib mit / kindern erneren soll, Ime selbsten füer seinen ainzigen leib sein Narung gewinnen könen tut.[84]

---

[84] StAMM, A 136/2, 9.11.1610.

sich selbst von ihm »abschweiffig« zu machen, Mann und Frau arbeiteten zwar beide für die Nahrung, aber vor Gericht pochten Frauen auf die Pflicht des Mannes als »Ernährer«. Diese Stellung war bei Lohnabhängigen in der ungleichen Lohnstruktur (hier brachte der Mann schlichtweg mehr Geld ins Haus) und sonst lose auf die Arbeitsteilung begründet. Das Bild des Mannes als »Ernährer« war gleichzeitig aber auch eine patriarchalische Herrschaftsfiktion, die die hausväterliche Überlegenheit legitimieren sollte, aber mit der Realität oft nichts zu tun hatte. Vor Gericht ließ sich diese Vorstellung geschickt verwenden, um den Mann als Versager zu entlarven. Kinder hatte Anna Maria nicht mehr im Haus zu versorgen. Sich selbst ernährte sie besser alleine. Sie brauchte keinen unnützen Mann, und wenn die Obrigkeit ihr keine Trennung erlaubte, dann war das für sie nicht länger Gesetz.

Es kam tatsächlich immer wieder vor, daß Trennungen von Tisch und Bett einfach so vollzogen wurden und Eheleute auseinanderzogen, aber in derselben Stadt blieben. Klagend wurde beispielsweise 1639 in Memmingen angebracht, »etliche Ehen hätten sich selbst separiert«. Unter den Genannten befanden sich zwei Paare, die »seit Jahr und Tag nicht mehr beieinander« wohnten.[85] Auch Susanna Holtzmann, die sich seit Jahren von ihrem Mann »absentiert« hatte, wurde 1657 in Hall befohlen, sie sollte mit ihrem Mann leben oder sie beide davonziehen.[86] Die meisten Nachbarn, die um solche Paare wußten, übten sich bezüglich solcher Trennungen von Tisch und Bett indes einmal mehr im Stillschweigen. Wie die Eheleute selbst wußten sie, wann lediglich vermehrte Verbitterung anstatt Versöhnung zu erwarten war. Ihrer Ansicht nach waren das erzwungene Zusammenleben und der tägliche Hader dem sozialen Frieden und somit Gottes Güte abträglicher als eine Trennung. Margaretha Eggenspergerin sagte es den Memminger Räten ins Gesicht: Der chronisch fluchende und betrunkene Felix Kharer und seine Frau »seien gegen einander also verbittert, daß kein Besserung zu hoffen«. Felix sah selbst, daß die Streitigkeiten eine bedrohliche Eigenmacht über das Verhältnis der Ehepartner gewannen. Was man tat und sprach, erschreckte und entfremdete

---

[85] StAMM, RP 31.10.1638–30.12.1640, 122^v–125^r, 9.12.1639.
[86] StAH, 4/472, 19.8.1657, 229^v.

voneinander. »Es sei kein böserer Teufel«, resümierte Felix, »als der Eheteufel.«[87]

»DENN WER DA STEHT, DER SIEHE ZU, DASS ER NICHT FALLE«: BIGAMIE UND EHEBRUCH Bigamiefälle hingen erstaunlich eng mit der eben beschriebenen Desertionspraxis zusammen. Viele Frauen gingen nämlich die zweite Ehe erst ein, nachdem ihr erster Mann sie »böswillig« verlassen hatte und sie alleine dastanden. In anderen Fällen schien der erste Mann kriegstot, war verbannt worden oder vor einer Strafe geflohen. Diese Umstände entschuldigten eine illegale Neuheirat zwar nicht, schützten jedoch vor der Todesstrafe. Daß das protestantische Württemberg dagegen umgekehrt keine Gnade kannte, wenn eine Frau ihren Mann böswillig verließ und neu heiratete, zeigte sich 1536 an Margaretha Trinklers Fall. Trinkler beschrieb die Gewalt und Erniedrigungen während ihrer Ehe mit dem obendrein notorisch ehebrecherischen Cannstatter Stadtschreiber genau. Schließlich war sie mit dem Pfarrer weggezogen und hatte vor dem Züricher Ehegericht eine Wiederverheiratungserlaubnis erreicht. Sein Pfarramt nahm er in Dußlingen bei Tübingen auf – und hier galt dieser Rechtsspruch nicht. Margaretha wurde ertränkt – drei Jahre vor der reformatorisch abgesegneten Doppelehe Phillips von Hessen.[88]
Eine offizielle Wiederverheiratungserlaubnis wurde in Württemberg nur aufgrund eines vorliegenden Totenscheins oder des klaren Nachweises gegeben, daß der Mann seit mehreren Jahren verschollen war und die Frau sich zwischenzeitlich wohl verhalten hatte. Dies war unter anderem nötig, weil die erbrechtlichen Folgen einer Desertion ebenso unklar blieben wie die Regelung der Alimentierung legitimer und etwaiger illegitimer Kinder, die während der Desertion gezeugt worden waren.[89] Es ist aber leicht zu sehen, wie schwierig das lange Warten auf die Wiederverheiratungserlaubnis vor allem für är-

---

[87] StAMM, A 136/1, 2.11.1610.
[88] HStASt, A 43, Bü. 9; Vgl. P. Mikat, Die Polygamiefrage in der frühen Neuzeit, Opladen 1988.
[89] In einem Memminger Fall von 1592 wurde einem Mann, der seine unfriedliche Frau verlassen hatte, gesagt, er solle ein Inventar seines Besitzes anfertigen und seine Frau in der Zwischenzeit nichts davon nehmen, StAMM, RP 1.7.1590–10.3.1595, 7.6.1592, 73^v.

mere Frauen mit Kindern war. Anna Becks Fall ist typisch: Sie hatte zwei Jahre mit ihrem Mann in Ernstfelden gelebt und Kinder bekommen. Dann schlug er sich zu einem ungarischen Regiment, ließ sie in »Armut und ohne Gruß« sitzen. Weder schrieb er, noch schickte er Unterhalt. Der Pfarrer sagte Anna, sie solle mit der Wiederheirat warten. Doch nach einem Jahr gab sie sich woanders als Witwe aus und heiratete einen Müller. Als dieser starb, kehrte sie nach Ernstfelden zurück, wurde 1682 verhaftet und mit dem Gefängnis und dem Ausschluß von ehrlichen Gesellschaften bestraft.[90] An diesem Fall ist natürlich am ungewöhnlichsten, daß er durch Annas Rückkehr entdeckt und angezeigt wurde.[91] Es konnte also relativ einfach sein, die Gesetze durch den Umzug zu unterlaufen – und selbst in der Heimatgemeinde konnte es manchmal Sympathie mit einer seit langem verlassenen Frau geben, deren erster Mann ohnehin von außerhalb gekommen war, und die lokale Obrigkeit tolerierte dann eine Wiederheirat.[92] Eheverordnungen mahnten die Pfarrer jedoch seit 1624 nachdrücklich, nicht auf »bloßes Vorgeben, oder vorgelegte falsche Urkund« einen Totenschein für vermißte Männer auszustellen. Bei einer Neuheirat der Frau führte dies nicht selten zu Ärger, wenn der erste Mann wieder auftauchte.[93] Frauen, die Totenscheine fälschten, mußten mit hohen Strafen rechnen, vor allem wenn sie tatsächlich sicher waren, daß der Mann noch lebte.

Aber auch die Geschichten hinter diesen Fällen zeigen, wie lange eine Frau oft schon mit einem harten Leben gekämpft hatte, bis sie sich zu einem solchen Schritt entschloß. Wir hören beispielsweise von einem Stuttgarter Weingärtner, der nach einem Tuchdiebstahl geflohen war und mit den »kurpfälzischen Völkern über Levenstein nach Wien« kam. Seine Frau mußte allein sieben Kinder versorgen. Wenn sie den Aufenthaltsort ihres Mannes erfahren hatte, war sie ihm, gegen den Rat guter Freunde, immer wieder nachgezogen. Nach neunzehn

---

[90] HStASt, A 209, Bü. 1512, 13.10.1682.
[91] *Für eine Heirat war der Geburtsschein notwendig. Deshalb hätten Pfarrer bei heiratswilligen Leuten von außerhalb an deren Heimatgemeinde schreiben können, um nach einer etwaigen Erstheirat zu fragen. Aber es ist unwahrscheinlich, daß man sich diese Mühe machte.*
[92] *Siehe HStASt, A 209, Bü. 1006, 13.8.1646.*
[93] *Reyscher, Gesetze, Bd. 5, General=Reskript, Ehesachen betreffend, 18.4.1624, S. 198f.; 10/18. 2. 1648, S. 442. Vgl. auch StAH, 4/483, 17.10.1670, Anna Mair.*

Jahren hatte sie von dieser Ehe genug. Ein falscher Totenschein sollte die Hochzeit mit einem Steinmetz ermöglichen, führte aber 1666 zu ihrer Verbannung.[94]

❯ Die Treue der Frau ❮ Auch schweren Ehebruchsfällen ging oft die Desertion voraus. Ein Kiebinger Paar wurde beispielsweise 1610 aus Württemberg verbannt, da beide ihre Ehepartner verlassen und »wie Eheleute« zusammengelebt hatten.[95] Hier war der Unterschied zur Bigamie nur, daß keine offizielle Wiederheirat angestrebt wurde. Auch beim schweren Ehebruch stoßen wir wieder auf Fälle, in denen Männer ihre Familie verließen, ohne es zu wollen, um einer Strafe für ein anderes Delikt zu entgehen. Das harte Strafsystem zeitigte also durch die nicht seltene Flucht straffälliger Männer unintendierte soziale Folgen. Sie wurden auf dem Rücken der Frauen ausgetragen. Anna Kohler lebte beispielsweise vier Jahre mit ihrem Mann, bis er aus Angst vor einer Diebstahlsstrafe wegzog. Nach neun Jahren meinte sie, er sei in Mailand an der roten Ruhr gestorben. Vorher hatte er sie mehrmals aufgefordert, ihm nachzuziehen. Aber Annas Vater hatte ihr davon abgeraten. Sie war nach Bodelshausen zu ihren Eltern gezogen, die ihr bei der Aufsicht ihrer zwei Kinder halfen, strickte Strümpfe und arbeitete bei der Ernte. Nach zwei Jahren ließ sie sich mit einem verheirateten Mann ein, bekam ein weiteres Kind und stand das Gefängnis und die Kirchenbuße aus. Nun war sie wieder schwanger, und man attestierte ihr ein »bodenschlimmes Prädikat«.[96]

Solche Frauen waren also auf familiäre Hilfe angewiesen und wahrscheinlich im Ort nur geduldet, wenn sie sich zurückgezogen verhielten. Als Frauen, die einerseits zu haben und andererseits gebunden waren, zogen sie das Begehren und die Aggression von Männern auf sich. Sie wurden leicht als Hure verschrien und zu »Huren« gemacht. Die Situation lediger Mütter konnte ähnlich schwer sein. Denn Männer nahmen natürlich an, daß eine Frau, die ihre Liederlichkeit schon

---

[94] *HStASt, A 210, Abt. I, Bü. 424, Christina Faist.*
[95] *HStASt, A 209, Bü. 731, Magdalena Thomas, Hans Wollenbarth.*
[96] *Sie wurde an den Pranger gestellt, ausgepeitscht und des Landes verwiesen, HStASt, A 209, Bü. 1252, 15.7.1699.*

bewiesen hatte, nun an mangelndem Sex nahezu zugrunde gehen müsse. Zudem erkannten sie die Schutzlosigkeit und Bedürftigkeit dieser Frauen genau. Die Belästigungen, die Anna Helena Andriß erfuhr, zeigen dies besonders eindrücklich. Als sie auf einer Wiese arbeitete, hatte ein verheirateter Schneider ihr zugewinkt und auf seinen entblößten Körper gezeigt. Sie reagierte nicht und ging fort. Vier Wochen später kam er in ihr Haus. »Genug Gerät« und gleich ein Leinlaken bot er für den Beischlaf an. Ihr Kind schrie. Er ging. Doch schon nach acht Tagen kehrte er wieder, schloß die Tür ab, entblößte sich und riß ihr den Schurz vom Leib. Sie griff ihre Sichel, mit der sie täglich das Gras schnitt, und drohte ihm, sein »Membrum abzuhauen«. Trotzdem nötigte er sie.[97]

Witwen waren ebenso durch Verleumdungen wegen Hurerei angreifbar. Der Reformator Johannes Brenz analysierte einen solchen Verleumdungsprozeß 1527 in seinem Gutachten über die »Buhlschaft« der Haller Witwe Elsa Sommer beispielhaft. Sommer wurde beschuldigt, mit einem jüngeren Mann, Lang Jorgen genannt, verkehrt zu haben. Brenz wies bei jeder gegen sie gerichteten Zeugenaussage nach, daß sie entweder auf unqualifiziertem »Hörensagen« oder persönlicher Feindschaft beruhte.[98] Der Prozeß wurde eingestellt. Brenz hatte den Fall aufgegriffen, um für ein faires, unparteiisches Prozeßrecht zu fechten – ganz im Geist rechtlicher Erneuerung, aus dem zur selben Zeit die Carolina hervorging. Es forderte die weltliche Obrigkeit heraus und griff in die lokale Rechtskultur ein. Nach der Institutionalisierung der Reformation hören wir kaum noch von Geistlichen, die aus ihrem Reich heraus- und für weltliche, rechtliche Gerechtigkeit eintraten.[99] Natürlich gab es aber auch wahrhaft unzüchtige Witwen, in Hall beispielsweise die »schwarze Adamin«, die 1535 Junggesellen im »underwert Bade ihr Scham öffentlich« zeigte, sie »daran klopfen« und Wein hineingießen ließ. Bestraft wurde sie allerdings nur zu vier Tagen Gefängnis und einer Urfehde –

---

[97] UAT, 84 / 26, 0004.
[98] M. Brecht u.a. (Hg.), Johannes Brenz. Frühschriften. Teil 2, Werke, Tübingen 1974, S. 322–330.
[99] Eine Ausnahme im 17. Jahrhundert ist der Coburger Pfarrer Johann Matthäus Meyfart (1590–1642), der sich vehement gegen die Verfahrensweise in Hexenprozessen äußerte, siehe E. Trunz, Weltbild und Dichtung im deutschen Barock. Sechs Studien, München 1992, Kap. 3.

denn um manifeste Unzucht oder Ehebruch handelte es sich ja nicht.[100]

Mit Anklagen wegen wiederholtem Ehebruch war nicht zu spaßen: Auch ledigen Frauen, die wußten, daß ein Mann verheiratet war, und ihm trotzdem fortgesetzt beischliefen, drohte in Württemberg der Tod. 1698 wurde beispielsweise die 35jährige Barbara Heinisch enthauptet, nachdem sie schon einmal wegen Ehebruch bestraft worden war und sich nun mit einem verheirateten Schneider eingelassen hatte. Sie war Waise. Ein Bruder hatte liederlich gelebt und war gestorben, den anderen hatte man wegen Sodomie hingerichtet, zwei Schwestern waren ortsbekannte Huren. Es war deutlich, daß Barbaras Enthauptung die in Burstall verruchte Familie zum Wohle aller weiter dezimierte.[101] Im gleichen Jahr wurde in Sontheim auch die ledige Näherin Anna Wiedmann enthauptet. Ihre Geschichte war anders: Ein Hufschmied und Vater von vier Kindern hatte sie zweimal, als sie abends um acht Uhr von der Arbeit zurückkehrte, »bei ihrem Haus, in einem Winkel« beschlafen und dann ein drittes Mal im Frühling bei der Rückkehr vom Feld. Als sie ihm ihre Schwangerschaft eröffnete, sagte er zuversichtlich: »Sie solle mit ihm fort, er werde schon einen Ort finden wo man sie zusammen geben (werde), daß sie hausen können«. Doch sie wollte nicht weg. Beide blieben also, erlitten Gefängnis und Kirchenbuße für den nun offenbar gewordenen Ehebruch. Bald danach, so der moralisierende Bericht, wälzten sie sich aber »wieder in dem vorigen Kot« und »schlupften« zusammen. Anna wurde erneut schwanger. Da sie dieses Mal bei einer Anklage beide um ihr Leben fürchten mußten, blieb nur die Flucht. Sie gaben sich als verheiratetes Paar aus, und zunächst glaubte ihnen jeder. Er arbeitete in Stuttgart als Stadtfahrknecht, das gemeinsame Leben wurde auf festen Grund gestellt. Doch mit der Geburt des Kindes kam alles heraus – wurden die Fragen über das vorherige Bürgerrecht und die Heirat bedrohlich, die der Taufregistereintrag notwendig machte. Nun wuchs das Kind ohne Mutter auf.[102]

Nach Gründen für den Ehebruch wurde hier erst gar nicht gefragt. Vielleicht gab es auch keine anderen als sexuelle Lust abseits der

---

[100] StAH, 4/479, Mittwoch nach Bartholomae, Adam Wüsts Witwe.
[101] HStASt, A 209, Bü. 1801.
[102] HStASt, A 209, Bü. 2014, 3.9.1698.

Mühen des Alltags. Dies war zumindest bei Männern dann verzeihlich, wenn die Ehefrau den Beischlaf verweigerte. In einem Parallelfall hatte sich nämlich 1655 Georg Ringele in Gerlingen mit einer verwaisten, ledigen Näherin eingelassen. Als sie schwanger wurde, zogen sie ebenfalls in eine größere Stadt, Heilbronn. Trotzdem griff man auch ihren Fall auf, und Ringeles Frau machte geltend, sie sei »als armes schwaches Weib hintergangen« worden. Doch nun enthüllte Ringele, von seiner Heirat im Alter von 21 an habe sie, »wenn er sie um eheliche Beiwohnung angesucht habe, ... gleich zu weinen angefangen und ihn ab und weg geheissen, ihm aber ihre beschwerlichen Leibszustände verschwiegen«. Dann meinte er, sie habe ihm erlaubt, »zu Anderen zu gehen«. Und tatsächlich: durch diese Begründung kamen die Näherin Magdalena und Georg Ringele mit der Kirchenbuße und dem Bann aus dem Amt Leonberg, solange seine Frau lebte, davon.[103]

An solchen Entscheidungen wird immer wieder deutlich, daß die sexuelle Treue der Frau gegenüber dem Mann sehr viel mehr als ein Grundstein einer funktionierenden Ehe angesehen wurde als der liebende und freundschaftliche Umgang miteinander. Im reformatorischen Verständnis war die Beischlafspflicht zum einen so zentral, weil hier spirituell die Ein-Leib-Werdung erfahrbar wurde. Pragmatischer, wichtiger und konfessionsübergreifend war die Überlegung, daß sexuelle Lust innerehelich ausreichend befriedigt werden mußte, um außereheliches sündiges Verhalten zu verhindern. Männer und Frauen konnten deshalb die eheliche Beiwohnung durch den Partner einklagen. Öffentlich wurde aber vor allem die weibliche Pflicht hervorgehoben, Männer zu befriedigen. Der Reformator Bullinger mahnte die Frauen: »Herwiederum versage sie ihm nicht widerspenstig und kiebig die ehelichen Werke. Denn sollche Feindseligkeit gibt oft große Ursachen und Anlaß zum Ehebruch.«[104] Mit welchem Zeitrhythmus Eheleute ihren »ehelichen Pflichten« am besten nachzukommen meinten, ist unklar. In einem Inzestfall fragte man die Frau des Beklagten, »wie sich ihr Ehmann der Johannes Bauer im Ehebett und in Leistung der ehelichen Pflichten gegen ihr bezeugt«; Antwort:

---

[103] HStASt, A 309, Bü. 174.
[104] Zit. in A. Völker-Rasor, Bilderpaare – Paarbilder. Die Ehe in Autobiographien des 16. Jahrhunderts, Diss. phil., Freiburg i. Br. 1991, S. 307, publ. Freiburg 1993.

»Er habe sich hierinnen bezeugt wie es christlich und gebührlich gewesen, vor 14 Tagen zum letzten Mal beigewohnt.«[105] Trauriger liest sich die Antwort einer 54jährigen Frau, deren Mann ebenfalls mit ihrer Tochter verkehrt hatte. Sie sagte, »er habe ihr die ehelichen Pflichten geleistet, und sie habe alles gethan, nur, daß er nicht durchgehe«. Auch wenn sie krank gewesen sei, habe sie »seines Willens leben müssen, und habe sie solches darum getan, um eine Untreu ihres Ehemanns zu verhüten«.[106]

Bei der durch einen Unfall oder eine Krankheit erst im Verlauf der Ehe aufgetretenen Impotenz des Mannes wurde dagegen nach württembergischem Recht nicht geschieden: Dies war eine von der Frau zu ertragende »Kalamität«. Auch eine wegen Hurerei und Ehebruch beklagte Bergfeldener Müllersfrau kam mit ihrer Entschuldigung, ihr Mann sei »saumselig«, nicht weit. Sie war als »Hure« bekannt, hatte sich auf offener Heeresstraße »garstig« aufgeführt und an einem Straßenabhang entblößt, »daß man ihr Scham völlig gesehen«. Doch ihr Mann, so klagte sie, sei wochenlang weder aus den Kleidern gekommen, noch habe er ihr in dieser Zeit das »Debitum conjugale« (die eheliche Pflicht) zu »präsentieren« vermocht. Aber dies, so beschlossen die Tübinger Juristen, sei nur eine »abstinentia temporalis« (zeitweise Abstinenz) und rechtfertige noch lange keine Strafmilderung.[107]

Ein Ehebruch von Frauen wurde ebensowenig dadurch entschuldbar, daß es für sie emotional keinen Anlaß für den Beischlaf mehr geben konnte. 1649 hatten die Esslinger Juristen den Fall der Tübingerin Sabina Werlim nämlich folgendermaßen gesehen: Sie hatte lange Jahre »eine leidige gekreuzigte Ehe besessen« und bei ihrem offenbar gewalttätigen Mann »grosse Gefahr« ausstehen müssen, so daß sie schließlich »aus menschlicher Schwachheit« Ehebruch begangen und das hieraus entstandene Kind vermutlich umgebracht hatte. Die Frage war nun, ob die schlimme Ehe einen Milderungsgrund darstelle. Nein, sagten die Juristen einhellig, denn

»obwohl dies Weibsbild viel leidiges in ihrem Ehestand erdauert, So ist doch des Manns Beschaffenheit ihr nicht unbekannt gewesen, und in ihrem freien Willen

---

[105] HStASt, A 309, Bü. 147, 5.12.1765.
[106] HStASt, A 309, Bü. 270, 22.3.1770, Elisabeth Metsch.
[107] HStASt, A 209, Bü. 1765, 10.7.1696, Jung Hans Jacob Fischers Frau.

gestanden, sich mit diesem Mann zu verheirathen: So dann bestehet das debitum conjugale nicht allein in Liebe, sondern auch in Leide, und muß man das Böse mit Gedult ertragen, und Gottes Hilfe erwarten«.

Wenn diese Frau nicht sterbe, würde Gott die Richter strafen, weil das Blut des Kindes nicht gesühnt worden sei.[108] Der Kindsmord verschärfte den Tatbestand hier natürlich entscheidend, aber trotzdem wird deutlich, wie wenig Verständnis die Richter für die Suche der Frau nach einem Ausweg aus der unglücklichen Ehe und das Ende der lange gezeigten Geduld hatten. Immer wieder wurde so bestätigt, daß man sich in der Ehe vor allem Beistand leisten und mit sicherem Gottvertrauen durch das Leben gehen sollte. Bis zur dritten Eheordnung 1687 konnte eine Württembergerin wie Sabina Werlim viermal im Jahr von der Kanzel hören, daß Eheleute, die »gegen einander großen Unwillen, Neid, Haß, Grimmen, und Unfreundtschaft gefaßt« hätten und sich keine eheliche Beiwohnung leisteten, *bestraft* werden sollten, »auf daß die Heilig Ehe und Band, nicht zertrennt« werde. Dieser Abschnitt der 134 Jahre lang gültigen Ordnung schloß mit der Aufforderung, der Mann solle bedenken, daß die Frau ihm von Gott »zu einem Gehilfen [m., sic!] geordnet«, und die Frau, daß der Mann »ihr, zu einem Haupt und Herrn gesetzt seie, doch, daß je eins das ander, als seinen eignen Leib, lieb habe«.[109]

Der Ehebruch der Frau war damit immer ein Anschlag auf ihren »Herrn«, eine Verletzung ihrer Gehorsamspflicht und damit gegen die häusliche Ordnung insgesamt gerichtet. Obwohl der Ehebruch von Frauen und Männern seit dem 16. Jahrhundert gesetzlich gleich behandelt wurde, wog er von Frauen deshalb in vielen Situationen schwerer.[110] Ein klares Beispiel bietet der Ehebruch mit dem Gesinde und Gesellen: Ein Mann, der seine Magd schwängerte, war nichts Ungewöhnliches und kam etwa in Konstanz mit einer etwas höheren Geldstrafe davon, die meist Haftzeiten von 7–10 Tagen entsprach. Diese Strafe war kaum dazu angetan abzuschrecken; und wiederum

---

[108] *HStASt, A 209, Bü. 1908.*
[109] *Reyscher, Gesetze, Bd. 4, Zweite Ehe=Ordnung, 1.1.1553, S. 90. Dementsprechend wurde in einem typischen Fall auch eine Haller Frau, die immer mit ihrem Mann uneinig war und ihm die eheliche Beiwohnung versagte, selber zehn Tage inhaftiert und mit einer Urfehde bestraft, ihr Mann drei Tage inhaftiert und beide verwarnt, StAH, 4/480, 127', 5. 12. 1572.*
[110] *Vgl. Roper, Das fromme Haus, Kap. 5.*

mußte der Ehebruch ja erst mal angezeigt und dann auch noch der Magd geglaubt werden – sonst wurde auch sie bestraft. Nur in extremen Fällen riß städtischen Räten der Geduldsfaden; so beispielsweise 1664 in Esslingen, als die Magd des Hauptzollers wegen Hurerei an den Pranger gestellt, ausgepeitscht und verbannt wurde und dies einen Rattenschwanz von Strafen »ehrbarer« Männer nach sich zog. Ihr Meister mußte den Ehebruch mit 199 Reichstalern büßen, dieselbe Summe wegen einer geplanten Abtreibung bezahlen, zudem den Unterhalt für das dennoch geborene Kind und die Magd wegen der Schwängerung entschädigen. Er wurde seines Amtes entsetzt und ihm ein Jahr lang der Besuch von Zechen, Hochzeiten und ehrlichen Gesellschaften verboten. In der Zollstation hatte auch der Handelsmann Hans Jacob Straub Unzucht mit der Magd verübt und mußte 20 Reichstaler bezahlen, ein Ulmer Handelsmann, der sie in »Unehren« betastet hatte, kam mit vier Reichstalern davon, ebenso ein städtischer Büchsenmacher und »Mitmeister auf dem Schützenhaus«, ein Kupferschmied und Mitmeister, ein Metzger und ein Barbier. Sieben verheiratete, angesehene Männer und eine ledige Magd: Im Esslinger Rat war man empört und beschloß die Verschärfung der Ehebruchsstrafen.[111] Mägde waren die Hauptbeziehungspartner aller angezeigten ehebrüchigen Männer – und dies erstaunt aufgrund der Abhängigkeitsstrukturen im Haus wenig.[112] »Mägdle leid dich, es ist bald geschehen, ich will dir ein Underrock kaufen«, befahl der Cannstatter Stadtschreiber seiner Magd also beispielsweise 1535, und bestätigte seiner Frau später: »Man muß den Madtlin tun, oder sie werden zu Hurn.«[113] Immer wieder bildeten sich Meister stolz ein, daß sie zumindest wußten, wie sie einer Magd nicht »schadeten« (das heißt sie nicht schwängerten, und meist kam es dann auch zu keiner Anzeige) oder sie wenigstens mit Geschenken, der Vermittlung eines Heiratspartners im Fall einer Schwangerschaft oder der Alimentation »entschädigen« konnten.

Eine Meisterin dagegen, die in der Abwesenheit ihres Mannes mit einem Gesellen auch nur Wein trank, oder gar sexuell mit ihm verkehrte, war ein Skandal. Wenn ein verheirateter Mann ein unehe-

---

[111] StAE, RP 1663 / 4, Maria Essenwein, 1.6.1664, 118^v – 121^v.

[112] Vgl. Harrington, Reordering Marriage, S. 227 f.

[113] HStASt, A 43, Bü. 9, Margaretha Trinckler.

liches Kind zeugte, wurden schnell Regelungen gefunden. Was aber, wenn eine verheiratete Frau dies tat? Denn der Ehebruch von Frauen wurde nicht nur von Richtern, sondern gesamtgesellschaftlich keineswegs primär mit sexueller »Sünde« verbunden, sondern mit der anmaßenden Unabhängigkeit von der Autorität des Mannes im Zusammenleben. Die Tatsache, daß verheiratete Frauen in ganz Europa sich am häufigsten die Beleidigung »Hure« an den Kopf warfen, bestätigt dies. Diese Beleidigung ist auf Erwartungen an das Zusammenleben insgesamt zu beziehen: Die Prostituierte als sterile, sich nicht einem Mann unterordnende, selbst verdienende und verschwenderische Frau war das Gegenbild der guten Ehefrau.[114]

Ein Fall aus dem Wildberger Vogtrüggerichtsprotokoll von 1629 bestätigt eindrücklich, daß der Vorwurf sexueller Untreue im weiteren Kontext des subversiven Umgangs einer Frau mit Eigentum und Macht angesiedelt war. Bei den Wildberger Vogtgerichtsklagen gab es eine klare Regel: Frauen brachten ihre Klagen nie selber vor, höchstens beschwerten sich männliche Familienmitglieder für sie.[115] Bis dann im August 1629 erstmalig eine Frau klagte, und dann gleich so ausführlich, daß sich der Fall über mehrere Protokollseiten erstreckte. Vielleicht ist es nicht zufällig, daß ihre Klage den tiefen Haß zwischen einer Gruppe von Frauen betraf. Ursula, die Frau des Hafners Hans Bremen, beschrieb zunächst folgende seltsame Szene: Vor acht Tagen hatte sie eine Kuh aus dem Stall getrieben. Da habe ein Junge aus dem Ort vor der Tür gestanden und auf die Kuh eingeschlagen. Sie sagte zu ihm: »Du groß Teufel, laß mir die Kuh gehen, schlägst mir die Sau auch allwegen, ich kann keines vor dir aus- und eintreiben.« Als sie zurück in das Haus ging, nannte eine Witwe sie »Krotten- und Hundsfuß« und sagte, das Schlagen der Kuh tue ihr doch nichts. Niemand habe der Kuh einen Schenkel abgeschlagen. Ursula erwiderte, wenn sie dem Vieh einen Schenkel abschlügen, könnten sie es nicht bezahlen. Nun ging der Streit erst richtig los. Die Tochter der Witwe sagte, sie und ihre Mutter könnten wohl so eine

---

[114] M. Dinges, »Weiblichkeit« in »Männlichkeitsritualen«. Zu weiblichen Taktiken im Ehrenhandel in Paris im 18. Jahrhundert, Francia, 18/1991, S. 88 f.
[115] Sonderbar, weil es mir in der Gerichtspraxis wirklich nur bei diesem Gericht begegnet ist, und auch bei der Durchsicht der Wildberger Rechtstagprotokolle Frauen dort als eigenständige Klägerinnen bei Schwangerschaftsklagen etc. auftauchten.

Kuh und Sau bezahlen und seien reicher als sie: »Wir sind an der Seelen reich, wenn sie schon an dem Gut reich ist, der Teufel habe sie noch nie holen wollen, wie sie, die Häfnerin.« Ursula wollte nun genau wissen, wann der Teufel sie denn wohl habe holen wollen? Vor vier Jahren, lautete die prompte Antwort, sie sollte nur des Caspar Harrichs Weib fragen. Ursula hatte genug und sagte, wenn sie sie immer nur »schänden und schmähen, huren und sacken« wollten, dann sollten sie zumindest von ihrem Haus weggehen. Die Nachbarn entgegneten, sie säßen ja vor dem ihrigen, und wenn Ursula es nicht sehen wolle, solle sie an dem Galgen sitzen. Hinzugefügt wurde, sie solle auf das Rathaus gehen, da werde sie im Protokoll finden, daß sie eine Hure sei. Nun kam der Kern der Anschuldigung: »Du hast über hundert Maurer und Gesellen eingezogen und Hurerei mit ihnen getrieben, und danach das Geld aus dem Sack gestohlen, darum sei sie so reich geworden.« Am nächsten Tag wurde Ursula mit Steinen beworfen, in der Nacht gingen Fensterscheiben zu Bruch. Der Nachbarin warf Ursula vor, sie sei ihr noch fünf Gulden und drei Batzen schuldig, diese erwiderte nur, sie sei ihr »einen Galgen« schuldig. Ursula klagte dem Vogt, was passiert war, und dies heizte die Gemüter weiterer Frauen an: Eine fiel sie rasend an, so daß ihr Mann sagte, sie solle gemach tun, woraufhin sie schrie: »Jetzt stehe er der Huren auch noch bei, habe wohl auch bei ihr gelegen.«[116]

Ursula wurde also angegriffen, weil sie ihr Vermögen als Machtinstrument einsetzte. Die Verletzung der Tiere war das gewöhnliche Mittel, mit dem Besitzende direkt geschädigt wurden. Das Mandat des Schwäbischen Kreises von 1648 erwähnte beispielsweise ebenfalls die Mißhandlung von Vieh als eine Waffe des Gesindes. Die höchste Steigerungsstufe war das gezielte Abschlagen von Schenkeln.[117] Dieser Vorstellung entsprechend sprachen Männer, die ihrer Frau mit der Züchtigung drohten, auch oft davon, ihr einen »Flügel vom Leib« schlagen zu wollen. Abgeschlagene Schenkel und Flügel verhinderten Arbeit und Bewegung; sie legten lahm. Die Anschuldigung »Hure« erklärte, daß Ursula ihren Körper als Gut verschwenderisch und gegen die Gesetze der Fruchtbarkeit im Ehebruch zu ihrer materiellen

---

[116] Ursula und die Nachbarsfrau mußten eine Geldbuße bezahlen, die anderen bekamen einen Verweis, HStASt, A 582, Bü. 86, 3.8.1629.
[117] Siehe z. B. HStASt, A 44, U 2167, 27.3.1527.

Bereicherung eingesetzt hatte. Ihr Mann hatte die Kontrolle über die Sexualität seiner Frau verloren, und sie verdiente das meiste Geld. Damit hatte sie Unabhängigkeit und Macht innerhalb und außerhalb des Hauses gewonnen. Solche Anschuldigungen bewegten sich, wie die Zahl der 100 Gesellen deutlich macht, immer auf einer imaginären Ebene. Aber sozial erklärten sie das Verhalten einer Frau, die ihren Mann in den Hintergrund gedrängt hatte.

❯ **Strafen** ❮ Diese soziale und politische Bedeutung des Delikts führte auch dazu, daß Frauen zwar insgesamt wesentlich weniger oft wegen Ehebruch beklagt, aber wenn, dann meist schärfer bestraft wurden. In Memmingen waren zudem die wegen Ehebruch peinlich Beklagten – und somit deshalb ihres Lebens Bedrohten – ausschließlich Frauen. Zwei von ihnen wurden tatsächlich enthauptet! Diese mögliche scharfe *Bestrafung* des Ehebruchs scheint für strenge lutherische Obrigkeiten typisch, nicht aber das entschiedene Vorgehen gegen Ehebruch: Im katholischen Freiburg kamen beispielsweise zwischen 1550 und 1600 531 Ehebruchsfälle vor das Stadtgericht, in die also mindestens 1062 Personen involviert waren. Diese hohe Zahl steht höchstwahrscheinlich in engem Zusammenhang mit der niedrigen Bestrafung: Routinemäßig wurde eine niedrige Geldbuße von zehn Pfund ausgesprochen.[118] Die in den Memminger Urgichtbüchern festgehaltenen Strafen sahen dagegen wie folgt aus: 1574 wurde die Bürgerin Agatha Menzlerin auf den Lasterstein gestellt und die Niedergasse hinausgetrieben, weil sie »mit etlichen Mannsbildern viel und oftmals zuschaffen gehabt« und sich anscheinend mit Zustimmung ihres Mannes prostituierte.[119] 1606 verbannte man eine weitere Bürgerin wegen Ehebruch,[120] und im gleichen Monat wurde die Bürgerin Elsa Bayrin, genannt »Geißbäuchin«, wegen wiederholtem Ehebruch enthauptet.[121] 1629 warf man Christina Klain Ehebruch »mit Ehemännern als mit Mannspersonen« vor und beschloß, um Gottes schwere Strafen über das Land zu verhindern, ihre Enthauptung,

---

[118] *Safley, Let No Man Put Asunder, S. 100 f.*
[119] *StAMM, A 44 d, 17.5.1574.*
[120] *StAMM, A 44 d, 15.10.1606, Anna Salben.*
[121] *StAMM, A 44 d, 17.10.1606.*

»solang bis zwischen ihrem Haupt und Körper werde ein Straße«, also das Blut floß.[122] 1630 hielt die Memminger Zuchtordnung dies als ausdrückliche Politik fest: Der einfache Ehebruch zwischen einer verheirateten und einer ledigen Person wurde mit vierzehn Gefängnistagen für den ledigen Teil, und achtzehn Tagen und der Entsetzung von Ämtern bei dem verheirateten Teil geahndet. Beim zweimaligen Ehebruch verdoppelte sich diese Strafe. Auf den dreimaligen Ehebruch standen Leib- und Lebensstrafen. Bei jeweils verheirateten Personen wurden beide einen Monat bei Wasser und Brot inhaftiert, und der ehebrüchige Teil wurde verbannt, wenn sein Partner ihn nicht mehr annahm. Schon der zweimalige Ehebruch zog eine Leib- und Lebensstrafe nach sich.[123] Dies zeigt das Ausmaß der Strafverschärfung an, die alle Gebiete einholte: Die Memminger Zuchtordnung von 1532 hatte noch vierundzwanzig Gefängnistage oder den Bann als Höchstmaß bei Ehebruch angesetzt.[124] Esslingen hielt sich weniger strikt an die Carolina; hier wurden selbst schwerer Ehebruch und Hurerei nur mit der Prangerstrafe und der Verbannung in den Zehnten belegt, und auch aus Konstanz und Hall ist keine Todesstrafe wegen Ehebruch überliefert. Die Konstanzer Zuchtordnung legte 1556 beim zweifachen Ehebruch zwischen verheirateten Personen zwölf Tage als Strafe fest und überließ Entscheidungen über dreifachen Ehebruch dem Rat.[125] Ehebruchsstrafen wurden in Konstanz wie in Freiburg und Hall auch im siebzehnten Jahrhundert in Geldstrafen umgewandelt, deren Höhe in Hall allerdings beträchtliche Dimensionen annahm. Verordnungen von 1671 und 1684 legten 50 Gulden als Strafe für den zweimaligen Ehebruch fest.[126] Je nach Stand und Fall wurden auch höhere Summen verlangt. Obwohl die Umwandlungspraxis selbst bemängelt wurde, änderte sich aufgrund des großen Drucks von Angehörigen und Freunden nichts an der Tatsache, daß Fürbitten stattgegeben wurde. Dies konnte selbst für ehebrüchige Meisterinnen gelten: 1658 erreichten beispielsweise die Nachbarn und Eltern der schwangeren Walburga Woltz, die während

---

[122] StAMM, A 44e, 23.1.1629.
[123] StAMM, A 265/2, Zuchtordnung vom 26.11.1630.
[124] StAMM, A 265/1, Zuchtordnung vom 27.3.1532.
[125] StAN, DI 203/241, New Pollecey vnnd Zucht Ordnung.
[126] StAH, 4/495, Poena et taxa Criminum, 14.1.1684.

einer längeren Abwesenheit ihres Mannes mit einem Knappengesellen Ehebruch begangen hatte, daß sie nach zehn Gefängnistagen entlassen wurde, weil ihr Vater eine Strafe von 60 Gulden anzahlte.[127] Sonst war die Strafpraxis gegenüber wegen Ehebruchs angeklagten Frauen in Hall, Gefängnisstrafen zwischen 6 und 13 Tagen oder Ehren- und Bannstrafen zu verhängen. 1643 wurden höhere Strafen angedroht: beim einmaligen Ehebruch eine sechswöchige Gefängnisstrafe bei Wasser und Brot, die Ausstellung auf dem Pranger mit roten Stiefeln, dem sichtbaren Symbol für Unzüchtigkeit, und die Ausweisung mit Beckengeklapper.[128] Ab 1684 sollten nur die Frauen mit diesen roten Stiefeln auf dem Pranger stehen. Beim wiederholten Ehebruch zwischen beidseitig verheirateten Parteien drohten auch Leibesstrafen.[129]

So scharf wie die Memminger Gesetze waren allein die württembergischen, und das schon seit dem sechzehnten Jahrhundert. 1586 wurde bestimmt, daß Ehebruch mit verheirateten oder einer ledigen Person unnachgiebig mit vier Wochen Gefängnis, der Kirchenbuße und der »Entsetzung von allen Ehren« bestraft werden sollte. Schon beim zweimaligen Ehebruch sollte der Mann enthauptet und die Frau ertränkt werden! Strafmilderungsgesuche mußten auch beim erstmaligen Ehebruch an die Oberräte weitergeleitet werden.[130] Für den erstmaligen Ehebruch wurde 1642 die Gefängnisstrafe auf sechs Wochen erhöht.[131] Diese Maßnahmen reflektieren wiederum die außerordentlich rigide württembergische Ehepolitik – obwohl in der Rechtspraxis doch immer wieder die Todesstrafe verworfen wurde. Aber auch die Kirchenbuße hat man sich bei verbürgerten Parteien als sehr unangenehmen Prozeß vorzustellen. Denn die württembergischen Theologen hatten hier ein protestantisches Versöhnungsritual entworfen, das mit seinem katholischen Äquivalent nichts mehr

---

[127] StAH, 4/482, 26.5.1658, 236^v–37^r.

[128] R. Dürr, Mägde in der Stadt. Das Beispiel Schwäbisch Hall in der Frühen Neuzeit, Frankfurt am Main 1995, S. 224.

[129] StAH, 4/495, 14.1.1684.

[130] Reyscher, Gesetze, Bd. 4, Mandat, die Bestrafung der Fleischesverbrechen betreffend, 21.5.1586, S. 447f.

[131] Reyscher, Gesetze, Bd. 5, General=Reskript, die Bestrafung der Gottes=Lästerung und der Fleisches=Verbrechen betreffend, 29.7.1642, S. 424.

gemein hatte. Katholische Ehebrecher standen bei dieser Strafe an drei Sonntagen mit einer brennenden Kerze im Büßerhemd (oder Männer teilweise entblößt) vor der Kirche. Dem Bekehrungsprozeß (und um diesen, nicht etwa um die Bloßstellung des Sünders sollte es hier ja gehen) wurde also nicht weiter nachgeholfen. Trotzdem scheint es unwahrscheinlich, daß die Betroffenen die Kirchenbuße, so wie wir heute »Bußgelder wegen Falschparken«, akzeptieren konnten;[132] sie sahen das Bekehrungsritual vielmehr als Entehrung an.[133] In Württemberg war die individuelle Bekehrung an die Wiederaufnahme in die Gemeinde gebunden: Ehebrecher mußten ab 1564 während dreier Gottesdienste in der Nähe des Altars sitzen und nach beendeter Morgenpredigt von zwei Seiten vor den Altar treten. Von der Kanzel wurde am ersten Sonntag verlesen, daß die beiden mit ihrer Sünde Gott erzürnt und in der Gemeinde großes »Ärgernis« angerichtet hätten, so daß sie trotz der ausgestandenen weltlichen Strafe nun Gott um Verzeihung und Gnade bitten müßten. Deshalb gäben sie ihre Reue und den Willen zur Besserung zum Ausdruck. Am zweiten Sonntag wurde die Bitte um Versöhnung mit Gott und der Gemeinde wiederholt. Die Gemeinde wurde zu christlichem Mitleid mit den Sündern ermahnt. Mit »sanftmütigem Geist« sollte man die »Gefallenen« wieder aufrichten und bei Gott um Vergebung für sie bitten. Am dritten Sonntag schließlich wurde gesagt, daß den bußfertigen Sündern vergeben sei. Die Gemeinde solle sich an der Strafe der Ehebrecher ein Beispiel nehmen: Was ihnen widerfahren sei, könne »uns auch, oder noch wohl Ärgeres, da wir nicht in steter Furcht Gottes leben ... wiederfahren«. Danach sollten die Ehebrecher kniend eine Buße ablegen, es folgte die Absolution und schließlich ein Gebet der ganzen Gemeinde, das bekräftigte, Gott sei in die

---

[132] W. Behringer, Mörder, Diebe, Ehebrecher. Verbrechen und Strafen in Kurbayern vom 16. bis 18. Jahrhundert, in: R. v. Dülmen (Hg.), Verbrechen, Strafen und soziale Kontrolle, Frankfurt am Main 1990, S. 121.

[133] Vgl. G. Schindler, Verbrechen und Strafen im Recht der Stadt Freiburg im Breisgau von der Einführung des neuen Stadtrechts bis zum Übergang an Baden (1520–1806), Freiburg i. Br. 1937, S. 140–147; G. Schwerhoff, Verordnete Schande? Spätmittelalterliche und frühneuzeitliche Ehrenstrafen zwischen Rechtsakt und sozialer Sanktion, in: G. Schwerhoff, A. Blauert (Hg.), Mit den Waffen der Justiz. Zur Kriminalitätsgeschichte des späten Mittelalters und der Frühen Neuzeit, Frankfurt am Main 1993, S. 182.

Welt gekommen, um die Sünder zur Buße aufzurufen und selig zu machen.[134] Dieses Ritual band Vergebung also an die deutlich gezeigte geistige Umkehr der Sünder. Zu der individuellen Buße mußte aber auch die Hilfe der Gemeinde kommen. Dies setzte voraus, daß sie die Ehebrecher nicht als angeprangerte Sünder verurteilte. Ihr Fehlverhalten war menschlich und sollte als Mahnung begriffen werden, nicht vom rechten Glauben abzulassen. Eine Strafpolitik wie die württembergische konnte ihre mahnende und abschreckende Wirkung kaum verfehlen, wenn sie denn praktiziert wurde.[135] Württemberg verfolgte beim Ehebruch also eine Politik der Versöhnung bis zum letzten. Wenn mit keiner Bußfertigkeit und deshalb mit Gottes gnadenlosem Zorn zu rechnen war, mußte eine Verbannung oder Leib- und Lebensstrafe die Tat sühnen, obwohl hierdurch bei verheirateten Personen eine Familie manifest zerstört wurde.[136] Insgesamt läßt sich festhalten, daß Ehebruchsstrafen aus diesen Gründen immer sehr unterschiedlich behandelt wurden. Wenn ein Mann seine ehebrüchige Frau wieder annehmen wollte, war ein wichtiges Gebot natürlich, diese bestehende Ehe zu retten. Ab dem letzten Drittel des 16. Jahrhunderts wurden die Strafen aber überall verschärft. Unterschiedliche juristische Einschätzungen blieben über die Frage bestehen, ob die Todesstrafe für Ehebruch angemessen oder als Strafmaß auszuschließen sei.[137]

MÄUSEGIFT UND HONIGMEHL: DER GATTENMORD An einem Junitag im Jahr 1688 ging die Weißgerbersfrau Maria Dreher zum Haus des Güglinger Bürgermeisters. Sie lieh sich einen Gulden und

---

[134] Reyscher, Gesetze, Bd. 8, Formel der öffentlichen Kirchenbuße für die Ehebrecher von 1564, S. 288–290.
[135] Es ist durchaus davon auszugehen, daß auch hier Fälle, in die rechtschaffene Bürger und ihre Kinder verwickelt waren, über Geldstrafen an Vögte geregelt wurden.
[136] Jerg Operwirdt beschrieb beispielsweise 1553 in Memmingen, daß er, nachdem seine Frau wegen Ehebruch verbannt worden sei, fünf Jahre lang mit ihrem gemeinsamen Kind »nitt allein hilff und trostlos gewesen, sondern mit großem nachteil vnd schaden seines handwerks gehaußt«. Deshalb wollte er eine zweite Ehe eingehen, StAMM, A/344, F. 1, 29.1.1553.
[137] Vgl. A. Felber, Unzucht und Kindsmord in der Rechtsprechung der freien Reichsstadt Nördlingen vom 15. bis 18. Jahrhundert, Bonn 1961, S. 68–78. Ein Konstanzer Rechtsgutachten schloß 1666 ebenfalls die Todesstrafe für Ehebrecher aus, StAKN, K 52, 20.7.1666, Ursula Kropf.

wanderte in das fünf Kilometer entfernte Brackenheim. Dort betrat sie die Apotheke, sagte, sie komme aus Michelbach, und verlangte »von dem stärksten Gift, und zwar, welches nicht verstoßen sei«. Der Apothekergeselle fragte, wofür sie das Gift denn wolle. Maria antwortete zunächst, sie »wolle es vor die Mäuse«, und dann: »man solle es ihr nur geben, sie möge damit machen, was sie wolle«. Als er ihren Wunsch abschlug, entgegnete sie unwirsch, sie werde schon »anderwerts bei den Welschen« Gift bekommen. Die Apothekerin hatte dieses Gespräch mitgehört, und es kam ihr merkwürdig vor. Sie rief Maria zurück, damit sie nicht woanders Gift kaufte, und bot ihr Bleiweiß an. Aber diese wiederholte, nein, sie wolle das stärkste Gift, »wolle ihr einen Dukaten, oder Taler oder einen Gulden darfür bezahlen«. Sie gab ihr einen ganzen Gulden für Gift, das nur zwei Kreuzer kostete, und beschwor die Apothekerin, niemandem von ihrem Kauf zu erzählen. Am Abend berichtete die Apothekerin den sonderbaren Vorfall ihrem Mann. Er schickte sofort seinen Gesellen nach Güglingen, der Marias Mann warnen sollte. Maria war also erkannt worden. Entsetzt verlangte ihr Mann die gänzliche Scheidung. Denn von Tisch und Bett hatten sie sich mehr oder weniger schon selbständig getrennt: Maria schlief oft im Haushalt ihrer Schwester.

Bald gab sie zu, das Gift für ihren Mann gekauft zu haben, doch mit der sprechenden Begründung: »Nicht um ihn damit zu töten, sondern allein ihn schwach zu machen, damit er nicht so stark und fett sei, so mächtig über sie zu herrschen und hart zu halten.« Maria wurde unter Läutung des Malefizglöckchens beklagt, und der Vogt berichtete dem Oberrat folgendes über die vermeintliche Mörderin. Sie war die Tochter eines Gerichtsverwandten und hatte ihre Eltern bis zu ihrem Tod versorgt. Aufgrund einer Behinderung (sie konnte ihre beiden Arme nicht benutzen) hatten diese sie für nicht verheiratbar gehalten. Aber sie war klug, verständig, fromm und konnte eine Haushaltung führen. Außerdem war sie mit ihren fünfzig Jahren etwas zornig, melancholisch und mißtrauisch. Als alleinstehende Frau diagnostizierte man sie zudem mit schnellem Blick als sexuell begierig: Man hatte gemerkt, daß sie »geil und gern einen Mann haben, sonst sich ärger versündigen möchte«. Freunde rieten ihr zur Heirat mit dem Weißgerber, der bislang einen »feinen, ehrlichen Wandel« geführt hatte. Und so wurden sie im Februar 1679 getraut.[138] Doch die Idee erwies sich als schlecht. Schon im Mai des kommenden Jahres klagte Maria vor dem Kirchenkonvent, ihr Mann schände, schmähe und schlage sie grausam. Er hingegen sprach von »unleidentlichen Torturen« während Tag und Nacht, weil sie ihn immer verdächtige und beschimpfe, »als wenn er mit anderen Weibern zuhalte«. Wegen dieser Eifersucht und ständigem Argwohn habe er sie hart geschlagen. Beide hatten also ihren Anteil an der Misere. Folglich versuchte man das Paar zu versöhnen. Schon im nächsten Jahr klagte Maria aber wieder. Während eines Streits auf offener Straße hatte sie sich vor ihrem Mann in ein Haus geflüchtet. Er versprach, ihr nichts zu tun, wenn sie mit ihm nach Hause ginge. Also kam sie mit – doch zu Hause hatte er so auf sie eingeschlagen, daß man es ihr noch ansah. Durfte er ihr, als einem ohnehin schon kranken Menschen noch schlimmere Beschwerden zufügen? Hans Peter kam kurze Zeit in das Gefängnis. Aber im Grunde hatte sich das Verhältnis nie gebessert. Vor einem Jahr waren sie zuletzt vor dem Kirchenkonvent gewesen, um nicht »unversöhnlichen Herzens« zur Beichte gehen zu müssen, aber sie hatte sich gesträubt. Sie hatte nach Stuttgart geschrieben, aber die als Eherichter fungierenden Oberräte hatten sie ebenfalls nur zur Versöhnung ermahnt. Und so war die inzwischen Sechzigjährige schließlich »aus Desperation (Verzweiflung)« an dem besagten Julimorgen zur Brackenheimer Apotheke gegangen, wegen der »großen Tyrannei« ihres Mannes.

Es war keine einsame Entscheidung gewesen. Ihre Mägde verstanden den Unmut über den Mann. Eine von ihnen sagte selbst, sie wüßte, was sie mit einem solchen Mann täte: In den Salat würde sie ihm etwas geben. Ein Kreuzer genüge ja schon, um ihn zu schwächen. Überdies wußte die ganze Stadt, daß Hans Peter der Maria oft genug den Tod gewünscht, sie übel geschlagen und im Haus alles zerbrochen hatte. Maria bat das Gericht mit »heißen Tränen«, sie von einer harten Strafe zu verschonen. Erstaunlicherweise war sie erfolgreich. Außer der langen Inhaftierung bis zum Prozeßende im Oktober kam sie mit einer Geldstrafe von zwanzig Reichstalern davon.[139]

Diese milde Strafe überrascht angesichts der Aussage der Apotheker, die auf geplanten Mord hindeutete. Aber es war ja beim Plan geblie-

---

[138] *HStASt, A 209, Bü. 1064, 1.8.1688.*
[139] *HStASt, A 209, Bü. 1064, 10.10.1688.*

ben, und selbst ausgeführte, aber fehlgeschlagene Mordversuche wurden mit dem Pranger, Auspeitschen und dem lebenslänglichen Landesverweis relativ milde bestraft. Durch die Verbannung erübrigte sich auch die Frage nach der rechtlichen Scheidung.[140] Maria war zudem mit der Erzählung über die jahrelang ertragene, immer einseitiger werdende Tyrannei des Mannes auf Verständnis gestoßen. Es war deutlich, daß sie sich als erste nicht mehr ihres Lebens sicher gefühlt hatte. Sich körperlich »wehren, stechen und schlagen« konnte sie nicht; Gift war der Ausweg. Typisch an dem Fall ist, daß die Schwierigkeiten schon sehr bald nach der Eheschließung deutlich geworden waren, aber die Obrigkeiten durchgehend Versöhnung beschworen, auch als es nichts mehr zu retten gab. Genau ein Jahr vor dem Mordversuch war die dritte württembergische Eheordnung in Kraft getreten. Das maximale Zugeständnis in Fällen andauernden Unfriedens zwischen Eheleuten war, die eheliche Beiwohnung für ein Jahr auszusetzen. Dann wurden die Partner wieder »christlich versöhnt«. Vor und während der Trennung sollte der »schuldige und widerspenstige Teil mit gehörigen Zwangsmitteln als Gefängnis, Schaffung in Opere publico (öffentlicher Arbeit), Verweisung aus dem Ort, oder auch gar in Stadt und Amt« zur Umkehr gebracht werden! Wie jedoch Zwang und Versöhnung eigentlich vermittelbar waren und wie man sich ein »freundschaftliches« Zusammenleben nach der tiefen Entfremdung und Bestrafung vorstellen sollte, wurde aus christlich-obrigkeitlichen Verlautbarungen nicht deutlich. Gesetz war, daß die württembergische Obrigkeit jede Ehe auf Biegen und Brechen erhalten wollte.[141]

Der Gattenmord war deshalb entweder Ausdruck unlösbarer Eheschwierigkeiten, oder er wurde beabsichtigt, um einen Liebhaber heiraten zu können. Es lag durchaus nahe, daß Frauen sich zusammen über Wege unterhielten, unerträgliche Männer zu morden. Der Gefangene Hans Klopfern sagte 1546 aus, er habe gehört, wie sich eine Gruppe von Frauen vor dem Gefängnis über die schlechte Behandlung durch ihre Männer unterhalten hätte. Eine habe zur anderen

---

[140] Der Fall Dorothea Müllers, die ihrem Mann mit einem Brotmesser erhebliche Kopfverletzungen zugefügt hatte, aber nicht ausgewiesen wurde, weil nicht klar war, ob sie ihn hatte ermorden wollen, wurde dagegen an das Ehegericht verwiesen, HStASt, A 44, U 3356, 7.8.1537.
[141] Reyscher, Gesetze, Bd. 6, S. 121.

gesagt, einem solchen Mann wie dem ihrigen würde sie ein bis zwei Spinnen, weißes Mehl und eine auf Misthaufen wachsende Pflanze zusammengemischt ins Essen geben. Eine andere Frau gab ein schon an Hunden und Wildschweinen erfolgreich ausprobiertes Rezept weiter: Man solle etwas Menstruationsblut mit Mehl und Honig mischen.[142] Frauen wurde aber durchaus auch die Stärke zugetraut, ihren Mann zu erwürgen oder zu erschlagen: Die Carolina hielt es für möglich, daß »ein grausames Weib einen weichen Mann zu einer Notwehr drängen möchte, und sonderlich so sie eine sörgliche und er schlechtere Wehr hätte«.[143] Johann Jakob Wick zeichnete 1562 eine Handwerkersfrau, die ihren Mann nach acht Tagen Ehe mit bloßen Händen aus Mutwillen erwürgte, und ließ ihre Kraft unkommentiert. Im gleichen Jahr zeichnete er eine Schmiedsfrau, die – plausibler – ihren Mann mit einem eisernen Hammer von hinten erschlagen hatte, wofür sie gepfählt wurde.[144] Erstochen und erschlagen wurden Männer meistens im Schlaf: Christina Röhslin war beispielsweise erst mehrmals von ihrem Mann weggelaufen. Dann stach sie ihn 1558 »nächtlicher Weil mit einem Messer so hart und übel ..., daß er zu einem bresthaften (kranken) Menschen geworden« und bald starb.[145] Diese Methoden machten Mord jedoch über kurz oder lang leicht offenbar: In Hallbuch erschlug Margaretha Craft, die Besitzerin eines Schöpfbrunnens, ihren zweiten Mann »kurz nach der Vereinigung« im Bett mit einer Axt. Sie verbarg die Gebeine im Keller und den Kopf im Mist. Dort wurden sie schließlich gefunden, nachdem man sich über drei Jahre hinweg über sein plötzliches Verschwinden verwunderte, vor allem, weil das beste Pferd noch im Stall und die Kleider im Schrank waren.[146] Der Giftmord war unauffälliger

---

[142] HStASt, A 43, Bü. 25. Zur Zerstörungskraft von Menstruationsblut siehe M. L. Accati, *The Spirit of Fornication: Virtue of the Soul and Virtue of the Body in Friuli, 1600–1800*, in: E. Muir, G. Ruggiero (Hg.), *Sex and Gender in Historical Perspective*, Baltimore 1990, S. 110–140.

[143] G. Radbruch (Hg.), *Die Peinliche Gerichtsordnung Kaiser Karls V. von 1532 (Carolina)*, Stuttgart 1975, S. 95, Artikel 144.

[144] Zentralbibliothek Zürich, Johann Jacobus Wick, *Ein kurze beschrybung was sich in diesem LXII Jahr verloffen*, Wicksche Chronik, Buch III, Teil I, 5a, 6a. Die erste Frau wurde ertränkt.

[145] StAFr, A1 XIf, 21.7.1559.

[146] A 209, Bü. 758, 12.11.1658. Sie wurde enthauptet und mit glühenden Zangen an der Brust geschändet. Vgl. HStASt, A 44, U 454, 15.6.1555.

und verbreiteter. Der Giftkauf selber jedoch konnte hürdenreich sein, denn Apotheken mußten Kunden überprüfen.[147] Andererseits wußte Maria Dreher, wovon sie sprach: Auch die fliegenden Händler vertrieben Gift und stellten wenig Fragen. Eine Feilträgerin in Wildbad verleitete beispielsweise 1695 eine Frau im Neuenburger Amt dazu, ihrem Mann Mückengift in die Suppe zu geben. Zu diesem hatte »sie ohnehin keine Affektion (Zuneigung) gehabt« und ihn mit dem Knecht betrogen.[148] Die selbst verwitwete Feilträgerin war unter dem Beinamen »die Rattenfängerin« einschlägig in Württemberg bekannt. Denn 1693 hatte sie der Tübinger Untervögtin Regina Weber Mäusepulver verkauft, mit dem sich eine große Ratte töten ließ. Die daraufhin als »Giftvögtin« im Land bekannt gewordene Regina hatte damit statt dessen ihren Mann umgebracht. Webers Leib war geöffnet worden, und der Giftmord medizinisch geklärt. Auch Nachbarn konnten sich einen Reim darauf machen: Ludwig hatte Regina öfter »gedusslet und geschlagen« und sie sich nach seinem Tod »unwitwehelich« verhalten. Vorher hatte es mehrmals offenen Zank gegeben. Die Nachbarn waren herbeigelaufen, aber von ihm durch Rufe aus dem Fenster wieder weggeschickt worden. Das Nachtgeschirr war herumgeflogen, und der Kern des Problems war, daß sie ausschweifender leben wollte, als es ihm lieb war.[149]

Die scheinbar unüberbrückbaren Gräben zwischen Partnern taten sich immer wieder kurz nach der Eheschließung auf.[150] Ehe war für Partner, die sich wenig kannten, schicksalhaft: Manche trafen es gut, andere wuchsen langsam zusammen, und wenige mochten dafür keine Geduld aufbringen, so sehr widerstrebten ihnen die ungeahn-

---

[147] *Eine Frau, die 1700 vorgab, sie wolle sehr viel Mäusegift kaufen, weil der Schultheiß, für den sie arbeite, Hochzeit halte und vorher die Mäuse austreiben wolle, mußte einen vom Pfarrer und Schultheißen unterschriebenen Schein mitbringen. Sie wollte damit ihre Mutter umbringen, HStASt, A 209, Bü. 1569, 30.8.1700, Anna Maria Felgen.*

[148] *Ihm hatte sie erklärt, es sei ein Abtreibungsmittel. Gewirkt hatte es nicht, und sie wurde an den Pranger gestellt und des Landes verwiesen, HStASt, A 209, Bü. 1674, Anna Maria Kaur, 27.7.1695.*

[149] *HStASt, A 209, Bü. 1919.*

[150] *Diesen Befund macht auch Silke Göttsch im 18. Jahrhundert. Siehe dies., »Vielmahls aber hätte sie gewünscht, einen andern Mann zu haben«. Gattenmord im 18. Jahrhundert, in: O. Ulbricht (Hg.), Von Huren und Rabenmüttern. Weibliche Kriminalität in der Frühen Neuzeit, Köln 1995, S. 321.*

ten Verhaltensweisen des Partners. Fünf Wochen nach der Hochzeit hatte eine Tübingerin ihrem Mann beispielsweise das erste Mal »ehelich beigewohnt« und bald darauf geplant, ihn mit Quecksilber in gebackenen »Knöpflin« umzubringen.[151] Der 22jährigen Maria Bestlin hatte ihr Mann »in ehelichen Werken all zu viel zugemutet«. Dieser »übermässige Beischlaf«, so erklärte man sich, habe wohl Verwirrung verursacht. Und eben solchen »unnatürlichen« sexuellen Begehren zu folgen, gehörte seit Jahrhunderten eindeutig nicht zur ehelichen Pflicht. Dreimal tat Maria Bestlin dem Mann Mäusegift in eine vorgekochte Suppe und ging selber in die Betstunde. Der Mann und eine kleine Schwester erbrachen sich daraufhin wiederholt. Schließlich verfütterten sie die Suppe an eine Sau, die bald dahinsiechte.[152] Die Schlosserfrau Eva Ridler versuchte dagegen 1679 ihren Mann nach acht Wochen Ehe mit vergiftetem Käse umzubringen. Beim Krämer kaufte sie für einen Kreuzer Mäusegift und gab dem Mann an einem Sonnabend zum Mittagessen nur den Ziegenkäse. Abends schwoll ihm der Bauch so, daß sein Knopf von der Hose sprang. Medizin rettete ihn. Auch hier gab es eine Geschichte: Eva klagte, ihr Mann habe gleich nach der Hochzeit alle »essende Waren«, also die üblichen Geschenke wie Eier, Mehl und Schmalz, in das Haus seiner Mutter getragen, die dort »Küchlin und anderes gebacken, und also herrlich und wohl gelebt, sie aber hingegen bitteren Hunger leiden müssen«. Er hatte mehrmals Korn aus einem Trog genommen. Als sie ihn verwarnte, schalt er Eva eine »alte Hex und Narren«. Im Grunde, meinte Eva, sei sie wegen ihrer 600 Gulden Heiratsgut »arglistig« zu der Ehe überredet worden.[153]

In all diesen Fällen schienen keine eigenen, abhängigen Kinder im Haus zu sein. Die älteren Frauen wußten, daß sie allein unabhängig leben, die jungen Frauen, daß sie einen Neuanfang machen konnten, wenn sie möglichst schnell aus der Ehe herauskamen. Mord drückte

---

[151] *Sie hatte ihn dann aber gewarnt, er solle sich übergeben, und wurde deshalb nur verbannt, HStASt, A 209, Bü. 1898, 1601, Dorothea Stirlin.*

[152] *Sie wurde an den Pranger gestellt, ausgepeitscht und des Landes verwiesen, HStASt, A 209, Bü. 1863, 30.4.1679. Zu einem Fall, in dem die Frau ihren Mann anzeigt, weil er Analverkehr praktizierte, HStASt, A 209, Bü. 624, 16.10.1712.*

[153] *Sie wurde ebenfalls an den Pranger gestellt, ausgepeitscht und des Landes verwiesen, HStASt, A 209, Bü. 1301, 21.8.1679.*

nicht Lust auf Grausamkeit, sondern den Wunsch nach Selbstbestimmung aus. Im Hintergrund stand teilweise, daß die Entscheidung zur Eheschließung nicht selbständig gefällt worden war. Vor allem aber hatten Männer wichtige Grenzen im Zusammenleben schnell überschritten, so daß die Frau sich ausgenutzt und schlecht behandelt fühlte. Die Hauptthemen waren typisch für Ehekonflikte im allgemeinen: Sexualität, die Bedeutung der Herkunftsfamilie, die Teilung des Vermögens und der Umgang mit Meinungsverschiedenheiten.

Das zweite Hauptmotiv für den Gattenmord war der Wunsch, mit einem konkreten anderen eine neue Ehe und Haushaltung zu beginnen. Sexuelle Unzufriedenheit mit dem alten Mann verschränkte sich hier mit dem Gefühl, er sei obendrein ein schlechter Haushalter und in seinem Beruf durch den Liebhaber ersetzbar. Es gibt allein eine Geschichte, die von tiefer Leidenschaft als treibender Kraft zwischen den Ehebrüchigen erzählt. Diese kontrastierte mit der arrangierten Heirat der Frau, die den sehr viel älteren Tuchscherer Johann Hunn hatte heiraten müssen, obwohl sie seit langem den Stadtschreibersohn liebte. Zu Hunn hatte sie weder »Lust« noch »eheliche Affektion und Lieb«. Obendrein war er ein bekannter Müßiggänger und Gotteslästerer und litt an Epilepsie. Der Stadtschreibersohn jedoch war »jung und frisch«. Er fragte öfter, was sie mit »dem wehetägigen Menschen« tue, und gab Hunn »schandliche Namen«. Die Liebe zwischen ihnen wuchs. Ein deutliches Zeichen dessen war, daß er »etliche Mal Milch aus ihren Brüsten gesogen, ja gar, um einer Wette willen, ihr (mit Erlaubnis zu melden) Kammerwasser ... getrunken«. Die Passion war also bekannt; man wettete darum, was er für sie zu tun bereit war. Der Austausch innerer Flüssigkeiten, die Intimität des Saugens einerseits und die Zurückstellung allen Ekels andererseits machte sie sinnfällig. Die unglückliche Hunnin sagte dann auch offen zu einer Frau: Sie wolle »lieber auf dem Markt sitzen und sich den Kopf herunter hauen lassen, als zurück zu ihrem Mann gehen«. Eine Scheidung war unwahrscheinlich und bedeutete den Verlust des Erbes. Deshalb bot sich ein Auftragsmord an. Er glückte, wurde aber aufgedeckt. Die Hunnin ließ tatsächlich ihren Kopf dafür.[154]

---

[154] *HStASt, A 209, Bü. 1557, 20.5.1677.*

In den anderen Fällen waren die Liebhaber meistens Knechte, die schon im Haus ihre Qualitäten bewiesen hatten und selber aber nach einer Ehe und Haushaltung suchten. Eine Freiburger Gerberfrau brachte 1564 ihren Mann um, nachdem sie mehrmals mit dem Knecht »zugehalten« hatte,[155] eine weitere Frau gab ihrem Mann während einer Krankheit dreimal Quecksilber zu trinken, der Knecht mischte ihm Lichtstumpen und Sand in das Essen.[156] Des weiteren planten eine Freiburger Schneidersfrau und eine Küblersfrau, die mehrmals Ehebruch begangen hatten, ihre Männer zu vergiften.[157] Eine Schäferin, die 1591 mit dem Knecht eine Affäre hatte, erstach dagegen den Mann im Schlaf. Ihr Mann sei so »zügellos« und verschwenderisch gewesen, klagte sie, daß sie sich schon am Bettelstab gesehen habe.[158] Handwerkerfrauen konnten mit dem Gesellen nach dem Tod des Mannes die Werkstatt weiterführen oder brauchten sich zumindest nicht um ihr Überleben zu sorgen. Diese mögliche Entmachtung war dem Handwerkermilieu ein Schreckensbild, und so erstaunt es nicht, daß der dem Ehebruch folgende Gattenmord fast ausschließlich bei Handwerkern aufgedeckt wurde.

Mord hatte also verschiedene Motive: Manche Frauen wollten allein ohne unerträgliche Drangsalierungen leben, andere wollten einen besseren Mann. Mord drängte nicht im Affekt nach einer radikalen Lösung. Der Tod des Mannes sollte ein neues, eigenes Leben möglich machen. Mord suchte nach dem verwehrten Neuanfang.

GEORDNETE VERHÄLTNISSE? Das Hochzeitsbild des niederländischen Malers Franz Hals, das Isaac Massa und Beatrix von der Laen darstellt, ist zum Lieblingsgemälde all derjenigen geworden, die vermehrtes Eheglück als eine Folge humanistischer Gleichberechtigungsgedanken in bezug auf das Verhältnis zwischen Eheleuten sehen. Und doch vermitteln die prallen Backen und kostbaren Kleider eine klare Botschaft: Dieses Paar ist ökonomisch sorglos, und ein guter Teil der Mühen des Alltags wird ihnen von Mägden und anderen

---

[155] StAFr, A 1 XIf, 1.3.1564, Barbara Manz.
[156] HStASt, A 209, Bü. 573, Barbara Lehr, Kirchheim, 1604/5.
[157] StAFr, A 1 XIf, 4.3.1586, Jacobea Löhslerin 10.9.1597, Ursula Gatterin.
[158] HStASt, A 209, Bü. 2033, Barbara Ulmer wurde hingerichtet.

Helfern abgenommen. An den meisten Ehepaaren unterhalb der gehobenen Bürgerschicht zehrten eben diese Mühen und machten sie weniger krisenfest. Für das Auskommen mußte täglich in gemeinsamer Arbeit gesorgt werden. Gerade deshalb aber waren die Partner in ihrem Verhalten und Tun eng aufeinander bezogen. Ganz einfach brauchte einer den anderen, und somit gab es für Frauen keinen Grund zu bedingungslosem Gehorsam. Partner hatten durchaus ein feudal-vertragliches Verständnis von der Ehe: Wenn ein Mann nicht für Schutz, Frieden und Nahrung sorgte, sah eine Frau sich ebenfalls von ihrer Treuepflicht gegenüber dem Mann entbunden. Die christliche Moral drang dagegen auf den Fortbestand der Treue gegenüber der gottgesetzten Ordnung unter Inkaufnahme des Leidens an der Ungerechtigkeit. Die lutherische Scheidungspraxis unterschied sich deshalb von der katholischen Separationspraxis nur geringfügig. Die Ehe war, einschließlich der sich in ihr manifestierenden Geschlechterhierarchie, zum Fundament der politischen Ordnung geworden. Städtische Räte beider Konfessionen verfolgten dieselben Interessen bei der Mahnung und Maßregelung unfriedlicher Eheleute und schlechter Haushalter. Diese Aufmerksamkeit gegenüber Konflikten und die Strafpraxis in bezug auf alle behandelten Delikte unterstreichen einmal mehr die hohe politische Bedeutung der Ehe. Wichtiger als die Paradoxien, in die Obrigkeiten sich bei aussichtslosen Vermittlungsversuchen begaben, war die Aufrechterhaltung des Prinzips, daß an der Ehe als Grundstock der gesellschaftlichen Ordnung nicht zu rütteln war.

Das Kapitel hat vor allem die Geschichten derer aufgezeigt, die unter dieser Ordnung litten und nur auf Biegen und Brechen zusammengehalten wurden. Durch die Beschreibung der Ehekonflikte durch Nachbarn wurde deutlich, daß beide Ehepartner über Mittel verfügten, die Würde des anderen anhaltend zu verletzen. Respekt war eng, aber nicht ausschließlich mit der Zufriedenheit über die Fähigkeiten des Partners als Haushalter verbunden. Die spontane »Affektion« und Persönlichkeit der Partner hatten über die baren Bedingungen des Zusammenlebens hinaus ihr Eigengewicht. Schließlich sprach man mit Nachbarn nicht deshalb so viel über das Eheleben, weil das Funktionieren einer ökonomischen Einheit zu regeln war, sondern weil in der Ehe die tiefgehendste Erfahrung der Möglichkeiten und Grenzen menschlichen Zusammenlebens gemacht wurde.

8. Eine Geschichte – ihre Geschichte (Herstory)?

Diese Arbeit hat sich mit Frauen beschäftigt, über die nicht oft geschrieben wird, mit den Diebinnen und Mägden, Tagelöhnerinnen, Handwerkerfrauen und ledigen Müttern der frühen Neuzeit. Einiges ihrer Familiengeschichten, Arbeits- und Lebenserfahrungen ist klarer geworden. Ich habe diese Erfahrungen einer Vielzahl an Gerichtsakten entnommen, also Dokumenten, die ein ganzes Bündel an Situationen unter einer einzigen Fragestellung beleuchten: Hat die Hafenmachersfrau ihren Mann beleidigt, die Magd das neugeborene Kind getötet, die Bettlerin den Napf gestohlen? Es liegt auf der Hand, daß HistorikerInnen nicht das Interesse der Richter teilen: Richter wollen stichhaltige Beweise finden, während wir nach den sozialen Konflikten hinter den Delikten suchen. Die Umstände, die es Frauen ermöglichten oder verwehrten, in Beziehungen zu vertrauen, sind für uns von mehr Belang als die Frage, ob ein Kind getötet oder tot geboren wurde. Die Verteidigungen der Beklagten reflektieren zunächst, wie sie sich meinten verhalten zu müssen, um Gnade zu erhalten; um ihren Geschichten auf die Spur zu kommen, müssen wir Prozeßaussagen gegen den Strich lesen. Diese verschaffen uns gleichzeitig Einblicke in die Werte frühneuzeitlicher Gemeinschaften. Am Ende dieser Lektüre wissen wir vielleicht nicht die »Wahrheit« über die Schuld des Hafenmachers an dem Unglück seiner Frau, aber eine ganze Menge über nachbarliche Ansichten zu Ehepflichten. Hinzu kommt ein Verständnis dafür, was in der frühen Neuzeit zu Ehemiseren führen oder sie verhindern konnte, für die Erwartungen in Beziehungen zwischen Meistern und Gesinde oder bei Liebesaffären der Ledigen. Gerichtsakten verweisen sowohl auf Bindungen als auf Brüche, auf die »ties that bind« wie »moments of rupture«.[1] Sie zeigen, wie Konflikte ausgetragen und Ordnungsgefüge umkämpft wurden.

Was sagen diese Quellen nun über den Wandel der Stellung der Frau in den beiden behandelten Jahrhunderten aus? Sie weisen zunächst auf die Verstärkung patriarchaler Werte durch die intensivierte Verfolgung illegitimer sexueller Beziehungen, unehelicher Schwangerschaften und des Kindsmords hin. Damit verband sich der Versuch, Mutterliebe zu naturalisieren sowie Keuschheit und Ehe als den ein-

---

[1] E. Muir, G. Ruggiero, Afterword, in: dies. (Hg.), History from Crime. Selections from Quaderni Storici, Baltimore, London 1994, S. 226.

zigen Weg zur Erlangung gesellschaftlicher Achtung darzustellen. Für ledige Frauen bedeutet dies im Klartext, daß, egal ob sie es sich leisten konnten, im Alter von 20 oder erst mit 30 Jahren zu heiraten, rigoros sexuelle Abstinenz von ihnen verlangt wurde. Eine Nacht des Tanzes am Neujahrsabend oder ein kleiner Faschingstrunk mit ledigen Männern konnten zu einer Buße führen (die Ersparnisse schnell aufzehrte) und der Anschuldigung, daß die Frau liederlich sei und Männer in Versuchung führe. Die Schande einer vorehelichen Schwangerschaft wurde deutlich spürbar, wenn bei der Hochzeit alle Festlichkeiten verboten wurden und die Braut den Strohkranz trug. Jene, die nicht heirateten und wegen Unzucht lange Haftstrafen büßten, konnten die Schande als so stark empfinden, daß sie nach ihrer Entlassung aus dem Ort zogen. Im ganzen südwestdeutschen Raum wurden unehelich Schwangere verbannt und damit zur Bettelei verdammt, solange ihr Kind klein war. Angebote der Familien, das Kind aufzuziehen, wurden zunehmend abgelehnt und eine Rückkehr in den Heimatort oft selbst Jahre später unmöglich gemacht. Frauen, die sich mit Soldaten einließen, sahen demselben Schicksal entgegen, und Reue half ihnen wenig.

Darüber hinaus hat sich gezeigt, daß alle Bereiche einer spezifisch weiblichen Arbeitskultur, vom Spinnen über das Nähen zum Lohnwaschen und Gesinde- und Ammendienst, zunehmend mit Unmoral verbunden wurden. Die Unabhängigkeit lediger Frauen war verdächtig. Dies weist auf ein zentrales Dilemma des 17. Jahrhunderts hin. Das Spinnen war eine Arbeit, die Männer, wenn es irgendwie ging, vermieden. Die Ausweitung der Textilherstellung hing jedoch von der steten Anlieferung großer Garnmengen ab. Man benötigte die Arbeitskraft lediger, flexibler Frauen. An dieser Produktionsweise war neu, daß Produktionsort und Wohnraum getrennt waren, der Lohn vor allem monetär war sowie die Beziehung zwischen Arbeitgeber und Arbeitnehmer rein funktional. Die Nachfrage nach solchen Arbeitsstrukturen unterhöhlte ein Ordnungsgefüge, das auf dem Haus als Kern der Sozialverfassung basierte. Ebenso bedurfte die Landwirtschaft der Mobilität des Gesindes, die zur Erntezeit Saisonarbeiter im Taglohn wurden. Die städtischen Haushalte rieben sich jedoch an dieser Mobilität, die ihnen schadete. Traktate, Mandate und Predigten übten sich in der »Mägdeschelte«. Dies beförderte die Knappheit im Arbeitsmarkt vermutlich weiter. Ehrbare Familien zogen es vor, ihre Töchter bis zur Heirat im Haus zu behalten. Der Gesindedienst war keine gleichförmige lebensphasentypische Beschäftigung jeder unverheirateten jungen Frau, sondern er war schichtenspezifisch geprägt. Arme Mägde mußten arbeiten, bis sie um die 30 Jahre alt waren, und in den letzten Dienstjahren war es wahrscheinlich, daß sie nach mehr Selbstbestimmtheit suchten und Forderungen stellten. Das Haus ließ sich im 17. Jahrhundert also zunehmend weniger als Schule des guten Regiments ansehen, das soziale Harmonie garantierte. Im Gegenteil: Hier konnte das Gesinde gegen ständische Schranken aufbegehren. Trotzdem war die Antwort auf den sozialen und ökonomischen Wandel allein eben jener verstärkte Moralismus, der die grundlegenden sozialen Institutionen Bürgerrecht, Ehe, Zunft, Haus, Familie, Schule und Kirche zu stärken suchte. Es bedurfte mehr und mehr staatlicher Macht und sozialer Ausschlußmechanismen, um denen zu begegnen, die diese Ordnung verletzten.

Der Erfolg konfessioneller und staatlicher Regulierungsbestrebungen ist jedoch nuanciert zu betrachten. Während des hier behandelten Zeitraums blieb der Staat stark von dieser kommunalen Kooperation bei der Deliktverfolgung abhängig. Der Staat hatte seine moralischen Ziele an die der Bevölkerung anzupassen, die wiederum vor allem jene anzeigte, die sich notorisch gemeinschaftsschädlich verhielten, soziale Außenseiter waren oder Normen drastisch verletzten. Harte Strafen erhielten in aller Regel auch nur diese Täter. Das spezifische Gepräge der Verfolgungsmuster ergab sich durch das lokale Zusammenspiel sozio-ökonomischer, administrativer, institutioneller und konfessioneller Strukturen.[2] Isolierte Faktoren, wie zum Beispiel die Konfession, erklären für sich genommen wenig: Kindsmordklagen versiegten in Konstanz genauso wie in Esslingen und Memmingen; man weiß, daß der frühe Beischlaf und Unzucht in Hall scharf verfolgt wurde, während es hierfür in anderen Reichsstädten keine Anzeichen gibt, der harte Umgang mit ledigen Müttern und »Soldatenhuren« jedoch überall gängig wurde. Seit der zweiten Hälfte des 16. Jahrhunderts war das Unbehagen und Vorgehen gegen Prostitution, Bettel und die übermütige Jugend in protestantischen wie katho-

---

[2] Vgl. K. Wrightson, The Politics of the Parish in Early Modern England, in: P. Griffiths u.a. (Hg.), The Experience of Authority in Early Modern England, London 1996, S. 10–46.

lischen Städten gleich verbreitet. Die lutherische Scheidungspraxis kettete unglückliche Paare ebenso aneinander wie die katholische. Ein manifest konfessionsspezifisches Verständnis von Sünde läßt sich in dem hier behandelten Gebiet ebenfalls nicht ausmachen; die geringe Durchsetzungskraft der Fürbitten Konstanzer katholischer Kleriker für Kapitalverbrecher zeigt, wie klar Obrigkeiten ihr Ordnungsinteresse verfolgten und die Kirche als Dienerin sahen. Innerhalb Europas verliert dieses Bild an Homogenität. In Frankreich wirkten Staat und Kirche zwar ebenfalls auf eine stärkere Verfolgung sexueller Vergehen hin.[3] Für Italien stellt Nicholas Davidson dagegen die These auf, daß hier Sexualität zunehmend als natürlich und gottgegeben verstanden wurde, so daß sexuelle Vergehen vor Gerichten mit größerer Milde behandelt wurden.[4] Im Unterschied zu deutschen katholischen Territorien gab es in Italien im 17. Jahrhundert auch umgreifendere Maßnahmen zur Verbrechensprävention, etwa Stiftungen von Heiratsgut für arme Frauen und Bekehrungsprogramme für Prostituierte.[5] Deutlich ist also zweierlei: »Die Reformation« läßt sich für die deutsche Frühneuzeit nicht als Ursprung einer distinkt protestantischen Gesellschaftsordnung und kollektiven Mentalität beschreiben,[6] und konfessioneller Wandel zeitigte in Europa nicht die gleichen Folgen.

In dieser Untersuchung interessierten vor allem die Erfahrungen von Frauen im 16. und 17. Jahrhundert und ihre Widersetzlichkeit gegen rigide Moralordnungen. Schlaue Handwerkerfrauen konnten sich die politisch-philosophische Idee des tyrannischen Regiments aneignen, um gegen schlechte Ehemänner zu argumentieren. Einige ledige Frauen eigneten sich die Rolle der Verführerin an und zeigten, wie wenig selbst »ehrbare« Männer ihr Begehren kontrollieren konnten. Frauen, die ein ungewolltes Kind töteten, nahmen durch diese Handlung nicht hin, daß sie die ganze Härte und Schande des Lebens mit

---

[3] J. R. Farr, Authority and Sexuality in Early Modern Burgundy (1550–1730), New York 1995.
[4] Ders., Theology, Nature and the Law: Sexual Sin and Sexual Crime in Italy from the Fourteenth to the Seventeenth Century, in: T. Dean, K. Lowe (Hg.), Crime, Society and the Law in Renaissance Italy, Cambridge 1994, S. 96 ff.
[5] O. Hufton, The Prospect Before Her: A History of Women in Western Europe, Bd. 1., London 1995, 68, S. 320.
[6] Wie dies etwa in L. Roper, Das fromme Haus. Frauen und Moral in der Reformation, Frankfurt 1995, noch anklingt.

einem »Bastard« ertragen sollten. Mägde und Köchinnen unterliefen ungerechte Entlohnungsstrukturen, indem sie Fleisch, Wein und Kleidung im Haus stahlen. Diebinnen sprachen jeder Furcht vor obrigkeitlichen Strafen hohn, wenn sie Laken von Gefängnisbetten nahmen und an ihnen zum Fenster hinaus glitten. Es wurde also insgesamt das Aufbegehren, die Aufgewecktheit und breite Teilhabe von Frauen an der frühneuzeitlichen Kultur rekonstruiert, die für Zeitgenossen völlig offensichtlich war, aber durch spätere Geschichtsbilder verwischt wurde.

Dies hat mit einem zentralen Wandlungsprozeß seit dem Ende der Frühen Neuzeit zu tun. Frauen verkörperten am Ende des 18. Jahrhunderts nicht länger *kollektiv* Begehren und Gefahr, sondern Sanftheit. Dagegen wurden Männer nun zunehmend als das »begierige« Geschlecht definiert, das seinen Trieben folgte, unschuldige Frauen verführte und entehrte. Die männliche Sexualität, nicht die weibliche, wurde vermehrt als Quelle sozialer Unordnung dargestellt. Dies wirkte sich auf die Behandlung von Frauen vor Gericht aus. Über mordende Mütter, die Richter lange als bestialisch verdammt hatten, wurde im späten 18. Jahrhundert durchaus mit Mitgefühl gesprochen, wenn sie als Opfer unverantwortlich handelnder Männer gelten konnten. Kindsmord wurde kaum noch mit dem Tod bestraft. Diese Sichtweise weiblicher Empfindsamkeit war natürlich noch mit dem alten Verständnis weiblicher Schwäche und »Blödigkeit« verbunden. Es naturalisierte weiterhin die politische Unmündigkeit aller Bürgerinnen. Aber im Haus figurierte die empfindsame Frau nun als Gattin und Mutter, deren Sorge allein der Familie galt. Im Bereich von Kultur und Ästhetik sprach man ihr Bildungspotentiale zu. Dieser Weiblichkeitsentwurf entsprach damit in erster Linie dem sich ausbildenden und sich von Adel und Unterschichten abgrenzenden Bürgertum. Inwieweit bürgerliche Frauen und Männer ihn in ihrem Familienleben annahmen, ist zu diskutieren.[7]

Mit der Aufklärung und Ausformung der bürgerlichen Gesellschaft im 19. Jahrhundert gab der Staat graduell seinen umfassenden Regu-

---

[7] *A.-C. Trepp, Sanfte Männlichkeit und selbständige Weiblichkeit. Frauen und Männer im Hamburger Bürgertum zwischen 1770 und 1840, Göttingen 1996. Er enthielt selbstverständlich auch diskursiv verschiedene Entwicklungslinien; viele glaubten zumindest noch daran, daß sich unter der natürlichen weiblichen Schamhaftigkeit tierisches Begehren versteckt hielt.*

lierungsanspruch in bezug auf das moralische Verhalten aller Bürger auf.[8] Dies schrieb fest, was durch die eingeschränkten Möglichkeiten zur Herrschaft durch Verwaltung und den Widerstand der Bürger ohnehin schon weitgehend frühneuzeitliche Praxis gewesen war: Dort, wo der Staat durchgriff und Unzucht und vorehelichen Geschlechtsverkehr bestrafte, ließen sich Strafen für Kinder rechtschaffener Bürger zumindest aushandeln und begrenzen; dasselbe galt etwa für den Ehebruch normaler Bürger, der, wenn die Strafen hoch angesetzt waren, nur selten angezeigt wurde. Im 19. Jahrhundert konzentrierte der Staat seine Eingriffe im Bereich sexueller Vergehen nun erklärtermaßen auf mobile Frauen der Unterschichten, die außerhalb der Ordnung von Familie und Haus standen und gestellt wurden.[9] Dies belegen die im 19. Jahrhundert eingeführten gesetzlichen Heiratsbeschränkungen für Menschen unterhalb bestimmter Vermögensgrenzen eindrücklich. In Württemberg bestanden sie bis 1871 und gingen mit der Kriminalisierung und harten Verfolgung lediger Mütter, unzüchtiger oder angeblich liederlicher Frauen einher. Diese Maßnahmen betrafen insbesondere zugezogene Fabrikarbeiterinnen, denen eine Heirat lange oder lebenslang verwehrt wurde. Sie hielt man allgemein für sexuell freizügig und unmoralisch; reproduzieren sollten sie nicht. Allein zwischen 1853 und 1862 wies man deshalb 2634 Personen aus württembergischen Gemeinden aus, 613 wegen einfacher Unzucht, 153 wegen gewerblicher Unzucht, 98 wegen des Zusammenlebens in außerehelichen Verhältnissen, und 619 wegen ihres allgemein schlechten Rufs.[10] Das alte Weiblichkeitsverständnis verlor sich also nicht. Es hatte im 19. Jahrhundert lediglich ein offeneres klassenspezifisches Gepräge bekommen.

------

[8] *I. V. Hull, Sex, State, and Civil Society in Germany, 1700–1815, Ithaca 1996.*
[9] *Dazu kam nun der Fokus auf perverse männliche Sexualität, Kindesschänder und Masturbationssüchtige.*
[10] *C. Lipp, ›Die Innenseite der Arbeiterkultur. Sexualität im Arbeitermilieu des 19. und frühen 20. Jahrhunderts‹, in: R. v. Dülmen (Hg.), Arbeit, Frömmigkeit und Eigensinn. Studien zur historischen Kulturforschung II, Frankfurt am Main 1990, S. 218.*

Anhang

MATERIAL UND RAUM Zwischen 300 000 und 450 000 Menschen lebten in dem seit 1534 protestantischen Herzogtum Württemberg. Mit 9000 Einwohnern am Ende des 16. Jahrhunderts und ca. 13 000 am Ende des 17. Jahrhunderts war Stuttgart die mit Abstand größte Stadt. 72 % der Bevölkerung lebte auf dem Land. 59 unterschiedlich große Ämter bildeten um 1600 die Verwaltungseinheiten Württembergs. Im jeweiligen Amtsort, der zwischen 500 und 2000 Einwohner umfaßte, wachte der Amtmann als herzoglicher Beamter über die Strafjustiz.[1] Das Resultat seiner Aktivitäten findet sich in dem Bestand an Strafakten württembergischer Ämter im Hauptstaatsarchiv Stuttgart. Zwar sind für das 16. Jahrhundert durch starke Kassationen wenig Akten vorhanden und quantitative Auswertungen für den gesamten Zeitraum nicht sinnvoll. Ein weiterer Teil des Bestands wurde bis auf das Urteilsblatt kassiert. Trotzdem ergibt sich ein umfangreicher Kernbestand von 252 relativ vollständigen Strafakten gegen Frauen (außer der Hexerei) zwischen 1500 und 1700. In ihnen finden sich in der Regel das erste Schreiben des Vogtes an den herzoglichen Oberrat, um die Tat und Festnahme Verdächtiger anzuzeigen, die Verhörsprotokolle inhaftierter Personen und der Zeugen, das fast immer eingeholte juristische Gutachten der Universität Tübingen (und die im Universitätsarchiv Tübingen vorhandenen Sammlungen der strafrechtlichen Gutachten verweisen auf weitere Fälle und wurden eingesehen), die folgende Kommunikation zwischen Oberrat, Vogt und dem Gericht des betreffenden Amtsortes sowie das Urteil. Hier also finden sich dichte Beschreibungen von Tatumstand, Tatbeteiligten und Tatumfeld. Allerdings ist nicht zu übersehen, daß die Verhörsfragen den Leitlinien des juristischen Meinungsbildungsprozesses zur Einschätzung der Schwere des Vergehens und der Strafmaßbestimmung folgten. Soziale Hintergründe spielten eine untergeordnete Rolle. Trotzdem lassen sich Informationen über die sozialen Bezüge, in denen Kriminalität verankert war, wie im Verlauf der Verfahren heruntergefallene Maschen an der Peripherie der Prozesse wieder aufnehmen. Aus ihnen entsteht ein Bild darüber, wie ein Ort, die Nachbarn und Arbeitgeber, eine Familie oder ein Liebespaar,

---

[1] J. A. Vann, The Making of a State: Württemberg 1593–1793, Ithaca 1984; Sabean, Das zweischneidige Schwert.

vor allem aber die Delinquentinnen selbst Delikte und Strafen erlebten.[2]

Einblicke in die Ahndung leichterer Vergehen vermittelt für die erste Hälfte des 16. Jahrhunderts der große Bestand an württembergischen Urfehden. Sie dienten in Württemberg jedoch in erster Linie als flexibles Instrument gegen drei typische Männerdelikte: Wilderei, Raufhändel und Ungehorsam. Insgesamt finden sich deshalb unter den 7000 Urfehden, die zwischen 1500 und ca. 1558 verschrieben wurden, nur um die 350 beschuldigte Frauen. Ob und wie oft Frauen Urfehden leisteten, war von Amt zu Amt sehr verschieden. Eine weitere Möglichkeit, die Strafjustiz bei kleineren Vergehen ab der zweiten Hälfte des 16. Jahrhunderts zu rekonstruieren, besteht in der Lektüre von sporadisch erhaltenen Vogt-Rüggerichtsprotokollen sowie für das 17. Jahrhundert erhaltenen Wildberger Vogtgerichtsbüchern.

Zudem wurden vor allem Quellen aus vier mittelgroßen Städten in die Untersuchung mit einbezogen, drei protestantischen Reichsstädten, Schwäbisch Hall, Memmingen und Esslingen, sowie dem katholischen Konstanz. Mit Ausnahme Halls, das durch den Salzhandel ein Standbein im Fernhandel bewahren konnte, sank ihre Bedeutung im Verlauf des 16. Jahrhunderts auf die wichtiger lokaler Wirtschaftszentren ab. Die Bevölkerungszahlen lagen in Konstanz und Hall relativ konstant bei 5000, in Esslingen bei 6–7000 Einwohnern. Die Einwohnerzahl Memmingens sank dagegen von 5000 im 16. Jahrhundert auf 2500 am Ende des 17. Jahrhunderts. Obwohl die Qualität der in diesen Städten erhaltenen Bestände sehr gut ist, schützen sie nicht vor dem für die Arbeit des Historikers konstitutiven Gefühl, mit einem Patchwork an Quellen arbeiten zu müssen. In Hall sind beispielsweise die Urfehdbücher erhalten, aber es fehlen Urgichtbücher, während in Memmingen sehr gut geführte Urgichtbücher von 1551–1689 vorhanden sind, Urfehdbücher aber verloren sind. In Esslingen sind für beide Jahrhunderte Blutbücher überliefert, die ausführlich die Urteile der peinlichen Gerichtsbarkeit verzeichnen. Strafakten sind jedoch (abgesehen von der Hexerei) kaum noch vorhanden, und die Urfehdensammlung erscheint unvollständig. Das

---

[2] *Dieses Forschungsinteresse unterscheidet diese Arbeit von H. Schnabel-Schüles rechts-historisch und -soziologisch orientierter Studie, Überwachen und Strafen im frühneuzeitlichen Württemberg, Köln 1997.*

Bild der peinlichen Gerichtsbarkeit in Hall läßt sich dennoch durch das sogenannte Fraisch- und Malefizrepertorium, im 18. Jahrhundert angelegte Repertorien, einzelne Prozeßakten, Ratsprotokolle und Chroniken rekonstruieren. Durch die Ratsprotokolle läßt sich auch die alltägliche Fürbittepraxis bei geringen Delikten nachvollziehen. Im Bereich der Niedergerichtsbarkeit sind die Einungerprotokolle erhalten. In Memmingen werden die Urgichtbücher durch einige Strafakten, insbesondere aber durch Kundschaften und Verhöre für das 16. und 17. Jahrhundert ergänzt. Kundschaften bedeuteten, daß zwei Beauftragte des Rats auf eine Anzeige hin Zeugen vernahmen, bevor entschieden wurde, ob ein strafrechtliches Verfahren eingeleitet wurde. Schließlich wurden auch hier Ratsprotokolle auf die Behandlung von Fürbitten und die Behandlung geringerer Vergehen hin ausgewertet. In Konstanz wurden Urgichten meistens in die Ratsprotokolle geheftet. Dazu kommen als Quellen die vor allem ab der zweiten Hälfte des 17. Jahrhunderts überlieferten Strafprozeßakten sowie der umfangreiche Bestand an Kundschaften und Verhören.

Alle diese Bestände erscheinen zu lückenhaft, um verläßliche quantitative Analysen zu erstellen. Die Memminger Urgichtbücher werden beispielsweise immer wieder von Historikern für Statistiken herangezogen. Nirgends wird jedoch erwähnt, daß sich im dritten Urgichtbuch für das 17. Jahrhundert die Überlieferungslücken häufen, bis es schließlich gar nicht mehr weitergeführt wird. Die württembergischen Strafakten der Ämter lassen sich zwar durch die erhaltenen Rechtsgutachten für weitere Fälle im Universitätsarchiv Tübingen ergänzen, doch ein Blick in die erhaltenen Oberratsprotokolle macht wiederum höchst fraglich, ob sich so alle Prozesse erfassen lassen. In Hall werden ab 1666 nur noch Urfehden für schwerere Delikte schriftlich festgehalten, und damit verändert sich die Kriminalstatistik schlagartig. Deshalb wurde in dieser Arbeit selten gezählt, sondern qualitativ analysiert.[3]

---

[3] *Zur Problematik von Statistiken vgl. J. Innes, J. Styles, The Crime Wave: Recent Writing on Crime and Criminal Justice in Eighteenth-century England, in: A. Wilson (Hg.), Rethinking Social History: English Society 1570–1920 and its Interpretation, Manchester 1993,* S. 208–222.

ABKÜRZUNGSVERZEICHNIS

GG *Geschichte und Gesellschaft*
GWU *Geschichte in Wissenschaft und Unterricht*
HStASt *Hauptstaatsarchiv Stuttgart*
HZ *Historische Zeitschrift*
JIH *Journal of Interdisciplinary History*
LAL *Landesstaatsarchiv Ludwigsburg*
MGG *Medizin in Geschichte und Gesellschaft*
ÖZG *Österreichische Zeitschrift für Geschichtswissenschaften*
P&P *Past and Present*
Reyscher, Gesetze *A. L. Reyscher (Bearb.), Vollständig, historisch und kritisch bearbeitete Sammlung der württembergischen Gesetze, 19 Bde., Stuttgart und Tübingen 1828–51.*
RP *Ratsprotokoll*
StAB *Stadtarchiv Besigheim*
StABM *Stadtarchiv Bad Mergentheim*
StAE *Stadtarchiv Esslingen*
StAFr *Stadtarchiv Freiburg im Breisgau*
StAH *Stadtarchiv Schwäbisch Hall*
StAKN *Stadtarchiv Konstanz*
StAMM *Stadtarchiv Memmingen*
UAT *Universitätsarchiv Tübingen*
ZfWLG *Zeitschrift für württembergische Landesgeschichte*
ZHF *Zeitschrift für Historische Forschung*
ZRG/GA *Zeitschrift der Savigny-Stiftung für Rechtsgeschichte, Germanische Abteilung*

GLOSSAR

ALLMENDE *Gemeindeland, meistens Weideland*
BARCHET, BURSCHET *Wollgewebe mittlerer Qualität*
BECKEN *metallene Klangscheibe*
BETTELVOGT *Memminger städtischer Angestellte, der vor allem für die Ausweisung von Bettlern zuständig war*
BLUTBÜCHER *Bezeichnung der Esslinger Gerichtsbücher, in denen Strafen an Leib und Leben verzeichnet wurden*
BÜTTEL *Städtischer Angestellter für Polizeiaufgaben*
CAROLINA *Kriminalgerichtsordnung Kaiser Karls V., 1532*
EHEHALTEN *Gesinde*
EIGENBRÖTLERIN *Frau, die ihr eigenes Geld verdiente, ohne fest bei einem Meister zu wohnen und an Gesinderegelungen gebunden zu sein*
EINUNGER *Bezeichnung eines städtischen Gerichts in Schwäbisch Hall*
FEILTRÄGERIN *Frau, die umherziehend Waren verkauft*
FRONEN *feudalrechtlich festgelegte Arbeitsdienste*
GARNSIEDEN *Arbeitsvorgang bei der Weberei*
GEIGE *hinten rundes, vorne längliches Holzstück, in das der Hals und teilweise die Hände einer Delinquentin eingeschlossen wurden*
GESCHWORENE WEIBER *Hebammen zugeordnete Frauen, die Schwangere untersuchten sowie bei und nach Geburten beistanden*
GOLLER *meist ärmelloses Jäckchen*
GRABENREITER *Männer, die die Studt Hall für Polizei- und Grenzdienste anstellte*
HAAL *Ort des Salzsiedewesens in Schwäbisch Hall*
HAALEISEN *Werkzeug, das im Haal benutzt wurde*
HAFEN *Krug, Gefäß*
HETZENNEST *Gefängnisturm in Schwäbisch Hall*
KANTENGIESSER *Kannen-, Flaschen- und Faßmacher*
KREMPLER *Kramhändler*
KRÖSSLERIN *Kragen- und Krausenmacherin*
KUNKEL *Spindel*
LICHT-, SPINN- ODER KUNKELSTUBE *gemeindlicher oder privater Raum, in dem Frauen (vor allem abends und im Winter) gemeinsam spannen, um Ausgaben für Holz und Licht zu sparen*
LIDLOHN *jährliche Vergütung der Arbeit des Gesindes*

MALEFIZGEFÄNGNIS *Gefängnis für Straftatsverdächtige in Kriminalgerichtsprozessen*
MALEFIZGERICHT *Kriminalgericht, Behandlung von schweren Delikten, auf die Leib- und Lebensstrafen standen*
MORDBRENNER *Bezeichnung für in Banden organisierte Brandstifter*
NACHRICHTER *Henker*
NADELBEIN *Nadelbüchse aus Bein*
NARRENHAUS *Gefängnis für kleinere, »närrische« Delikte, zum Beispiel Trunkenheit*
NUSTER *Betschnur, auch Perlen- oder Korallenschnur, die um den Hals getragen wurde*
PARADIES *Konstanzer Stadtteil*
PEINLICHE GERICHTSBARKEIT *Kriminalgerichtsbarkeit für schwere Verbrechen, auf die Leib- und Lebensstrafen standen*
PFÄHLEN *Form der Todesstrafe, bei der Verurteilte lebendig begraben wurden und der Henker ihnen mit einem Eisenpfahl durch das Herz stieß*
RÜGGERICHTE *württembergische Dorfgerichte*
SÄCKEN *Ertränken von Verurteilten, teilweise in einem Ledersack, auch zusammen mit Tieren*
SCHAND- UND EHRENSTRAFEN *beinhalteten typischerweise öffentliches Ausstellen der Täter zu ihrer Schande, beispielsweise das Stehen auf dem Marktplatz am Pranger, das Umherlaufen auf dem Markt zum Klang eines Beckens usw.*
SCHAPPELL *kleine, über dem Scheitel spitz hervorstehende Haube mit breiten Bändern*
SCHELLENWERK *Arbeitsstrafe, die an Ketten und vermutlich Schellen angebunden zu verrichten war*
SECKEL-, BEUTEL- ODER SACKSCHNEIDER *Diebe, die sich auf das Abschneiden von an Gürteln hängenden Geldbeuteln spezialisierten*
SEEL(EN)HAUS *Spital*
SPEZIAL *Dekan, beziehungsweise im alten Sprachgebrauch Superintendent*
STADTAMTMANN *vom Kaiser in den Reichsstädten eingesetzter Beamte*
TRILLER *drehbarer Käfig für Delinquenten*
UMGELD *Steuer, meist Alkoholsteuer*
URFEHDE *Urkunde, in der eine Täter/in Delikt und Schuld eingestand und der Rache für die Strafe abschwor*
URGICHTBÜCHER *Bezeichnung der Memminger Gerichtsbücher, in denen Strafen an Leib und Leben verzeichnet wurden*

VAGANTEN *umherziehende Leute ohne festen Wohnsitz*
VOGTRÜGGERICHTE *lokale, unter Aufsicht des herzoglichen Amtmanns (Vogt) gehaltene Gerichte*
WACHTGELDER *Bezahlung für die Bewachung Gefangener*
WIRCKERIN *Weberin bestimmter Tuche und Stoffe*
WÜLSCHE *Kopfbedeckung*
ZEHNTE, DER *Bannmeile von zehn Meilen um Orte*
ZOLLER *Zolleinnehmer*

ABBILDUNGSNACHWEIS Abbildungen 1 und 5, aus: *Topographia Sveviae, das ist, Beschreib= und Aigentliche Abcontrafeitung der fürnembste Stätt und Plätz in Ober vnd Nider Schwaben, Der Herzogthum Würtenberg Marggraffschaft Baden vnd andern zu den Hochlöbl: Schwäbischen Craise gehörigen Landschafften vnd Orthen. An den Tag gegeben vndt verlegt durch Mattheum Merian*, Frankfurt am Main 1643. Abdruck mit freundlicher Genehmigung der Syndices der Cambridge University Library.

Abbildungen 2, 3, 4 und 6, aus: *Stadtarchiv Memmingen, A 44 c–e, Urgichtbücher.*

DANKSAGUNG Eine englische Fassung dieses Buches wurde im März 1995 als Dissertation von der Universität Cambridge angenommen und erscheint unter dem Titel *The Crimes of Women in Early Modern Germany* bei Oxford University Press. Interessierte Leser finden dort ein Kapitel zu Inzestklagen sowie ein ausführliches Literaturverzeichnis. Auf ihren Abdruck wurde hier aus Platzgründen verzichtet. Die Schreibweise der Zitate aus frühneuzeitlichen Quellen wurde weitgehend modernisiert.

Das Schreiben dieser Arbeit ermöglichten ein Promotionsstipendium des Evangelischen Studienwerks Villigst, ein »Major State Studentship – Fees only Award« der British Academy sowie ein Research Fellowship des St. John's College, Cambridge. Ich bin diesen Institutionen zu großem Dank verpflichtet.

Mein Dank gilt darüber hinaus all jenen, die am Werden dieser Arbeit persönlich Anteil hatten. Bob Scribner betreute die Dissertationsentstehung vorbildlich, zusammen mit Heide Wunder unterstützte er das Projekt von Anfang an. Vic Gatrell gab mir Mut zum Erzählen, teilte alle Erkenntnis und Begeisterung. Lyndal Roper munterte mich durch Postkarten auf, kommentierte und kritisierte. Hans-Christoph Rublack begleitete die Arbeit mit großer Anteilnahme und mit viel Interesse, wofür ich ihm von Herzen danke! Ursula Nelle-Rublack gab unersetzlichen Rat, Ruhe und Kraft. Christiane Nelle las Korrektur und half mit Anregungen. Für die Lektüre von Kapiteln, Ermutigungen und Hilfe danke ich außerdem besonders Renate Dürr, Daniela Hacke, Christoph Rublack, Susanne Rublack, Norbert Schindler, Keith Wrightson und Wolfgang Zimmermann. Auch den Archivarinnen und Archivaren in den von mir benutzten Archiven sei – last not least – ein herzliches Dankeschön gesagt.

AUSGEWÄHLTE SEKUNDÄRLITERATUR

Bauer, A., Das Gnadenbitten in der Strafrechtspflege des 15. und 16. Jahrhunderts, Frankfurt am Main 1996.

Beck, R., Frauen in Krise. Eheleben und Ehescheidung in der ländlichen Gesellschaft Bayerns während des Ancien Régime, in: R. v. Dülmen (Hg.), Dynamik der Tradition, Frankfurt am Main 1992, S. 137–212.

Behringer, W., Mörder, Diebe, Ehebrecher. Verbrechen und Strafen in Kurbayern vom 16. bis 18. Jahrhundert, in: R. v. Dülmen (Hg.), Verbrechen, Strafen und soziale Kontrolle, Frankfurt am Main 1990, S. 85–132.

Blauert, A., Sackgreifer und Beutelschneider. Die Diebesbande der Alten Lisel, ihre Streifzüge um den Bodensee und ihr Prozeß 1732, Konstanz 1993.

–, Kriminaljustiz und Sittenreform als Krisenmanagement? Das Hochstift Speyer im 16. und 17. Jahrhundert, in: A. Blauert und G. Schwerhoff (Hg.), Mit den Waffen der Justiz: Zur Kriminalitätsgeschichte des Spätmittelalters und der Frühen Neuzeit, Frankfurt am Main 1993, S. 115–136.

Breit, S., »Leichtfertigkeit« und ländliche Gesellschaft. Vorehelichkeit in der frühen Neuzeit, München 1991.

Burckhardt, M., Dobras, W., Zimmermann, W., Konstanz in der frühen Neuzeit, Konstanz 1991.

Burghartz, S., Jungfräulichkeit oder Reinheit? Zur Änderung von Argumentationsmustern vor dem Basler Ehegericht im 16. und 17. Jahrhundert, in: R. v. Dülmen (Hg.), Dynamik der Tradition, Frankfurt am Main 1992, S. 13–40.

Chaytor, M., Husband(ry): Narratives of Rape in the Seventeenth Century, in: Gender & History, 7 (1995), S. 378–407.

Cobb, R., A Sense of Place, London 1975.

Danker, U., Räuberbanden im Alten Reich um 1700. Ein Beitrag zur Geschichte von Herrschaft und Kriminalität in der frühen Neuzeit, 2 Bde., Frankfurt am Main 1988.

Dinges, M., Weiblichkeit in Männlichkeitsritualen? Zu weiblichen Taktiken im Ehrenhandel im Paris des 18. Jahrhunderts, in: Francia, 18 (1991), S. 71–98.

Dobras, W., Ratsregiment, Sittenpolizei und Kirchenzucht in der Reichsstadt Konstanz 1531–1548. Ein Beitrag zur Geschichte der oberdeutsch-schweizerischen Reformation, Gütersloh 1993.

Dülmen, R. v., Frauen vor Gericht. Kindsmord in der frühen Neuzeit, Frankfurt am Main 1991.

Dürr, R., Mägde in der Stadt. Das Beispiel Schwäbisch Hall in der Frühen Neuzeit, Frankfurt am Main 1995.

Eibach, J., Kriminalitätsgeschichte zwischen Sozialgeschichte und Historischer Kulturforschung, in: HZ, 263 (1996), S. 681–715.

Erbe, G., Das Ehescheidungsrecht im Herzogtum Württemberg seit der Reformation, in: ZfWLG, 14 (1955), S. 95–144.

Evans, R. J., Rituals of Retribution. Capital Punishment in Germany 1600–1987, Oxford 1996.

Farr, J. R., Authority and Sexuality in Early Modern Burgundy (1550–1730), New York 1995.

Foucault, M., Überwachen und Strafen. Die Geburt des Gefängnisses, Frankfurt am Main 1977.

Frank, M., Dörfliche Gesellschaft und Kriminalität. Das Fallbeispiel Lippe (1650–1800), Paderborn 1995.

Gatrell, V. A. C., The Hanging Tree: Execution and the English People 1770–1868, Oxford 1994.

Gleixner, U., »Das Mensch« und »der Kerl«. Zur Konstruktion von Geschlecht in Unzuchtsverfahren der Frühen Neuzeit (1700–1760), Frankfurt am Main 1994.

Gowing, L., Domestic Dangers. Women, Words, and Sex in Early Modern London, Oxford 1996.

Harrington, J. F., Reordering Marriage and Society in Reformation Germany, Cambridge 1995.

Herrup, C. B., The Common Peace. Participation and the Criminal Law in Seventeenth-century England, Cambridge 1989.

Hindle, S., The Shaming of Margaret Knowsley. Gossip, Gender and the Experience of Authority in Early Modern England, in: Continuity and Change, 9 (1994), S. 391–419.

His, R., Das Strafrecht des Deutschen Mittelalters in 2 Teilen, Aalen 1964.

Hohkamp, H., Häusliche Gewalt. Beispiele aus einer ländlichen Region des mittleren Schwarzwaldes im 18. Jahrhundert, in: T. Lindenberger, A. Lüdtke (Hg.), Physische Gewalt. Studien zur Geschichte der Neuzeit, Frankfurt am Main 1995.

–, Macht, Herrschaft und Geschlecht. Ein Plädoyer zur Erforschung von Gewaltverhältnissen in der Frühen Neuzeit, in: L'Homme, 7 (1996), S. 8–17.

Hull, I., Sex, State, and Civil Society in Germany, 1700–1815, Ithaca 1996.
Jütte, R., Geschlechtsspezifische Kriminalität im Späten Mittelalter und in der Frühen Neuzeit, in: ZRG, Germ. Abt., 108 (1991), S. 86–116.
Jütte, R. (Hg.), Geschichte der Abtreibung. Von der Antike bis zur Gegenwart, München 1993.
Kermode, J., Walker, G. (Hg.), Women, Crime and the Courts in Early Modern England, London 1994.
Kramer, K.-S., Grundriß einer rechtlichen Volkskunde, Göttingen 1974.
Lipp, C., Die Innenseite der Arbeiterkultur. Sexualität im Arbeitermilieu des 19. und frühen 20. Jahrhunderts, in: R. v. Dülmen (Hg.), Arbeit, Frömmigkeit und Eigensinn, Frankfurt am Main 1990, S. 214–259.
Lorenz, M., Da der anfängliche Schmerz in Liebeshitze übergehen kann. Das Delikt der »Nothzucht« im gerichtsmedizinischen Diskurs des 18. Jahrhunderts, in: ÖZG, 3 (1994), S. 328–357.
–, »... als ob ihr ein Stein aus dem Leibe kollerte...«: Schwangerschaftswahrnehmungen und Geburtserfahrungen von Frauen im 18. Jahrhundert, in: R. v. Dülmen (Hg.), Körper-Geschichten, Frankfurt am Main 1996, S. 99–121.
Maier, K., Das Strafrecht der Reichsstadt Esslingen im Spätmittelalter und zu Beginn der Neuzeit, Tübingen 1960.
Maisch, A., Notdürftiger Unterhalt und gehörige Schranken. Lebensbedingungen und Lebensstile in württembergischen Dörfern der frühen Neuzeit, Stuttgart 1992.
Mommertz, M., »Ich, Lisa Thielen«: Text als Handlung und sprachliche Struktur – ein methodischer Vorschlag, in: HA, 3 (1996), S. 303–329.
Nordhoff-Behne, H., Gerichtsbarkeit und Strafrechtspflege in der Reichsstadt Schwäbisch Hall seit dem 15. Jahrhundert, Sigmaringen 1971.
Ogilvie, S. C., Coming of Age in a Corporate Society: Capitalism, Pietism and Family Authority in Rural Württemberg, 1590–1740, in: Continuity and Change, 1 (1986), S. 279–332.
Osenbrüggen, E., Das Alemannische Strafrecht im deutschen Mittelalter, Schaffhausen 1860.
Po-Chia Hsia, R., Social Discipline in the Reformation. Central Europe 1550–1750, London 1989.
Roper, L., Das fromme Haus. Frauen und Moral in der Reformation, Frankfurt am Main 1995.
–, Oedipus und der Teufel. Körper und Psyche in der Frühen Neuzeit, Frankfurt am Main 1995.

Rublack, U., »Viehisch, frech vnd onverschämpt«. Inzest in Südwestdeutschland, ca. 1530–1700, in: O. Ulbricht (Hg.), Von Huren und Rabenmüttern. Weibliche Kriminalität in der Frühen Neuzeit, Köln 1995, S. 171–214.
–, Pregnancy, Childbirth and the Female Body in Early Modern Germany, in: P&P, 150 (1996), S. 84–110.
–, The Public Body. Policing Abortion in Early Modern Germany, in: L. Abrams, E. Harvey (Hg.), Gender Relations in German History. Power, Agency and Experience from the Sixteenth to the Twentieth Century, London 1996, S. 57–80.
–, Geordnete Verhältnisse? Ehealltag und Ehepolitik im frühneuzeitlichen Konstanz, Konstanz 1997.
–, Frühneuzeitliche Staatlichkeit und lokale Herrschaftspraxis in Württemberg, in: ZHF, 3 (1997), S. 347–376.
Sabean, D. W., Das zweischneidige Schwert. Herrschaft und Widerspruch im Württemberg der frühen Neuzeit, Nördlingen 1990.
–, Soziale Distanzierungen. Ritualisierte Gestik in deutscher bürokratischer Prosa der frühen Neuzeit, in: HA, 2 (1996), S. 216–233.
Safley, T. M., Let No Man Put Asunder. The Control of Marriage in the German Southwest. A Comparative Study, 1550–1600, Kirksville, Mo. 1984.
Schindler, N., Widerspenstige Leute. Studien zur Volkskultur in der frühen Neuzeit, Frankfurt am Main 1992.
Schindler, N. und Holenstein, P., Geschwätzgeschichte(n). Ein kulturhistorisches Plädoyer für die Rehabilitierung der unkontrollierten Rede, in: R. v. Dülmen (Hg.), Dynamik der Tradition, Frankfurt am Main 1992, S. 41–108.
Schmidt, H. R., Dorf und Religion. Reformierte Sittenzucht in Berner Landgemeinden der frühen Neuzeit, Stuttgart 1995.
Schnabel-Schüle, H., Calvinistische Kirchenzucht in Württemberg? Zur Theorie und Praxis der württembergischen Kirchenkonvente, in: ZfWLG, 49 (1990), S. 169–223.
–, Überwachen und Strafen im frühneuzeitlichen Württemberg, Köln 1997.
Schröder, T., Das Kirchenregiment der Reichsstadt Esslingen. Grundlagen – Geschichte – Organisation, Esslingen 1987.
Schulte, R., Das Dorf im Verhör: Brandstifter, Kindsmörderinnen und Wilderer vor den Schranken des bürgerlichen Gerichts, Hamburg 1989.
Schuster, B., Die freien Frauen. Dirnen und Frauenhäuser im 15. und 16. Jahrhundert, Frankfurt am Main 1995.

Schuster, P., Das Frauenhaus. Städtische Bordelle in Deutschland 1350–1600, Paderborn 1992.
Schwerhoff, G., Köln im Kreuzverhör: Kriminalität, Herrschaft und Gesellschaft in einer frühneuzeitlichen Stadt, Bonn 1991.
–, Devianz in der Alteuropäischen Gesellschaft. Umrisse einer historischen Kriminalitätsforschung, in: ZHF, 19 (1992), S. 385–414.
–, Verordnete Schande? Spätmittelalterliche und frühneuzeitliche Ehrenstrafen zwischen Rechtsakt und sozialer Sanktion, in: Ders. und A. Blauert (Hg.), Mit den Waffen der Justiz. Zur Kriminalitätsgeschichte des späten Mittelalters und der Frühen Neuzeit, Frankfurt am Main 1993, S. 158–188.
Scribner, R. W., Police and the Territorial State in Sixteenth-century Württemberg, in: E. I. Kouri, T. Scott (Hg.), Politics and Society in Reformation Europe, London 1987, S. 103–220.
–, Mobility. Voluntary or Enforced? Vagrants in Württemberg in the Sixteenth Century, in: G. Jaritz, A. Müller (Hg.), Migration in der Feudalgesellschaft, Frankfurt am Main 1988, S. 65–88.
–, The Mordbrenner Fear in Sixteenth-century Germany. Political Paranoia or Revenge of the Outcast?, in: R. J. Evans (Hg.), The German Underworld. Deviants and Outcasts in German History, London 1988, S. 29–56.
Spicker-Beck, M., Räuber, Mordbrenner, umschweifendes Gesind. Zur Kriminalität im 16. Jahrhundert, Freiburg im Breisgau 1995.
Ulbrich, C., Unartige Weiber. Präsenz und Renitenz von Frauen im frühneuzeitlichen Deutschland, in: R. v. Dülmen (Hg.), Arbeit, Frömmigkeit und Eigensinn, Frankfurt am Main 1990, S. 13–42.
Ulbricht, O., Kindsmord und Aufklärung in Deutschland, München 1990.
–, Kindsmörderinnen vor Gericht: Verteidigungsstrategien von Frauen in Norddeutschland, in: A. Blauert, G. Schwerhoff (Hg.), Mit den Waffen der Justiz. Zur Kriminalitätsgeschichte des Spätmittelalters und der Frühen Neuzeit, Frankfurt am Main 1993, S. 54–85.
Ulbricht, O. (Hg.), Von Huren und Rabenmüttern. Weibliche Kriminalität in der Frühen Neuzeit, Köln 1995.
Walz, R., Schimpfende Weiber. Frauen in lippischen Beleidigungsprozessen des 17. Jahrhunderts, in: H. Wunder, C. Vanja (Hg.), Weiber, Menscher, Frauenzimmer. Frauen in der ländlichen Gesellschaft 1500–1800, Göttingen 1996, S. 155–198.
Wettmann-Jungblut, P., »Stelen inn rechter hungersnott«. Diebstahl, Eigentumsschutz und strafrechtliche Kontrolle im vorindustriellen Baden,

1600–1800, in: R. v. Dülmen (Hg.), Verbrechen, Strafen und soziale Kontrolle, Frankfurt am Main 1990, S. 133–177.

Wiesner, M. E., Working Women in Renaissance Germany, New Brunswick 1986.

Wunder, H., »Er ist die Sonn', sie ist der Mond«. Frauen in der Frühen Neuzeit, München 1992.

Zimmermann, C., »Behörigs Orthen angezeigt«. Kindsmörderinnen in der ländlichen Gesellschaft Württembergs, 1581–1792, in: MedGG, 10 (1991), S. 67–102.

Zimmermann, W., Rekatholisierung, Konfessionalisierung und Ratsregiment. Der Prozeß des politischen und religiösen Wandels in der österreichischen Stadt Konstanz 1548–1637, Sigmaringen 1994.

REGISTER

A

Abtreibung (s. Schwangerschaftsabbruch)
Advokaten 78, 86
Almosen 49, 169 f., 208 f.
Amtsehepaare 114, 161
Andreae, Johann Valentin 204, 222
Arbeitsmarkt 163, 195, 222 ff., 326 f.
Armutsökonomie 36, 159, 173
Außergerichtliche Verfahrensweisen 35–38, 41–44

B

Besserungsprozeß 111 f.
Bettlerei 11 f., 135, 202, 326
Bigamie (s. Ehe)
Brenz, Johannes 303
Bullinger, Heinrich 305

C

Carolina (Strafgerichtsordnung Kaiser Karl V.) 54, 70, 121, 251, 303, 312

D

Disziplinverständnis 13, 15, 201 f., 230
Dreißigjähriger Krieg 12 f., 203–207, 214, 227
(s. auch »Soldatenhuren«)
Dürr, Renate 136

E

Ehe
– Doppelehe (Bigamie) 83 ff., 300 ff.
– Eheanbahnung 200, 215 f.
– Ehebruch (s. sexuelle Verbrechen)
– Ehegerichte 274 f.
– Ehekonflikte 42, 278–300
– Heiratsbeschränkungen 330
– Scheidungsklagen 276, 294
Eigenbrötelei 202, 205, 222–228, 234, 336 f.
Eigentumsverbrechen
– Bandenwesen 180–184
– Einbrüche 185
– Falschmünzerei 175, 187 f.
– Fälschungsbetrug 186 f.
– Gesindediebstahl 37 f., 136, 141 f., 145–157
– Hehlerei 167–173, 179
– Kirchendiebstahl 187
– Raubmord 175
Eltern und Kinder 88 f., 125, 269
Exorzismus 245

F

»Familiarisierung von Arbeit und Leben« 274
Feilträgerinnen 12, 168, 202, 320
Findelhäuser 127, 236
Flaniererinnen 224
Freizeitbeschäftigungen 150 ff., 206, 209 f.
Foucault, Michel 56 f.

G

Gerede 19–34
Gewalt
– gegen Frauen 291 f., 297

- gegen Tiere *310*
Gleixner, Ulrike *29*
Gnade *59, 87–109*
- Freibitten *97–101, 103*
- kommunale Fürbitten *89 f.,
   267–280*
- Losheiraten *97 ff., 102 f.*
Gottesurteile *77, 121*
Grimmelshausen, Hans Jakob
   Christoffel v. *273*

H

Hals, Franz *328*
Haus, »Ganzes« *146, 327*
»Hauslichkeit« *283–287*
Hexerei *16, 121*
Hygieneverständnis *284 f.*

I

Ignatieff, Michael *56*
Impotenz *306*
Intimität *31, 322*

J

Jahrmärkte *176, 179*

K

Kirchenbuße *313 ff.*
Kirchenkonvente *41, 255, 317*
Klagemöglichkeiten von Frauen
   61 f.
Kleidung *51 f., 153 f., 177 f., 181 f.*
Konfessionelle Unterschiede *105–109,
   208, 311, 314, 327 f.*

L

Ledige Mütter *127–130, 302 f.*
- Alimentationsklagen *201*

Leibniz, Gottfried Friedrich
   Wilhelm v. *14*
Liber vagatorum *135*
Lipsius, Justus *57*

M

»Magische« Praktiken
- Diebessegen *36*
- Liebeszauber *232 f.*
- Verwendung der Körper
   Hingerichteter *123*
Malefizglocke *66, 118*
Männlichkeit *231–234*
Marginalität *197*
Maria Magdalena *212*
Meister und Mägde *92, 308*
Mord
- Gattenmord *71 f., 315–323*
- Giftmord *318 ff.*
- Kindsmord *27–30, 54, 73, 75 ff., 79,
   81–89, 236–272, 306 f.*
- Raubmord (s. Eigentums-
   verbrechen)

N

Nachbarschaft *295 f.*
Narrativität *88, 104, 241 ff., 299*
Naturverständnis *14 f., 248, 202*

P

Paternitätsprinzip *201*
Pfeffertag *230*
Platter, Thomas *124*
Privatheitsempfinden *22*

Q

Quantitative Methoden *334*

R

Reputation 58, 62
Richter 66–70
Roper, Lyndal 280
Rügebräuche 43
Rügegerichte 60–63

S

Schilling, Heinz 214
Schweizerinnen in Schwaben 205, 213, 254
Schwangerschaftsabbruch 253
– wahrnehmung (s. auch Tiergeburten) 248–252
Sexuelle Praktiken 91, 211, 216, 219, 228, 303–306, 308
Sexuelle Verbrechen
– vorehelicher Beischlaf
(»früher« Beischlaf) 200, 203–209, 211, 214 f.
– Ehebruch 30 ff., 83 ff., 302–315
– Prostitution 11, 188, 219 ff., 309
– Unzucht 213–216, 229 f.
Sezierung Hingerichteter 122 ff.
Sittenzucht, reformatorische 38 f., 204, 214
»Soldatenhuren« 213, 260 f.
Somatisierung 78, 86
»Sozialdisziplinierung« 52
Sozialkapital 87
Sozialkriminalität 140
»Sozialregulierung« 13
St. Leonhard 99
Strafarten der Obrigkeit
– Arbeitsstrafen 116, 128
– Brandmarken 119 f.
– Ehrenstrafen 117 ff.
– Ermahnungen 63 f., 111
– Ertränken 121
– Gefängnisse (s. auch Zuchthäuser) 111–115, 191 f.
– »Pfählen« 121 f.
– Lebendig begraben 121 f.
– »Säcken« 121
– Todesstrafe 57, 109, 120 ff., 267–271
– Verbannung 126–130
– Verstümmlungsstrafen 119
Strafprozesse
– Einflußnahme auf Richter 87–96
– Milderungsgründe 79–86
– Suggestivfragen 75
– Tortur 70–73, 76
– Urteilsfindung 60–108
Strafverfolgung
– Effizienz 53 f., 119 f., 198, 213
– Disparität 267–271, 311 ff., 327
– Hausbefragungen 49 f.
– Inquisitionsprozeß 53 f.
– Kooperation der Untertanen 44, 55
– Rolle der «Polizei»beamten 46–49

T

Tiergeburten 247
Tortur (s. Strafprozesse)
Totschlag 238–241

U

»Unterwelten« 170

W

Wagner, Tobias 146 f.
Waldnutzung 140
Wandel 17, 212, 327–330
Weiblichkeit (s. auch Männlichkeit)

- und Ehre *15, 90, 217 f.*
- und Schande *130, 229–235, 261–264, 272*
- Distanzierungsprozesse unter Frauen *17, 202, 234, 254, 256, 329*

Wick, Johann Jakob *143, 319*

Z

Zentralisierung des Strafverfahrens *67*
Zuchthäuser *116, 198*

Eva Labouvie
Zauberei und Hexenwerk
Ländlicher Hexenglaube in der Frühen Neuzeit

Band 10493

Ausgehend von einer intensiven Befragung von Hexenprozeßakten aus dem Raum Saarland, Lothringen, Kurtrier und Pfalz-Zweibrücken wird die Praxis der Hexenverfolgung auf der Ebene der ländlichen Gemeinden rekonstruiert und aus der Perspektive der Zeitzeugen dargestellt: Ein »Hexendeutungsmuster« wird erkennbar, das an das traditionelle, magisch geprägte Weltbild der ländlichen Bevölkerung anknüpfte und zugleich Elemente der kirchlichen Hexenlehre übernahm. Dieses Deutungsmuster machte es dem einzelnen möglich, Hexen und Zauberer in seiner sozialen Umwelt zu erkennen, sich vor ihnen zu schützen und sie gegebenenfalls den dörflichen Hexenausschüssen zuzuführen. Andererseits setzte es den einzelnen aber auch Hexereiverdächtigungen seitens seiner Mitmenschen aus. Aus diesem Blickwinkel erscheinen die Menschen der untersuchten Region nicht länger als hilflose Opfer der Hexenverfolgung, sondern auch als aktiv Beteiligte am Verfolgungsgeschehen. Da sie in den Kategorien dieses Deutungsmusters dachten, schreckten sie auch nicht davor zurück, als Zeugen, Kläger oder Denunzianten auszusagen und damit Nachbarn und selbst nächste Angehörige der »peinlichen Frage« zu überantworten. Aufgrund seiner bedeutenden neuen Erkenntnisse wird dieses Buch eine wichtige Rolle in der Diskussion der Hexen-Thematik spielen.

Fischer Taschenbuch Verlag